OLDENBOURG GRUNDRISS DER GESCHICHTE

OLDENBOURG GRUNDRISS DER GESCHICHTE

HERAUSGEGEBEN VON
JOCHEN BLEICKEN
LOTHAR GALL
HERMANN JAKOBS

BAND 1A

GESCHICHTE DES HELLENISMUS

VON

HANS-JOACHIM GEHRKE

R. OLDENBOURG VERLAG
MÜNCHEN 1990

CIP-Titelaufnahme der Deutschen Bibliothek

Oldenbourg-Grundriss der Geschichte / hrsg. von Jochen
Bleicken ... – München : Oldenbourg.

NE: Bleicken, Jochen [Hrsg.]; Grundriss der Geschichte

1a. Gehrke, Hans-Joachim: Geschichte des Hellenismus. – 1990

Gehrke, Hans-Joachim:
Geschichte des Hellenismus / von Hans-Joachim Gehrke. –
München : Oldenbourg, 1990
    (Oldenbourg-Grundriss der Geschichte ; 1a)
    ISBN 3-486-53051-8 brosch.
    ISBN 3-486-53041-0 Gb.

Satz: Falkner GmbH, Inning/A.
Druck- und Bindearbeiten: R. Oldenbourg Graphische Betriebe GmbH, München
Umschlaggestaltung: Dieter Vollendorf, München

ISBN 3-486-53051-8 brosch.
ISBN 3-486-53041-0 geb.

VORWORT DER HERAUSGEBER

Die Reihe verfolgt mehrere Ziele, unter ihnen auch solche, die von vergleichbaren Unternehmungen in Deutschland bislang nicht angestrebt wurden. Einmal will sie – und dies teilt sie mit manchen anderen Reihen – eine gut lesbare Darstellung des historischen Geschehens liefern, die, von qualifizierten Fachgelehrten geschrieben, gleichzeitig eine Summe des heutigen Forschungsstandes bietet. Die Reihe umfaßt die alte, mittlere und neuere Geschichte und behandelt durchgängig nicht nur die deutsche Geschichte, obwohl sie sinngemäß in manchem Band im Vordergrund steht, schließt vielmehr den europäischen und, in den späteren Bänden, den weltpolitischen Vergleich immer ein. In einer Reihe von Zusatzbänden wird die Geschichte einiger außereuropäischer Länder behandelt. Weitere Zusatzbände erweitern die Geschichte Europas und des Nahen Ostens um Byzanz und die Islamische Welt und die ältere Geschichte, die in der Grundreihe nur die griechisch-römische Zeit umfaßt, um den Alten Orient und die Europäische Bronzezeit. Unsere Reihe hebt sich von anderen jedoch vor allem dadurch ab, daß sie in gesonderten Abschnitten, die in der Regel ein Drittel des Gesamtumfangs ausmachen, den Forschungsstand ausführlich bespricht. Die Herausgeber gingen davon aus, daß dem nacharbeitenden Historiker, insbesondere dem Studenten und Lehrer, ein Hilfsmittel fehlt, das ihn unmittelbar an die Forschungsprobleme heranführt. Diesem Mangel kann in einem zusammenfassenden Werk, das sich an einen breiten Leserkreis wendet, weder durch erläuterte Anmerkungen noch durch eine kommentierende Bibliographie abgeholfen werden, sondern nur durch eine Darstellung und Erörterung der Forschungslage. Es versteht sich, daß dabei – schon um der wünschenswerten Vertiefung willen – jeweils nur die wichtigsten Probleme vorgestellt werden können, weniger bedeutsame Fragen hintangestellt werden müssen. Schließlich erschien es den Herausgebern sinnvoll und erforderlich, dem Leser ein nicht zu knapp bemessenes Literaturverzeichnis an die Hand zu geben, durch das er, von dem Forschungsteil geleitet, tiefer in die Materie eindringen kann.

Mit ihrem Ziel, sowohl Wissen zu vermitteln als auch zu selbständigen Studien und zu eigenen Arbeiten anzuleiten, wendet sich die Reihe in erster Linie an Studenten und Lehrer der Geschichte. Die Autoren der Bände haben sich darüber hinaus bemüht, ihre Darstellung so zu gestalten, daß auch der Nichtfachmann, etwa der Germanist, Jurist oder Wirtschaftswissenschaftler, sie mit Gewinn benutzen kann.

Die Herausgeber beabsichtigen, die Reihe stets auf dem laufenden Forschungsstand zu halten und so die Brauchbarkeit als Arbeitsinstrument über eine längere Zeit zu sichern. Deshalb sollen die einzelnen Bände von ihrem Autor oder einem anderen Fachgelehrten in gewissen Abständen überarbeitet werden. Der Zeitpunkt der Überarbeitung hängt davon ab, in welchem Ausmaß sich die allgemeine Situation der Forschung gewandelt hat.

Jochen Bleicken   Lothar Gall   Hermann Jakobs

INHALT

VORWORT

Daß in der Reihe ‚Grundriß der Geschichte‘ das antike Griechenland mit lediglich einem Bande vom Umfang her etwas zu kurz gekommen war, ist verschiedentlich betont worden. Um so mehr ist es Herausgebern und Verlag zu danken,
daß jetzt eine erhebliche Erweiterung möglich geworden ist. Die besondere Gewichtung, die damit die Epoche des Hellenismus erfahren konnte, ist durch deren Bedeutung insgesamt und wegen mannigfacher neuerer Forschungsaktivitä-
ten und -perspektiven auf diesem Gebiet vollauf gerechtfertigt. Es steht zu hoffen, daß einiges davon auf den folgenden Seiten deutlich wird.

Da ich Grundsätzliches zu Thematik und Problematik des Gegenstandes in
der Einleitung skizziert habe, bleibt an dieser Stelle nur noch die angenehmste
Tätigkeit: das Danken. Jochen Bleicken hat mir die Aufgabe anvertraut, meine
Arbeit mit steter Ermunterung und großer Geduld verfolgt und deren Frucht
schließlich sehr positiv aufgenommen. Dafür gilt ihm mein besonderer Dank –
nicht zuletzt übrigens auch für sein Verständnis angesichts des Umfanges des Bu-
ches. Für dieses habe ich auch den Verantwortlichen des Oldenbourg Verlages,
vor allem Herrn Kreuzer, zu danken, bei denen die Arbeit überhaupt in den besten Händen war und ist. Dankbar für ihre teilweise entsagungsvolle Mitwirkung
bei der Herstellung des Manuskripts und diversen Korrekturarbeiten bin ich Jut-
ta Gnädig, Matthias Kopp, Kai Trampedach, Eckard Wirbelauer, ganz besonders aber Barbara Luplow, Martin Fell und Ulrich Gotter.

Die Widmung mag zum Ausdruck bringen, was weit über ‚bloßen‘ Dank hin-
ausgeht: Mein Lehrer Alfred Heuß, der die moderne Hellenismusforschung mit
markanten Untersuchungen auf ein hohes Reflexionsniveau gehoben hat, öffnete
mir schon sehr früh die Augen für den Reiz und die Spannungen dieser Epoche.
Wenn seine gedankliche Kraft Quelle und Maß all meiner wissenschaftlichen Bemühungen ist, dann gilt dies besonders im Hinblick auf das Zeitalter des Hellenismus. So sei ihm der Band aus Anlaß der Vollendung des 80. Lebensjahres zu-
geeignet.

August 1989   Hans-Joachim Gehrke

I. Darstellung

EINLEITUNG: HELLENISMUS – BEGRIFF UND EPOCHE

Wenn wir heute vom Hellenismus als einer historischen Epoche sprechen, dann stehen wir in einer von JOHANN GUSTAV DROYSEN begründeten Tradition. Sieht man auch längst von dessen Bestimmung des Begriffes ab, die große Synthese von Abend- und Morgenland habe im Faktischen wie im Geistigen den Grund für die Offenbarung des Evangeliums und die Entfaltung des Christentums gelegt, so ist doch zumindest als Epochenbezeichnung kaum ein Begriff so geläufig wie der des Hellenismus. Dabei ist es mehr als bloße Konventionalität, wenn er heute verwendet wird. Bei allen Reserven, die angesichts solch komplexer historischer und historiographischer Phänomene wie der Konstituierung von Epochen angebracht sind, läßt sich mit „Hellenismus" ein eindeutig begrenzbares zeitliches Kontinuum bezeichnen. Man muß selbstverständlich, wie in solchen Fragen immer notwendig, auf die wesentlichen Züge sehen und damit die idealtypischen Elemente der Epoche bestimmen, womit man zugleich ohne weiteres konzediert, daß es je individuelle und nicht auf dieser Linie liegende Faktoren sowie die Epochengrenzen überschreitende Kontinuitäten gibt. In diesem Sinne bilden Thema und Spezifikum des Hellenismus die Ausbreitung der griechischen Zivilisation im Orient, ermöglicht und gestützt durch den Erfolg makedonischer Waffen. Daraus resultieren die wesentlichen Elemente (a) und zugleich die Kriterien für die zeitliche Eingrenzung (b). *(Definition des Hellenismus)*

a) – Der Hellenismus brachte durch die ‚Öffnung' des Ostens eine Verlagerung der Schwerpunkte im politischen und ökonomischen Bereich. *(Wechselbeziehungen zwischen Griechen und ‚Barbaren')*

– Im Politischen ergab sich eine herrschaftliche Überlagerung: Charakteristisch war ein neuer Typ von Monarchie mit vornehmlich gräko-makedonischem Personal in den Zentralen und Verwaltungsstäben. Traditionelle Dynastien haben sich entsprechend orientiert.

– Ausbreitung bedeutete aber auch eine partielle Kolonisierung in Form von Städtegründungen nach griechischem Typus.

– Dieses Stadtleben strahlte auf die bestehenden indigenen Kulturen aus und führte zu einer beachtlichen ‚Selbsthellenisierung', besonders in Kleinasien und an der Levante. Insofern bedeutet die Überschichtung durch die Hellenisierung ein starkes Hervortreten griechischer Phänomene. Aber da der Begriff schon per se ambivalent ist, gilt es auch zu fragen, was denn sozusagen unter der Decke geblieben war, was überlagert wurde. So hat der Hellenismus auch noch andere Komponenten:

– Es kam zu engen Kontakten zwischen den Griechen und ihrer neuen Umwelt, mit den Indigenen und ihren jeweils ganz verschiedenen Traditionen. Die Begegnung zwischen Hellenen und ‚Barbaren‘, von jeher wichtiges Element der antiken Geschichte, erhielt in dieser Intensivierung eine neue Qualität.

– Die indigenen Kulturen hatten erhebliche Beharrungskräfte, zumal außerhalb der städtischen Zentren. Diese Perseveranz, die sich auch auf sprachlichem Gebiet äußerte, führte zu Rückwirkungen besonders in den Religionen, die auch für das griechische Leben in seinen ‚klassischen‘ Regionen spürbar wurde.

– Rückwirkungen finden sich gleichfalls im politischen Bereich, zumal angesichts der Legitimierungsprobleme der neuen Herrschaften. Wichtige Elemente der Herrschaftsorganisation und ihrer religiösen Fundierung wurden übernommen.

So entstand aufs Ganze gesehen eine neue Welt, eine Oikumene mit sehr vielen Facetten, aber auch durch spezifische Entwicklungen deutlich von vorangehenden und folgenden Epochen abzugrenzen:

– Neue politische Organisationsformen bestimmen das Geschehen, im innerstaatlichen Bereich (Monarchie, Städtebünde), aber auch in den zwischenstaatlichen Beziehungen (Zunahme der ‚internationalen‘ Schiedsgerichtsbarkeit).

– Massive wirtschaftliche und soziale Veränderungen führen zu einem deutlichen Hervortreten der Leistungskräftigeren.

– Ein neues Lebensgefühl setzt sich durch, insofern sich das Bewußtsein der Ohnmacht gegenüber dem Geschehen stark ausprägt: Es ist durch politische Passivität – auch im Sinne von Erleiden – bedingt und nährt diese seinerseits. Individuelle Heilsuche tritt vor politisches Engagement und schafft sich besonders in der Religion neue Perspektiven.

– Aus den Bewußtseinsveränderungen und den neuen Rahmenbedingungen überhaupt erwachsen neue Formen und Inhalte auch in der Philosophie und der Kunst.

Voraussetzungen b) Viele der hier genannten Elemente waren bereits vor der hellenistischen Epoche greifbar, als Strukturen oder Prozesse. Eine Tendenz zur ‚Aristokratisierung‘ und ‚Entpolitisierung‘ in den griechischen Poleis ist unverkennbar; die unter Philipp II. gestärkte makedonische Monarchie traf auf eine weithin zersplitterte und im Inneren schon – gerade hinsichtlich des Bürgerengagements – verwandelte Poliswelt. Auch die Horizonterweiterung in den Kontakten mit den ‚Barbaren‘ und Phänomene der Hellenisierung waren partiell durchaus geläufig, vor allem in den Gebieten engerer Beziehung, im westlichen und südlichen Anatolien sowie in den phönikischen Städten. Ein Bevölkerungsdruck herrschte in Griechenland, bedingt teilweise durch politische Vorgänge. Es gab zahlreiche Emigranten, und viele konnten nur als Söldner ihre Existenz sichern. Insbesondere in der Kunst und der Philosophie gab es ‚autonome‘ Entwicklungslinien, z.B. in der mächtigen Wirkung des Sokrates mit seiner rigorosen Ethisierung.

Überhaupt ist es nicht ohne Reiz, gerade im 4. Jh. v. Chr. über die Epochengrenzen hinweg zu denken. In solcher Hinsicht war der Hellenismus vielleicht nicht gerade vorgeprägt, hatte aber eine Reihe wesentlicher innergriechischer Voraussetzungen.

Aber er entstand nicht gleichsam von allein. Sofern ihn wesentlich die Expansion des Griechischen und die völlige Öffnung der Gebiete der orientalischen Hochkulturen charakterisiert, bedurfte es einer ausschlaggebenden Voraussetzung, ohne die die Epoche nicht möglich gewesen wäre. Das Entscheidende war nämlich gerade nicht angelegt, kam – die Zeitgenossen belehren uns darüber – völlig unerwartet und sensationell, durch das radikale und eigentlich abwegige, nach den Sternen greifende Wollen eines Individuums, ja, es lag gerade in dessen Schrankenlosigkeit. Mit Alexander dem Großen begann die Epoche des Hellenismus, mit ihm müssen wir – mit DROYSEN – historiographisch einsetzen, auch wenn wir – anders als dieser – den Hellenismus nicht mehr als Verschmelzung von Ost und West verstehen und Alexander nicht als Exponenten solchen Gedankens. Anfang und Ende der Epoche

Das Ende ist weniger eindeutig, da es sehr darauf ankommt, auf welchem Sektor historiographischer Kategorisierung man bleibt. Sieht man auf die politische Geschichte mit ihren teilweise klaren und punktuell abgrenzbaren Einschnitten, kann man zu anderen Schlüssen kommen, als wenn man auf Prozesse von langer Dauer, im zivilisatorischen Bereich, blickt. Sofern man den Hellenismus von der Politik her angeht, ist ein sinnvolles Datum die ‚Einverleibung‘ des letzten der hellenistischen Großreiche in das Imperium Romanum (30 v. Chr., Einnahme von Alexandria) – doch dieses führte damals schon längst ein Schattendasein von Gnaden Roms. Konzentrieren wir uns mehr auf den zivilisatorischen Prozeß von Überschichtung und Austausch, so müssen wir dem Hellenismus mehr Zeit einräumen, da der griechische Osten im römischen Reich als solcher integriert war, die Hellenisierung sich auch in dieser Zeit fortsetzte. Einen dem Alexanderzug vergleichbaren epochalen Einschnitt mit entsprechenden, das Gesicht der Welt verändernden Konsequenzen stellte erst die Ausbreitung des Islam im 7. Jh. n. Chr. dar. Bis dorthin mit dem Hellenismus zu rechnen, wäre keineswegs unpassend.

Wenn hier dennoch der konventionellen Grenzziehung mit dem Jahr 30 im wesentlichen gefolgt ist, dann hat das allerdings nicht nur pragmatische Gründe. Infolge der römischen Herrschaft und letztendlich in der langen Ruhepause der Kaiserzeit haben sich mehr als lediglich politische Veränderungen ergeben. Auch das soziale und ökonomische Leben hat darauf reagiert, allerdings bereits seit dem 2. Jh. v. Chr., als sich schon strukturelle Veränderungen abzeichneten (s. S. 181). Die Kaiserzeit bringt noch einmal neue Entwicklungen, die sich gut greifen lassen, besonders in Ägypten mit einer markanten Urbanisierung. So zeigt sich insgesamt auch hier die Problematik jeder Epochenbegrenzung in der Geschichte – die freilich unverzichtbar bleibt und immer Herausforderung ist.

1. Alexander der Grosse

a) Jugend und Herrschaftsantritt

Philipps II. Ermordung

Die Ermordung König Philipps II. von Makedonien im Verlauf der Hochzeitsfeierlichkeiten seiner Tochter Kleopatra mit König Alexander von Epirus (wohl Oktober 336) war ein geradezu klassisches Attentat. Der Täter schlug in aller Öffentlichkeit zu. Seine Motive ließen sich leicht ins Psychopathologische rücken und als Tat eines Einzelgängers verstehen. Im übrigen wurde er selbst getötet, bevor er noch etwas aussagen konnte. Sehr schnell tauchten Gerüchte über mögliche Hintermänner auf, denn nur zu viele hatten Anlaß, über den Tod des Königs zumindest nicht allzu betrübt zu sein. Auch auf den Kronprinzen und Nachfolger selbst, Alexander, sowie dessen Mutter Olympias richtete sich der Verdacht. Diese freilich war abwesend, und es muß sehr fraglich sein, ob sie Mittel und Wege hätte finden können, die Tat einzufädeln.

An jenem freilich – so sehr naturgemäß der letzte Beweis fehlt – bleibt der Verdacht hängen: Sehr wohl hätte er des Attentäters Rachewunsch anstacheln und ausnutzen können. Unter den Leibwächtern, die diesen umgehend töteten, waren Alexanders engere Freunde. In der gegebenen Lage reagierte Alexander sehr prompt, mit der Ermordung denkbarer Thronprätendenten bzw. angeblicher Hintermänner. Vor allem: Er hatte durchaus ein Motiv, da nach der erst ein Jahr zurückliegenden Vermählung seines Vaters mit der adligen Makedonin Kleopatra, einer Nichte von dessen einflußreichem Mitarbeiter Attalos, à la longue die Thronfolgefrage wieder als offen angesehen werden konnte – und das hatte nicht nur in der Geschichte Makedoniens schon manche Katastrophe verursacht, sondern mußte dem ruhmbegierigen Prinzen unerträglich erscheinen. Zudem gab die gerade gefeierte Hochzeit der politischen Verbindung zwischen der makedonischen und der epirotischen Monarchie, welche bisher durch Philipps Ehe mit Olympias gestützt war, eine neue ‚Klammer‘. Damit war Alexanders Mutter politisch ‚überflüssig‘, und davon konnte naturgemäß auch seine Position nicht unberührt bleiben.

Lebenssituation und politische Organisation Makedoniens

Wie dem auch sei: Alexander war König geworden, er fand die Zustimmung der makedonischen Großen und Truppen. Das Erbe, das er antrat, war allen äußeren Eindrücken zum Trotz nicht allzu gefestigt; er hatte es zu erwerben, um es zu besitzen. Da war zunächst die Herrschaft über die Makedonen selbst. Diese standen traditionell unter den Königen aus dem Geschlecht der Argeaden, das sich auf Herakles zurückführte. Ihre Lebenssituation hatte, verglichen mit der der Griechen, durchaus archaische Züge; die Grundlagen des Wirtschaftslebens waren noch nahezu vollständig agrarisch, der Anteil der Viehzucht war sehr hoch, die Jagd hatte einen hohen Stellenwert. Auch in Klima und Landesnatur gab es Unterschiede: Wälder und Bergweiden, große Ebenen und Hügelländer, wasserführende Flüsse mußten vielen Griechen fremd vorkommen.

Vor allem war die soziale und politische Organisation ganz anders, weil gerade was für den Griechen deren Mitte ausmachte, die Polis, in Makedonien fehlte. Dort existierten Stämme, in denen mächtige Adlige, die zu Pferde in den Krieg zogen, das Sagen hatten. Daneben gab es andere freie Mannen, die im Kriegsfall als Infanterie kämpften, mit Helm und Pike bewaffnet und in wenig geordneten Heerhaufen auftretend. An der Spitze stand ein König, den man eher als Häuptling bezeichnen sollte. Er ragte vor allem dank seiner Abstammung aus der Argeadendynastie hervor, der er in erster Linie seine Legitimität verdankte. Doch mußte er sich das Vertrauen seiner adligen Gefolgschaft und der anderen Stammesangehörigen immer wieder durch kriegerische Leistungen und Führerqualität gewinnen und erhalten. Überhaupt war das Leben rauh, ja wild – Bedrohungen durch bewaffnete Stämme wechselten mit eigenen Offensiven. Kämpfen und Töten hatten einen hohen Platz. Tapferkeit war höchste Tugend und begründete Ruhm.

In historischer Zeit lag das Kernland der Makedonen im engeren Sinne, nämlich desjenigen Stammes, der ursprünglich von den Argeaden beherrscht wurde, nördlich des Olymp, in der Landschaft Pierien und den daran angrenzenden Gebieten. Verwandte Stämme lebten in den Bergen und Hochtälern vor allem westlich und nördlich davon (sog. Obermakedonien), durchaus mit eigenen Traditionen und Herrscherfamilien, so die Oresten, Lynkesten usw. Es war gar nicht selbstverständlich, daß sie alle zusammen – als Makedonen – gegen die ihnen benachbarten und teilweise ebenfalls mit ihnen verwandten Stämme aus Epirus, Illyrien und Thrakien einig waren. Vielmehr war die Kluft zwischen dem „unteren" und dem „oberen" Makedonien durchaus tief und noch bis in den Hellenismus hinein spürbar. Obgleich die Dialekte der Makedonen denen der Griechen verwandt waren, waren sie von diesen generell nicht als ihresgleichen anerkannt – zu sehr unterschieden sich Lebenssituation und Lebensweise.

Die Könige aus dem unteren Makedonien, die Argeaden, hatten immer wieder versucht, ihre Herrschaft nach innen hin zu stabilisieren und insbesondere die Bergländer in diese miteinzubeziehen. Die Könige Amyntas I. (+ ca. 497/6) und Alexander I. (+ ca. 454) hatten sich dabei zunächst teilweise der persischen Unterstützung erfreuen können. Nach den griechischen Siegen bei Salamis und Plataiai erkannte letzterer die Zeichen der Zeit; er erhielt sogar den ehrenden Beinamen des „Philhellenen". Nunmehr geriet Makedonien – nach wie vor in Auseinandersetzungen mit den nicht minder kriegerischen Nachbarstämmen verstrickt – zunehmend in den Dunstkreis der griechischen Geschichte.

Sehr stark orientierte sich insbesondere König Archelaos (ca. 413-399) an der Welt der Griechen: Er straffte seine königliche Macht durch Gründung einer neuen Hauptstadt, die nun auch ein Stück griechischer Urbanität verkörpern konnte, ja dort bildete er geradezu – wie griechische Tyrannen – einen eigenen Hof, an den er griechische Intellektuelle zog, sogar Personen vom Format eines

Die
Entwicklung
Makedoniens

Euripides. Im Lande selbst verbesserte er durch die Anlage von Befestigungen und von Verbindungswegen die Infrastruktur – und bald konnte er sogar in griechische Händel eingreifen, im benachbarten Thessalien.

Mit seiner Ermordung aber brach auch sein System weitgehend zusammen, und in endlosen internen Streitigkeiten um die Frage der Thronfolge lief die makedonische Monarchie in der Generation nach seinem Tod Gefahr, zu einem Spielball auswärtiger, vor allem griechischer, Interessen zu werden. Das Land selbst wurde immer wieder von griechischen Interventionen und von Überfällen diverser illyrischer Stämme heimgesucht. Ein Tiefpunkt schien erreicht, als König Perdikkas im Kampf mit den Illyrern fiel, einen noch minderjährigen Sohn hinterlassend, für den sein Onkel Philipp, als Verweser zunächst, die Herrschaft antrat (359 v. Chr.).

Philipp II. und seine Neuordnung

Es war nun gleichsam das erste Wunder in der an Wundern reichen Zeit der 2. Hälfte des 4. Jahrhunderts, daß Makedonien unter Philipp nicht allein in der Defensive erfolgreich war, sondern sogar den Rang einer veritablen Großmacht erreichte: Am Hellespont konnte es sich bis an die Grenzen Asiens ausdehnen und sogar ganz Griechenland – außer Sparta – in den Bereich seiner Hegemonie einbeziehen; dieses war weder Athen noch Sparta noch Theben auf dem Höhepunkt ihrer Macht gelungen. Es waren verschiedene Faktoren, die diesen unerhörten Aufstieg ermöglichten. Zunächst hatte Philipp im Inneren die „Infrastrukturpolitik" des Archelaos wieder aufgegriffen und in größerem Rahmen fortgesetzt: Neue Städte wurden gegründet, Straßen geschlagen und insbesondere die – schon durch die Expansion erheblich vergrößerten – Ressourcen des Landes an Edelmetallen optimal genutzt. Vor allem aber verbesserte Philipp II. die politisch-soziale Organisation des Landes bzw. der Stammesverbände im Sinne einer Zentrierung auf den König, als Person und Institution: Die adligen Gefolgsleute (hetairoi) band er noch stärker an sich, indem er sie – auch aus den oberen Gebieten – an seinen Hof zog. Besonders die vornehmen Kinder holte er – zu ehrenden Dienstleistungen – in seine unmittelbare Umgebung und ließ sie zugleich von hervorragenden Lehrern unterweisen. Wir gebrauchen heute für diese Institution, die „königlichen Burschen" (basilikoi paides), das teilweise falsche Assoziationen weckende Wort vom „Pagenkorps".

Die wichtigste Dienstleistung war nach wie vor der Militärdienst, und die vornehmen Hetairen, die Kampfgefährten des Königs, die ihm zu Pferde folgten, waren für längere Kriegszüge aufgrund ihrer ökonomischen Möglichkeiten durchaus abkömmlich. Sie wurden jetzt immer mehr zu geschlossenen Kampfeinheiten umgeformt. Daneben aber schuf Philipp ein stehendes Heer von Infanteristen: Diese rüstete er mit Schild und einer betont langen Lanze aus und drillte sie – das war besonders wichtig – nach den Regeln des griechischen Linienkampfes, der Phalanxtaktik. Diese Phalangiten wurden – wohl durch Versorgung mit Land – ebenfalls ökonomisch abkömmlich gemacht und auch rangmäßig herausgehoben, als Pezhetairen, Kampfgefährten zu Fuß. Zunächst nur eine kleine Eliteeinheit, wurde ihr Anteil am makedonischen Aufgebot mit der wachsenden

Macht und Ausdehnung des Reiches immer größer. Insgesamt hatte das makedonische Heer eine enorme Schlagkraft, weil sich letztendlich die Infanterie mit den besten griechischen Hoplitenarmeen messen konnte und andererseits die Kavallerie in Griechenland ihresgleichen suchte. Beide waren zudem so gut eingespielt, daß sie im Verbund eingesetzt werden konnten. Dazu kamen – im technischen Bereich, d.h. besonders bei den Belagerungsmaschinen – die neuesten Geräte und modernsten Spezialeinheiten.

Doch das Geheimnis der makedonischen Erfolge lag weniger im Militärischen als in der Politik. Kenntnis- und fintenreich, schlau wägend und mit einer kalkulierten Mischung aus Härte und Großzügigkeit nutzte Philipp die politischen Konstellationen in Griechenland sehr geschickt aus. So brachte er Thessalien dadurch an sich, daß er sich in den internen Konflikten der Thessaler viele Sympathien erwarb und schließlich als Archon (Oberster Beamter) des Thessalischen Bundes anerkannt wurde. Zuletzt konnte er – nach der Schlacht von Chaironeia 338 v. Chr. – mit allen griechischen Staaten (außer Sparta) Bündnisse abschließen und sie in einem organisierten Friedenssystem zusammenfassen, dem „Korinthischen Bund" (338/37 v. Chr.). Makedonien gehörte diesem gar nicht an, aber der König der Makedonen war dessen Hegemon bzw. militärischer Oberbefehlshaber (strategos autokrator), d.h. im Falle einer Friedensstörung, die für alle am Frieden Beteiligten als casus belli galt, übernahm er die Führung der von den Alliierten zu stellenden Kontingente, beraten von einem Synhedrion (Bundesrat), in dem diese je nach militärischer Leistungsfähigkeit, also in Relation zur Größe ihrer Kontingente, vertreten waren.

Auch gegen die Illyrer und vor allem im thrakischen Bereich war Philipp erfolgreich gewesen, bis an die Donau und den Bosporus hatte er die makedonischen Waffen getragen. Und schließlich hatte er – mit dem Slogan der Rache für die Zerstörungen der Perserkriege anderthalb Jahrhunderte zuvor – die Friedensgenossen des Korinthischen Bundes zum Krieg gegen den angeblichen Erbfeind in Persien veranlaßt. Erste Truppeneinheiten unter zweien seiner wichtigsten Paladine, Parmenion und Attalos, waren bereits in Kleinasien aktiv.

Zu Philipps sorgfältig überlegten Maßnahmen gehörte auch die Erziehung und Ausbildung seines Thronfolgers. Von den verschiedenen Frauen, die er – überwiegend aus politischen Gründen – ehelichte, hatte er nur zwei Söhne, beide etwa gleichzeitig geboren. Der eine (Arrhidaios) war offenkundig debil, der andere dagegen, mit dem ‚Königsnamen' Alexander, geboren 356 v. Chr., wurde gezielt ‚aufgebaut'. Seine Mutter Olympias stammte aus dem Herrschergeschlecht des Stammes der Molosser in Epirus, welches sich auf Neoptolemos, den Sohn des Ilias-Helden Achilleus, zurückführte. Philipps Ehe mit ihr – unseren Quellen zufolge Ergebnis einer leidenschaftlichen Romanze – hatte jedenfalls auch eine politische Räson, besiegelte sie doch das politische Bündnis zwischen dem makedonischen König und Olympias' Bruder Alexandros, dem nicht unumstrittenen König der Epiroten.

Erziehung hieß nun, neben der genauen Unterweisung in den militärischen Dingen, griechische Erziehung durch griechische Pädagogen. Auch die sportli-

Expansion

Alexanders Erziehung

chen Aktivitäten im Gymnasion waren wichtig. Bezeichnend für Philipps Organisation war, daß einige der Pagen gemeinsam mit Alexander ausgebildet wurden.
Hier lagen die Wurzeln seiner engsten Freundschaften. Der bedeutendste Stoff
des Unterrichtes und damit das wichtigste Bildungsgut waren, wie für jeden griechischen Jungen, die homerischen Epen, besonders die Ilias. Nur – und das war
anders als bei den meisten Griechen – lebte Alexander in einer Welt, die der homerischen noch weitaus näher stand als die Welt eines boiotischen Bauern oder eines
athenischen Handwerkersohnes. Die areté (männliche Tugend) war hier noch
ganz militärische Tüchtigkeit, Ruhm brachte es, möglichst viele Gegner zu besiegen oder möglichst große und wilde Tiere zu jagen. Die männliche Geselligkeit
vollendete sich nicht im verfeinerten Symposion, sondern im derben Trinken im
Kreise der Kumpane.

Und zwei der größten Helden des griechischen Mythos waren sogar die Ahnherren des Prinzen, Herakles von seiten des Vaters und der strahlend-umdüsterte
Held der Ilias, Achilleus, von der Mutter her. Sein wichtigster Erzieher, der
Akarnane Lysimachos, soll den Alexander sogar Achilleus genannt haben – und
sich selber Phoinix, den mythischen Lehrer des Heroen. Es lag nahe, daß der junge Alexander sich in dieser mythischen Welt tatsächlich zu Hause fühlte.

Aristoteles als Lehrer Alexanders   Von dieser Linie der Erziehung wich man auch nicht ab, als Alexander 342 v.
Chr. einen schon damals recht renommierten Gelehrten zum Lehrer bekam, den
Griechen Aristoteles aus Stageira, Sohn eines Arztes am makedonischen Hof und
Schüler Platons. Man hat später in die rund zweijährige Tätigkeit des Philosophen viel ‚hineingeheimnist‘. Doch sicher ist, daß dieser den Fünfzehnjährigen
nicht in die Interna platonischer Metaphysik oder eigene theoria eingeführt hat.
Auch politische Konzepte – sofern er sie selber überhaupt schon entwickelt hatte
– wird er dem Prinzen nicht vermittelt haben; solche lernte dieser in der Praxis,
im Umgang mit dem Vater und dessen wichtigsten Beratern, wie etwa dem schon
ziemlich betagten Antipatros. Natürlich hat Aristoteles die Neugier des Jungen
geweckt, vielleicht auch ein näheres Interesse für geographische und physische
Phänomene. Vor allem aber hat er – das wissen wir positiv – mit ihm die Ilias eingehend studiert: Und so wurden die unmittelbare Lebenswirklichkeit und die ersten spielerischen Einblicke in die Mythenrealität nun vertieft und verstärkt. Was
er lernte, erfuhr er durch das Medium Homer in Aristoteles' Vermittlung.

Mit dem Hinweis auf dessen Gedicht auf seinen toten Freund Hermeias von
Atarneus [Aristot. fr. 675 R. = Athen. 15,696], welches just in dieser Zeit entstand, hilft uns F. SCHACHERMEYR zu verstehen, wo der inhaltliche Schwerpunkt
von Aristoteles' Interpretation gelegen haben könnte: areté nicht allein als bloßes
militärisches Haudegentum, sondern – etwa im Blick auf Herakles, aber auch auf
Achilleus und Aias – als Ertragen von Schwierigkeiten und Vollbringen von Leistungen, als ständige Herausforderung, durch Bewährung eigener areté Großes
zu tun. Jedenfalls konnte so das epische Ethos der philotimia, das agonale Streben, der Erste zu sein, nicht nur – wie bei vielen anderen auch – eine Grundmaxi-
me werden, vielmehr hat Alexander sich darüber hinaus geradezu selbst als my-

thischen Heros gesehen und erlebt. Ein von Aristoteles persönlich erarbeitetes Iliasexemplar begleitete ihn auf seinen Feldzügen, lag nachts unter dem Kopfkissen, neben dem Kurzschwert [Plut. Alex. 8,2].

Schon früh, mit 16 Jahren, während Philipps Feldzug gegen Thraker und gegen die Griechen an den Meerengen, hat Alexander dann bereits in Makedonien als Herrscher amtiert (340 v. Chr.) und war hinfort an allen wichtigen Entscheidungen beteiligt. In der Schlacht von Chaironeia (338 v. Chr.) hatte er, als Befehlshaber der Reiterei auf dem linken Flügel, ein höchst verantwortungsvolles Kommando. Dort führte er sogar die Entscheidung herbei, wie es später für ihn charakteristisch war, an der Spitze der Kavallerie den Kampf gerade da suchend, wo der Gegner am stärksten war. *Wichtige Aufgaben*

Doch im folgenden Jahr veränderte sich die Lage: Philipp nahm sich eine weitere Frau, aus makedonischem Adel, Kleopatra, die Nichte eines seiner wichtigsten Hetairen, des Attalos. Neue Nachkommenschaft stand zu erwarten, und das mußte auf Alexanders Position langfristig Auswirkungen haben. Während der Hochzeitsfeier wurde dies zu allem Überfluß auch noch in einer Bemerkung des Attalos deutlich, der, nicht mehr ganz nüchtern, darauf hinwies, daß nunmehr Makedonien einen vollbürtigen Erben und Nachfolger haben könne. Es kam jedenfalls zu einem Zerwürfnis zwischen Prinz und König, jener ging – wie seine Mutter – ins Exil. Zwar ließ er sich dann wieder mit dem Vater versöhnen, doch blieb die Atmosphäre sehr gespannt, und Alexander konnte sich nach wie vor als Thronfolger auf Abruf vorkommen. In dieser Situation kam es zu Philipps Ermordung; dieser Tote kam Alexander zumindest sehr gelegen. *Spannungen zwischen Philipp II. und Alexander*

Jedenfalls handelte er unverzüglich: Antipatros, wichtigster politischer Mitarbeiter Philipps, stellte den neuen König dem Heer vor, die Großen huldigten ihm. Zwei Brüder aus dem ehemaligen Königshaus der obermakedonischen Lynkesten, die man zusätzlich noch als Hintermänner des Attentats ausgeben konnte, wurden hingerichtet. Später, in einer günstigen Situation, ließ der König den Attalos und auch Amyntas, seinen Vetter, als dessen Vormund Philipp die Herrschaft ergriffen hatte, beseitigen – mit diesen Namen sind nur die Prominentesten genannt. All dies zeigt deutlich, wie unsicher er selber seine Stellung als makedonischer Herrscher einschätzte. Doch durch diese Aktionen wurde sie – jedenfalls äußerlich – gefestigt; neben Antipatros stellte sich auch der mächtige, rund 65 Jahre alte Parmenion, Philipps wichtigster Marschall, jetzt Kommandeur in Asien, mit seinen Verwandten, die sich in wichtigen Positionen befanden, loyal hinter den König. *Thronbesteigung und Überwindung von Widerständen*

Noch prekärer war die Lage bei den Griechen und den benachbarten Stämmen. Daß diese überwiegend nur bezwungen, nicht innerlich gewonnen waren, ist Alexander klar gewesen: Seine Antwort darauf war die unmittelbare, unglaublich prompte Präsenz. Sofort nach der Thronbesteigung zog er nach Griechenland und ließ sich in Thessalien als Archon des Bundes und in Korinth, bevor an Erhebung überhaupt zu denken war, als Hegemon des panhellenischen Bundes bestätigen. Im folgenden Frühjahr unternahm er einen großangelegten und demonstrativen Feldzug im Gebiet von Thrakien, mit einem Vorstoß bis über die Donau, sowie im südlichen Illyrien. Teilweise schwere Kämpfe brachten einen durchschlagenden Erfolg. Wer Widerstand geleistet hatte, wurde niedergeworfen, die meisten Stämme aber huldigten dem König aufgrund ihrer Eindrücke von seiner Energie freiwillig.

Da brach, genährt durch finanzielle Zuwendungen aus Persien und begünstigt durch Gerüchte vom Tode des Königs auf dem Balkanfeldzug, ein Aufstand in Griechenland los: Theben, einst eine Großmacht, von Philipp durch die Einsetzung eines oligarchischen Regimes und einer Besatzung auf der Kadmeia, der Akropolis der Stadt, gedemütigt, erhob sich und rief alle Griechen zum Kampf um ihre Freiheit auf. Es fand damit auch teilweise Unterstützung, makedonenfreundliche Regierungen wurden gestürzt, Truppen in Marsch gesetzt, aus Athen kam immerhin finanzielle und moralische Unterstützung – doch plötzlich war Alexander in Eilmärschen vor Theben erschienen, belagerte die Stadt, die sofort isoliert war, und vollzog an ihr ein exemplarisches Strafgericht, wobei er sich auf einen Spruch seiner zum Teil von antithebanischen Gefühlen regierten griechischen Verbündeten berufen konnte: Die Stadt wurde bis auf das Haus Pindars, des Dichters der griechischen Aristokratie, dem Erdboden gleichgemacht, die Bevölkerung getötet bzw. versklavt. Erneut bestätigten die Griechen Alexander als Hegemon. Aber mehr als deutlich war auch jetzt, daß sich sehr viele von ihnen nicht als seine Partner und Alliierten, sondern als seine Untertanen fühlten. Doch wurden die Formen eingehalten: Die Verbündeten, über deren Loyalität man geteilter Meinung sein mußte, stellten ihre Kontingente und die Flotte. Dabei nahm Athen, dem Alexander sehr konzessionsbereit begegnet war, einen wichtigen Platz ein.

b) Krieg in Kleinasien

Philipp II. gegen das Persische Reich

Den Feldzug gegen die Perser hatte Alexander von seinem Vater ‚geerbt‘. Diesem war es mit dem Perserkrieg vor allem darum zu tun gewesen, die Griechen an seine Suprematie zu gewöhnen bzw. mit seiner Herrschaft zu versöhnen: So wurde der Großkönig der Feind des allgemein griechischen Friedens, gegen den das Bündnis – und damit die makedonische Hegemonie auch formell – aktualisiert wurde. Freilich ging das nicht ohne Künstlichkeiten ab, da, objektiv gesehen, die Perser keinerlei offensive Absichten in Griechenland verfolgten (ganz im Gegensatz zu den Makedonen) und, subjektiv gesehen, die Griechen sich auch nicht übermäßig von ihnen bedroht fühlten. Zwar standen seit dem Königsfrieden von 386 v. Chr. die Griechen auf dem kleinasiatischen Festlande unter der Herrschaft der Perser – es waren dort überwiegend oligarchische Cliquen propersischer Sympathisanten an der Macht, die teilweise wenig populär waren und gegen die sich der Gedanke der Demokratie ausspielen ließ. In der Tat hatten die makedonischen Vorauskommandos unter Parmenion und Attalos hier angesetzt. Aber der Krieg gegen die Perser konnte nicht insgesamt als Kreuzzug für die Demokratie ausgegeben werden, da die Makedonen in Griechenland selbst eher die Oligarchen förderten. Deshalb hatte man gegenüber der griechischen Öffentlichkeit an ein immer virulentes Grundempfinden appelliert und eine Brücke zu der glorreichen Zeit der Perserkriege geschlagen: Aus Rache für die Zerstörungen der griechischen Heiligtümer und Städte durch Xerxes – das war immerhin fast 150 Jahre her – zog man gegen die Perser.

Wie weit Philipps Pläne gingen, ist nur zu mutmaßen: Doch da er sehr auf den traditionellen Wegen makedonischer und griechischer Politik einherging und deren Optik verhaftet war, wird er schwerlich mehr geplant haben als die Zurückdrängung der Perser aus Kleinasien oder dessen westlichem Teil, bis zum sog. Isthmos zwischen Kilikien und Sinope – wie man etwa als Plan dem Spartanerkönig Agesilaos unterstellt hatte. Solches lag im Vorstellungsbereich der Zeit und der handelnden Personen. Unter diesen Voraussetzungen trat also Alexander den Perserzug an, zunächst, soweit man nach außen erkennen konnte, in den Bahnen seines Vaters.

Im Mai 334 v. Chr. brach er auf, den rund sechzigjährigen Antipatros als ,Reichsverweser' für Europa zurücklassend, betraut vor allem mit der Aufsicht über die Griechen und Thraker sowie mit dem Schutz der makedonischen Grenzen. Alexanders Heer bestand aus rund 32000 Mann Fußvolk und etwa 5500 Reitern. Kern der Infanterie waren die makedonischen Truppen, 9000 Pezhetairen in sechs Regimentern (taxeis) sowie 3000 Hypaspisten – ähnlich bewaffnet wie jene, aber noch beweglicher und noch besser für besondere Einsätze trainiert. Dazu traten 7000 griechische Hopliten aus den Städten des Korinthischen Bundes, 7000 griechische Söldner und 6000 Mann aus Kontingenten der Balkanstämme, letztere vor allem für den Fernkampf als Speerwerfer (Akontisten) und Bogenschützen sowie als leicht bewaffnete Plänkler.

Alexanders Truppen

Zur Reiterei gehörten zunächst die makedonischen Eliteeinheiten der Hetairen, deren Hauptwaffe die Stoßlanze war, acht Schwadronen (Ilen) mit insgesamt 1200 Mann, sowie 600 Aufklärer (prodromoi) in vier Schwadronen. Dazu kamen 1200 Reiter aus Thessalien sowie 1000 von den anderen griechischen Bundesgenossen. 6000 waren als Söldner angemietet und 900 kamen aus thrakischen Stammesaufgeboten, auch sie vorwiegend als berittene Späher zur Aufklärung eingesetzt. Ferner gab es eine Flotte von 160 Einheiten, ausschließlich Alliierte, sowie die Spezialeinheiten, insbesondere Ingenieure und Pioniere als technische Truppe vor allem zu Belagerungszwecken, aber auch Wegevermesser und Versorgungsspezialisten. Überhaupt gehörten zum Stab Fachleute als Berater, aber auch Intellektuelle, von denen einer, Kallisthenes, ein Verwandter des Aristoteles, die Aufgabe hatte, durch sukzessive Schilderung der Taten Alexanders die griechische Öffentlichkeit im Sinne des Königs zu beeinflussen. Im Grunde war es auch ein Hof auf Reisen.

Das Heer, so buntgescheckt es erscheinen mochte, ist durch seine Operationen sehr schnell ein organisches Ganzes geworden, ein Instrument, dessen sämtliche Register sein Kommandeur perfekt ziehen konnte: Gerade die unterschiedlichen Waffengattungen wurden im Sinne des Gesamten optimal und flexibel eingesetzt, im „Kampf der verbundenen Waffen", der das eigentliche militärische Geheimnis des makedonischen Erfolges ausmacht. Die Größendimension der Truppe hat sich während des Feldzuges nicht wesentlich verändert: Am wichtigsten war die relative Zunahme der Söldner bei relativer Abnahme des makedonischen Anteils. Wichtige Änderungen in der Kampfweise resultierten – wie noch zu zeigen sein wird – aus Anpassungen an Strategie und Taktik der Gegner; sie waren ein besonderer Beweis für die Flexibilität der Truppe und ihrer Führung.

Am Kommando hatte Parmenion neben Alexander einen wichtigen Anteil: Er befehligte selbständig überall, wo der König nicht persönlich anwesend war. In den großen Gefechten, in denen der König selber an der Spitze der makedonischen Kavallerie im Angriff die Initiative und die Entscheidung suchte, oblag dem alten Generalissimus die eher defensive Aufgabe, den Gegner am anderen Flügel zu binden und hinzuhalten.

Der Übergang nach Asien   Der Feldzug selbst begann mit einer Reihe programmatischer und ritueller Inszenierungen, die Schlußfolgerungen über seine Sinngebung durch Alexander erlauben: Während das Gros des Heeres unter Parmenion von Sestos nach Abydos übersetzte (vielleicht nicht zufälligerweise dort, wo einst Xerxes' Brücke den Hellespont überspannt hatte), ging Alexander nach Elaius und opferte dort dem Heros Protesilaos, der seinerzeit beim Kampf um Troja als erster Grieche auf den Boden Asiens gesprungen sein soll, obwohl demjenigen, der dies tat, durch Orakel der Tod geweissagt war. Sodann steuerte Alexander selber das Flaggschiff in Richtung auf Troja, opferte in der Mitte der Überfahrt dem Poseidon und den Nereiden (einen Stier und einen Trank aus goldener Schale: Xerxes hatte seinerzeit dem Sonnengott auf hoher See ein vergleichbares Opfer gebracht). Vom Schiff aus warf er eine Lanze auf das asiatische Festland, damit wohl gemäß makedonischen Vorstellungen die Inbesitznahme des zu erobernden Landes symbolisierend oder auch nur den Beginn der Kampfhandlungen anzeigend, und sprang als erster an Land. Nachdem für Zeus, Athena und Herakles am Auslauf- und am Ankunftspunkt Altäre aufgestellt waren, opferte er in Ilion, dem einstigen Troja, der Athena Ilias – wie weiland Xerxes –, weihte ihr seine Rüstung und erhielt Waffen, die angeblich aus dem trojanischen Krieg stammten. Ferner brachte er Opfer zur Versöhnung der Mordtat des Neoptolemos, den er ja zu seinen Vorfahren rechnete, am König Priamos. Schließlich nahm er Kränze von Griechen und Indigenen aus Kleinasien an, die sich ihm freiwillig unterwarfen, und bekränzte seinerseits das Grab des Achilleus, so wie sein engster Freund Hephaistion das des Patroklos.

In diesen Riten kommt eine sehr charakteristische Mischung von allgemein griechisch-makedonischen Vorstellungen, aber auch von ganz individuellen Elementen zum Tragen: Es war ja nur zu natürlich, daß der Führer des panhellenischen Rachefeldzuges symbolträchtige Handlungen des Xerxes konterkarierte und daß er sich zugleich in die Tradition des trojanischen Krieges hineinstellte: Spätestens seit Herodot sah jeder Grieche einen Zusammenhang, und Agesilaos von Sparta war schon zu Beginn des Jahrhunderts mit seinem Opfer in Aulis entsprechend verfahren. Kallisthenes konnte dann der griechischen Öffentlichkeit von diesen plakativen Gesten berichten. Auch in den Speerwurf darf man nicht allzuviel hineindeuten: Der Anspruch auf das Feindesland besagt als solcher noch nichts, solange nicht klar ist, in welchem Umfange die Besitznahme gedacht war oder ob die Handlung überhaupt mehr besagte als eine symbolhafte Kriegsansage.

Über all diesem aber darf man die individuelle Komponente nicht übersehen, die besonders in dem Priamosopfer und der Verehrung der Heroengräber zum Ausdruck kommt: Hier zeigte Alexander, wie lebendig ihm seine mythische Genealogie war und daß ihn mit Achilleus eine ganz persönliche Affinität verband. Er orientierte sich am Mythos, der für ihn so hohen Aktualitätsgrad hatte; und auch nach außen präsentierte er sich, als Hegemon im griechischen Rachefeldzug, wie ein homerischer Held. Aber in der Substanz finden wir kein Indiz dafür, daß er hier schon in seiner Zielsetzung radikaler war als der Vater.

Das Persische Reich, auf das Alexander traf, war nicht unbedingt der Koloß auf tönernen Füßen, als der es in der Mitte des 4. Jahrhunderts, in der Zeit der Satrapenaufstände und der ägyptischen Unabhängigkeit, erscheinen konnte. Der energische Herrscher Artaxerxes III. Ochos (358-338) hatte das Reich stabilisiert, und auch nach seiner Ermordung durch den Wesir Bagoas verschlechterte sich die Lage nicht, zumal sich zuletzt der Großkönig Dareios III. Kodomannos (regierte seit 336) gegen diesen durchsetzen konnte. Die Kämpfe gegen die Makedonen vor 334 lagen im wesentlichen in der Hand des Rhodiers Memnon, der mit dem persischen Hochadel verschwägert war und zugleich – aus seiner Zeit als Exulant am makedonischen Hof – den Gegner genauestens kannte. Er hatte auch jetzt, angesichts des Hauptangriffes, ein klares Konzept: Man sollte unter Vermeidung einer Schlacht den Feind in den weiten Gebieten Kleinasiens ins Leere laufen lassen, durch gezielte Vernichtungen der Ernte seine Versorgung unmöglich machen und durch Flottenoperationen seine rückwärtigen Verbindungen stören, ja Griechenland gegen ihn aufbringen.

Die Lage im Perserreich. Abwehrkonzepte

Das war aber gar nicht nach dem Geschmack der persischen Satrapen Kleinasiens, die solche Kriegführung als schmählich ansahen. Sie wollten, als tapfere Kämpfer ihres Königs, den Feind auf dem Schlachtfelde zurückweisen, nahmen die Herausforderung also an und suchten gerade auch mit ihrer eigenen Elite, der persischen Kavallerie, den Angriff abzufangen. Mit einem Heer, das kaum stärker war als das Alexanders (eher sogar etwas schwächer) nahmen sie im Schutz des schwer zu überquerenden Flusses Granikos Aufstellung. Alexander ging noch aus der Marschformation heraus zum Angriff über, führte seine Reiterei, mit der er die Entscheidung suchte, an geeigneter Stelle durch den Fluß, in diesem entlang, bis er mit einer leichten Wendung die persische Kavallerie direkt attackieren und in die Flucht jagen konnte. Schon hier zeigte sich seine spezifische Feldherreneigenschaft (der die Haltung des Gegners entgegenkam): Er hatte einen Sinn für Manöver und Formationen, die sein vorzüglich gedrilltes Heer gut

Schlacht am Granikos

ausführte, aber ausschlaggebend waren die Schnelligkeit der Reaktion, mit der er sofort und instinktiv richtig operierte, und die vordringliche Entschlossenheit, im Angriff die Entscheidung zu suchen und ohne Umschweife zum Ziel zu kommen, dem ohnehin defensiv operierenden Gegner gar nicht die Initiative zu gestatten.

Nach dem Sieg reagierte Alexander wieder sehr programmatisch, ganz im Sinne des offiziellen hellenischen Feldzuges: Die griechischen Söldner, die auf persischer Seite gekämpft hatten und in Gefangenschaft geraten waren, wurden als Sklaven nach Makedonien geschickt, und der Athena vom Parthenon stiftete er 300 erbeutete Rüstungen: „Alexander, Sohn Philipps, und die Griechen außer den Lakedaimoniern von den Barbaren in Asien". Die makedonischen Kombattanten wurden hier gar nicht erwähnt. Diejenigen von ihnen, die gefallen waren, erhielten jedoch ein ehrendes Monument in dem zentralen Heiligtum von Dion.

Die Herrschaft in Kleinasien   Die wichtigste Konsequenz des Erfolges war aber, daß dem König Kleinasien weitestgehend ohne größeren Widerstand anheimfiel. Das aber sah besser aus, als es in Wirklichkeit war. Nach der Katastrophe vom Granikos war Memnons Kommando unangefochten. Er kämpfte in Kleinasien nur hinhaltend: mochte das feindliche Heer sich dort ‚totsiegen'! Er hatte den schwachen Punkt erkannt: Die sehr fragwürdige Loyalität der Griechen, die der persischen Flotte einen großen Spielraum gab und durch deren manifeste Präsenz in der Ägäis sowie finanzielle Zuwendungen noch zusätzlich erschüttert wurde. So ließ sich am ehesten Alexander aus Asien ‚zurückbewegen' – wie weiland Agesilaos nach der Schlacht von Knidos (394 v. Chr.).

Alexander, der es nicht riskieren konnte, seine Flotte gegen die persische auslaufen zu lassen, hatte nur eine Möglichkeit: durch Eroberung der kleinasiatischen Küstenplätze den Persern ihre Operationsbasen zu nehmen. So stieß er nach der Einnahme der persischen Zentrale in Sardeis entlang der Küste nach Süden. Etliches fiel ihm in den Schoß, weil er als Befreier von der Fremdherrschaft und – in den griechischen Städten – als Förderer der Demokratie auftrat oder – in Karien – als Vertreter dynastischer Legitimität. Die Vergünstigungen, die man bei freiwilliger Übergabe erhielt, waren freilich nur verbal oder atmosphärisch, aber mindestens für den Moment eindrucksvoll: Die Lyder z.B. konnten nun nach ihren alten Gesetzen leben, frei und autonom – aber was hieß das? Die „Tribute", die die Griechen den Persern zu zahlen hatten, wurden abgeschafft – ersetzt durch „Beiträge" an den König. Besatzungen waren an sich nicht vorgesehen – wurden aber eingesetzt, wenn es dem König aus militärischen Gründen opportun erschien. Ansonsten aber blieb alles beim alten, indem Alexander lediglich statt persischer makedonische Satrapen – mit entsprechendem Amtssprengel – einsetzte.

Wo er Widerstand fand, so in Milet und insbesondere in Halikarnassos, der wichtigsten persischen Militärbasis, ging er teilweise sehr hart vor. Am Ende des Der Gordische Jahres stieß er über Lykien bis nach Pamphylien vor. Den Winter verbrachte er in Knoten Zentralanatolien, in Gordion, der alten Metropole des legendären phrygischen

Reiches des Midas. Hier soll er den unentwirrbaren Knoten an der Deichsel eines alten Wagens mit dem Schwert zerschlagen und damit auf ein Orakel reagiert haben, das dem, der diesen Gordischen Knoten auflöste, die Herrschaft über Asien versprach. Wenn an der Geschichte überhaupt etwas Wahres ist, so muß man unter Asien keineswegs mehr verstehen als das Gebiet des alten Phrygerreiches oder Anatolien. Und dieses Orakel hatte sich ja nahezu erfüllt. Aber die eigentliche Probe stand noch bevor.

Das Frühjahr brachte eine persische Gegenoffensive in der Ägäis, wichtige Basen konnten zurückgewonnen werden, vor allem gingen den Makedonen die Inseln Chios und Lesbos verloren. Der Tod Memnons im Juni 333 brachte zunächst scheinbar noch keine wesentliche Änderung, vielmehr knüpften nun die Perser sogar Kontakte zu dem zum Krieg gegen Makedonien entschlossenen König Agis III. von Sparta, den sie mit reichen Subsidien versahen. Nach wie vor hatten sie, kaum angefochten, die Seeherrschaft in der Ägäis. Doch der Funke sprang nicht über, wohl vor allem, weil die Perser sich gegenüber den ihnen in die Hand gefallenen griechischen Inselstädten nicht als Partner, sondern als Herren gerierten.

Die persische Flotte in der Ägäis

Alexander hatte währenddessen seine Strategie, die persische Flotte durch Einnahme ihrer Basen vom Lande her zu besiegen, weiter verfolgt und war nach Kilikien gelangt. Eine Zeitlang durch eine Fieberkrankheit aufgehalten, erfuhr er schließlich, daß der Großkönig selbst mit einem Aufgebot des Reiches in der breiten Ebene von Sochoi im nördlichen Syrien in Stellung gegangen war, die Entscheidung in offener Feldschlacht suchend (Ende Oktober/Anfang November 333 v. Chr.).

Schlacht von Issos

Die Perser hatten natürlich gerüstet, und in ihrer Führung hatte sich schließlich, womöglich definitiv ausgelöst durch die Nachricht von Memnons Tod (und insofern war dieser auch in dieser Hinsicht von großer Bedeutung), die ‚klassische‘ Strategie durchgesetzt: Man wollte den Angreifer direkt treffen, dies war ein Gebot iranisch-persischer Kriegermentalität und entsprach auch dem Verständnis von den Aufgaben eines Großkönigs. Dareios in persona befehligte das Reichsaufgebot, das aber – aus Zeitgründen – im wesentlichen nur aus den westlichen Gebieten, den unteren Satrapien, stammte. Dies war noch bunter als das makedonische Heer, an Zahl weit überlegen (die Quellen sprechen von 400 000 Mann; das ist zwar stark übertrieben, doch doppelt soviele wie die ca. 30 000 Makedonen und Verbündete mögen es durchaus gewesen sein), aber an Qualität sehr unterschiedlich: Am wichtigsten – und militärisch allein wirklich effektiv – waren die griechischen Söldner (15 000 bis max. 20 000), die persische Eliteinfanterie der Kardaker (angeblich 60 000 Mann, eher höchstens die Hälfte) und die persische Kavallerie (mit 30 000 Mann ebenfalls viel zu hoch angegeben).

Alexander zog dem Feind entgegen in Richtung auf das Amanos-Gebirge (Nur Dagh), über dessen Pässe man nach Syrien gelangte. Der Feind jedoch marschierte – ob absichtlich oder nicht, muß dahingestellt bleiben – jenseits des Gebirges an ihm vorbei und stand dann plötzlich, beim Ort Issos, in seinem Rücken. In der

Küstenebene, geschützt durch den Fluß Pinaros (heute wahrscheinlich Payas), stellte Dareios sein Heer auf, von der Küste bis an die Vorgebirge des Amanos, auf einer Breite von rund 3,5 km, wobei in der Mitte die Infanterie massiert war, hinter der er sich selber auf seinem königlichen Streitwagen befand. Bis zum linken Flügel erstreckte sich die Infanterie, rechts, am Meer, war die Elite-Kavallerie postiert. Schon im Marsch auf den Feind entwickelte Alexander sein Heer. Auf Kosten der Tiefenstaffelung dehnte er es ebenfalls über die ganze Ebene aus, bestimmte den linken Flügel unter Parmenion für die Defensive, noch verstärkt durch die thessalischen Reiter, und ging dann an der Spitze der Hetairenreiter wider Erwarten in dem ungünstigen Gelände am Gebirgsrand über den Fluß zum Angriff über. Während im Zentrum und am Meer die persischen Reiter und die griechischen Söldner sein Heer in größte Bedrängnis brachten, zerschlug er den linken Flügel des Gegners und schwenkte dann, teilweise umfassend, gegen das Zentrum, wo sich Dareios selbst befand. Dieser gab seine Sache verloren und floh, so daß schließlich die Schlacht, die so ungünstig nicht stand, definitiv verloren ging. Hoch waren die Verluste, auch auf Seiten der Makedonen, aber gewaltig die Beute, gelang es doch, den bei Damaskus lagernden persischen Troß zu erreichen, wo sich u. a. der Harem des persischen Großkönigs befand.

Alexander in Phönikien — Wichtigste Konsequenz des Sieges – im Sinne des bisherigen Kriegsverlaufes – war jedoch die feste Aussicht auf die zukünftige Wirkungslosigkeit der persischen Flotte. Deren wichtigste noch verbliebenen Basen in den großen phönikischen Städten lagen offen vor Alexander: Eine der Metropolen, Sidon, das erst rund zehn Jahre zuvor noch gegen die Perser rebelliert hatte, stellte sich freiwillig zur Verfügung, die andere, Tyros, widerstand: Im Vertrauen auf ihre Uneinnehmbarkeit – immerhin hatte sie der mächtige Nebukadnezar von Babylon nicht erobern können – weigerte sie sich, Alexander in Waffen ihrem Hauptgott Melkart, für die Griechen Herakles, in der Stadt opfern zu lassen. So wurde sie mit allen Mitteln, zu Lande und schließlich auch zu Wasser, fast sieben Monate lang (Februar bis August 332 v. Chr.) belagert und schließlich erobert. Die übliche Härte gegenüber Widerstand steigerte sich hier zur brutalen Statuierung eines Exempels: 8 000 Einwohner wurden getötet, 30 000 in die Sklaverei verkauft und 2 000 Wehrfähige entlang der Küste ans Kreuz geschlagen.

c) Die Herrschaft im Persischen Reich

Briefwechsel zwischen Alexander und Dareios — In die Zeit der Belagerung fallen Verhandlungen zwischen Dareios und Alexander in Form eines Briefwechsels. Dieser ist für Alexanders Zielsetzung zu diesem Zeitpunkt höchst charakteristisch : Auf den ersten Brief des Großkönigs, der eine Reihe von Vorwürfen beinhaltete und schließlich Konzessionen in Form von Geldzahlungen und Landabtretungen anbot, antwortete Alexander einerseits noch ganz im Rahmen der offiziellen Sinngebung des Feldzuges, mit dem Hinweis auf die Untaten des Xerxes und zudem auf angebliche Mordpläne des Dareios gegen Philipp; aber im zweiten Teil des Briefes öffnete sich ein ganz anderer, viel weiterer Prospekt: Alexander erinnerte den Großkönig an die sinistren Vorgänge im Umfeld seiner Thronbesteigung, bestritt ihm also die Legitimität und erklärte sich dann ganz unumwunden selbst als König von Asien, d.h. des Persischen Reiches; wenn Dareios Anspruch auf dieses erhebe, solle er darum mit ihm kämpfen.

Und selbst als Dareios ihm in einem weiteren Schreiben geradezu die Teilung des Reiches offerierte, mit dem Euphrat als Grenze, verbunden mit dem Versprechen auf Freundschaft und Bündnis sowie einer dynastischen Verbindung, der Hand einer Tochter, lehnte Alexander ab. Hier wird deutlich, daß es ihm ums Ganze ging, um die Herrschaft über das gesamte Persische Reich. Spätestens an diesem Punkt tritt er aus den Bahnen seines Vaters heraus, dessen – gedachte – Auffassung man doch am besten in Parmenions Haltung gegenüber dem persischen Angebot erkennen kann, welcher riet: „Ich würde annehmen, wenn ich Alexander wäre"; und dem Alexander erwiderte: „Ich auch, wenn ich Parmenion wäre" [Plut. Alexander 29,4]. Alexanders Zielsetzung

Daß Alexander schon früher dieses Ziel vor Augen hatte, ist nicht unbedingt ausgeschlossen, aber aus seinem für uns rekonstruierbaren Verhalten nicht nachzuweisen. Es mag also der Gedanke bereits in ihm gesteckt, manche seiner Handlungen bestimmt und sich erst jetzt auch für seine Umgebung manifestiert haben. Plausibler ist vielleicht, daß es ihm erst nach dem glor- und folgenreichen Sieg über den König selbst, den er wie in einem Duell persönlich attackiert hatte, klar in den Sinn gekommen ist, daß ihm die ganze Herrschaft gebühre. Ob ihm damit aber schon auch das Konzept einer Weltherrschaft deutlich vor Augen stand, muß ebenso offenbleiben wie die Frage, wieweit er schon vor Issos auf die Herrschaft über das Perserreich zielte.

Zunächst verfolgte er den König Dareios nicht, sondern zog nach Süden, um sich auch Ägypten zu unterwerfen. Damit war dann die Küstenlinie des östlichen Mittelmeeres komplett in seiner Hand, und dies allein verdeutlicht, daß dieser Zug militärisch-politisch durchaus sinnvoll war. Unterwegs leistete Gaza Widerstand, neben den phönikischen Städten der bedeutendste Umschlagplatz für die Karawanenwege aus Arabien. Nach mehrwöchiger Belagerung (Oktober/November 332 v. Chr.) verfuhr er mit derselben Schonungslosigkeit wie im Falle von Tyros, indem er die Bevölkerung töten oder versklaven ließ. Alexander in Ägypten

Nun stand Ägypten offen, das sich ihm nicht nur unterwarf, sondern ihn als Befreier von der persischen Herrschaft empfing. Alexander ließ höchste Rücksicht gegenüber den einheimischen Traditionen walten: Er opferte dem Apis–Stier in Memphis und verfügte die Restaurierung von Tempeln in Karnak und Luxor. Wahrscheinlich – wenngleich unsere Überlieferung darüber nicht so gut ist – wurde er sogar offiziell als Pharao inthronisiert, jedenfalls ist er in ägyptischen Dokumenten deutlich mit pharaonischer Titulatur genannt, mithin auch als selbst mit göttlicher Kraft begabter Sohn des Gottes Amun-Re. Dazu paßt, daß er die eigentliche Verwaltung in der Hand von Ägyptern ließ und lediglich für militärische und finanzielle Aufgaben besondere Kommandos unter Makedonen und Griechen einrichtete.

Gründung von Alexandreia

Anfang des folgenden Jahres (331 v. Chr.) leitete er westlich des Nil-Deltas die Gründung einer großen, an griechischer Konzeption orientierten Stadt ein, die seinen Namen trug: Alexandreia. Sie sollte in erster Linie ein Emporion sein, ein Umschlagplatz für Waren aus Asien, Arabien und Ägypten im Austausch mit Waren aus der Ägäis. Tyros und Gaza waren zerstört, also war ein solcher Platz durchaus nötig und konnte auf eine von größerer Konkurrenz freie Zukunft hoffen. Der mit der Verwaltung der ägyptischen Einkünfte beauftragte Grieche Kleomenes aus Naukratis, das schon seit Jahrhunderten als Emporion für den Austausch zwischen Ägypten und der griechischen Welt gedient hatte, sollte sich um den weiteren Aufbau der Stadt kümmern.

Die Oase Siwa

Von Alexandreia aus ging der König weiter, tief in die Wüste, zur Oase Siwa – ein besonders mysteriöser Zug? Zunächst war dort ein altes Orakel, das die Ägypter durch Libyer kennengelernt und mit ihrem Gott Amun-Re verbunden hatten. Die Griechen , die seit dem 6. Jahrhundert in der Kyrenaika siedelten, identifizierten diesen mit ihrem höchsten Gott und sprachen von Zeus Ammon. Schon früh galt dieses Orakel neben denen von Dodona und Delphi in der griechischen Welt als besonders treffend und war entsprechend berühmt. Da Alexander, von einer sehr elementaren Religiosität bestimmt, auch vorher an den verschiedensten Orten den diversen lokalen Gottheiten seine besondere Reverenz erwiesen hatte, ist sein Zug zum Orakel an sich nicht sehr auffällig. Immerhin war aber ein nicht ganz einfacher Wüstenmarsch zu absolvieren. Man hat also noch an weitere Motive zu denken. So hatte Alexander gehört, daß auch seine Vorfahren Perseus und Herakles das Orakel besucht hätten. Dies gab offensichtlich für den am Mythos sich orientierenden König den Ausschlag.

Wonach er das Orakel fragte und was dieses ihm antwortete, läßt sich schon deshalb nicht mehr ergründen, weil Alexander selber sich darüber ausschwieg. Man wird sich denken können, daß ihm großer Erfolg prophezeit wurde, vielleicht auch in Äußerungen, die sich als Hinweis auf eine Herrschaft über die ganze Welt deuten ließen – mehr als solche Vermutungen sind nicht erlaubt. Fast noch wichtiger aber war womöglich die Begrüßung durch den Oberpriester des Heiligtums bei der Ankunft: Als der König von Ägypten wurde er als Sohn des Amun-Re begrüßt. Ob erst in diesem Moment oder eher schon vorher, mit der Übernahme der pharaonischen Titulatur, die man ihm ja irgendwie erläutert haben wird, galt Alexander als Sohn des Zeus, eines Gottes, der sich gerade bei den Makedonen einer ganz besonderen Verehrung erfreute. Bezeichnenderweise hat er das weniger zur Konstruktion eines theokratischen Herrschaftsfundamentes genutzt; es war ihm mehr eine Sache seiner ganz persönlichen Vorstellung: Jemand, der in den Bahnen seiner Vorfahren Herakles oder Achilleus wandelt, der sich an diesen orientiert, ja geradezu in deren Welt hineinschlüpft, wird eine offenere Bereitschaft dafür gehabt haben, auch sich selbst als Halbgott zu verstehen – und die höfische Darstellung des Kallisthenes für die griechische Öffentlichkeit konnte dieses mit den Mitteln griechischer Rhetorik trefflich präsentieren. Vorderhand war nichts effektiv anders – aber Alexanders Selbstverständnis als geradezu mythischer Heros konnte sich weiter verfestigen.

Im April 331 zog Alexander über Phönikien und Syrien in Richtung auf das Zentrum des Perserreiches, die Entscheidung suchend. Dies wollte auch Dareios, der sich als Großkönig jetzt noch weniger denn je erlauben konnte, den Gegner mit einer Politik der verbrannten Erde in den Weiten Irans auflaufen zu lassen. Auch er suchte das Duell, ja, er hatte es nun optimal vorbereitet: Truppen aus den gesamten noch verbliebenen Reichsteilen waren aufgeboten, insbesondere die siegesgewohnten Kavalleristen der ostiranischen Stämme bis hin zu Scharen skythischer Reiternomaden aus den Grenzgebieten des Reiches. Dazu kamen Spezialwaffen: Elefanten und die gefährlichen Sichelwagen. Das Schlachtfeld wurde genau festgelegt. Es war so groß, das es die besten Entfaltungsmöglichkeiten für das Riesenheer gab, und war zusätzlich für den Einsatz der Sichelwagen präpariert, andererseits gegen Alexanders gefürchtete Attacke durch Annäherungshindernisse gesichert.

Schlacht von Gaugamela

Alles war so eingerichtet, daß Alexander diesen Platz in der Nähe der Königsstraße östlich des Tigris passieren mußte: So kam es am 1. Oktober 331 in der Ebene von Gaugamela im Verlauf einer höchst unübersichtlichen Staubschlacht zur definitiven Entscheidung. Die persische Überlegenheit war erdrückend, ein Mehrfaches des makedonischen Aufgebotes. Ziemlich glaubhaft wird allein von 30000 Reitern berichtet. Alexander versuchte gar nicht erst, seine Schlachtreihe auf die Breite der persischen auszudehnen: In vorderer Front hatte er 7000 Reiter, vorwiegend auf dem linken Flügel massiert, im Zentrum standen die makedonischen Kerntruppen, 10000 Pezhetairen und 3000 Hypaspisten; auf dem rechten Flügel waren, als zusätzliche Flankensicherung, 2000 Bogenschützen und Schleuderer aufgestellt. 20000 Infanteristen (Griechen und Balkantruppen) waren weiter hinten formiert, weil eine Umzingelung durch den Gegner geradezu fest einkalkuliert werden mußte. In der Tat erreichten die Iraner mit ihrer Kavallerie große Durchbrüche, liefen sich aber in der zweiten Linie fest – da war schon die Entscheidung gefallen: In die Lücken, die die persische Attacke in den eigenen Reihen aufgerissen hatte, schwenkte die makedonische Kavallerie unter der persönlichen Führung Alexanders – wie in Issos – gegen das persische Zentrum mit Dareios, der wieder nicht standhielt. Er flüchtete in Richtung auf die oberen Satrapien, um dort weiteren Widerstand zu organisieren. Alexander wurde auf dem Schlachtfeld zum König von Asien ausgerufen – ein Rechtsakt war dies natürlich nicht, sondern eine vom Bewußtsein eines entscheidenden Sieges getragene Akklamation und eine sozusagen moralische Anerkennung des Königs seitens der Soldaten.

Jetzt standen die Hauptstädte des Reiches offen. Der Satrap Mazaios, der eben noch bei Gaugamela auf seiten des Großkönigs gefochten hatte, übergab Babylon, wo Alexander von den Priestern und der Bevölkerung als Herrscher begrüßt wurde. Auch hier erwies er den alten Göttern und Traditionen seine Reverenz,

Alexander in Babylon

ordnete insbesondere die Restauration des beschädigten Hauptheiligtums an, das des Stadtgottes Marduk. Aber darüber hinaus wurde, wie auch sonst, möglichst wenig verändert. Diesmal beließ er sogar Mazaios im Amt, stellte lediglich einen makedonischen Militärgouverneur neben hin. Hiermit war nun schon ziemlich klar, wie der neue König von Asien zu reagieren gedachte: Nicht viel anders – höchstens besser und rücksichtsvoller (bei entsprechender Anerkennung) – als die Vorgänger. Und das konnte auch gar nicht anders sein, denn mit den wenigen verfügbaren Griechen und Makedonen hätte sich das Reich niemals wirklich einnehmen, sondern nur zerschlagen lassen. Alexander bewegte sich also in der Praxis ganz in den Bahnen pragmatischer Vernunft, nach den Regeln des möglichst geringen Aufwandes. Von zentraler Bedeutung war die Grundsatzentscheidung, sich das ganze Reich wirklich anzueignen.

Und spätestens jetzt, im Zentrum uralter Vorstellungen von universaler Herrschaft, mußte ihm klar gewesen sein, daß die Herrrschaft über Asien, über das Persische Reich, ihrer Tradition nach zugleich die Herrschaft über die Oikumene implizierte. In den Bahnen dieses – von den Persern selbst aus noch älteren Traditionen übernommenen, aber konkret umgesetzten – Gedankens waren die Großkönige geschritten. So gaben die Gegner Alexander allmählich die Orientierung. In dieser Spannung, zwischen dem – offiziell vom Rachewunsch geprägten – Eroberer des Persischen Reiches und dessen Fortsetzer, ja Erben, bewegte sich Alexander in den folgenden Monaten. Sein Verhalten zeigte dies deutlich.

Susa und Persepolis Nach einem längeren Aufenthalt in Babylon erreichte er Susa (Dezember 331): Dort setzte er sich demonstrativ auf den Thron der persischen Großkönige – Eroberer wohl noch mehr als Nachfolger. Er ließ auch die Schätze des Persischen Reiches ausmünzen. Wohl erst hier erfuhr er, daß seine Herrschaft in Griechenland durch den Krieg des spartanischen Königs Agis III. gegen Antipatros ernsthaft gefährdet war, und traf Maßnahmen zur finanziellen Unterstützung des Statthalters. Dabei war der Krieg zu diesem Zeitpunkt durch die endgültige Niederlage der Spartaner und den Tod des Agis schon beendet, noch vor Gaugamela. Davon erhielt Alexander erst Nachricht, als er bereits in Persepolis, einer anderen, der sozusagen rituellen Hauptstadt des Persischen Reiches, im Kernland Persis selbst, angelangt war (Januar oder Februar 330), nach harten Kämpfen im Bergland. Er überließ die Stadt den Soldaten zur Plünderung – Antwort auf den von ihr geübten Widerstand und letztes Symbol des antipersischen Kampfes. Ansonsten ordnete er die Verwaltung hier und in der benachbarten Satrapie Karmanien im Sinne seiner bisherigen Maßnahmen. Auch suchte er das Grab des Kyros in Pasargadai auf und erwies diesem seine Reverenz, ein Zeichen neuer Orientierung.

Wenig paßt in dieses Bild die am Ende des Persepolis-Aufenthaltes, etwa im Mai, erfolgte Verbrennung der Königspaläste von Persepolis, die sich rationaler Deutung entzieht. Ganz offensichtlich war sie das Ergebnis eines Exzesses während eines Gelages: Alexander und seine Gefährten haben die Fackeln geworfen, angeführt von einer athenischen Kurtisane, der späteren Mätresse des Ptolemaios. Nachträglich hat man das als Racheakt für die von Xerxes zerstörten Heiligtümer hinstellen können, und vor allem hat Alexander schnell Reue gezeigt, denn mit seiner Politik hatte das nun kaum noch etwas zu tun.

Im Mai oder Juni ging es dann erneut auf Dareios los, östlich des Zagros-Gebirges in Richtung auf die alte medische Hauptstadt Ekbatana. Der Großkönig hatte sich in die oberen Satrapien zurückgezogen. Bevor Alexander die Verfolgung aufnahm, entließ er die griechischen Bundeskontingente: Damit war der „Rachefeldzug" definitiv beendet, über den Alexander ohnehin längst hinausgewachsen war. Ekbatana machte er zu einer Zentrale für seine rückwärtigen Verbindungen, unter dem Kommando des greisen Parmenion.

Währenddessen war der flüchtige Großkönig von den Satrapen in seiner Umgebung gefangengesetzt worden, und auf die Nachricht hin, Alexander rücke in Eilmärschen heran, tötete einer von diesen, Bessos, den Herrscher, der nach der Auffassung dieser iranischen Ritter versagt hatte (Juli 330). Von diesem Augenblick an war Dareios nicht mehr der Gegner, sondern der Vorgänger, Alexanders Position im Perserreich war unzweideutig geworden: Nachfolger der Achaimeniden. Dazu gehörte zunächst der Akt der Thronfolger-Pietät, die Bestattung des Königs in der dafür vorgesehenen Grablege, den Felsengräbern von Persepolis. Nun stand Alexander völlig in der achaimenidischen Kontinuität. Dies zeichnete die unmittelbaren Aufgaben vor: Bestrafung der Rebellion gegen den Vorgänger und überhaupt die definitive Inbesitznahme der Herrschaft bis an die Grenze des Reiches.

Das brachte aber, in den folgenden drei Jahren, die bisher größten Schwierigkeiten. Schon die geographische Lage und die naturräumlichen Gegebenheiten stellten die Griechen und Makedonen vor völlig ungeahnte Probleme: Wüsten waren zu durchqueren, riesige Gebirge, unweit vom ‚Dach der Welt', auf hohen und verschneiten Pässen zu überwinden. So hat das Heer vom Mai 330 bis zum Juni 329, von Persepolis über Ekbatana und dann durch Iran, das heutige Afghanistan, schließlich über den Hindukusch bis nach Baktrien, rund 5000 km zurückgelegt. In den ostiranischen Gebieten, insbesondere in Sogdien, stieß man zudem auf erbitterten Widerstand, den man nicht in offener Feldschlacht meistern konnte, weil er sich in schwer zu erobernden Rückzugszentren konzentrierte und nach Art eines Guerillakrieges mit Überfällen aus den Tiefen der Wüste geleistet wurde. Auch die in den Grenzgebieten oder jenseits der Grenze schweifenden skythisch-massagetischen Reiternomaden waren auf iranischer Seite im Kampf.

Zwar hatte Alexander relativ rasch den Bessos, der sich zum König hatte proklamieren lassen, gefangennehmen und einer exemplarischen Bestrafung zuführen können. Doch insgesamt dauerte der Kleinkrieg in Sogdien, der von den dortigen Herren, besonders geschickt von einem Spitamenes (+ Herbst 328), organisiert wurde, rund achtzehn Monate (329/328). Hier erwies sich die Flexibilität des makedonischen Aufgebotes, das jetzt den Bedingungen des Nomaden- und Festungskrieges angepaßt wurde, vor allem dadurch, daß das Prinzip des Kamp-

Alexander als Nachfolger des Dareios

Kämpfe in Nordostiran

fes der verbundenen Waffen vom Gesamtaufgebot auf die Grundeinheiten übertragen wurde. Diese konnten jetzt – in kleineren Dimensionen – als Brigaden
selbständig operieren, und so tauchte die Armee Alexanders unter ihren zunehmend an Erfahrung und Selbstbewußtsein gewinnenden Unterführern überall
und jederzeit auf.

Am Ende stand ein voller Erfolg: Der Grenzfluß Iaxartes (Syr Darja) wurde
überschritten, eine Warnung an die Nomaden. Hier war man eigentlich am Ende
der Oikumene, mindestens des Persischen Reiches, angelangt; was jenseits war,
ließ sich mit Fug und Recht vernachlässigen. Also gründete Alexander programmatisch hier das „äußerste Alexandreia" (Alexandreia Eschate) am Ufer des
Grenzflusses. Später mochte man Gelegenheit haben, noch einmal hierher zu gelangen, von der Heimat aus, vom Westen, vom Tanais (Don) her, den man mit
dem Iaxartes identifizierte.

Auch hier setzte Alexander nicht auf bloße Unterwerfung, sondern auf die Ver-
ständigung mit einem willigen Teil des ostiranischen Adels. Mit diesem trat er sogar in besonders enge Verbindung, indem er Roxane heiratete, die Tochter eines
sogdischen Fürsten, des Oxyartes, der nun zu einem seiner wichtigsten Gefolgsleute wurde (Anfang 327). Auch in das Heer wurden zunehmend iranische Einheiten aufgenommen, allerdings noch nicht völlig mit den makedonisch-griechischen vereint.

Interne   Diese drei Jahre waren aber auch von Schwierigkeiten im eigenen Lager über-
Konflikte   schattet. Es darf uns ja nicht unbedingt selbstverständlich vorkommen, daß Adel
und Truppen dem König Alexander selbst noch nach dem Tod des Dareios folgten. War damit nicht ein bzw. das Ziel erreicht? Dazu kam, daß Alexander sich
auch äußerlich als König des Persischen Reiches gab: Elemente des Hofzeremoniells (das ja gerade von der Unnahbarkeit des Herrschers geprägt war) wurden
übernommen, und so konnten persische Hofschranzen zwischen Alexander und
seine Leute treten. In seiner Tracht übernahm er persisch-medische Symbole, besonders Diadem, Gürtel und Chiton . Der Gipfel war der – übrigens mißlungene
– Versuch, die Proskynese auch für die Makedonen und Griechen verbindlich zu
machen. Diese war die übliche Begrüßung, auf die der persische König Anspruch
hatte, wohl eine Art Kniefall mit folgender Kußhand. Für die Griechen, die sol-
cherart allenfalls den Göttern begegneten, war dies geradezu das Symbol orientalischer Servilität, Gegenstück der griechischen Freiheit und damit auch ein spezifischer Ausdruck ihrer Differenz zu den „Barbaren".

Dennoch führte dies alles nicht zu einem echten Widerstand. Es gab aber eine
Reihe von symptomatischen Ereignissen, die verdeutlichen, welche Spannungen
unter der Oberfläche vorhanden waren. Schon im September des Jahres 330, noch
im südwestlichen Afghanistan, ließ der König den Philotas, Sohn des Parmenion
und Kommandeur der Hetairenreiterei, von der Heeresversammlung zum Tode
verurteilen. Der Grund (angebliche Beteiligung an einer Verschwörung) war sicher vorgeschoben. Das wahre Motiv ist schwer zu ermitteln: Alexanders Verhältnis zum alten Parmenion, der in der makedonischen Hierarchie mit seinen Söh-

nen und Verwandten so mächtig präsent war, ist nie ungetrübt gewesen. Philotas hatte ein entsprechend bedeutendes Kommando und verkörperte vielleicht, wie sein Vater, noch eher die Grundsätze des alten Makedonentums, von denen sich der neue Großkönig allzusehr entfernte. Zudem soll er seiner Mätresse immer wieder erzählt haben, daß das eigentliche Verdienst für Alexanders Siege bei ihm liege. Jedenfalls ließ Alexander nach Philotas' Prozeß auch gleich noch Parmenion aus dem Wege räumen.

Im Sommer 328 dann hat Alexander im Verlauf eines der üblichen makedonischen Gelage, im Zustande des Rausches, den ebenfalls nicht mehr nüchternen Kleitos erstochen, einen seiner führenden Offiziere, dem er persönlich eng verbunden war. Kleitos war ebenfalls kein Vertreter einer prinzipiellen makedonischen Opposition: Er mochte sich durch Regelungen in der Kommandostruktur zurückgesetzt gefühlt haben und machte nun beim Gelage aus seinem Herzen keine Mördergrube, brachte auch provozierend Alexanders neues Auftreten zur Sprache. Dieser selbst bereute – bei vollem Bewußtsein – die Kurzschlußreaktion.

Grundsätzlicher war ein Widerstand gegenüber der Proskynese: Er kam aber ausgerechnet von dem Griechen Kallisthenes, Alexanders Hofschreiber, der als freier Hellene sich nicht der neuen Prozedur unterwerfen wollte. Alexander gab diese dann tatsächlich auf, aber nur, weil sich seine makedonischen Großen über die Zeremonie schlicht lustig machten. Aber des Kallisthenes demonstrativen Auftritt vergaß er nicht: Wenig später (Frühjahr 327) kam es, aufgrund einer persönlichen Kränkung, zu einer an sich völlig unbedeutenden Verschwörung einiger junger Männer aus dem sog. Pagenkorps. Kallisthenes, der in diesem als Lehrer tätig war, wurde der Inspiration dieser eher kindlichen Pläne beschuldigt, arretiert und schließlich getötet.

Insgesamt aber muß besonders beachtet werden, in welchem Maße Alexander auch in seiner neuen Rolle als Nachfolger der Achaimeniden auf die Loyalität in der Führungsspitze wie im Heer rechnen konnte, selbst angesichts schier übermenschlicher Strapazen. So konnte es immer noch weiter gehen.

d) Zu den Grenzen

Indien, genauer gesagt, das Gebiet des Punjab, hatte teil- und zeitweise zum Persischen Reich gehört. Wenn Alexander also jetzt zum Indienfeldzug rüstete, konnte man dies immer noch als Schritt zur völligen Inbesitznahme des Reiches sehen. Doch liegt mehr darin: Es war nämlich – auch wenn man die persischen Traditionen bedenkt – nicht selbstverständlich und zeigte, daß Alexander das Reich in seiner größtmöglichen Ausdehnung wollte, d.h. den Gedanken der Weltherrschaft konkret faßte. Das bestätigt sein Verhalten: Ganz real wollte er an die Grenzen der bewohnten Welt vorstoßen, nach seinem griechischen Weltbild bis an den Okeanos; und darin steckte auch ein gutes Stück wissenschaftlicher Neugier.

Der Indien-
feldzug

So begnügte er sich nicht damit, die Huldigung einiger indischer Radjas entgegenzunehmen, sondern unternahm einen großen Feldzug, mit deren Unterstützung. Darüber hinaus wird ein weiteres Stück Entwicklung sichtbar: Als Alexander im Herbst 327 aufbrach, ließ er einen Teil des Heeres unter Hephaistion und Perdikkas auf dem Hauptweg, durch das Kabultal und über den Khaibar-Paß, nach Indien ziehen. Er selbst wählte die Bergroute durch das Gebiet von Nurestan und Swat und kämpfte dort nahezu ein halbes Jahr lang. Dabei bezog er sich offen auf die Welt der mythischen Halbgötter: Eine völlig unzugängliche Felsenburg griff er direkt an, weil Herakles dies selbst angeblich vergebens versucht hatte. Schon vorher aber war er auf eine Stadt namens Nysa gestoßen – und Nysa war der Name der Amme des Weingottes Dionysos, ebenfalls eines Zeus-Sohnes, eines Gottes, der in Makedonien ganz besonders verehrt wurde. Mehrere Städte gleichen Namens galten als sein Geburtsort. Hatte also nicht auch schon Dionysos hier geweilt, Indien in einem fabelhaften Zug unterworfen? So bekam Alexanders Indienfeldzug den Rang einer nicht nur mythisch-heroischen Tat, sondern geradezu göttlicher Nachahmung. Es ging nicht nur um Verwandtschaft mit und Imitation von Heroen, sondern jetzt um die unmittelbare Konkurrenz mit ihnen, die auf ein agonales Übertreffen hinauslief. Dies zeigt, wie sehr Alexander in die Welt des Mythos eingetaucht war.

Nach dem Indusübergang im Frühjahr 327 und der Aufnahme in Taxila (bei Rawalpindi), dessen Fürst Alexander gehuldigt hatte, ging es gegen dessen – und damit Alexanders – wichtigsten Gegner, den König Poros, der im östlichen Punjab, jenseits des Hydaspes (Jihlam) herrschte. Er war am östlichen Ufer dieses Flusses in Stellung gegangen mit einem großen Aufgebot, vor allem zahlreichen Kriegselefanten. Nach schwierigen Übersetzungsmanövern über den Fluß attackierte Alexander, wobei er die vor der Linie der Inder aufgestellten Elefanten durch einen Zangenangriff umging und damit neutralisierte (Juni 326). Den bis zuletzt fechtenden Gegner akzeptierte Alexander als Partner. Er wurde unter die ‚Klientelfürsten' eingereiht, mittels derer Alexander seine Herrschaft in Indien ausübte, auch hier den pragmatischen Weg der möglichst unaufwendigen, also sich anpassenden Organisation beschreitend.

Noch aber war man weit entfernt von den Grenzen; immerhin schien an einer Stelle der Okeanos greifbar: Vom Jihlam hörte man, daß er in ein riesiges Meer mündete – was einer fast vergessenen geographischen Auffassung aus der Zeit der großen Entdeckungen des 6. Jahrhunderts, besonders der Fahrt des Skylax von Karyanda, entsprach. An sich hatte Alexander, wohl unter dem Einfluß des Aristoteles, geglaubt, der Jihlam bzw. Indus sei mit dem Nil identisch (wie der Iaxartes mit dem Tanais) und man könne auf ihm nach Alexandreia gelangen. Diese Unklarheit war zu beseitigen, und so wurde der Bau einer Flotte angeordnet.

Aber zunächst mußte man weiterkommen, nach Indien hinein, zum östlichen Ende der Welt, wo an einem gewaltigen Fluß ein übermächtiges Reich gelegen sei, gerade die richtige Herausforderung für den mythischen Helden. Also zog das Heer weiter gen Osten, unter unvorstellbaren Strapazen, denn mittlerweile hatte der Sommermonsun mit seinen Regenfällen eingesetzt. An den Ufern des Hyphasis (Beas), eines der östlichsten Flüsse im Punjab, verweigerte sich die Truppe und schließlich auch das Offizierskorps dem König. Alexanders zunehmend irrational erscheinender Drang, von ihm selbst und dann auch von anderen als pothos umschrieben, die Sehnsucht, als Held und Halbgott, ja Gott zu den Grenzen zu gelangen, blieb unerfüllt. Zum ersten Mal war er an eine andere Grenze gestoßen. Nach langem inneren Ringen beugte er sich.

Immerhin konnte man – wie schon für die Rückkehr geplant – auf dem Hydaspes abwärts durch den Akesines (Chenab) und den Indus zum Okeanos gelangen. Mit der Flotte, die von dem Kreter Nearchos kommandiert wurde und an deren Ausrüstung sich auch die makedonischen Edlen als Trierarchen beteiligten, brach Alexander im November 326 auf. Unterwegs gab es noch verschiedene Kämpfe, besonders im folgenden Frühjahr gegen die Maller (am Hydraotes/Ravi, einem Nebenfluß des Chenab). Dabei erlitt der König sogar seine schwerste Verwundung, einen Lungenschuß. Zum Indischen Ozean

Im Indusdelta wurde Pattala (Haidarabad) als Hafen und Flottenstützpunkt ausgebaut, und als der Okeanos endlich erreicht war, wurden dort Opfer gebracht, angeblich wie vom Gott der Oase Siwa befohlen. Alexander fuhr, um wirklich sicher zu sein, daß der Ozean erreicht war, ins offene Meer hinaus. Dort opferte er dem Poseidon – nicht undenkbar, daß damit in bewußter Reminiszenz an den Anfang des Feldzuges mit dem Hellespont-Opfer nun das äußerste Ende demonstrativ markiert werden sollte.

Nachdem ein Teil des Heeres sowie des Trosses bereits vorher auf der nördlichen Route in das Zentrum des Reiches zurückgeschickt war (unter Krateros), sollte die Rückkehr der Flotte unter Nearchos zugleich der geographischen Exploration des Seeweges von Indien nach Persien dienen. Zu diesem Zweck mußten an der Küste Versorgungsstationen aufgebaut werden. Diese Aufgabe aber übernahm Alexander mit einem für solchen Zweck unverhältnismäßig großen Aufgebot von rund 60 000 Mann. Denn es gab – neben dem praktischen der Versorgung – noch einen viel tieferen Grund für diesen Zug: Er führte durch die Gedrosische Wüste, eine der unwirtlichsten Zonen Asiens überhaupt. Und die Gefährlichkeit des Landes war bekannt: Semiramis, die legendäre Königin von Babylon, und Kyros, der große Begründer des Persischen Reiches, hätten versucht, so hieß es, mit einem Heer diese Wüste zu durchqueren und seien gescheitert, hätten nur ihr nacktes Leben retten können. Dies war für Alexanders Streben nach dem nie Erreichten gerade die richtige Herausforderung! Der Marsch durch die Gedrosische Wüste

Der Marsch, im Herbst 325 begonnen, war denn auch ein Todesmarsch. Weit davon entfernt, der Flotte Versorgungsstationen anlegen zu können (von den ersten Etappen abgesehen), kam das Heer selbst in die allergrößten Schwierigkeiten durch Hunger und Durst, Sandstürme und überraschende lokale Überflutungen. Nur rund 15 000 Mann waren am Ende übrig geblieben, „wobei des Unterganges nicht zählbarer Tausender von Nichtkombattanten noch nicht gedacht ist" [H. STRASBURGER, Hermes 80, 1952, 487].

Nach sechzigtägigem Marsch war Pura (Bampur), die im fruchtbaren Gebiet gelegene Hauptstadt von Gedrosien, erreicht, wenig später vereinigte man sich (in Karmanien) mit der Heeresgruppe des Krateros. Nun verwandelte sich der Heereszug während einer Woche Marsches in eine dionysische Prozession: Wie der Gott selber zog Alexander aus Indien kommend zurück.

Die Flotte, die trotz erheblicher Versorgungsprobleme die Meerenge von Hormoz ziemlich wohlbehalten erreicht hatte, nahm Verbindung mit Alexander auf und setzte ihre Fahrt in Richtung auf den Tigris fort, etwa im März kam Alexander in Susa an. Der Zug zu den Grenzen der Welt war beendet.

e) Der König Alexander

Alexanders Maßnahmen in dem nun folgenden Jahr erlauben recht gut zu rekonstruieren, wie er sich insgesamt die Organisation und Struktur seines Reiches dachte. Zunächst hatten sich Ordnungs- und Disziplinierungsmaßnahmen aufgedrängt: Während seiner jahrelangen Abwesenheit in Baktrien und Sogdien, in Indien und zuletzt in der Wüste, während der er geradezu verschollen schien, hatten sich manche Satrapen selbständig gemacht; sie wurden schon von Pura aus bestraft. Gipfel war, daß der Hauptschatzmeister Alexanders, Harpalos, sich in derartiger Weise mit den Reichsfinanzen beschäftigt hatte, daß ihm bei der Nachricht von Alexanders Rückkehr nichts blieb als die Flucht – welche ihn Anfang 324 mit reichen Schätzen und angemieteten Truppen nach Griechenland führte.

Reaktion auf illoyales Verhalten

So wurden viele führende Positionen in den Provinzen neu vergeben, wobei insgesamt die Zahl der persischen Satrapen abnahm und die Statthalter auch keine eigenen Söldner mehr unterhalten sollten. Aber das erlaubt keine Schlüsse auf eine bestimmte Tendenz, im Gegenteil. Aufschlußreich ist, daß jetzt, in Susa, 30000 Iraner zum Heer stießen, die – wie es drei Jahre zuvor angeordnet worden war – in makedonischer Weise bewaffnet und gedrillt waren. Ferner legalisierte der König die Konkubinate, die rund 10000 seiner Soldaten mit Iranerinnen unterhielten, als Ehen, verbunden mit der entsprechenden Anerkennung bereits vorhandener Kinder – ein neues Rekrutierungsreservoir war geschaffen. Von den bisher zwar im Heer aufgebotenen, aber für sich kämpfenden iranischen Reitern gliederte Alexander jetzt die Angesehensten und Besten direkt in die Einheiten der makedonischen Hetairenreiterei ein. Mit all diesen Maßnahmen war bestätigt, daß im Heer nicht nur – wie es ja auch zuvor schon deutlich war – neben dem makedonisch-griechischen Element das ‚barbarische‘, insbesondere persisch-iranische, einen ganz festen Platz hatte, sondern daß sich Alexander sogar darum bemühte, eine gewisse Affinität und Integration zu erreichen.

Veränderungen im Heer

Annäherung von Makedonen und Iranern im Hochadel

Dieselbe Tendenz findet sich auf der Ebene des Führungspersonals. Von Anfang an war klar gewesen, daß man auf die Reichsaristokratie des Perserreiches nicht vollständig würde verzichten können. Neben dem makedonischen Adel und einigen griechischen Spezialisten hatten deshalb ja auch Indigene hohe Würden im Reich behalten bzw. bekommen. Alexander war es aber nun offenbar darum zu tun, dieses jeweilige Regierungspotential einander anzunähern, in eine relativ geschlossene Elite zu verwandeln. In diesen Zusammenhang gehört ein spektakuläres Fest in Susa, in dessen Verlauf Alexander selbst und seine 90 wichtigsten Hetairoi – auf seine Anordnung hin – nach persischem Ritus iranische Damen ehelichten, wodurch sie mit dem iranischen Hochadel in enge verwandtschaftliche Beziehungen traten: Dabei heiratete der König selbst eine Tochter von Artaxerxes III. und die älteste Tochtes des Dareios, während sein Intimfreund Hephaistion deren Schwester und der besonders ranghohe Krateros deren Kusine zu Frauen nahmen.

Der König selbst war in ganz besonderem Maße die Mitte dieses Reiches, das nur auf den einen Alexander zugeschnitten war: Er war natürlich der König der Makedonen, und um ihn herum gruppierten sich gleichsam in konzentrischen Kreisen die makedonischen Adligen und Soldaten, zunächst die engsten Freunde mit der Ehrenbezeichnung des Leibwächters (somatophylax), dann die Freunde und Gefährten in den höchsten Rängen und Kommandos, die königliche Leibschwadron (das Agema), die Hetairenreiter insgesamt und die Hypaspisten nebst den Gefährten zu Fuß (Pezhetairen). Aber längst fand man hier auch, bis in den Kreis der Freunde und Gefährten, Griechen und neuerdings mehr und mehr Iraner. Königtum Alexanders

Daneben war Alexander König der Perser, der sich in deren Tradition bewegte, wie gerade noch seine Doppelhochzeit in Susa gezeigt hatte. Persisch-medische Herrschaftselemente in Tracht und Zeremoniell, bis hin zum Audienzzelt, waren vorhanden. Die vornehmsten Perser gruppierten sich um ihn als die „Verwandten" (syngeneis), die das Recht hatten, den König zu küssen. Persische Lanzenträger bildeten eine spezielle Palastwache. Das Institut des Wesirs übernahm Alexander, indem er dem Kommandeur der Leibschwadron als dem Chiliarchen entsprechende Funktionen übertrug. Aber so wenig er das ganze persische Ornat übernommen hatte, so wenig ging seine Position in der des alten persischen Königs auf. Er war eben der König Alexander, ein König sui generis und sui iuris, demgegenüber es nur noch Befehlsempfänger und Untertanen gab – unter der allmählich zusammenwachsenden makedonisch-griechisch-iranischen Oberschicht.

Davon waren nun auch die Griechen nicht ausgenommen: Die große Masse der Söldner, die zunehmend militärische Bedeutung gewann und vor allem als Besatzungstruppe wichtig war, begann sich durch ihre Stationierung allmählich in Reichsuntertanen zu verwandeln, die in verschiedenen Kolonien und Städten ansässig waren. Auch den Griechen des Korinthischen Bundes begegnete Alexander nicht mehr als Hegemon, sondern als Herrscher: Souverän verfügte er im Sommer 324, daß alle Städte ihre Emigranten wiederaufnehmen sollten – womit er sich im Bewußtsein seiner einzigartigen, konkurrenzlosen Machtfülle eines traditionellen Herrschaftsmittels begab und einen alten politischen Mechanismus außer Kraft zu setzen suchte. Damit ergaben sich in Griechenland erhebliche Alexander und die Griechen

Spannungen, die – zumal angesichts der Möglichkeiten, die Harpalos' Geldmittel boten – eine echte Kriegsgefahr bedeuteten.

Freilich brauchte Alexander diese nicht zu fürchten. Seine Überlegenheit wurde von einigen griechischen Staaten sogar auf noch ganz andere Weise anerkannt, indem sie ihm göttliche Ehren erwiesen und damit die Außerordentlichkeit seiner Leistung demonstrativ würdigten. Dies lag ganz auf der Linie von Alexanders Selbstverständnis, doch hat er deshalb keineswegs das Konzept einer theokratischen Herrschaft vertreten, einer Art Gottkönigtum. Eine solche Position hatte er allenfalls als Pharao in Ägypten – aber nicht einmal als persischer Großkönig. Und bei den Griechen war die Vergöttlichung keineswegs allgemein, durch königliche Verfügung herbeigeführt, sondern ihrem Wesen nach eine spontane Ehrung (womit man sich freilich auf das Empfinden und Wünschen des Herrschers bezog).

Widerstand gab es nur einmal noch, recht spontan: Als Alexander in Opis (bei Bagdad) im Sommer 324 seine makedonischen Veteranen nach Hause entlassen wollte, rund 10000 an der Zahl, protestierten die Makedonen. Durch sofortige Tötung der Rädelsführer und die kalt verfügte Ankündigung, alle makedonischen Truppen durch iranische zu ersetzen, hat Alexander diese ‚Meuterei' beendet. Die Veteranen marschierten unter Krateros in die Heimat, und die Einheit der Makedonen und Iraner im Regiment des Reiches wurde feierlich beschworen. Danach waren lediglich noch ca. 6000 Makedonen im Reichsheer Alexanders, jedoch nur auf absehbare Zeit; denn der Zuzug neuer Truppen aus der Heimat – unter dem Kommando des Antipatros – war vorgesehen.

Vorbereitung des Arabienfeldzuges

Neben den hier erwähnten und anderen organisatorischen Maßnahmen, aber auch zahlreichen Festen und Empfängen galten die Aktivitäten des letzten Jahres der Vorbereitung eines Feldzuges zur vollständigen Erkundung und Eroberung Arabiens, mit der Konstruktion einer Flotte, der Einrichtung eines großen Hafens in Babylon sowie dem Ausbau der mesopotamischen Kanäle. Eine weitere Reorganisation im Heer brachte bei der Infanterie eine Anpassung an den zu erwartenden Wüstenkampf, Erkundungsfahrten wurden unternommen (323 v. Chr.). Die Sicherung gegen Razzien der Beduinen, vor allem aber die Abrundung des Reiches im Süden mit dem maritimen Brückenschlag von Indien nach Ägypten sowie die Herausforderung, die die Eroberung eines so legendär reichen Landes darstellte – dies waren wohl die wichtigsten Motive für die Expedition.

Im Herbst 324 war Hephaistion in Ekbatana gestorben. Die Trauer um diesen intimen Freund aus Kindheitstagen, den engsten Kampfgefährten, der als Chiliarch gleichsam Stellvertreter in der Königswürde war, zeigt noch einmal so recht den ‚mythischen' Alexander. Nach Befragung des Ammonorakels wurde Hephaistion wie ein Patroklos zeremoniell-rituell bestattet. Ein monumentales Grabmal wurde begonnen – und die Planungen für alles beschäftigten Alexander nicht weniger intensiv als die Präparation des Arabienfeldzuges.

Alexanders Tod

Endlich sollte dieser beginnen, der Tag für den Aufbruch war ins Auge gefaßt, da erkrankte Alexander an einem Fieber, wahrscheinlich durch Malaria tropica ausgelöst. Zunächst ließ er sich dadurch nicht beirren und setzte die Vorbereitungen fort, doch bald verschlechterte sich sein Zustand. Fast ohne Bewußtsein war er, als die makedonischen Soldaten stumm vorbeimarschierend von ihm Abschied nahmen. Am 10. Juni 323 starb er, gerade 32 Jahre alt.

Wie wohl kein einzelner Mensch sonst – vorher und nachher – hatte er die Weltgeschichte geprägt, wie sich freilich nicht in seiner ephemeren Zeit selbst, sondern erst in der folgenden Epoche richtig zeigte. Vieles kam ihm zugute: Die Leistungen seines Vaters, die Krise der griechischen Staatenwelt, innere Widerstände gegenüber der persischen Herrschaft, die geradezu hingebungsvolle Loyalität seiner Truppen. Viele Talente hatte er selbst in die Waagschale zu werfen, vor allem im ganz praktischen Handeln, militärisch wie politisch: Als Heerführer mit großem Charisma gegenüber seinen Truppen, dem klaren Auge für die jeweilige Situation und der Begabung, blitzschnell an der richtigen Stelle zuzugreifen; in der Organisation mit dem Sinn für überlegte Planung und dem Blick für die Möglichkeiten und Talente der jeweils Betroffenen; in der Politik und der Administration kühl berechnend, alle Faktoren, einschließlich der Mentalität seines Gegenüber, rasch erkennend, mit großer Vorliebe für pragmatische, einfache und realitätsnahe Lösungen.

Aber das ist alles nicht entscheidend gewesen und hätte nicht dazu berechtigt, diese Person, ihr Verhalten und ihre daraus zu rekonstruierenden Motive so ausführlich zu behandeln: Entscheidend waren seine – aus eher tieferen seelischen Schichten gespeisten und zugleich in seinem Bewußtsein klar verankerten – Antriebe, die für alle erwähnten Bedingen und Fähigkeiten gleichsam die Bestimmung, die Richtung und den Rahmen gaben. Entscheidend war seine persönlich-individuelle, lebendig empfundene Identifizierung mit der Welt des Mythos: Auf einer Stufe mit Halbgöttern sich sehend, durch die Erfolge sich immer weiter bestätigt fühlend, mußte er mit ihnen wetteifern – und das hieß: nicht ruhen und rasten in seinen Taten, in der Verwirklichung seiner areté und konkret bis ans Ende, an die Grenzen gehen. Und dann mochte er sogar Gott werden – wie es Herakles gelungen war. Die angedeuteten historischen Möglichkeiten waren auch für andere gegeben, ähnliche Fähigkeiten hatte manch anderer auch aufzuweisen, aber diesen inneren Antrieb und diese ihm inhärente Besessenheit, ihn zu realisieren, diese sind ganz Alexander eigen gewesen. Nur ein solcher Mensch konnte das Angebot des Großkönigs stolz zurückweisen und nicht eher Halt machen, als bis er in extremer Rücksichtslosigkeit das Äußerste erreicht hatte – und damit einer neuen Epoche Raum schaffen, soweit dies einem Einzelnen überhaupt möglich ist.

Historische
Bedeutung

2. Das Zeitalter der Diadochen (323-272 v. Chr.)

a) Die Diadochen und ihre Epoche

Charakter der Epoche Die letzten Worte, die man Alexander in den Mund gelegt hat, sind besonders gut erfunden: „Von den Freunden gefragt, wem er die Königsherrschaft hinterlasse, sagte er: ‚Dem Besten; denn ich sehe voraus, daß meine Freunde große Leichenspiele ausrichten werden!' Was dann auch Wahrheit wurde" [Diod. 18,1,4]. Hiermit erhält die Epoche der Diadochen-Kämpfe gleichsam ihr Motto, eine Zeit des Hin und Her, der überraschenden Wendungen und Peripetien, in der in einer Reihe schwerster Kriege und Auseinandersetzungen die Welt des Hellenismus ihre definitive Ausprägung erhielt. Das Reich Alexanders zerbrach in einer Welle von heftigen, immer wieder schrecklichen Eruptionen, und die neue Staatsordnung, die daraus gerann, war nur eine dünne Verkrustung, unter der es brodelte wie je.

Selten hat die Weltgeschichte eine Zeit gesehen, in der der nackte Erfolg und die reine Macht so viel zählten, in der, in zunehmendem Maße, Politik ganz als ‚machiavellistische' Kunst im Spannungsfeld des Freund-Feind-Denkens erscheint, in der schlechterdings gewaltige Energien freigesetzt wurden. Dies lag zum einen an der Ausgangssituation, zum anderen an den Protagonisten selbst: Alexander war inmitten der Vorbereitungen zu einem riesigen kriegerischen Unternehmen gestorben. Seine Macht beruhte auf der militärischen Unterwerfung des Perserreiches und war nicht überall unumstritten. Sie konzentrierte sich in extremem Maße in seiner Person. Was sollte aus diesem riesigen Imperium werden? Nur jemand von seiner Statur konnte eigentlich sein Nachfolger werden, doch er hatte keinen legitimen Erben. Seine Frau Roxane war schwanger, aber selbst wenn sie einen Sohn gebären würde, würde dieser einen Vormund oder Verweser brauchen. Dann gab es noch den anderen Sohn Philipps II., Alexanders Halbbruder Arrhidaios; aber der kam nicht in Frage, weil er geistesgestört war.

Die Protagonisten Auf der anderen Seite finden wir die Potentaten, die sogenannten Diadochen (griechisch diadochoi = Nachfolger), die hohen Würdenträger im Reich, die jetzt an den Schaltstellen saßen; nur die wichtigsten seien hier genannt. Der älteren Generation, die eigentlich noch die Philipps war, gehörten Antipatros und Antigonos (Monophthalmos, der Einäugige) an: Jener, 398 geboren und einer der wichtigsten Mitarbeiter Philipps, hatte während des Alexanderzuges als Statthalter in Europa Alexander loyal den Rücken freigehalten. Zuletzt sollte er freilich – wohl wegen seiner zunehmenden Konflikte mit Olympias und seiner Reserviertheit gegenüber Alexanders neuer Monarchie – abgelöst werden. Antigonos, aus vornehmer Familie, wohl aus der Hauptstadt Pella, hatte während des Alexanderzuges ein eher prestigeträchtiges denn effektiv wichtiges Kommando gehabt, die Befehlsgewalt über die griechischen Bundestruppen. Schon früh war er als Satrap von Großphrygien in Zentralanatolien zurückgeblieben.

Daneben standen die Jüngeren, nahezu alle der Generation Alexanders selbst angehörend, zum größten Teil auch in seinem engeren Freundeskreis von Jugend an, in seiner Umgebung (als somatophylakes) und als Offiziere von höchstem Rang. Die Vornehmsten und Angesehensten waren Krateros, der zuletzt etwa die Position eines Parmenion hatte, also die größeren selbständigen Kommandos führte und 324 mit den Veteranen zur Ablösung des Antipatros nach Europa geschickt war, ein besonders prominenter Adliger und populärer Heerführer, ferner Leonnatos, der mit dem Königshaus verwandt und schon unter Philipp somatophylax gewesen war, und Perdikkas, wie jener um 360 oder kurz danach geboren, höchstwahrscheinlich der Königsdynastie aus der obermakedonischen Orestis entstammend, Leibwächter ebenfalls schon unter Philipp, einer der wichtigsten Offiziere, zuletzt Kommandeur der Hipparchie des Hephaistion, mithin also Chiliarch bzw. Wesir, und dementsprechend auch vom sterbenden Alexander mit der Führung seines Siegels betraut.

Im Vergleich dazu wenig hervorgetreten waren bisher Ptolemaios, ein enger Freund des Königs, aus der Landschaft Eordaia stammend, Lysimachos und Seleukos, von denen aber die beiden Erstgenannten zum engsten Kreis der Leibwächter gehörten und Letzterer der Kommandeur der Leibhypaspisten des Königs (als Nachfolger Hephaistions) gewesen war. Auch der Grieche Eumenes von Kardia ist hier zu nennen, der unter Alexander die königliche Kanzlei leitete, gelegentlich aber auch mit militärischen Kommandos betraut wurde. Kassandros dagegen, ein Sohn des Antipatros, war am Zug nicht beteiligt gewesen, sollte aber bald ebenfalls eine wichtige Rolle spielen.

Zur Gesamtbeurteilung dieser Persönlichkeiten ist ihre Nähe zu Philipps Hof und zu Alexander wichtig. Manche hat man sich als ehemalige ‚Pagen‘ zu denken, gerade die Freunde des Prinzen Alexander werden mit ihm die Erziehung geteilt haben. Griechische Bildung war für sie alle ein wichtiges Lebenselement: Antipatros verkehrte mit der Crème der griechischen Philosophie, er wurde von Aristoteles sogar als Testamentsvollstrecker eingesetzt. Sein Sohn Kassandros, ein ausgesprochener Homerliebhaber, besaß von eigener Hand abgeschriebene Exemplare der Ilias und der Odyssee, die er größtenteils auswendig kannte. Ptolemaios ist selber schriftstellerisch hervorgetreten und ließ mit dem Museion in Alexandreia das bedeutendste Gelehrtenzentrum des Hellenismus errichten; Lysimachos war sehr an Philosophie interessiert und gehörte während des Feldzuges zu den eifrigsten Hörern des Kallisthenes.

Entscheidend ist, daß wir auch in Zielsetzung und Motivierung die Nähe Alexanders spüren. Das Postulat des Wettkampfs um Ehre und Ansehen hat auch diese „Nachfolger" des Königs geprägt, zumal sie nun nicht nur mythische Helden, sondern Alexander selbst zum Vorbild hatten. Die daraus auch resultierende ritterliche Gesinnung konnte den agonalen Machiavellismus immer wieder abschwächen, doch da der Ruhm schließlich primär durch den Erfolg in seiner elementaren Gestalt, in Krieg und Politik, im Überlisten und Hintergehen auch, erworben wurde, war diese innere ‚Sperre‘ im Ethos der Großen kein starkes Hindernis.

Mentalität und Motivation der Diadochen

Diese Grundtatsache ist – neben der skizzierten Ausgangs- und Ausnahmesituation, die durch Alexanders Zug entstanden war – die wesentliche Voraussetzung für die Ereignisse, die über 50 Jahre hin die Welt bewegten. Wieweit sich die Ziele der Diadochen im einzelnen konkretisieren lassen, insbesondere wen man als ‚Unitarier‘ (also Vertreter der Reichseinheit) oder als ‚Separatisten‘ (zufrieden mit einem Teil des Ganzen) ansehen konnte, ist ein besonders schwieriges Thema; aber einen Generalnenner gibt die hier herausgestellte Mentalität: Mindestens duldete man nicht die Herrschaft eines anderen über sich (und mit diesem Grundsatz kann man geradezu definieren, wer Diadoche war und wer nicht). Schon das führte zu Kämpfen, in deren Verlauf sich Ansprüche per se vergrößerten. Aber gerade die kompetitive Grundeinstellung bewirkte, daß man den anderen zu übertreffen suchte; aus dem bloßen Vorrang vor den anderen konnte sich leicht der Gedanke an Herrschaft über die anderen entwickeln.

Einheit oder Teilung des Reiches

Dies zeigt in geradezu exemplarischer Weise des Antigonos Verhalten nach dem Tod des Antipatros (319 v. Chr.): Niemanden, nicht einmal den eingesetzten Reichsverweser, duldete er über sich, aber niemanden auch, soweit seine Macht reichte, neben sich, nur Flucht, Unterwerfung oder Widerstand kam für die anderen in Frage. Das Streben nach eigener Herrschaft war die logische Konsequenz.

Daß dies bei den anderen nicht prinzipiell anders war, ist schon explizit quellenmäßig belegt [Diod. 20, 37, 4]. Es zeigt sich etwa in der bewußten Anknüpfung an die Argeadentradition bei Kassandros (315), in der Ägäis- und Griechenlandpolitik des Ptolemaios (309/8), in Lysimachos’ Ausgreifen an der Nahtstelle von Asien und Europa nach der Schlacht von Ipsos, in Seleukos’ den Alexander noch überbietendem Vormarsch nach Indien (307/6 bzw. 305/4) – versucht und geträumt hat es wohl jeder einmal. Freilich waren die möglichen oder wahrscheinlich zu machenden Aspirationen durch die realen Machtverhältnisse und die jeweils unterschiedlichen Energien, Fähigkeiten, Temperamente stark beeinflußt, teilweise ganz dominiert. So stellte sich in der Regel die Konstellation ein, daß einer – als ‚Vertreter‘ der eigenen, jedenfalls ungeteilten Herrschaft – gegen die anderen stand, die sich gegen diesen Anspruch wehrten. Es ist diese Tendenz, die es auch erlaubt, die verworrenen Ereignisse zu strukturieren. So bildet das Jahr 301 mit dem Ende des Antigonos in der Schlacht von Ipsos den entscheidenden Wendepunkt. Der wichtigste Vertreter eines Gesamtreiches, d.h. seiner – und seines Sohnes – Herrschaft über das Ganze, welcher auch dank seiner persönlichen Voraussetzungen wie seiner äußeren Machtmittel am ehesten die Möglichkeit zur Verwirklichung dieser Absichten hatte, war gefallen. Nicht daß der Gedanke damit sogleich verschwunden war, doch fehlte hinfort die machtpolitische Grundlage und bekam die Idee von wechselseitigen, mindestens befristeten Arrangements mehr Gewicht. Ging es vor 301 um die Reichseinheit, so führten die Ereignisse in der darauffolgenden Generation letztendlich zur Etablierung mehrer hellenistischer Reiche.

b) Um die Reichseinheit (323-301)

Auch im einzelnen gibt uns das beschriebene Konfliktfeld zwischen der Ein- Die Regelungen
Herrschaft und dem Kampf gegen diese die Möglichkeit zu gliedern; denn nach Alexanders
schnell, fast sofort, tauchte die Vorstellung der ungeteilten Nachfolge Alexanders Tod
durch einen der ihren im Kreise der Machthaber auf. Die Situation war zu einla-
dend: Es war, wie schon beschrieben, kein legitimer Nachfolger vorhanden, der
effektiv die Regierungsgewalt hätte ausüben können. Nach erbitterten und blutigen Auseinandersetzungen zwischen den makedonischen Fußtruppen und der
Hetairenreiterei unter der Führung des Hochadels, d.h. des Perdikkas und der
meisten Somatophylakes und hohen Offiziere, die hier kooperierten, einigte
man sich in Babylon auf eine Regelung, die in ihren Grundzügen der exemplari-
sche Fall eines ‚faulen‘ Kompromisses war: Arrhidaios, Philipps II. debiler Sohn,
wurde als Philipp III. König; sollte Roxane einen Sohn zur Welt bringen, war dieser ebenfalls als König vorgesehen (er wurde dann Alexander IV.). Der Prostates
(Beschützer und so etwas wie Vormund) der beiden Unmündigen sollte Krateros
sein; der war freilich gar nicht anwesend, so daß Perdikkas, in seiner Position als
Chiliarch ohnehin „Stellvertreter" des Königs und als Träger von Alexanders Sie-
gelring zusätzlich legitimiert, als Reichsverweser amtierte, vor allem im Besitz
der Befehlsgewalt über das Reichsheer mit der Verfügung über die Reichsschätze.
   Man suchte auch insofern den Kompromiß, als die Kommandostellen im
Reich, besonders die Satrapien, in erheblichem Maße neu verteilt wurden: So bekam Ptolemaios Ägypten und erhielten Lysimachos Thrakien und Leonnatos das
hellespontische Phrygien, zwei Gebiete, die für die Verbindung von Europa und
Asien eine Schlüsselstellung hatten. Seleukos wurde der Nachfolger des Perdikkas als Chef der ersten Hipparchie. Auch Antipatros wurde berücksichtigt. Er
sollte Stratege von Europa bleiben, und Perdikkas hielt persönlich um die Hand
einer seiner Töchter an. Insgesamt aber war alles andere eingekehrt als wirklich
klare Verhältnisse.
   Zudem zeigte sich sehr schnell, wie brüchig der Zustand des Reiches generell Aufstände
war: Viele griechische Staaten, allen voran Athen und der Aitolische Bund, erho-
ben sich unmittelbar nach Bekanntwerden von Alexanders Tod gegen die makedonische Herrschaft, Antipatros geriet in schwere Bedrängnis (Lamischer Krieg,
323/2). Im Osten meuterten die Söldner. In einem der wichtigsten Gebiete, in
Kleinasien, war die Unterwerfung schon von Alexander gar nicht vollendet worden: Die alte persische Satrapie Kappadokien wurde Eumenes zugewiesen; aber
er hatte sie erst noch zu erobern, wobei ihm u.a. Antigonos, der als Satrap von
Großphrygien bestätigt worden war, helfen sollte.
   Im Falle von Leonnatos, der dem Antipatros zu Hilfe zog, zeigte sich sehr
schnell, wie eine ‚definitive‘ Lösung der Nachfolgefrage aussehen konnte: Er erhielt ein Angebot, Kleopatra, Alexanders leibliche Schwester zu heiraten. Wie
sich seine Pläne gestalteten, muß offen bleiben, da er in einer Schlacht gegen die
Griechen fiel; doch der nächste Adressat für das Werben der Olympias um die

Der 1. Dia-
dochenkrieg
Hand ihrer Tochter war Perdikkas, der gerade mit dem Reichsaufgebot den Eumenes im Kampf gegen Ariarathes von Kappadokien unterstützt und großen Kampfruhm erworben hatte (322). Jetzt spitzte sich die Situation auf die für die folgenden Jahre typische, oben skizzierte Konstellation zu: Antipatros hatte nämlich mittlerweile seine Tochter Phila mit Krateros verheiratet, der ihn im Kampf gegen die Griechen unterstützt hatte, und er hatte auch dem Perdikkas seine Tochter Nikaia geschickt (321). Dieser schwankte jetzt, entschied sich aber schließlich – jedenfalls nach außen hin – für den Konsens und heiratete – gegen den Rat des Eumenes – Nikaia. Doch womöglich war schon sein Schwanken verräterisch, und auch sonst war sein Verhalten verdächtig. Und als er nach Erledigung der Kämpfe in Kleinasien im Herbst 321 gegen Antigonos wegen dessen mangelnder Unterstützung des Eumenes vorging, floh dieser zu Antipatros und Krateros und berichtete von Absichten des Perdikkas auf die Herrschaft über das ganze Reich. Andererseits verstieß Perdikkas nun Nikaia und warb um Kleopatra. Nachrichten davon gelangten nach Europa und bestätigten den dort gefaßten Entschluß zur Kriegsführung gegen Perdikkas. So kam es bereits zwei Jahre nach Alexanders Tod zum ersten großen Koalitionskrieg: Neben Antipatros, Krateros und Antigonos traten vor allem Lysimachos und Ptolemaios, der in Ägypten den Kleomenes beseitigt und sich in den Besitz von Kyrene gesetzt hatte und wohl jetzt ebenfalls eine Tochter des Antipatros zur Frau erhielt. Der Konflikt zwischen ihm und Perdikkas hatte sich wohl an der Frage entzündet, wo Alexanders Leichnam zu bestatten sei – angesichts der Bedeutung solchen Vorgangs ein wesentliches Problem. Ptolemaios hatte Alexander schließlich in Memphis, der alten unterägyptischen Hauptstadt, beigesetzt (Herbst 321). Gegen die große Allianz stand Perdikkas, immerhin mit dem gesamten Reichsaufgebot. Der ihm verbundene Eumenes sollte den Gegner (die unter Antipatros, Krateros und Antigonos aus Europa heranziehenden Truppen) in Anatolien erwarten, während er selbst gegen Ptolemaios nach Ägypten zog.

Etwa im Mai 320 fiel auf beiden Kriegsschauplätzen die Entscheidung, freilich unterschiedlich: Eumenes kämpfte erfolgreich gegen Krateros, der im Gefecht fiel, konnte aber nicht verhindern, daß Antipatros und Antigonos bis nach Syrien vorstießen. Fast gleichzeitig wurde Perdikkas, nach Mißerfolgen bei der Überschreitung der Nilarme, von den Offizieren seiner engsten Umgebung, darunter Seleukos, ermordet. Ptolemaios lehnte die ihm von den Truppen angebotene Regentschaft über die Könige ab. Im nordsyrischen Triparadeisos kam es wenig später (Sommer 320) zu dem zweiten Versuch, die schwierige Situation der Reichsverwaltung durch Konsens zu meistern. Dieser war ganz auf die überragende Autorität des Antipatros gestellt, die von allen respektiert wurde: Er blieb Stratege von Europa, wohin er die Könige mitnahm, nunmehr also auch Reichsverweser. Die wichtigste Position danach erhielt Antigonos: Er bekam nämlich den Oberbefehl über das Aufgebot des Perdikkas, also das alte Reichsheer, mit dem konkreten Auftrag, die als Reichsfeinde und Verräter deklarierten Anhänger des Perdikkas in Kleinasien, insbesondere Alketas, dessen Bruder, und Eumenes niederzu-

Die Regelungen
von
Triparadeisos

ringen. Durch die Heirat seines noch jugendlichen Sohnes Demetrios (geb. 337/6) mit Phila trat er zu Antipatros auch in eine verwandschaftliche Beziehung, wie im übrigen auch Lysimachos, der die Hand der Nikaia erhielt. Ansonsten wurden nur wenige Satrapien neu vergeben, darunter Babylon, das Seleukos erhielt – angesichts der Bedeutung und des Reichtums dieses Gebietes wohl durchaus eine Anerkennung für seinen Verrat an Perdikkas.

Bezeichnenderweise hielt dieses System nur genauso lange, wie Antipatros lebte, bis zum Herbst des folgenden Jahres. Letztwillig hatte Philipps II. alter Kampfgefährte eine Lösung ganz im Sinne der dynastischen Legitimität gewählt. Nichts Wesentliches sollte sich verändern, lediglich ein besonders vornehmer und angesehener älterer Makedone an seine Stelle als Prostates der Könige, also als Reichsverweser, treten, Polyperchon, aus einer Fürstenfamilie der Tymphaia, welcher am Alexanderzug als Offizier teilgenommen hatte, ohne sich besondere Verdienste zu erwerben. 324 war er zusammen mit den Veteranen in die Heimat zurückgeschickt worden. Doch gerade was Antipatros besaß, die anerkannte Autorität, ging diesem ab. Fast unmittelbar nach seiner Einsetzung baute sich eine Koalition gegen ihn auf. Die Initiative ging von Antigonos und Kassandros aus. Ersterer hatte gerade, als er vom Tod des Antipatros erfuhr, die Aufgabe im wesentlichen erledigt, um deretwillen er das Reichsheer befehligte, dachte aber nicht daran, das Kommando zurückzugeben und sozusagen wieder ins Glied zurückzutreten. Vielmehr ging er sofort gegen andere kleinasiatische Satrapen vor und schloß ein Bündnis mit Kassandros, der sich durch die Regelung seines Vaters übergangen fühlte, also die Reichsverweserschaft offenbar schon als in seiner Familie erblich ansah: Beides ist charakteristisch genug.

Der Tod des Antipatros und seine Folgen

In dem folgenden zweiten Diadochenkrieg, in dem sich Ptolemaios und Lysimachos dem Antigonos anschlossen, stand also genaugenommen die Legitimität gegen die nackte Insurrektion. Aber sie hatte zunächst wenig Bataillone: Polyperchon sah sich sogar genötigt, den griechischen Städten Freiheit und Demokratie zu versprechen, zwecks Beseitigung der weithin herrschenden, mit Antipatros befreundeten und jetzt dem Kassandros zuneigenden Oligarchien, und schließlich Olympias' Unterstützung zu erbitten, während Eurydike, die Gattin Philipps III., eine Enkelin Philipps II. und Tochter von dessen Neffen Amyntas, eine höchst energische Person, zuletzt die Verweserschaft über den König dem Kassandros zuspielte. Wider alles Erwarten fand Polyperchon aber seinen größten Trumpf in Eumenes. Dieser blieb loyal, ja er brachte – unterstützt durch Verfügungen des Polyperchon im Namen der Könige – große Geldmittel und Truppen zusammen (318/7), so daß er sich in Mesopotamien und der Persis bis hin zu den oberen Satrapien durchsetzen konnte. So war ein Grieche der letzte ernsthafte Vorkämpfer der legitimen makedonischen Dynastie – und dies wahrscheinlich auch nur, weil sich ihm als Griechen nicht die Gelegenheit zum Herrschaftsgewinn auf eigene Rechnung bot. Seine Befehlsgewalt war bei den makedonischen Truppen keineswegs unangefochten, er mußte Tricks anwenden, deren wichtigster eine dauernde Inszenierung von Alexanders angeblicher Abwesenheit beim

Der 2. Diadochenkrieg

Kriegsrat war: Im Zelt war für den König ein Thronsessel mit seinen Insignien freigehalten, als sei er inspirierend dabei. So nötigte Eumenes den Antigonos zu einer gewaltigen Kampagne im Zagrosgebirge und den östlich angrenzenden Wüstengebieten (Winter 316/5) und fiel schließlich doch der Desertion eines seiner Truppenteile zum Opfer (Januar 315). Fast gleichzeitig fiel auch in Europa die Entscheidung. Olympias, die Ende 317 Philipp III. und dessen Frau Eurydike sowie zahlreiche vornehme Makedonen hatte ermorden lassen, wurde von Kassandros besiegt und getötet.

Wiederum bezeichnend war das Verhalten der Sieger: Kassandros ließ Philipp III., Eurydike und sogar noch deren Mutter Kynnane, eine Tochter Philipps II., mit allem königlichen Prunk in Aigai bestatten – dies war von jeher eine Handlung, mit der sich die makedonischen Könige als legitime Nachfolger zeigten. Den König Alexander IV. dagegen ließ er samt seiner Mutter in Amphipolis unter Arrest stellen. Außerdem heiratete er die letzte noch lebende Tochter Philipps II., Thessalonike, und gründete unter ihrem und seinem Namen zwei neue Städte am Thermaischen Golf. Daß er nicht selbst zur Krone griff, lag nur an Opportunitätserwägungen angesichts der Bindung vieler Makedonen an die Argeaden und an den Sohn des großen Königs – aber auch dies war ja dann nur eine Frage der Zeit.

Antigonos' Aspirationen

Antigonos zeigte nicht derart demonstrativ-zeremoniell, aber faktisch-reell, daß es ihm um *seine* Herrschaft ging. Die Besetzung der Satrapien im Osten regelte er ganz neu in seinem Sinne, wobei er die beiden mächtigsten Statthalter, Peithon in Medien und Peukestas in der Persis, töten bzw. absetzen ließ. Einen seiner treuesten Gefolgsleute, Nikanor, machte er zu einem ‚Obergouverneur' für die oberen Gebiete. Wie massiv er die anderen, die gegen Eumenes zum Teil noch seine Partner gewesen waren, mediatisieren wollte, verdeutlicht besonders sein Verhalten gegenüber Seleukos: Dieser zeigte sich loyal, ihm wurde aber mit der Forderung, Rechenschaft über die Verwendung der ihm anvertrauten Gelder abzulegen, geradezu eine Demutsgeste abverlangt. So flüchtete er zu Ptolemaios (Sommer 315).

Damit war der Knoten geschürzt. Eine neue Konstellation entstand, die jetzt – mit nur kurzer Unterbrechung – bis Ipsos vorherrschte: Antigonos griff nach der Gesamtherrschaft, die anderen, überwiegend in der Defensive, suchten sich gemeinsam dagegen zu wehren. So erwuchs der dritte Diadochenkrieg geradezu nahtlos aus dem zweiten. Denn die eben beschriebene Konstellation manifestierte sich etwa Anfang des Jahres 314 angesichts wechselseitiger öffentlicher Forderungen, die ihrerseits den offiziellen Kriegsgrund abgaben.

Das Ultimatum und die Proklamation von Tyros

Als Antigonos in Syrien stand, nunmehr schon Herr nahezu aller asiatischen Teile des Alexanderreiches, erreichte ihn ein Ultimatum der vier anderen: Da sie alle gemeinsam gegen Polyperchon und Eumenes im Bündnis gestanden seien, sollte nicht allein Antigonos profitieren, vielmehr sollten die erbeuteten Gelder aufgeteilt, dazu vor allem auch die Territorien neu arrangiert werden: Kassandros sollte zusätzlich Kappadokien und Lykien erhalten, Lysimachos das Hellespontische Phrygien, Ptolemaios ganz Syrien und Seleukos wieder Babylon – andernfalls solle Krieg herrschen. Anscheinend ein veritabler Teilungsplan – aber wirklich viel mehr als das Ergebnis eines Zweckbündnisses? Angesichts späterer Differenzen unter diesen Alliierten ist letzteres wahrscheinlicher.

Entscheidend war ohnehin, daß Antigonos dieses Ultimatum ignorierte. Ihm
mußte ja schon vorher klar gewesen sein, daß sein Verhalten keine anderen Konsequenzen haben konnte als den Krieg. Diesen ging er jetzt in großem Stil an, war
sogleich überall präsent und vor allem: er zwang dem Gegner nahezu völlig das
Gesetz des Handelns auf. Nachdem es ihm gelungen war, mit Polyperchon und
dessen Sohn Alexandros auf der Peloponnes Verbindung aufzunehmen, konnte er
sich sogar demonstrativ zum Verfechter der Legitimität aufschwingen. Die vor
Tyros versammelten Truppen akklamierten (Frühjahr 314) einer von Antigonos
abgefaßten Proklamation, mit der Kassandros zum Feind erklärt und zur Revidierung seiner Maßnahmen, insbesondere zur Freilassung des Königs (Alexanders
IV.) aufgefordert wurde. Überdies sollten die griechischen Städte frei und autonom, ohne Besatzungen sein. Dies war eine höchst geschickte Antwort auf Kassandros' ,Königspolitik' und gut geeignet, das noch vorhandene Loyalitätsempffinden der Truppe für den Sohn des großen Königs zu mobilisieren.

Daß es eine taktisch-propagandistische Maßnahme war, zeigt schon der Inhalt:
Im ersten Punkt Wahrer der dynastisch-traditionellen makedonischen Interessen, war Antigonos im zweiten Teil als Verbündeter der griechischen Freiheit
durchaus auch Befürworter antimakedonischer Tendenzen. Daß es ihm nicht
ernsthaft um die legitime Dynastie ging, hatte er ja gerade deutlich bewiesen: 319
wäre er ihr von größerem Nutzen gewesen. So konnte auch die Freiheitsproklamation nur Mittel zum Zweck sein, wie die Polyperchons. Erst späteres Verhalten
würde zeigen, ob sie ernst gemeint war. Als bloßes Mittel sah sie im übrigen Ptolemaios, der sie wenig später ,kopierte' – obwohl sie sich doch eigentlich primär gegen seinen Alliierten Kassandros richtete.

Im Falle des Antigonos hingegen zahlte sich die Freiheitspolitik vor allem in **Der 3. Dia-**
Griechenland aus, wo sein Neffe Polemaios gegen Kassandros operierte – ein er- **dochenkrieg**
stes Indiz dafür, daß der Apell an die Freiheitsidee zumindest von den Betroffenen ernst genommen wurde. Größere Schwierigkeiten gab es auf dem asiatischen
Kriegsschauplatz durch Ptolemaios' Aktivitäten im südlichen Kleinasien und Seleukos' Flottenoperationen vor allem in der östlichen Ägäis. Demetrios, der noch
jugendlich unerfahrene Sohn des Antigonos, ließ sich schließlich im Herbst 312
von den beiden bei Gaza in eine große Schlacht hineinziehen, die ihm eine schwere Niederlage brachte. Seleukos konnte in seine Satrapie Babylonien zurückkehren und sogar völlig überraschend die antigonidischen Truppen aus Medien und
Persien besiegen. Antigonos brachte zwar Anfang des nächsten Jahres die Levante wieder in seine Hand, ohne freilich des Seleukos Position ernsthaft erschüttern
zu können.

So betrieb er in Verhandlungen mit Kassandros und Lysimachos den Abschluß **Der Friede**
einer Friedensvereinbarung, der sich Ptolemaios anschloß: Dieser Friede von 311 **von 311**

hat viele Züge eines bloßen Waffenstillstandes, mit dem sich Antigonos für den Kampf gegen Seleukos den Rücken freihalten wollte. Dennoch stellte er eine wichtige Etappe in der Entwicklung dar. Die Diadochen bestätigten sich alle – mit recht elastischen Formulierungen – in ihrem aktuellen Besitzstand, wobei für Antigonos Asien festgeschrieben wurde. Als Frist wurde die Großjährigkeit Alexanders IV. gesetzt. Dies war die letzte formelle Bindung an die legitime Dynastie, als deren angeblicher Vorkämpfer Antigonos in den Krieg gezogen war. Sie war aber zugleich eine Einladung zur Ermordung des jungen Königs, die ja den Besitzstand ad infinitum verlängerte: Kassandros verstand dies richtig und ließ Alexander IV. samt seiner Mutter wenig später töten.

Wie sehr sich Antigonos in diesem Abkommen durchgesetzt hatte, zeigte sich auch in der Aufnahme der Freiheitsproklamation für die griechischen Städte in die Vereinbarung selbst; ja, darüber hinaus konnten die Griechen sogar ihrerseits auf die Wahrung der Freiheit schwören, also selbst einen mit der Diadochenvereinbarung verbundenen Freiheitspakt abschließen, den sie gemeinsam, im Sinne des Koine-Eirene-Gedankens des 4. Jahrhunderts, garantierten. Damit waren sie einerseits ein ständiger Stachel im Fleische der Gegner des Antigonos, aber da auch dieser selbst viele Griechenstädte in seinem Machtbereich hatte, verdeutlichte er zugleich, wie er sich die Integration der Poleis in diesem vorstellte.

Ptolemaios in der Ägäis und in Griechenland

Daß aber dennoch der Frieden von 311 eher eine bloße Waffenruhe war, zeigte sich umgehend: Während Antigonos jetzt daranging, Seleukos im Osten niederzuwerfen, nützte Ptolemaios die günstige Situation zu einer großangelegten Offensive im südlichen Kleinasien, in der Ägäis und Griechenland, wo er gleichsam in die Fußstapfen des Antigonos gegen Kassandros zu treten schien. Freilich fand er nicht die Unterstützung der griechischen Städte, so daß er schließlich nach Abschluß eines Friedens mit Kassandros nach Ägypten zurückkehrte (308 v. Chr.). Wahrscheinlich gerade dies, seine Offensive oder – eher noch – dieses Arrangement, bewog Antigonos zum Abschluß einer Vereinbarung mit Seleukos (wohl Ende 308), den er in Mesopotamien nicht gravierend hatte schwächen können – eine schwerwiegende Entscheidung, wie sich bald zeigen sollte.

Das „Jahr der Könige"

Zunächst begann sich seit 307 die alte Mächtekonstellation wieder aufzubauen: Erneut spielte Antigonos in Griechenland den Freiheitsgedanken aus. Sein Sohn Demetrios landete in Athen und beseitigte das oligarchische Regime, das von Kassandros gestützt wurde. Dies wirkte wie ein Fanal. Im Frühjahr 306 gelang sogar die Vertreibung des Ptolemaios von der Insel Zypern durch den Erfolg des Demetrios in der Seeschlacht von Salamis. An dieses Ereignis knüpfte sich eine Maßnahme von weitreichender Konsequenz. Von dem Sieg seines Sohnes unterrichtet, ließ sich Antigonos von einer Heeresversammlung zum König akklamieren, übernahm das Diadem als Insignium und schickte zugleich eines an seinen Sohn, ihn damit ebenfalls als König investierend (Juni oder Juli 306). Wohl nicht viel später vollzog Ptolemaios denselben Schritt, um den Zuwachs seines Gegners an Macht und Prestige wenigstens äußerlich zu kompensieren. Rasch folgten die anderen, Seleukos, Lysimachos und Kassandros (die Reihenfolge ist unklar).

Dieses „Jahr der Könige" (J. G. DROYSEN) war alles andere als ein Epochenjahr: Was hier vollzogen wurde, hatte sich längst angekündigt. Im Grunde seit 314, spätestens aber seit dem Frieden von 311 und der Tötung Alexanders IV. war es nur noch eine Frage der Zeit, wann die Potentaten den Titel, den ihnen ihre orientalischen Untertanen da und dort schon im Rahmen ihrer Traditionen zukommen ließen, unmittelbar annehmen würden. Antigonos und Demetrios waren nach der Befreiung Athens im Jahre 307 sogar dort schon als Könige tituliert worden, und vielleicht nicht zufällig hatte Antigonos danach an der Nahtstelle seines Reiches am Unterlauf des Orontes im nördlichen Syrien, eine Hauptstadt nach seinem Namen gegründet (Antigoneia), wo dann auch die Proklamation stattfand.

Dennoch ist die konkrete Situation dieses Aktes nicht unwichtig: Voraus ging ein bedeutender Triumph, und nichts zeigt den rein macht- und erfolgsgebundenen Charakter der neuen Königsherrschaft so sehr wie die Verbindung von Sieg und Krönung. Sobald dann einer begonnen hatte, konnten die anderen nicht anders, so wenig sie eben innerlich in der Lage waren, sich einem anderen unterzuordnen.

Welches nach den Vorstellungen der Diadochen sozusagen der Gegenstand dieser Königtümer war, das ganze Reich, Asien, oder die jeweils okkupierten Anteile, ist nicht in jedem Fall unmittelbar überliefert. Man wird sich darüber auch weniger den Kopf zerbrochen haben als mancher moderner Gelehrte. Doch ist eo ipso die Annahme am nächstliegenden – und im Falle des Antigonos sogar belegt –, daß die Königswürde insgesamt, Alexanders Königtum also, gemeint war. Klar ist jedoch, daß die Anknüpfung an die alte Dynastie, die nach der Ermordung Alexanders IV. noch versucht worden war (in dem Operieren mit Herakles, einem illegitimen Sohn Alexanders des Großen, und in dem Bemühen um die Hand von dessen Schwester Kleopatra), hier bewußt aufgegeben ist. Die Leistung des Herrschers bringt die Legitimierung, für sich und seine Nachkommen, eine Dynastie.

Die Ereignisse selbst trieben Ende des Jahres 306 einem Höhepunkt zu in dem großangelegten, zu Lande und zu Wasser vorangetriebenen Versuch von Antigonos und Demetrios, Ägypten direkt zu erobern. Nach dessen Scheitern bemühten sie sich, Ptolemaios indirekt, in Rhodos, zu treffen, welches einen wichtigen Anlaufpunkt für die ägyptischen Seeverbindungen darstellte. Die ein Jahr währende (305-304), von Demetrios mit den modernsten technischen Mitteln realisierte Belagerung von Rhodos brachte diesem zwar einen ehrenden Beinamen (Poliorketes = der Städtebelagerer), mußte aber nach einem Abkommen erfolglos abgebrochen werden, was für Rhodos, aber auch für die anti-antigonidische Position einen riesigen Prestigegewinn bedeutete. *Die Belagerung von Rhodos*

Machtpolitisch ragten Antigonos und sein Sohn immer noch weit heraus, doch nun rächte es sich, daß sie ihre großen Gegner nicht wirklich niedergeworfen und eher immer wieder Neues begonnen hatten: Angesichts einer weiteren Offensive des Demetrios in Griechenland (303), die die Aufnahme der meisten griechischen Städte in ein Bündnissystem unter antigonidischer Führung brachte (Liga von *Der 4. Diadochenkrieg*

Korinth, 302), bildete sich erneut eine Koalition der anderen (Frühjahr 302), die nun aber auch ihrerseits im Bereich des Antigonos zum Angriff übergingen (4. Diadochenkrieg). Seleukos hatte nach seinem Abkommen mit Antigonos Ende 308 die Satrapien in Ostiran unter seine Kontrolle gebracht und war, alexandergleich, bis nach Indien hinein vorgestoßen. Mit dem wichtigsten der dortigen Herrscher, Tschandragupta (griech. Sandrokottos), hatte er (Ende 305 oder Winter 303/2), womöglich unter dem Eindruck der Zuspitzung im Westen, ein Abkommen geschlossen, das diesem Gebiete aus dem Alexanderreich zuerkannte, ihn aber der formellen Souveränität des Seleukos unterstellte. Zugleich erhielt der Makedone ein Aufgebot von 500 Kriegselefanten. Mit diesen und seinen Truppen marschierte er nach Kleinasien. Dort hatte mittlerweile Lysimachos den Sommer des Jahres 302 über gegen Antigonos hinhaltend Krieg geführt, das Eintreffen des Seleukos erwartend. Spätestens im Frühjahr 301 waren ihre beiden Heere zu einem riesigen Aufgebot vereinigt. Demetrios wurde aus Griechenland zurückgerufen. Bei Ipsos in Phrygien kam es zu einer der größten – und der folgenreichsten – Schlachten der Diadochenzeit. Die ungestüme Reiterattacke des Demetrios schuf in der Phalanx seines Vaters eine Lücke, in die Seleukos' Elefantentruppe in geschlossener Formation stoßen konnte. Antigonos, im Zentrum seiner Truppen fechtend, fiel, 81 Jahre alt.

Schlacht von Ipsos (marginal)

c) Die definitive Ausbildung der hellenistischen Großreiche

Folgenreich war das Ende des Antigonos Monophthalmos insofern, als damit derjenige Diadoche verschwand, der mit der denkbar größten Energie die Einheit des Reiches, die ‚totale' Nachfolge Alexanders erstrebte, der hierbei große organisatorische Fähigkeiten, insbesondere in der Frage der Integration der Griechen, an den Tag legte und unter machtpolitischen Gesichtspunkten auch die nötigen Ressourcen hatte. Danach war die Situation anders, wohl nicht unbedingt, weil die Antriebe und Ziele fehlten. Aber die meisten anderen Diadochen handelten durchweg bedächtiger als Antigonos, waren zwar nicht zur Unterordnung, aber doch mindestens zu einem zweckgebundenen Nebeneinander, ja teilweise Miteinander eher bereit. Hier war der Ansatzpunkt für eine auf faktische Respektierung des anderen gegründete Auflösung des Gesamtreiches gegeben. Auch die historisch-biographischen Erfahrungen mochten dafür sprechen. Demetrios, der hier aus dem Rahmen fiel und wohl in den Bahnen seines Vaters fortschritt, fehlten im Endeffekt die Machtmittel und wohl zugleich die Fähigkeiten, das Ganze zu gewinnen. Es ist aber deswegen zunächst sinnvoll, sich historiographisch an ihm zu orientieren, da er gerade wegen dieser Zielsetzung insofern im Zentrum der politischen Geschichte stand, als die anderen den Unruhestifter beseitigen wollten.

Zielsetzung des Demetrios (marginal)

Zunächst zurückgeworfen auf seine Seeherrschaft sowie die Dominanz in vielen westkleinasiatischen Küstenstädten, auf Zypern und in Tyros und Sidon, verbesserte Demetrios seine Position bald erheblich. Ausgangspunkt dafür war eine enge dynastische Verbindung mit Seleukos (299), der Demetrios' Tochter Stratonike heiratete. Schon bei den Feierlichkeiten wurde die wechselseitige Respektierung der beiden Könige, der eine gleichsam als Herr auf dem Lande, der andere auf dem Meere, demonstrativ vorgestellt, zudem verkündeten Gesandtschaften überall ihre Verbundenheit.

Der Hintergrund dieses Zusammenschlusses lag in der inneren Brüchigkeit der Allianz des 4. Diadochenkrieges, die bald nach dem Sieg deutlich wurde: Seleukos, dessen Beteiligung militärisch den Ausschlag gegeben hatte, konnte von dem Sieg nicht in angemessener Weise profitieren. Der große Gewinner war Lysimachos, der die gesamten Gebiete des Antigonos in Kleinasien bis zum Tauros besetzte, wohingegen Seleukos dort nur wenige Gebiete im südöstlichen Kappadokien bekam (Kataonien). Ptolemaios, der an der Schlacht gar nicht beteiligt gewesen war, hatte sich erneut das südliche Syrien (Koilesyrien) gegriffen. So war Seleukos hier nur der kleine Küstenstrich am nordsyrischen Orontes geblieben, den er freilich jetzt sofort, in Anlehnung an Antigonos' alte Hauptstadt, gezielt zu einer Zentralregion seines Reiches auszubauen begonnen hatte, mit vier programmatisch nach ihm selber, seinen Eltern und seiner ersten Frau benannten Städten, Seleukeia, Antiocheia, Laodikeia und Apameia. Auch Koilesyrien rechnete er eigentlich seinem Machtbereich zu, ohne freilich gegen seinen alten Freund und Helfer Ptolemaios diese Ansprüche auch realiter einzufordern. Zufrieden konnte er also nicht sein, und zudem ergab sich eine ebenfalls mit dynastischer Verbindung einhergehende Vertiefung der Beziehungen zwischen Ptolemaios und Lysimachos, der dessen Tochter Arsinoe heiratete. Deshalb mochte es naheliegen, dieser neuen Entente mit einer Annäherung an Demetrios, der mit Lysimachos wegen der kleinasiatischen Küstenstädte im Dauerkonflikt lag, zu begegnen. Freilich darf man diese Neugruppierung nicht überschätzen. Schon bald suchte Seleukos zwischen Demetrios und Ptolemaios zu vermitteln, und vor allem verlagerte sich der Schwerpunkt des Geschehens dank Demetrios' Umtriebigkeit bald auf ein anderes Gebiet.

Im Verlauf des Jahres 298/7 starb Kassandros. Von seinen drei jungen Söhnen aus der Ehe mit Thessalonike überlebte ihn der älteste, Philipp IV., kaum um ein Jahr. Wohl daraufhin setzte Demetrios 296 erneut nach Griechenland über, sicherte sich dort einige wichtige Positionen, besonders auf der Peloponnes, zuletzt (April 294) auch die Herrschaft über Athen. Einen Anlaß zum Eingreifen in Makedonien gaben dann Thronstreitigkeiten zwischen den verbliebenen Söhnen des Kassandros, Antipatros und Alexandros. Von letzterem zu Hilfe gerufen, ließ er ihn töten und sich zum König der Makedonen ausrufen (Herbst 294). Antipatros flüchtete zu Lysimachos. Daß Demetrios sein Königtum auch jetzt noch weiter faßte, zeigte schon bald die Anlage eines neuen Zentrums, das nach ihm benannt wurde: Demetrias, nicht in Makedonien, sondern im Golf von Volos gelegen, der wichtigsten Hafenregion Thessaliens, ja ganz Nordgriechenlands in Richtung auf die Ägäis.

Demetrios in Griechenland und Makedonien

In den Wirren der griechischen Politik verlor Demetrios zunehmend die Reputation des einstigen Befreiers, und auch seine Herrschaft in Makedonien war alles andere als unumstritten: Da intervenierte mehrfach Lysimachos, als Protektor des Antipatros zunächst, nach dessen Tötung (wahrscheinlich 287) sozusagen auf eigene Rechnung, immer wieder freilich durch Mißerfolge in Thrakien geschwächt und zum Teil auch von Demetrios in Bedrängnis gebracht. Ebenso wichtig war aber eine neue Gestalt, die schon während der Thronwirren von 294 ihre Hand im Spiel hatte: Pyrrhos, aus dem Fürstenhause der Molosser von Epirus, hatte sich wegen Thronstreitigkeiten in seiner Heimat zunächst zu Demetrios geflüchtet (302), war dann als Geisel an den Hof des Ptolemaios gelangt und von dort mit dessen Unterstützung 297 nach Epirus zurückgegangen. Dort setzte er sich rasch durch und verfolgte nun, gestützt auf die Ressourcen des bisher wenig hervorgetretenen Landes, eine Politik ganz im Stile der hellenistischen Potentaten.

Es war schließlich eine gemeinsame Aktion von Lysimachos und Pyrrhos, die Demetrios' Position in Makedonien zunichte machte (288), gerade als dieser sich anschickte, mit einem großen Aufgebot, so groß wie seit Alexander keines mehr, nach Asien überzusetzen. Diese Absicht hatte nämlich zu einem Bündnis von Lysimachos, Seleukos, Ptolemaios und Pyrrhos geführt. Deshalb auch nahm wohl etwa gleichzeitig (das Datum ist freilich umstritten) Ptolemaios, der sich schon vorher auf den Kykladen durchgesetzt hatte, dem Demetrios Sidon und Tyros ab. Den großen Plan aber gab dieser nicht auf. Er mußte ihn allerdings mit einem kleineren Aufgebot realisieren und verlor, nach seinem Aufbruch im Jahr 287, bald auch viele Plätze in Griechenland. Lediglich etwa in Korinth konnte sich sein

Ende des
Demetrios

Sohn Antigonos Gonatas halten. In Kleinasien wurde er nach Anfangserfolgen in wenig glückliche Gefechte mit Lysimachos' Sohn und Platzhalter Agathokles verwickelt (286), mußte schließlich in Seleukos' Gebiet ausweichen und wurde von diesem 285 gefangengesetzt. In der Internierungshaft starb er zwei Jahre später. Schon 285 hatte dagen Lysimachos den Pyrrhos aus Makedonien vertrieben und herrschte nun bis hin nach Thessalien.

Konflikte
zwischen
Lysimachos und
Seleukos

Lysimachos war, vor Ipsos zumal, in den Auseinandersetzungen der Diadochen nur selten hervorgetreten. Das lag vor allem daran, daß ihn Kämpfe mit den thrakischen und getischen Stämmen in seinem Herrschaftsbereich und dessen Randgebieten immer wieder forderten. Mit zäher, auch Rückschläge verkraftender Beharrlichkeit gründete er seine Macht dort fester und fester. Wie sehr er aber über seine Basis Thrakien hinaus auch im großen Spiel der Diadochen zu agieren gedachte, bewies nicht nur seine Beteiligung an den verschiedenen Koalitionen, sondern vor allem die Gründung einer Hauptstadt nach seinem Namen, Lysimacheia, an einem Punkt, der ganz am Rande seines Herrschaftsgebietes lag, aber an der Nahtstelle von Europa und Asien und am Weg von der Ägäis zum Pontos, auf der thrakischen Chersonnes.

Am Erfolg über Antigonos hatte er dank seiner verzögernden Kriegsführung große Verdienste. Jedenfalls hatte er nach Ipsos am meisten profitiert, indem ihm nahezu ganz Kleinasien zufiel: Energisch hatte er dort seine Herrschaft organisiert, wobei er die griechischen Städte stärker kontrollierte, als dies unter der antigonidischen Politik üblich gewesen war. Auch viele Küstenplätze fielen allmählich in seine Hand. Den Höhepunkt erreichte seine Macht nun mit der Gewinnung Makedoniens und Thessaliens. Sein Reich hatte, grob gesagt, die Gestalt des mittelalterlichen Byzanz – Lysimacheia lag jetzt tatsächlich im Zentrum.

Wenig Freude mußte Seleukos daran haben. Wie wir sahen, war sein Verhältnis zu Lysimachos schon kurz nach Ipsos nicht frei von Spannungen gewesen. Diese hatten sich sicherlich mit dem ‚Fortfall' des Demetrios und angesichts von Lysimachos' nunmehr glanzvoller Position verstärkt. Seleukos' eigenes Zentrum blieb ja stärkstens exponiert, und wozu mochte Lysimachos noch fähig sein? Ohnehin war Seleukos besonders im Ägäisraum bzw. im Westen interessiert, nachdem er seinem Sohn Antiochos seine Frau Stratonike ‚abgetreten' hatte und ihn zum König, mit der besonderen Verantwortung für die östlichen Reichsteile jenseits des Euphrat, ernannt hatte (293). Jedenfalls ist es sehr bezeichnend, daß er eine interne Katastrophe im Hause des Lysimachos und dessen daraus resultierenden Prestigeverlust sofort zu einer großen Offensive in Kleinasien nutzte.

Lysimachos hatte, wie oben ausgeführt wurde, nach Ipsos eine Tochter aus der zweiten Ehe des Ptolemaios (mit Berenike) geehlicht, Arsinoe. Er hatte von ihr auch mehrere Kinder. Einer Intrige dieser Frau fiel Agathokles, Lysimachos' Sohn aus der Ehe mit Antipatros' Tochter Nikaia, zum Opfer (283/2), unter ganz ungeklärten Umständen. Agathokles war in Kleinasien recht populär gewesen. Seine Witwe Lysandra, Tochter aus Ptolemaios' Verbindung mit Eurydike, floh zu Seleukos, mit ihr ihr Bruder Ptolemaios Keraunos (Blitz), der von Ptolemaios zugunsten seines Sohnes aus zweiter Ehe, Ptolemaios (später Ptolemaios II. Philadelphos), von der Thronfolge ausgeschlossen worden war und zwischenzeitlich bei Lysimachos Zuflucht gefunden hatte. Etliche Strategen und Gouverneure in Kleinasien, darunter Philetairos in Pergamon, fielen ab, und so bildete Seleukos einen Kristallisationspunkt gegen Lysimachos, in Kleinasien sehr freundlich angesehen als Vorkämpfer gegen den strengen Herrn. Wahrscheinlich ging er als erster zum unmittelbaren Angriff über, und im Februar 281 standen sich dann die beiden Greise, nahezu 80 Jahre alt, an der Spitze ihrer Truppen gegenüber, bei Kurupedion im westlichen Kleinasien. Lysimachos fiel.

Schlacht von Kurupedion

Nun war – gleichsam für einen Moment – doch Alexanders Reich nahezu wiederhergestellt, mit Ausnahme von Ägypten und den anderen Gebieten des Ptolemaios. Seleukos regelte die Verhältnisse in Kleinasien und setzte dann, mehr als ein halbes Jahrhundert, nachdem er die Heimat als junger Offizier verlassen hatte, nach Europa über. Unmittelbar danach wurde er von Ptolemaios Keraunos ermordet (September 281).

Ermordung des Seleukos. Sein Nachfolger Antiochos I.

Während die Situation im Reich des Ptolemaios sehr stabil war – Ptolemaios II. Philadelphos hatte dort nach rund dreijähriger Mitregentschaft (seit 285/4) im Frühjahr 282 die Nachfolge seines verstorbenen Vaters angetreten –, hatte Seleukos' Sohn Antiochos I. schon größere Schwierigkeiten, auch im westlichen Teil das väterliche Erbe zu übernehmen. Gegen von Philadelphos geschürte Unruhen in Nordsyrien sowie gegen bestimmte Widerstände vor allem im nördlichen Kleinasien mußte er sich erst mit Waffengewalt durchsetzen (281-278). Geradezu chaotisch waren die Zustände in Makedonien und Thrakien: Ptolemaios Keraunos, der sich als König an die Stelle von Seleukos und Lysimachos zugleich gesetzt hatte, fiel im Kampf gegen mittlerweile bis Thrakien vorgedrungene keltische Stämme, seinem Nachfolger erging es nicht besser, Makedonien versank in Anarchie und Hilflosigkeit.

Antigonos
Gonatas und
Pyrrhos

Diese Stunde nutzte Demetrios' Sohn Antigonos Gonatas. Im Jahr 278 traf er ein folgenreiches Arrangement mit Antiochos I., welches wahrscheinlich wie üblich von einer dynastischen Verbindung begleitet war und wohl durchaus eine pragmatische Abgrenzung der Interessensphären genau an der natürlichen Grenze zwischen Europa und Asien vorsah. Jedenfalls war dieser Friedensschluß die Basis für einen länger währenden Friedenszustand zwischen den beiden Dynastien. 277 konnte Gonatas die Kelten entscheidend besiegen und zum Abzug nach Kleinasien veranlassen, und ein Jahr später nahm er ganz Makedonien und Thessalien in Besitz, gefeiert als Soter, als Retter von den keltischen Raubzügen.

Es blieb nur noch eine echte Gefahr: Der König von Epirus, eine Zeitlang als Herrscher in Makedonien präsent, hatte entsprechende Aspirationen nicht aufgegeben. Pyrrhos verkörperte die umtriebige Ruhm- und Machtsucht und die drastische Alexanderimitation der Diadochen in extremer Form. Mit seinem ererbten und erkämpften Königreich nie zufrieden, hatte er nach der Krone Makedoniens gegriffen; von Lysimachos vertrieben, war er einem Ruf von Tarent als Condottiere im Krieg gegen die Römer gefolgt, hatte diese auch in zwei denkwürdigen Schlachten (280 bei Herakleia am Siris, 279 bei Ausculum) besiegt, aber nicht unterwerfen können. Daraufhin hatte er die Syrakusaner gegen Karthago unterstützt und schließlich erneut gegen die Römer gekämpft, dieses Mal erfolglos (Schlacht von Maleventum, 275). Nun sah er in den noch ungefestigten Zuständen in Makedonien und Griechenland wieder eine Chance, dem ersten großen Ziel nahezukommen. 274/3 konnte er Antigonos sogar nahezu völlig aus Makedonien vertreiben. Erst als er 272 bei Straßenkämpfen in Argos ums Leben kam, konnte sich Antigonos Gonatas seiner Herrschaft in Makedonien wirklich sicher fühlen.

Die
hellenistische
Staatenwelt

Jetzt waren definitiv jene drei Großreiche ausgebildet, die das politische Gesicht des Hellenismus vor allem geprägt haben: Zum Reich der Ptolemäer (oder Lagiden nach Ptolemaios' I. Vater Lagos) gehörten im wesentlichen Ägypten, dazu als wichtigste Außenbesitzungen Koilesyrien und Palästina, Zypern, die Südküste Anatoliens, Kyrene, ferner weitere griechische Poleis im Inselbund der Nesioten und bis in die nördliche Ägäis. Die Seleukiden hatten ihre Zentren in Nordsyrien und im südlichen Mesopotamien und kontrollierten daneben Kleinasien und den Iran, wo aber die Gebiete zunehmend abbröckelten. Das Reich der Antigoniden umfaßte Makedonien, Thrakien und Thessalien sowie auch wichtige Gebiete in Griechenland.

Daneben hatte sich aber auch sonst der politische Prospekt verändert: Kleine Reiche waren – ganz nach dem Vorbild der großen Monarchien – eher an der Peripherie entstanden, so in Kleinasien das Reich von Bithynien, wo Zipoites 297/6 den Königstitel annahm, oder Paphlagonien und das pontische Kappadokien, dessen erster König Mithridates I. war. Auch das westliche Griechentum hatte unter dem Einfluß der gewaltigen Vorgänge im Osten die neue Form der Monarchie kennengelernt: Hier waren, besonders in Syrakus, monarchische Tendenzen schon immer stark gewesen und hatten gerade in der Tyrannis der Dionyse schon manche Elemente hellenistischer Staatlichkeit vorweggenommen. Am Ende des 4. Jahrhunderts aber schwang sich der Condottiere Agathokles im Krieg gegen die Karthager zum König ganz im hellenistischen Stil auf, seine Politik gegenüber Karthago und seine Verbindung mit Ophellas von Kyrene brachten ihn auch zeitweilig in einen direkten Zusammenhang mit der großen Politik der Diadochen.

Verhältnismäßig unverwüstlich blieb die griechische Poliswelt, deren Spielraum insgesamt durch den Tod des übermächtigen Alexander wieder vergrößert worden war. Daher hatten die Diadochen auf die Städte durchaus Rücksicht zu nehmen, und je mächtiger eine Polis war, desto eher konnte sie durch die Zeitläufe relativ unbeschadet und unabhängig hindurchsteuern, so – immerhin zeitweise – Milet oder Kyzikos. Rhodos war sogar eine freie Republik, die geradezu den Rang einer Mittelmacht erreichte. Besonders wichtig aber war die Zunahme von die Polis übergreifenden Förderationen (griech. Koinón, Plural Koiná), die gerade unter dem Eindruck der makedonischen Herrschaft an Bedeutung gewannen: Der Achaiische Bund war in der Zeit der makedonischen Krise in den 70er Jahren des 3. Jahrhunderts neu formiert worden, und der Aitolische Bund hatte mehrfach den Makedonen getrotzt und im Winter 279/8 bei der Verteidigung des Apollon-Heiligtums von Delphi gegen die Kelten sich viele Verdienste und höchsten Ruhm erworben.

Kurzum, es war eine vielgestaltige Staatenwelt entstanden, die sich für rund ein dreiviertel Jahrhundert nicht wesentlich veränderte. Bei genauem Hinsehen herrschte aber eine „impossible stabilité" (E. WILL). Wenn es so etwas wie ein Gleichgewicht der Mächte gab, dann nicht, weil dies allseits anerkannter Konsens der Stärksten war, im Sinne eines Mächtekonzerts, sondern weil sich nichts anderes ergab. Denn als schwere Hypothek lastete über der gesamten politischen Geschichte des Hellenismus das Erbe aus seiner Entstehungsphase: Sieghaftigkeit in Gestalt des rein militärisch-politischen Triumphs war der wichtigste Legitimitätsgrund, und eine extrem agonale Mentalität, verbunden mit der Orientierung an übernommenen Ansprüchen, bestimmte die Vorstellung der Protagonisten: Mehrung des Reiches, so mußte die wichtigste Parole lauten.

3. Staat, Gesellschaft und Wirtschaft

a) Der Charakter der hellenistischen Monarchie

Charakter der soziologischen Organisation

Soziopolitische Organisation im Hellenismus, das bedeutet reichlich Dialektik und Ambivalenz, in verschiedener Hinsicht: Perseveranz und Beharrungsvermögen etwa stehen neben neuen Entwicklungen und Situationen; einerseits dringen griechische Elemente tief in die orientalische Welt ein, tritt der gräko-makedonische Herrscher in die Kontinuität der indigenen Herrschaftstradition, andererseits bringt er auch ganz andere Organisationsformen ins Spiel und ruft Widerstand bei den Einheimischen hervor; einerseits kommen sich Griechen und Nicht-Griechen nahe, andererseits verharren sie im bloßen Nebeneinander und sind Vermischungsformen mehr die Ausnahme; einerseits ist das Königtum das glanzvolle Zentrum politischer Machtentfaltung, andererseits zeigt es markante Schwächen und Anfälligkeiten; einerseits streben die neuen Monarchien zu neuen Ufern, in Richtung auf Indien und Zentralafrika etc., andererseits kreisen ihre Interessen immer wieder um das alte Zentrum der griechischen Geschichte, die Ägäis und die sie umgebenden Festländer; einerseits schließlich sind die griechischen Poleis, traditionelle Träger von Griechenlands politischer Geschichte, der überlegenen Macht der Herrscher ausgesetzt, andererseits behalten sie eine auffällige und durchaus robuste Eigenständigkeit.

Solche und ähnliche Spannungen machen es sehr schwer, ein zutreffendes Gesamtbild der politischen und sozioökonomischen Strukturen im Hellenismus zu zeichnen. Dazu kommt noch die Vielfalt und Vielgesichtigkeit der hellenistischen Welt selbst: Über das ptolemäische Ägypten – bzw. über bestimmte Regionen und Epochen von dessen Geschichte – wissen wir durch die Zufälligkeiten unseres Überlieferungsstandes, die reichen Papyrusfunde, recht gut Bescheid. Doch haben wir uns darüber im klaren zu sein, daß dieses Reich seine Besonderheiten hatte. Schon bei den Seleukiden war manches ganz anders, desgleichen wiederum bei den Antigoniden in Makedonien oder überhaupt in den Gebieten der ‚klassischen‘ griechischen Geschichte.

Dennoch sollen hier die allgemeinen Aspekte im Zusammenhang dargestellt werden, denn gemeinsame Elemente sind hinreichend klar erkennbar – gerade in zentralen Punkten –, und die Differenzen lassen sich leicht an ihrem jeweiligen Orte aufzeigen. Ausgehen muß man von der Institution, die die soziopolitische Verfaßtheit des Hellenismus zutiefst geprägt hat und die auch zu den besonderen Charakteristika der Epoche gehört, von der Monarchie.

Das Wesen der Monarchie

Der spezifische Charakter dieser Monarchie ist zum einen von ihren Traditionen her, den makedonischen und den orientalischen, bestimmt, aber mehr wohl noch durch ihre Entstehungsbedingungen, die jahrzehntelangen Kämpfe um die endgültige politische Gestalt der gräko-orientalischen Welt, welche nicht zu einem wirklich stabilen System geführt hatten. Von daher trug die Monarchie an einer schweren Erblast, die durch die nie definitiv geklärte Situation des 3. und frühen 2. Jahrhunderts immer spürbar blieb. Sie steckt schon hinter einer früheren antiken Definition (Suda s.v. basileia): Die Königsherrschaft werde nicht erworben durch die Natur, also die monarchische Erbfolge, noch durch gerechtes Verhalten, sondern durch die Fähigkeit, ein Heer zu führen und die politischen Angelegenheiten mit vernünftiger Kalkulation zu handhaben.

Anders gesagt, die Monarchie war besonders erfolgsgebunden, die Herrscher standen geradezu unter einem Erfolgszwang. Und daß Herrschaft sich zuvörderst auf Macht und Kraft gründete, wurde in ihr in extremer Weise deutlich. Dies kommt auch in der Vorstellung zum Ausdruck, das Land des Königs sei „mit dem Speer erworben" (χώρα δορίκτητος) – ein martialischer und allenfalls kriegs-‚rechtlicher' Gesichtspunkt, den man gern ausspielte, wenn es um Ansprüche ging.

Damit hing ein zweites Grundproblem der hellenistischen Monarchie zusammen: Wenn sie überhaupt an Traditionen anknüpfen wollte, um diesen martialischen Charakter zu mildern und andere Legitimitätsgründe zu finden, dann waren diese recht verschiedenartig, je nachdem welche Gruppen von Untertanen und von Herrschaftspersonal angesprochen werden sollten. Die Makedonen hatten eine bestimmte Form von Königtum im Auge, die Orientalen – mit großen Differenzen untereinander – wiederum ganz andere und die Griechen schließlich eigentlich gar keine, denn sie hatten Alleinherrschaft schon geraume Zeit als Tyrannis geradezu perhorresziert. Der König hatte es also nicht mit einer mehr oder weniger einheitlichen Untertanengruppe zu tun, sondern mit einem in ethnischer, sozialer und politischer Hinsicht höchst gemischten Spektrum. Die Situation kam ihm nicht unbedingt entgegen, und er mußte sich jeweils ganz anderer Umgangsformen bedienen, um die für eine echte Legitimität und dauerhafte Herrschaft notwendige innere Akzeptanz der Dominierten zu finden – und diese Formen mochten sich untereinander durchaus widersprechen.

Auch im Hinblick auf das Herrschaftsgebiet war es keineswegs zu einer vollständigen oder auch nur wirklich nennenswerten Gesamtintegration gekommen. Wir sprechen heute gerne vom Territorialstaat als Charakteristikum hellenistischer Verfassung, doch das ist nur sehr bedingt richtig (s.u.): Zwar bilden traditionelle Reiche (Ägypten, Babylonien, Iran, Makedonien usw.) die Kerne, doch waren diese in sich schon – vielleicht mit Ausnahme Ägyptens – höchst vielgestaltig, mit ganz unterschiedlichen Graden von Untertänigkeit bzw. Autonomie. Dazu kamen zahlreiche griechische Poleis mit eigenen Gebieten und einem ausgeprägten Souveränitätsdenken, die in den Herrschaftsverband auf ganz andere Weise integriert werden mußten.

Andererseits hatten die Könige – bei allem Respekt vor gewachsenen Ordnungen – auf markante Weise und in großen Entwürfen neue Ansätze entwickelt und eigene Traditionen begründet, wie sich besonders in dem Auf- und Ausbau völlig neuer Zentralen zeigt: Die Hauptstadt Ägyptens wurde Alexandreia, die Seleukiden gründeten zwei neue Mittelpunkte, zunächst Seleukeia am Tigris (nahe dem alten Babylon, aber eben doch *neben* und vor ihm) und dazu ein Ensemble von vier Städten im nördlichen Syrien (Antiocheia am Orontes, Seleukeia in Pierien, Laodikeia, Apameia). Lediglich in Makedonien, wo die Dinge weniger kompliziert lagen und die genuin makedonischen Überlieferungen sich viel deutlicher auswirken konnten, blieb man bei der – freilich auch nicht besonders ehrwürdig – alten Hauptstadt Pella; immerhin aber hatte Demetrios Poliorketes mit der Gründung von Demetrias noch anderes im Auge gehabt.

Bedeutung des Königs und seiner Sieghaftigkeit

Gerade diese Struktur der Zentralen nun zeigt – und ihre Namengebung signalisiert –, wie der Herrscher auf die Vielgestaltigkeit im Untertanenverband und – gebiet antwortete: Die Monarchie war – bei allem Respektieren und Weiterverfolgen lokaler Traditionen – in erster Linie und in extremer Weise auf das königliche Individuum gestellt. Dieses – und eigentlich nur dieses – war die eigentliche Mitte der Staatlichkeit. Wenn irgend, dann galt hier das „L'état c'est moi", freilich so sehr, daß man es gar nicht hätte sagen können, weil die Komponente „état" neben der des „moi" gar nicht recht formuliert und gedacht werden konnte (allenfalls – und auch dies nur bedingt – in Makedonien). Man hätte sagen können: Die basileia (Königsherrschaft) ist der König; aber das läuft geradezu auf eine Tautologie hinaus. Bezeichnenderweise hat man die staatlichen Institutionen bzw. Elemente (und vieles andere mehr) durchweg als „Sachen" (pragmata) des Königs bezeichnet, der Staat war sein „Haus" (oikos), er konnte ihn als sein Eigentum ansehen und z.B. testamentarisch vererben. Sein Wort war Gesetz, er war höchster Herr und Richter, ja er schien geradezu allgewaltig und unumschränkt zu sein. Es ist verlockend – und geschieht sehr häufig –, diese Monarchie als eine „absolute" zu bezeichnen. Darin liegt allerdings die Gefahr, daß man damit auch zu viele eigentlich nur für die entsprechende neuzeitliche Staatsform spezifische Charakteristika ‚mitdenkt'. Etwas neutraler – und freilich blasser – mag man von ‚personaler' Monarchie sprechen. Jedenfalls ist ihr wesentliches Merkmal ein – im Sinne MAX WEBERS – charismatischer Charakter. Er wird, schon wegen seiner Affinität zu der Mentalität der am Vorbild Alexanders und der Diadochen, ihrer Stammväter, orientierten Könige, auch bewußt ausgeformt und hat viele Gesichter.

Im Vordergrund steht naturgemäß – wie wir sahen, schon als Grundlage der Königsernennungen im Jahre 306/5 – die Sieghaftigkeit des Herrschers besonders in ihrer elementaren, d.h. militärischen Gestalt. Sehr konkret mußte der König ein tapferer Kämpfer und fähiger Kommandeur sein, der jeden Kriegszug persönlich zu führen hatte. Er mußte energisch und aktiv sein – andernfalls konnte er aufgefordert werden, doch die Herrschaft niederzulegen [Diod. 31,40,1]. Seine Fähigkeit zum Sieg mußte bekannt und präsent sein, d.h. ständig demonstriert werden: auf der Jagd, im Aussehen und Auftreten, in der Lebensweise, der Architektur der Paläste, der Gestaltung von Festen und Riten, der Präsentation immenser Reichtümer und Machtmittel, in der Prägung von Münzen, der Verfügung über die neuesten Errungenschaften der Technik, vor allem der Militärtechnik, der Nachahmung der Heroen, besonders des Alexander, und so fort.

Diese Monarchie war geradezu genötigt, sich selbst ständig zu bewähren oder doch mindestens zu inszenieren; und sie hat sich dieser Aufgabe mit Hingabe gewidmet – und je geringer die Macht war, desto glanzvoller die Regie; mangelnde Erfolge mußten kompensiert werden. Eine der größten Paraden und Prozessionen der hellenistischen Geschichte veranstaltete Antiochos IV. gerade im Gefolge einer einschneidenden militärisch-politischen Schlappe, seines von Rom erzwungenen Rückzuges aus Ägypten im Jahre 168. Nur konsequent in diesem Sinne war der Auftritt der letzten ägyptischen Königin, Kleopatras VII., vor dem Römer Marcus Antonius in Tarsos (41 v. Chr.); vom Standpunkt wahrer Macht eine bloße Marionette, erschien sie buchstäblich wie eine Göttin, von göttlichem Gefolge umgeben [Plut. Antonius 26, 1 ff.].

Nun ist bekanntlich der Erfolg ein sehr flüchtiges Gebilde. Auf ihn dauerhafte Herrschaft zu gründen, kommt geradezu der Quadratur des Kreises gleich. Der allmächtige Herrscher konnte leicht ins Bodenlose fallen, und gerade hierin liegt – im Sinne der eingangs erwähnten Dialektik – eine strukturelle Schwäche hinter dem machtvollen Auftrumpfen. Es verwundert also nicht zu sehen, daß die hellenistischen Könige in großem Maße auch andere Mittel zur Legitimierung ihrer Position suchten, wobei sie sehr behutsam auf die Bedürfnisse der verschiedenen Untertanengruppen antworteten.

Besonders wichtig war das dynastische Prinzip, also eine Form, das tendenziell kurzlebige Charisma des Erfolges durch Vererbung zu perennieren. Dies war insofern gut geeignet, als man hier durchaus in den Bahnen verschiedener Traditionen fortschreiten konnte. Wichtig war dabei, schon aus der griechisch-makedonischen Vorstellungswelt heraus, daß sich das Königsgeschlecht auf heroische bzw. – was letztlich auf dasselbe hinauslief – göttliche Vorfahren zurückführte, wie schon das alte makedonische Königshaus der Argeaden (auf Herakles), an das dann auch die Ptolemäer anknüpften. Die Seleukiden ihrerseits sahen in ihrem Stammvater Seleukos einen Sohn des Apollon, d.h. diesem wurde, wahrscheinlich erst postum, eine unmittelbare Gottessohnschaft (wie Alexander dem Großen) zugeschrieben.

Dynastische Prinzipien

Noch eine andere Qualität hatte es, wenn Herrscher ihre Vorfahren direkt als Götter verehrten, wie die Dynastiekulte bei den Ptolemäern oder der Kult der progonoi (Vorfahren) bei den Seleukiden zeigen. Diese außerordentliche Betonung dynastischer Kontinuität hatte – über das Motiv der Weiterverbreitung des Glanzes der hohen Ahnen hinaus – einen guten Grund. Die Erbfolge in den Monarchien war keineswegs immer eindeutig. Zwar wurde die Königswürde kontinuierlich in einem Hause weitergegeben, schon in der alten makedonischen Monarchie. Es galt dort auch durchaus ein Erstgeburtsrecht – freilich nicht immer und überall. Wichtig war allerdings, daß sich der König bewährte und als leistungsfähig zeigte. Dies kam in der Anerkennung durch die Einflußreichen, d.h. die Adligen des Stammes, sowie durch das Heer zum Ausdruck. Schien oder war der Prinz, aus welchen Gründen auch immer, nicht geeignet, konnte sich leicht ein Bruder oder ein anderer männlicher Verwandter an seine Stelle setzen. So kam es z.B. für jeden neuen König darauf an, etwa durch die Erfüllung der Sohnespflicht gegenüber dem verstorbenen Vater, insbesondere durch dessen Bestattung sowie ggf. auch die Rache an dessen Mördern, sich als der wahrhaft Berechtigte und legitime Erbe zu erweisen.

Diese Zusammenhänge waren im Hellenismus noch völlig geläufig: So bot man Achaios, als er im Jahre 223 den Tod seines Verwandten, des Königs Seleukos III., energisch gerächt hatte, das Diadem an, obwohl, wenn auch in einiger Entfernung, als Erbe des Königs dessen jüngerer Bruder Antiochos zur Verfügung stand. Bezeichnend ist die Häufigkeit von blutigen Auseinandersetzungen zwischen Brüdern besonders bei Ptolemäern und Seleukiden, aber auch in anderen Häusern. Diese haben einen beträchtlichen Anteil an dem machtpolitischen Niedergang der Großreiche gehabt. Daß sich die Attaliden – im Sinne normaler Vorstellung – wirklich brüderlich verhielten (oder mindestens diesen Eindruck glaubhaft erwecken konnten), wurde geradezu als Auffälligkeit hervorgehoben und gepriesen. Die Besonderheit der Zugehörigkeit zu einer Herrscherfamilie mag auch die Ursache für die vor allem in Ägypten verbreitete Geschwisterehe gewesen sein. Es gilt ferner zu beachten, daß bei den Seleukiden die Königin offenbar titular auch als Schwester des Königs bezeichnet wurde.

Könige und griechische Städte
Besonders schwierig, ja delikat war die Aufgabe, der herrscherlichen Positionen gegenüber den Griechen, namentlich denen in den Poleis, eine höhere Weihe zu geben. Auch hier reagierte der König sehr sensibel auf die gegebene Mentalität: Nach griechischer Vorstellung war zwar monarchische Herrschaft prinzipiell unerträglich, eines freien Mannes eigentlich unwürdig. Doch war es nicht ungewöhnlich, daß man die führende Position eines Mächtigen anerkannte, vorausgesetzt dieser zeigte sich als Wohltäter (εὐεργέτης) und als Beschützer (προστάτης). Dieser Euergetismus gewann im Hellenismus schom im Inneren der Poleis, als Grundlage für die Formierung einer spezifischen Oberschicht, sehr an Bedeutung (s.u.). Auch die Könige profitierten davon; sie traten – in ihrem offiziellen Habitus – den Städten als Wohltäter gegenüber und ließen ihnen ihr Wohlwollen (εὔνοια) zuteilkommen, indem sie ihnen etwas stifteten oder die Steuern verringerten, zu ihrer baulichen Gestaltung beitrugen oder Versorgungsengpässe beseitigten, sie schützten und, im günstigsten Falle, retteten, wobei die höchste Tat die Befreiung einer Stadt war, die entsprechend gefeiert wurde – selbst wenn sie oft nichts anderes war als die Vertreibung einer politischen Clique zugunsten einer anderen.

Natürlich gab es hier viel Raum für Propaganda und Täuschung, für demonstrative Phrasen und Lügen. Man muß sich aber davor hüten, in allem ein bloßes Schein- und Floskel-Gespinst zu sehen. Der König brauchte ein bestimmtes Maß an Akzeptanz, und gerade der schonende, ja behutsame Umgang mit den Griechen und ihren Städten führte zu der entsprechenden Loyalität (εὔνοια) bei diesen und wurde rasch in der dafür sehr sensiblen griechischen Öffentlichkeit verbreitet [vgl. Plut. Demetrios 8,3]. So wuchs dem König noch mehr Wohlwollen und vor allem Prestige (δόξα) zu, und damit Anerkennung. Wohl nirgens kommt dieser Zusammenhang deutlicher zum Ausdruck als in der „hiera anagraphe", einer utopischen Schrift des Euhemeros von Messene [Diod. 5,41ff.], der sich übrigens einige Zeit am Hofe des Kassandros aufgehalten hatte. Dieser spricht u.a. von den Taten von Uranos, Kronos und Zeus, also von Göttern, die er geradezu als hellenistische Könige zeichnet: Sie hätten an Kraft und Verstand unter ihren Zeitgenossen herausgeragt und seien nicht nur als Könige anerkannt, sondern sogar zu Göttern gemacht worden; denn sie hätten ihre Macht genutzt, sich als „Wohltäter" und „Retter" zu erweisen. Gerade hier lag also *die* Chance, auch bei Griechen die innere Zustimmung zu finden, obgleich diese im Zweifelsfall der völligen Souveränität ihrer Poleis den Vorzug gegeben hätten.

Dies führt direkt zu einem weiteren Aspekt herrscherlicher Überhöhung, der individuellen Vergottung: Daß ein Herrscher selbst – unabhängig von der eben erwähnten göttlichen Deszendenz oder der noch zu skizzierenden Gottesgnadenschaft im Rahmen der orientalischen Vorstellungen – unmittelbar als Gott verehrt wird bzw. Ehrungen erhält, wie sie nur Göttern zukommen, also Opfer, Gebete, Prozessionen, Altäre, Tempel, Götterbilder, ist ein spezifisch griechisches und im wesentlichen hellenistisches Phänomen. Grundlage dieser Divinisierung ist aber immer eine von der ehrenden Stadt als besondere Leistung erfahrene Tat des Königs gewesen, in aller Regel die Rettung bzw. Befreiung der Polis. Der König konnte dann auch geradezu als ein Gott auf Erden erscheinen; magische und heilende Kräfte schrieb man ihm zu.

Kultische Verehrung der Herrscher

Dabei ließen es die Könige nicht bewenden. Angesichts einer durch und durch polytheistischen Religiosität mochte es gar nicht einmal so hilfreich sein, ein Gott unter vielen anderen zu sein. Attraktiver – nämlich wirksamer – war es, in eine besondere Beziehung zu einem bekannten, berühmteren, mächtigeren Gott zu treten, sich als dessen Schützling zu gerieren. So versteht sich das Verhältnis des Seleukos zu Apollon, und man sieht, daß hier die Grenzen zu den Dynastiekulten fließend werden. Von großer Bedeutung ist diese Tendenz angesichts der Tatsache, daß in der hellenistischen Zeit zunehmend, vor allem im Rahmen der Mysterienreligionen, einzelne Gottheiten, meist ursprünglich orientalische, eine herausragende Stellung erhielten (s.u.). Dann fiel besonderer Glanz auf deren Schützling, vor allem konnte sich dieser nahtlos in uralte orientalische Herrschaftskonzepte hineinstellen, nach denen der König der ‚rechte Arm' eines zentralen, ja *des* Gottes war – wie etwa des Marduk von Babylon. Diese Form von Gottesgnadentum, die in Ägypten sogar in der Identifizierung des Pharao mit dem Sohn des höchsten Gottes, Amun-Re, und der Vorstellung von im König wirksamen göttlichen Kräften gegipfelt hatte, eröffnete den hellenistischen Herrschern neue Perspektiven. Sie erschienen denn auch gerade in Ägypten als Reinkarnation solcher großen Götter, als „neuer Dionysos" oder „neue Isis".

Diese Rolle des hellenistischen Königs als Götterschützling oder gar Inkarnation war gerade bei der nicht-griechischen Bevölkerung für die Begründung einer legitimen Herrschaft ausschlaggebend. Dies bedingte wiederum, daß der König sich bestimmten Erwartungen zu beugen hatte, wie sie ihm in erster Linie von den jeweiligen Priesterschaften vermittelt wurden. Wir sehen auch immer wieder, daß die Könige diesen Erwartungen durchaus genügen: Sie verehren die traditionellen Götter, bauen ihre Tempel aus, geben ihnen Privilegien – doch nur in einem bestimmten Maße. Sie mußten ja auch anderen, zum Teil damit in Widerspruch befindlichen Bedürfnissen und Mentalitäten genügen (s.o.) und hatten eine alles andere als geringe Meinung von ihrem herrscherlichen Machtumfang. So tendierten sie im Konflikt zwischen Tempeln und griechischen oder hellenistischen Städten durchaus zu diesen und sahen sich – hierin ganz Griechen – durchaus dazu berechtigt, über Tempelschätze zu verfügen, wenn sie derer bedurften. Daraus konnten sich gewaltsame Konflikte entwickeln: Als sich Antiochos III. nach dem Frieden von Apameia (188) angesichts der Verpflichtungen zu riesigen Kriegskontributionen an Tempelschätzen vergriff, kam er bei den daraus resultierenden Auseinandersetzungen ums Leben. Überhaupt kann man beobachten, daß gerade vor dem Hintergrund religiöser Konzepte die hellenistische Monarchie offenbar zunehmend auf Kritik und Widerstand bei den Einheimischen stieß, wobei die Priesterschaft eine zentrale Rolle spielte.

So war, aufs Ganze gesehen, die nach außen hin so imposante und sich lange Zeit auch eindrucksvoll manifestierende Macht ihrerseits mit einer Fülle von Zwängen konfrontiert und innerlich zu einem guten Teil prekär. Dies mußte gerade dann spürbar werden, wenn Sieg und Erfolg, die letztlich alles zusammenhielten, fehlten oder ausblieben: Dann konnten sich die problematischen Faktoren geradezu potenzieren, und wenn dann noch Druck von außen hinzukam, lag eine Katastrophe nahe. Doch muß man auf der anderen Seite konzedieren, daß – wie schon diese kurze Skizze gezeigt hat – durchaus ein Sinn für die jeweiligen Probleme und Bedürfnisse erkennbar ist. Dies wird noch deutlicher, wenn man sich den Staatsaufbau insgesamt näher ansieht.

b) Das administrative System der Königreiche

Der Aufbau der Königreiche bringt nun die gerade geschilderten Charakteristika der Monarchie mit großer Eindeutigkeit zum Ausdruck, insbesondere in der königlich-individuellen Zentralität: Die Realität zeigt allenthalben, in welchem Maße die Formulierung von den „Sachen" (πράγματα) des Königs als Bezeichnung für diese Institution auch im Detail das Richtige trifft. Unsere Informationen beziehen wir in erster Linie aus Ägypten; wo sich markante Unterschiede zu anderen Reichen ergeben, sind diese angeführt.

Die Führungs-
zirkel
Schon der Verwaltungsstab war ganz auf die Person des Königs zugeschnitten: Die Angehörigen der unmittelbaren Führungsschicht, die Inhaber der wichtigsten Ämter und Kommandos, sind nicht aus einer existenten Reichsaristokratie rekrutiert, sondern geradezu nach Belieben, mit einem extremen Maß an Handlungsfreiheit, zusammengestellt worden, teilweise in Anlehnung an das makedonische Hetairenprinzip. Die höchsten Würdenträger waren schlicht und einfach

die „Freunde (philoi) des Königs". Man gehörte also zur Elite kraft persönlicher Beziehung zum König, der in der Auswahl seiner Freunde einserseits freie Hand hatte, aber andererseits sich damit auch in ein tief verankertes, für die griechische Mentalität sehr charakteristisches Wertesystem hineinbegab: Zunächst einmal ist Freundschaft ein reziprokes und eher egalitäres, kein hierarchisch-herrschaftliches Verhältnis. Es muß festgehalten werden, daß der tendentiell ‚allmächtige' hellenistische König gegenüber seinen wichtigsten Mitarbeitern gerade nicht oder wenigstens nicht nur das Prinzip der strikten Subordination anwendete. Darüber hinaus waren sich Freunde wechselseitig zu besonderer Solidarität und Loyalität verpflichtet. Allerdings war die Bindung auch in traditionellem Sinne nicht rein affektiv, sondern durchaus auch zweckrational. Dies hatte gelegentlich zur Folge, daß sich Freunde von ihrem König im Falle von Mißerfolgen lossagten, so daß die Beziehung strukturell ambivalent sein konnte. Insgesamt aber erleichterte sie bzw. ihre Nutzung die Organisation von Führungsaufgaben erheblich. Die Freunde des Königs bekleideten die höchsten Würden und Befehlsstellen und dienten als Gesandte. Sie bildeten den Kronrat des Herrschers und zugleich seine gesellige Umgebung. Wir finden unter ihnen – sogar relativ zahlreich vertreten – Künstler und Intellektuelle. Rangstufen und Laufbahn waren zunächst völlig unbekannt, auch konnten Kommandos und Kompetenzen von jeweils durchaus sehr unterschiedlicher Bedeutung und Aufgabenstellung nacheinander vergeben werden.

Diese eigentliche Führungsschicht setzte sich nahezu ausschließlich aus Griechen und Makedonen zusammen, Leuten, die aus den verschiedenen Poleis stammten bzw. von diesen – sofern es sich um Emigranten handelte – auf Wunsch des Herrschers das Bürgerrecht erhalten hatten. Der König stattete sie in der Regel mit relativ großen Ländereien aus (δωρεαί = Geschenke), die freilich den Charakter eines Lehens hatten, da sie z.B. im Todesfall wieder an den König zurückfielen. Die Freunde bildeten jedenfalls eine ziemlich abgehoben-isolierte, nicht in ihrem Lande wirklich verankerte, etwa dessen Adel entwachsene Gruppe. Damit waren sie geradezu prädestiniert, eine in sich geschlossene, sich in Clans und Cliquen teilende Hofgesellschaft zu bilden. Dieses von Hause aus – zumal in den Wirren der Diadochenzeit – recht lose und extrem flexible System hat sich im Laufe der Zeit, was nicht verwundern darf, verfestigt. Schon im griechischen Freundschaftskonzept ist die Erblichkeit der Beziehung angelegt: Man spricht etwa von väterlichen Freunden. So entstand allmählich eine sich wesentlich aus sich selbst rekrutierende Führungselite von Funktionsträgern. Dazu trug auch bei, daß das Institut der „königlichen Burschen" (der sog. Pagen) als Mittel, geeignete junge Leute in die Umgebung des Königs zu ziehen und gemeinsam auszubilden, auch von den hellenistischen Monarchien übernommen wurde.

Auch interne Differenzierungen, die zunächst eher informell waren (es gab eben Freunde und gute Freunde und besonders gute Freunde; manche wurden etwa mit dem speziellen Titel des Leibwächters, σωματοφύλαξ, in Anlehnung wohl an Alexanders Praxis herausgehoben), wurden allmählich verfestigt. Im

Hofränge

Ptolemäerreich führte dies am Anfang des 2. Jahrhunderts (197/94) dazu, daß alle wichtigen Posten der Reichsverwaltung, auch wenn deren Inhaber sich gar nicht in der unmittelbaren Umgebung des Königs befanden, einen den Kompetenzen des Amtes entsprechenden Hoftitel erhielten und daß es eine entsprechende Rangfolge gab, von den „Verwandten" über die „ersten Freunde", die „Erzleibwächter", „Freunde", „Nachfolger" bis hinab zu den „Leibwächtern".

Mit diesen ehrenden Bezeichnungen war nunmehr der Beamtenapparat titular an die Person des Königs gebunden, die persönliche Beziehung war also zunächst faktisch und nunmehr formell der Bezugsrahmen der Organisation für die höheren Chargen des Verwaltungsstabes. Ähnlich scheint man im Seleukidenreich zwischen „Freunden", „geehrten Freunden", „ersten Freunden" und „ersten und sehr geehrten Freunden", unterschieden zu haben.

Residenzen
und Höfe
Der individuell-persönliche Charakter des Königtums und dessen Tendenz zur Repräsentation und Prachtentfaltung kommt auch in der Gestaltung der Residenzen und Höfe zum Tragen. Daß die Zentralen der Reiche sehr bewußte Neuschöpfungen sind, ist bereits erwähnt worden. Alexandreia, bereits von Alexander primär unter dem Gesichtspunkt des Umschlagplatzes gegründet, beherbergte die königlichen Paläste, die rund ein Viertel des gesamten Stadtareals – das zur Zeit des Augustus ca. einer Million Einwohner Platz bot – einnahmen. Sie waren Höhepunkt und Vorbild hellenistischer Architektur und Kunst. Integraler Bestandteil waren die großen Kultplätze und insbesondere die Grablege der Könige. Der Hof war aber auch ein geistig-künstlerisches Zentrum, entsprechend den intellektuellen Bedürfnissen des Herrschers, die ihrerseits in Makedonien schon eine Tradition gehabt hatten und Alexander und den Diadochen sehr wichtig gewesen waren. Alexandreia bildete in dieser Hinsicht einen Kulminationspunkt: Die Gelehrten und Schriftsteller am Hofe wurden als Kultgemeinschaft um ein Musenheiligtum (Museion) herum gruppiert. Sie hatten eine Bibliothek aufzubauen und dann zur Verfügung, in der jedes literarische Werk, gleich welcher Zunge, vorhanden war; ihr Vorstand war zugleich der Prinzenerzieher.

Vergleichbares findet sich überall: Die Seleukiden schufen, angesichts des Umfanges ihres Reiches und der unterschiedlichen Traditionszusammenhänge, eine Zentrale am Tigris, in der Nähe von Babylon (Seleukeia), eine Stadt, die in der frühen römischen Kaiserzeit rund 600 000 Einwohner zählte, sowie einen zusammenhängenden Komplex von vier Städten im nördlichen Syrien. Dies verrät die starke – ökonomische und politische – Orientierung des Seleukidenreiches auf das Mittelmeergebiet. Denn dieser Bereich, rein geographisch gesehen einerseits in ziemlicher Randlage, andererseits an der Nahtstelle zwischen Anatolien und der Levante und mit einer ‚Anbindung' an die großen Karawanenwege nach Mesopotamien und Arabien, entwickelte sich immer mehr zum eigentlichen Zentrum mit der Hauptstadt Antiocheia am Orontes; dazu kamen die mit künstlichen Häfen versehenen Emporien Seleukeia in Pierien, an der Mündung des Orontes, sowie Laodikeia, dann, ein wenig im Landesinneren, die Garnisonsstadt Apameia. Die nordsyrische Region wurde durch die Einbürgerung von Kulten, die Ansiedlung zahlreicher Kolonisten sowie die Übertragung von Namen teilweise zu einem zweiten Makedonien.

Am besten von den eigentlichen Herrscherpalästen ist uns derjenige der Attaliden auf dem Burgberg von Pergamon bekannt. Er zeigt besonders deutlich, in welchem Umfang sich die religiösen Aspekte herrscherlicher Selbstdarstellung auch in architektonischer Form niederschlugen: Der Bezug zum Gründungsheros Telephos, vor allem aber der beziehungsreiche Hinweis auf und die demonstrative Erinnerung an die siegreichen und schutzbringenden, von der Göttin Athena Nikephoros (die Siegbringende) unterstützten Kämpfe gegen die Geißel der kleinasiatischen Griechen, die Galater, machten die Grundlagen des attalidischen Königtums sichtbar. In Makedonien finden wir wieder mehrere Hauptstädte: Da ist Demetrias mit seinem ausgedehnten Königspalast, von Demetrios Poliorketes mit dem Auge auf die Ägäis und Asien gegründet; da finden wir Pella, erst unter Archelaos rund 100 Jahre vorher als neue Hauptstadt der von ihm reorganisierten makedonischen Monarchie ausgebaut und von Antigonos Gonatas in eine veritable hellenistische Metropole umgestaltet; und nicht zu vergessen ist die alte makedonische Königsstadt Aigai, bei der sich die Gräber der Argeaden befanden. Auch hier wurde, wohl unter demselben Herrscher, ein königlicher Palast angelegt.

Das Hofleben selbst hatte alle Aspekte griechisch-makedonischer Geselligkeit, welche im Symposion gipfelte, einem ritualisierten Weingenuß, nicht frei von sinnlichen Ingredienzien, sexuellen Reizungen, aber auch intellektuellen Gesprächen, wo sich die philoi zwanglos mit dem König trafen und der in dem System der Freundschaft liegende Gleichheitsaspekt besonders deutlich war. Dazu kamen die verschiedenen religiösen Feste bzw. die der königlichen Familie. Diese strahlten weit über den Kreis der Hofgemeinschaft hinaus aus, auch dann, wenn sie räumlich auf den Palastbereich beschränkt waren: Es war durchaus üblich – und intendiert – daß das Volk im Palast solche Feste und das gesamte Interieur staunend und bewundernd verfolgte und betrachtete. | Hofleben

Überhaupt entwickelte sich zwischen der hauptstädtischen Bevölkerung und dem Herrscher ein sehr spezifisches Wechselverhältnis – wir können dies für Antiocheia und Alexandreia gut beobachten. Die für die effektive Inthronisation so wichtige Präsentation des Herrschers, im alten Makedonien vor Adel und Truppen vollzogen, wendete sich in den neuetablierten Monarchien zunehmend an das Volk in den Residenzstädten. Dieses fand überhaupt Mittel und Wege, seine Meinung den Königen kund zu tun oder gerade bei Thronstreitigkeiten mit seinen Sympathien und Antipathien, ja mit massivem Druck in das Geschehen einzugreifen oder sich hineinziehen zu lassen, dann durchaus ein Machtfaktor neben den Freunden und ihren Koterien oder den Truppen. | König und Hauptstadt

Angesichts der Erfolgsorientiertheit des hellenistischen Königtums und der hellenistischen Könige kam naturgemäß dem militärischem Aufgebot ein ganz besonderes Gewicht zu. Die Organisation des Militärwesens unterschied sich im einzelnen durchaus. So standen die Antigoniden auch auf diesem Sektor in der | Die Heere

Tradition der Argeaden, vor allem Philipps: Ihr Heer hatte noch – in seinem Kern, der makedonischen Phalanx mit der nunmehr extrem langen Sarisse – einen einheitlichen und in gewissem Maße nationalen Charakter, und es konnte noch eher als Repräsentant einer makedonischen Staatlichkeit, als formierter Teil des makedonischen Volkes neben dem König erscheinen. Doch sind diese Besonderheiten nicht überzubewerten.

Die Armeen von Ptolemäern und Seleukiden waren im Prinzip – bei Differenzen im Detail – relativ ähnlich organisiert. Man hat zwischen der stehenden Truppe und einem Rekrutierungsreservoir, das bei Bedarf mobilisiert wurde, zu unterscheiden. Wichtig ist generell, daß die Truppe insgesamt zum König in einem Verhältnis persönlicher Dienstleistung stand. Sie diente ihm, nicht einem Vaterland. Das kommt besonders klar zum Ausdruck bei den Söldnern, die nichts anderes waren als vom König bezahlte und diesem als Arbeitgeber zugeordnete Personen. Diese Söldner waren wichtig bei den stehenden Heeren, die als unmittelbare Eingreifreserve beim König sowie für Besatzungs- und Polizeiaufgaben zur Verfügung standen, und selbstverständlich auch bei den speziellen Aufgeboten, die man jederzeit durch zugemietete Soldtruppen ergänzen konnte. Diese Söldnertruppe konnte ein beträchtliches Eigenleben entwickeln und – wie namentlich bei den Attaliden deutlich wird – dem König auch geschlossen als Verhandlungspartner gegenübertreten. Außerdem verlangte sie einen erheblichen finanziellen Aufwand, und so hat sich in Anlehnung an ältere orientalische Formen insbesondere für das ‚Reserveheer‘ ein sozusagen bargeldloses System eingebürgert, welches zugleich eine bessere Kontrolle des Heeres ermöglichte. Dieses funktionierte nach dem einfachen Prinzip der Vergabe von Land aus dem Besitz des Königs gegen die im Bedarf zu erbringende militärische Dienstleistung.

Am deutlichsten wird dieses System bei den Kleruchen Ägyptens: Hier wurden gediente Soldaten, aber auch Funktionäre, mit einem Stück Land (kleros) ausgestattet, dessen Besitz prekär war, das also beim Tode an den König zurückfiel und einem Pachtzins unterlag. Dafür konnte der König für militärische und sonstige hoheitliche Aufgaben permanent auf die Besitzer zurückgreifen. Im ausgehenden 3. Jh. wurden dafür erstmalig Ägypter auch in größerem Maßstab rekrutiert, die sog. machimoi (Kampffähigen), und entsprechend als Kleruchen versorgt.

Nicht viel anders war es bei den Seleukiden, wo der Anteil der Söldner wohl insgesamt bedeutender war. Daneben übernahm man die alten lokalen Aushebungssysteme der Achaimeniden, die allerdings militärisch von fragwürdigem Wert waren. Deshalb wurden hier in großem Stil Makedonen und auch Angehörige anderer Völker in Kolonien angesiedelt, die einen durchaus stadtartigen Charakter hatten, und mit Land ausgestattet. Diese Kolonisten dienten als Rekrutierungsreservoir. Dazu kamen – und dies war angesichts der relativ losen Struktur des Seleukidenreiches ebenfalls nicht unwichtig – die Kontingente von Städten sowie von autonomen Stämmen und Fürsten.

Daneben gab es diverse Spezialeinheiten, so etwa die jeweiligen Flottenaufgebote, die technischen Einheiten oder – bei den Seleukiden besonders gepflegt – die Kriegselefanten. Insgesamt war das Heer auf den König eingeschworen, es war „sein" Heer und wird in unseren Texten oft neben dem König und dessen Freunden ausdrücklich genannt, etwa als Empfänger von guten Wünschen. Dieses bedeutet aber nicht, daß ihm gleichsam Verfassungsrang zukam, nicht einmal im wesentlich geschlosseneren Makedonien. Natürlich war es ein erheblicher Machtfaktor und wurde es immer wieder der Adressat und ‚Akklamateur' königlicher Proklamationen und Präsentationen, und selbstverständlich konnte der König es nicht ignorieren, sondern mußte vielmehr seine Vorstellungen besonders ernst nehmen und überhaupt auch in lebendigem Kontakt mit ihm stehen. Aber Rechtskraft – etwa bei der Inthronisation von Herrschern oder in Prozessen – hatten seine Willensäußerungen nicht.

Bezeichnenderweise kommt der individuell-private Charakter der Monarchie auch in der administrativen Organisation deutlich zum Ausdruck, und zwar besonders in Ägypten. Hier war ja der ptolemäische König mit seinem „Haus" ohnehin an die Stelle des patrimonialen Großoikos des Pharao getreten, in Anlehnung an die Relikte dieses Systems, wie es sich in den Wirtschafts- und Verwaltungszentren der großen Tempel gehalten hatte. Die Tempel hatten dann freilich keine Eigenständigkeit neben dem König mehr; diese war lediglich vom König zuerkannt. Selbst über Land im Eigentum der Götter („heiliges Land") wurde gleichsam stellvertretend zunächst vom König verfügt, also allenfalls indirekt von den Tempeln. Angesichts solcher Voraussetzungen war es nicht verwunderlich, daß viele Elemente des Verwaltungssystems, bis hin zu den einzelnen Ämtern und deren offiziellem Ethos, übernommen wurden. Das konnte auch gar nicht anders sein. Das ägyptische Leben, sein Wohl und Wehe, war vom Nil abhängig; dessen Flut mußte rechtzeitig in optimaler Weise zur Bewässerung und Melioration der Äcker genutzt werden, komplizierte Deich- und Kanalisierungsarbeiten waren zu leisten. Hierzu stellte der König den organisatorischen Apparat zur Verfügung, aber dafür verlangte er Dienstleistungen und Abgaben, die wiederum entgegengenommen, registriert und weitergeleitet werden mußten.

Die Organisation der Verwaltung im ptolemäischen Ägypten

Das gesamte Land war in rund 40 Bezirke (nomoi), jeweils zur Hälfte in Ober- und Unterägypten, aufgeteilt, in denen die einzelnen Behörden ihre Zuständigkeitsbereiche hatten, der *Nomarch* mit der Verantwortung für die wirtschaftliche, d.h. besonders landwirtschaftliche Produktion, der *Oikonomos* („Hausverwalter") für die Finanzverwaltung und der *königliche Sekretär* (grammateus) für die Registrierung und Buchführung. Ihnen waren jeweils auf der lokalen Ebene entsprechende Beamte (Toparchen, Komarchen, Antigrapheis, Topogrammateis, Komogrammateis) unterstellt, während sie selber ihrerseits dem zentralen Verwaltungsbeamten in der Hauptstadt Alexandreia, dem Dioiketes („Verwalter" bzw. „Minister für Verwaltungsangelegenheiten") nachgeordnet waren, der an der Spitze eines riesigen Büros stand und bei dem alle Fäden zusammenliefen.

Dieses ausgefeilte und durchgegliederte Verwaltungssystem war also primär eine Wirtschaftsadministration – mit fiskalischer Schwerpunktsetzung.

Daneben standen, für hoheitlich-polizeiliche und militärische Aufgaben, die *Strategen* in den Bezirken, die ihrerseits nicht dem Dioiketes, sondern dem König unmittelbar unterstanden. Sie hatten auch wichtige Aufgaben in der Rechtspflege. Diese selbst lag vollständig in der Hand des Königs und wurde von ihm einerseits durch die administrativen Entscheidungen der Beamten, zum anderen durch spezielle königliche Gerichtshöfe (so etwa die Laokritai für die einheimische Bevölkerung sowie die Dikasterien, später die Chrematistai) wahrgenommen. Unter der einheitlichen ‚Decke‘ königlicher Erlasse und Verordnungen waren mithin gleichzeitig verschiedene Rechtsordnungen in Kraft.

Auch hier gab es allmählich Verfestigung, Differenzierung und Hierarchisierung. Die Strategen wurden (im 2. Jh.) zunehmend zu den ‚Chefs‘ der Nomos-Verwaltung, andererseits entwickelten sich Abstufungen innerhalb der Strategen, so daß sich mächtigere Amtsinhaber zwischen die fast nur noch mit zivilen Funktionen ausgestatteten Nomos-Strategen und den König schoben, die Strategen bzw. Epistrategen der chora („Land“, „Territorium“) von Unter- und Mittelägypten sowie der Thebais (nächst dem Strategen von Zypern übrigens die höchsten in den Rängen). An die Spitze des Justizwesens trat wahrscheinlich ein Archidikastes.

Administration der Wissenschaft durch die Ptolemäer   Das Signum der ptolemäischen Verwaltung insgesamt war also die – durch die natürlichen Voraussetzungen und die daraus resultierenden Traditionen bedingte – durchgegliederte Struktur der Wirtschaftsverwaltung, die auf den ersten Blick als ein System extremer Plan- oder Staatswirtschaft oder des Merkantilismus erscheinen kann, in dem die königliche, also staatliche Verwaltung mit ihren Vorgaben möglichst viel aus dem Lande herauszuholen suchte: Saatmengen, Abgaben und Preise waren fixiert, auf vielen Waren, insbesondere dem aus verschiedenen Pflanzen gewonnenen Öl, lag ein staatliches Monopol. Das Nilland war ein nach außen abgeschotteter Wirtschaftsbereich, dem Alexandreia gleichsam als Schleuse diente.

Doch das Wirtschaftssystem ist damit nicht angemessen charakterisiert, denn neben diesen Verwaltungsstrang tritt ein ganz anderes, freies und verkehrswirtschaftlich orientiertes Element, das aus der griechischen Geschichte bekannt ist, in einfacheren Formen aber auch in den orientalischen Palastgeschäften begegnet: die Existenz von Entrepreneurs. Diese – mit Geld wirtschaftende und auf Gewinn kalkulierende ‚Unternehmer‘, Financiers und Geldleute – traten als Steuerpächter zwischen die abgabenpflichtigen Untertanen und den königlichen Apparat. Ihren ökonomischen Interessen gab die königliche Wirtschaftspolitik erhebliche Anreize und Sicherungen. So ist die Einrichtung etwa des Ölmonopols wohl am ehesten zu verstehen als Garantiemaßnahme für die Pächter. Diese zahlten ja zunächst die Abgaben und Steuern an die königliche Kasse und zogen dann ihrerseits von den Steuerpflichtigen die Summe ein, mußten also – zum Vorteil ihrer

Kalkulation – daran interessiert sein, daß die entsprechenden zu erwartenden Beträge auch definitiv einkamen, daß nichts ‚schwarz' verkauft wurde usw.

Daß hier zwei Systeme, das der alten pharaonischen Wirtschaftsadministration und das des üblichen griechischen Steuereinzugs, nebeneinander traten, ja ineinandergriffen, ist schwerlich bewußt konzipiert worden. Es wurde aber im Sinne einer zunehmenden „Anpassung" [507: BINGEN] immer feiner ausgestaltet, vor allem so, daß – neben den Entrepreneurs – auch die ‚Krone' auf ihre Kosten kam, für die sich die letztlich entscheidenen Vorteile boten. Unternehmer und Finanzverwaltung standen in einem gewissen Spannungsverhältnis, das die wechselseitige Kontrolle förderte. Das Budget war überschaubar, die eingehenden Zahlen leicht einzuplanen, Naturalabgaben wurden in der Regel in Münzgeld umgewandelt. Vor allem: Das Steuerrisiko lag beim Pächter, der so geradezu die Funktion einer ‚Versicherung' hatte.

Unübersehbar ist generell das immense Interesse des Königs an der wirtschaftlichen Prosperität seines Hauses – freilich nicht um deretwillen als solcher, sondern weil ihm dadurch seine Kassen gefüllt wurden. Die ermöglichten ihm erst eine Politik von Macht und Prunk, wie sie einem hellenistischen Herrscher seinem Selbstverständnis nach zukam. So wurde der König sozusagen ein gewaltiger Getreideproduzent und -verkäufer, sorgte aber auch dafür, daß sein Land möglichst wenig von Einfuhren abhing. Kolonisationsmaßnahmen im größten Stil, namentlich die Trockenlegung in der Senke des Fayum, brachten erhebliche Erweiterungen der ökonomischen Kapazitäten. Auch die Außenverbindungen wurden gefördert, so richtete man z.B. einen regulären Handelsverkehr mit dem indischen Subkontinent ein – was außerordentliche Bemühungen um eine entsprechende Infrastruktur voraussetzte.

Bezeichnend ist, daß auch die sogenannten Außenbesitzungen des Ptolemäerreiches, die nicht-ägyptischen Gebiete also, zunehmend in ähnlichem Sinne durchdrungen wurden, besonders Palästina, Phönikien und Koilesyrien, ferner Zypern und auch die Südküste Anatoliens mit ihren nicht wenigen griechischen oder hellenisierten Städten, daneben die Kyrenaika und die Besitzungen in der Ägäis. Hier lassen sich zwar durchaus recht unterschiedliche Verwaltungselemente feststellen, die vor allem durch die differierenden jeweiligen Traditionen bedingt sind. Doch ebenso ist eine Tendenz der Nivellierung zu greifen, eine Tendenz, Elemente der spezifisch ägyptischen Verwaltung zu übertragen und auszubauen, etwa die üblichen Posten von Verwaltungsfunktionären wie die der Oikonomen oder das System der Besteuerung, so daß schließlich in einem Kerngebiet um Ägypten herum relativ ähnliche Zustände herrschten.

Ptolemäische Außenbesitzungen

Im Seleukidenreich sind uns die Dinge weitaus weniger klar. So wissen wir z.B. nicht einmal, ob die Entrepreneurs dort in der Steuerpacht eine vergleichbare Rolle spielten. Wir kennen sie lediglich aus dem südsyrisch-palästinischen Bereich (unser anschaulichstes Beispiel dafür sind die „Zöllner" des Neuen Testaments), doch hier war dies womöglich ein Erbe der gut hundertjährigen ptolemäischen Herrschaft. Im Prinzip jedoch haben sich die Seleukiden nicht anders verhalten

Die Verwaltung im Seleukidenreich

als die Lagiden: Sie haben nahezu alle wichtigen traditionellen Elemente übernommen und im großen und ganzen so belassen, so etwa im Wirtschaftssystem in Südbabylon, für das wir einiges an Material haben. Freilich ergab sich damit naturgemäß ein viel weniger einheitliches Bild als in Ägypten. Darüber hinaus haben sich die Seleukiden aber auch gezielt darum bemüht, die Wirtschaftskraft ihres Reiches zu verstärken. Das wird bei ihnen besonders in den Bemühungen um die Verbesserung des Handels und seiner Infrastruktur erkennbar. Die bereits erwähnten Gründungen von Seleukeia und Laodikeia im nördlichen Syrien sollten ja als Umschlagplätze für den Warenverkehr der vorderasiatischen Karawanenwege auf die maritime Kommunikation des Mittelmeers dienen und damit neben die weitgehend in ptolemäischer Hand befindlichen phönikischen Küstenstädte treten. Der Aufwand, der dafür an den nicht sehr einladenden Küstenstrichen betrieben wurde (künstliche Häfen), war ganz erheblich und signifikant.

Auch bei den Seleukiden finden wir – jedenfalls für eine bestimmte Zeit (unter Antiochos III. und nicht allzu lange über diesen hinaus) – Aspekte einer auf die königliche Zentrale bzw. Kasse, das basilikon, orientierten Finanzverwaltung, mit einem speziellen Beamten an der Spitze (epi ton prosodon = „der für die Einkünfte Zuständige") und diesem auf der Ebene der Provinzen und Reichsteile (Satrapien) unterstehenden Funktionären, die freilich nicht in dem nahezu totalen Umfang in das Wirtschaftsleben eingriffen wie in Ägypten, sondern primär für die Einnahmen, d.h. die Erhebung von Steuern, zuständig waren. Sicher hat der Finanzchef am Seleukidenhof nicht die große Bedeutung gehabt wie der Dioiketes bei den Ptolemäern. Vielmehr finden wir dort, als mächtigstes Amt neben dem König, in Anlehnung an orientalische Regierungstraditionen, die in diesem Punkt ja schon von Alexander übernommen worden waren, den Wesir, der geradezu Stellvertreter des Königs war, mit dem Titel ho epi ton pragmaton, etwa = „Geschäftsführer". Bezeichnend für die traditionelle Struktur des Seleukidenreiches war, daß sich diese königliche Zentrale in der Verwaltung der Reichsprovinzen, der Satrapien, widerspiegelte: Diese standen unter dem Befehl eines Satrapen oder Strategen, der in der Regel die zivile und militärische Gewalt in sich vereinigte und überhaupt bedeutende Kompetenzen und viel Spielraum hatte – ein deutliches Erbe des Achaimenidenreiches. Ihm – und wahrscheinlich damit dem König nur mittelbar – war ein Funktionärsapparat unterstellt, mit Titeln ähnlich denen der Zentrale. Bei der königlichen Finanzverwaltung scheint es teilweise Ausnahmen gegeben zu haben und waren die Satrapen jedenfalls temporär (s.o.) ausgeschaltet, doch war auch hier die Trennung nicht vollständig, da in manchen Gebieten auf der unteren Verwaltungsebene ein Beamter (Hyparch) zugleich der Satrapien- und der Finanzverwaltung zugehörte.

Die übrigen Reiche   Über die anderen Reiche läßt sich noch weniger sagen. Bei den Antigoniden hat die zentrale Verwaltung angesichts der ganz anderen Herrschaftstradition sicher von Anfang an eine viel unbedeutendere Rolle gespielt. Ferner machte die zunehmende Urbanisierung eine Erweiterung administrativer Kompetenzen bei der Zentrale auch überflüssig. Dies ist festzuhalten und gibt den Anlaß, daran zu erinnern, daß keineswegs die administrativ-bürokratische Struktur das Kennzeichen der hellenistischen Monarchie war: Der Apparat war das Dienstpersonal des Königs, und er hatte lediglich Dienstleistungen zu vollbringen und Anweisungen auszuführen. Die veritablen Entscheidungen standen beim König und den in seinem Freundeskreis organisierten Beratern, die sich zunächst gar nicht und auch später nicht unbedingt aus dem Apparat rekrutierten, sondern ihm ihrerseits als die Inhaber der wichtigsten Positionen, wie des „Verwaltungsministers" oder des „Geschäftsführers", vorgesetzt waren. Manches verflocht und verfestigte sich allerdings im Laufe der Zeit, wie besonders in dem schon skizzierten System der ptolemäischen Hofrangklassen deutlich wird.

c) Gebiete und Untertanen

In zwei für die Konstitutierung und Einschätzung von Staatlichkeit sehr wichtigen Bereichen, der Frage nach dem Staatsgebiet und den Staatsangehörigen, geben die hellenistischen Monarchien – anders als dies in der Forschung und in den Handbüchern oft dargelegt ist – ein in sich teilweise sehr differierendes Bild; echte Einförmigkeit und Einheitlichkeit ist ihnen in dieser Hinsicht fremd gewesen. Dies gilt schon für das relativ uniforme Makedonien, wo neben die Gebiete des alten Königtums, die selbst teilweise urbanisiert wurden, Gegenden traditioneller griechischer Polisstaatlichkeit, aber auch, in Thessalien, Relikte noch älterer Stammes- und daran anknüpfender neuerer Bundesorganisationen (s.u.) traten sowie Gebiete, die von sich zunehmend hellenisierenden ‚Barbaren' bewohnt waren (im thrakischen Raum). Ähnliches zeigt sich auch in Ägypten, wo das Nilland in seiner territorialen Struktur zwar relativ einheitlich war, aber schon Alexandreia wie ein Fremdkörper wirkte. Bezieht man dazu die Außenbesitzungen mit ein, so ergibt sich ein ebenfalls sehr vielschichtiges Bild mit – wie schon betont – durchaus unterschiedlichen Abstufungen von nivellierendem Herrscherzugriff und historisch bedingten und als solchen respektierten Differenzen. Ein besonders buntscheckiges Gebilde war das Seleukidenreich, in dieser Gestalt eindeutig Erbe des Achaimenidenreiches.

Vielschichtigkeit

 Generell war schon die Qualität des Territoriums nicht einheitlich, ist also von daher auch als definierendes Merkmal hellenistischer Staatlichkeit weniger geeignet. Dies zeigt ein einfacher Sachverhalt: Im Seleukidenreich war es offensichtlich – sollte vollgültiges Eigentum an Grund und Boden erworben werden – erforderlich, daß man einer griechischen Polis als Bürger angehörte. Man sieht also, wie die Könige hier mit verschiedenen Vorstellungen von Grundeigentum bzw. von Bodenrecht operierten. Neben dem souveränen, frei verfügbaren Eigentum der griechischen Tradition stehen wie auch immer gebundene, höheren Ansprüchen bzw. entsprechenden Vorbehalten unterliegende Ländereien, die sich durchaus vererben und veräußern lassen, aber doch letztlich einem ‚Ober-Eigentümer' unterliegen. E. BIKERMAN hat gezeigt, daß diese Vorstellung im Orient bis in unsere Zeit verbreitet ist.

Territoriale Strukturen

Vereinfacht gesagt, hat man also hinsichtlich des Staatsgebietes zu unterscheiden zwischen den Gebieten der Poleis und denen des Königs als Grundherrn. Letztere kann dieser selbst unmittelbar nutzen bzw. verpachten, mittel- und langfristig (als kleros oder dorea beispielsweise) vergeben bzw. verschenken (mit dem o.a. Vorbehalt des letzten Eigentumsrechts) oder auf andere Weise, durch Exemtion und Immunität, seinem unmittelbaren Zugriff selber entziehen. Die naheliegendste Erklärung für diese differente Struktur ist die Tatsache, daß der hellenistische Herrscher mit seiner gewaltmäßigen Machtergreifung in bestimmte vorgefundene Rechtsverhältnisse eintrat und diese einfach übernahm und im entsprechenden Sinne handhabte.

Unterschiede liegen etwa darin, daß die lagidischen Könige relativ viel königliches Land als Domäne ansahen und durch Pächter, die sogenannten Königsbauern, bearbeiten ließen und daß dort auch die Kleroi ganz individuell und direkt die Bindung des Scholleninhabers an den Herrscher offenbarten. Die Seleukiden – nicht mit der Struktur des Nillandes beglückt – hatten gar kein vorrangiges Interesse an einer mehr oder weniger eigenen Nutzung: Ihr Land bildete die Grundlage für die Militärkolonien, in denen die Kleros-Inhaber kollektiv zusammengeschlossen waren, wobei etwa der Kleros vererbt wurde und der Krone erst anheimfiel, wenn Vererbung in einem genau beschriebenen näheren Verwandtschaftskreis nicht möglich war. Andere Ländereien gingen – samt den an ihnen hängenden Bauern und den grundherrlichen Rechten – an die Großen des Reiches als abgabenpflichtiges Land bzw. waren bei den alten Herren, bei bloßem Wechsel des ‚Ober-Eigentümers‘, verblieben. Wie schon erwähnt, konnten alle diese ‚königlichen‘ Grundstücke sogar – verbunden mit dem Übergang des Inhabers in den Bürgerverband einer Polis – zu vollständigem Eigentum werden. Auch ganze Städte wurden ja in großer Zahl gegründet, entsprechend mit Ländereien ausgestattet und damit aus dem eigentlichen Königsland herausgenommen. In solcher Konzession sahen die Seleukiden offenbar keinen Nachteil: Es gab keine finanziellen Einbußen, denn auch von den Poleis z.B. erhielten sie Abgaben. Andererseits haben sie mittels der zunehmenden und auf weitgehende Selbständigkeit orientierten ‚Ausgrenzungen‘ die Verwaltungstätigkeit erleichtert und damit die Regierungskapazität erweitert.

Formell unabhängige Gebiete und Untertanengruppen

Im Seleukidenreich standen also, neben den Gebieten der direkten Herrschaft, die in Satrapien und deren Untereinheiten gegliedert waren und innerhalb derer schon sehr unterschiedliche, historisch gewachsene Herrschaftsrechte wirksam waren, Gebiete und Untertanengruppen, die in mehr oder weniger großem Umfang formell, nicht faktisch unabhänig waren. Dies galt für verschiedene indigene Stämme, Städte, Tempelgebiete und Kleinherrschaften, z.B. den jüdischen Priesterstaat in Jerusalem oder die Stadt Babylon. Auch Satrapien wurden in diesem Sinne umgeformt, wie die Existenz der Frataraka in der Persis – als eine Art Vizekönige – nahelegt. Der klassische Fall jedoch sind die griechischen Städte: Nach griechischer Vorstellung waren die Poleis souverän und unabhängig schlechthin, waren Autonomie und Freiheit geradezu ihr natürliches Wesensmerkmal. Indem die Seleukiden dies nicht nur bei den bereits bestehenden Städten in ihrem Macht-bereich respektierten, sondern auch durch Gründungen von neuen Poleis zu ei-nem wichtigen Faktor ihrer Binnenorganisation machten, zeigten sie, daß sie sich gezielt in diesen griechischen Traditionen bewegten und gar nicht daran dachten, ihren Staat auf einen einheitlichen Untertanenverband zu stützen – so wenig wie sie ein uniformes Staatsgebiet anstrebten.

Sie entließen die Städte damit keineswegs aus ihrem Herrschaftsbereich, ver-zichteten aber darauf, ihre Herrschaft in die Form strikter Untertänigkeit zu klei-den: Formal hatte die Stadt das Recht, als eigenes Subjekt neben den Willen des Herrschers zu treten und sich damit auch – potentiell – ihm zu verweigern. Das Verhältnis war nicht ein bloß staatsrechtliches, sondern hatte völkerrechtliche Aspekte. Vor allem aber war die Beziehung zwischen Herrscher und Stadt auch – jenseits rechtlicher Fixierungen – ein Verhältnis wechselseitiger Verpflichtungen und Loyalitäten, denn gemäß der verbreiteten Vorstellungen konnte auch und ge-rade vom Mächtigen etwas erwartet werden. Kurzum: Rücksicht und Vorsicht des Königs waren also, angesichts der eingangs herausgearbeiteten Struktur der hellenistischen Monarchie, nicht bloße Formel oder Finte, sosehr sie auch phra-seologisch und propagandistisch ‚verkauft‘ wurden. Insofern der König eine nackte Gewaltherrschaft in den großen Gebieten gar nicht hätte realisieren kön-nen, also die innere Zustimmung der Untertanen für diese neue, nach griechi-scher Vorstellung eigentlich schlechterdings illegitime Herrschaft gewinnen muß-te, war es notwendig, die Griechen in das Herrschaftsgebilde in den Formen zu integrieren, die sie selbst akzeptieren konnten, und hierzu auch ernsthaft zu ste-hen. So soll König Antiochos III. die Städte in seinem Herrschaftsbereich gebe-ten haben, diejenigen seiner Anordungen, die widersetzlich seien, nicht zu be-achten, da sie nur aus Unkenntnis zustande gekommen seien. Dies paßt auch sehr gut zu den ansonsten, gegenüber anderen Ethnien, zu beobachtenden Prinzi-pien, welche die Regierung entlasteten und die Menschen dennoch an die Krone banden: Indem sie sich im Rahmen ihrer Traditionen bewegten, ihren ange-stammten Führern oder Priestern gehorchten, dienten sie dem König. Die Seleu-kiden verfuhren also einheitlich gerade darin, daß sie den vorhandenen Denkwei-sen und Organisationsformen möglichst entgegenkamen, daß sie also die gewach-sene Vielfalt des Vielvölkerstaates nicht nur respektierten, sondern sogar durch deren Stärkung aus der Not eine Tugend machten. Die Anerkennung der Vielför-migkeit und der Verzicht auf durchgreifende Zentralisierung waren also nicht eo ipso ein Zeichen von Schwäche.

Freilich kam es sehr oft auf die nackten Machtverhältnisse an, wie weit die Herrscher im einzelnen gingen. Und außerhalb des Seleukidenreiches lagen die Dinge auch etwas anders: In Hinsicht auf die griechischen Städte waren zwar auch die anderen Monarchien mit denselben Voraussetzungen konfrontiert. Sie haben sich auch prinzipiell im großen und ganzen nicht anders verhalten als die Seleukiden. Freilich war bei ihnen – angesichts der anders gearteten Vorausset-zungen – die Tendenz zur Nivellierung bzw. zu auch formalem Zugriff größer, so

Die Position
der Städte

bei den Ptolemäern besonders in deren unmittelbarem Herrschaftsbereich bei den im Polissinn organisierten Städten Alexandreia und Ptolemais, aber auch teilweise in den Außenbesitzungen, z.B. in Kyrene. Zudem ist zu beachten, daß die griechische Bevölkerung in Ägypten nahezu vollständig aus Immigranten bestand: In deren Vorstellung war der politische Bezugspunkt von vornherein eher der Herrscher, nicht die Polis.

Dies alles gilt noch mehr für die Städte der Antigoniden in Makedonien, gerade auch deren Neugründungen, in denen der König stärker präsent war. Zwar erfolgte die Urbanisierung Makedoniens wesentlich unter dem Vorzeichen der griechischen Polis, doch beschränkte sich dies primär auf die formelle Selbstverwaltung von inneren Angelegenheiten und nur auf bestimmte Formen des Verkehrs mit anderen Poleis. In Makedonien waren eben andere, nicht polis- sondern monarchieorientierte Traditionen ungebrochen. Sobald man aber das Kernland verläßt und etwa auf die zum Antigoniden-Imperium gehörenden Städte schaut, wächst die Ähnlichkeit zu den anderen Monarchien. Kurzum, neben den nicht mehr so zahlreichen effektiv-machtpolitisch unabhängigen griechischen Städten und Städtebünden (dazu s.u.) existierten äußerlich von diesen gar nicht zu unterscheidende Poleis in eindeutiger Abhängigkeit von hellenistischen Herrschern: Diese konnten durchaus mit jenen in völkerrechtliche Beziehungen treten (oder darin verbleiben) – wie ihre Beziehung zu ihrem Herrscher auch eine mindestens teilweise völkerrechtliche war. Und da sie sich auf das Prinzip von Freiheit und Selbstbestimmung gründeten, lag der Gedanke auch bei ihnen immer nahe, diese auch realiter zu erreichen – wenn auch nur in dem Anschluß an einen anderen Herrscher. So gab es zwischen den gerade skizzierten Polen des städtischen Bewegungsspielraumes auch viele Zwischenformen. Generell zeigen diese Verhältnisse, wie offen gleichsam die Grenzen der hellenistischen Reiche waren, wie wenig sie als geschlossene Territorialstaaten zu verstehen sind und in welch beachtlichem Maße ein an sich mehr als diffiziles Problem gelöst war, die Integration der Polis als *der* klassischen griechischen Staatsform in die neue Monarchie: Diese löste jene nicht einfach ab, sondern konnte sie in sich aufnehmen, teilweise auch neben sich respektieren. Die Fragilität lag darin, daß immer ein Konkurrent auftreten konnte, der Herrscher also auch hier letztendlich auf die Bewahrung und Mehrung seiner Macht angewiesen war, die aber, wie verdeutlicht wurde, nicht als nackter Herrschaftsdruck wirksam werden durfte, sondern als Grundlage von herrscherlichem Ruhm und Prestige (doxa, timé) Zustimmung und Sympathie gewinnen helfen mußte. Wie er sich drehte und wendete, der Herrscher blieb in besonderem Maße auch auf die demonstrative Respektierung der Vorstellungen, Wünsche und Bedürfnisse der Beherrschten angewiesen.

Griechen und ,Barbaren'   Neben den hiermit angesprochenen primär rechtlichen und herrschaftssoziologischen Differenzierungen – und teilweise parallel zu diesen – lassen sich auch sonst in den Untertanenverbänden große Unterschiede in ethnischer, sozialer und ökonomischer Hinsicht feststellen. Wesentliches Merkmal in den ,neuen Gebieten' des Hellenismus in Ägypten und im Nahen Osten waren natürlich die Unterschiede zwischen Hellenen und Indigenen. Während auf der einen Seite Griechen und Makedonen auf Grund der weitgehenden Hellenisierung letzterer eine im Osten nicht mehr zu trennende Gruppe bildeten, blieb die Vielfalt im Orient weitgehend bestehen. In der Regel stellten die Griechen-Makedonen auch nur eine ziemlich dünne Oberschicht dar, die in der Regel in Städten oder Militärkolonien siedelte und sich über eine zahlenmäßig viel stärkere Schicht von Indigenen gelagert hatte, die vor allem auf dem Lande in dorfartigen Siedlungen oder in den alten hochkulturellen Stadtzentren lebte. Beide Gruppen bewahrten durchaus ihr entsprechendes Selbstverständnis. Besonders konfliktreich als solches war das Verhältnis nicht, bewaffnete Auseinandersetzungen primär aufgrund der ‚nationalen‘ Unterschiede sind nicht nachzuweisen. Zeugnisse für einen geistig-kulturellen Widerstand gegen den Hellenismus beschränken sich – nach Produzenten wie Rezipienten – auf eine kleine aristokratische Schicht priesterlicher Provenienz. Die ägyptischen Aufstände seit dem ausgehenden 3. Jh.. sind wohl, wie besonders ägyptische Dokumente beweisen, primär Ergebnis einer sozioökonomischen Krise mit einer ‚nationalen‘ Komponente gewesen. Ohnehin bedingte sich beides, da die besonders hart von der ptolemäischen Wirtschaftspolitik bedrängten Bauern eben ägyptische Fellachen waren. Wiederstandsregungen im Nahen Osten galten auch weniger den Fremden als Fremden denn vielmehr dem mangelnden Wohlverhalten des Königs im Blickwinkel traditionell religiös gefärbter Herrscherkonzepte (vgl. o.). Der vielbehandelte Makkabäeraufstand traf nicht die seleukidische Monarchie direkt als Herrschaft von Fremden oder gar einen Versuch der Seleukiden, ihr Reich gezielt zu hellenisieren, sondern war das Ergebnis einer Ereigniskette, in der sich die Hauptbeteiligten durchweg politisch-pragmatisch verhielten; vor allem: die primäre Konfliktkonstellation war nicht die zwischen Hellenismus und Judentum, sondern eine – übrigens recht geläufige – Gemengelage von internem Dissens und herrscherlicher Intervention.

Hellenisierung, auch im Sinne einer bewußten Übernahme griechischer Lebensformen und Mentalitäten bis hin zur Sprache durch Indigene, hat es durchaus gegeben, hauptsächlich in Anatolien. Aber das ändert am Gesamtbild des wenn auch nicht Gegen-, so doch allenfalls Nebeneinander wenig. Bezeichnenderweise hat sich, bei allen unvermeidlichen Verbindungen und Mischehen im einzelnen, keine wirklich nennenswerte Mischbevölkerung gebildet. So lebten unter der Decke des Griechischen, in dem zugleich ein nicht geringer Teil unserer Schriftzeugnisse verfaßt ist, auch die alten Sprachen weiter, als Muttersprachen sehr zahlreicher Bevölkerungsgruppen, wie etwa das Aramäische, die Sprache Jesu, und das Ägyptische.

In Ägypten läßt sich die ethnische und sozioökonomische Gliederung der Bevölkerung noch am besten erkennen. Hinsichtlich der ethnischen Zusammensetzung herrschte ein gewisses Nord-Süd-Gefälle, insofern die Zahl der Griechen in Oberägypten wesentlich geringer war als im Norden des Landes: Dort war vor allem das Kolonisationsgebiet im Fayum, aus dem die meisten unserer einschlägigen Zeugnisse stammen, sehr stark von Griechen besiedelt. Die große Masse der

Die Bevölkerung
Ägyptens und
ihre Lebens-
situation

Landbevölkerung, als Tagelöhner beschäftigte Landarbeiter und die Bauern, insgesamt etwa 6 bis 6,5 Millionen Menschen (oder eher noch etwas mehr), hatte einen Lebensstandard wohl nur knapp über dem Existenzminimum, wie sich aus Berechnungen insbesondere von CLAIRE PRÉAUX ergibt. Die Mehrheit der Bauern waren die sogenannten Königsbauern, diejenigen, die als Pächter das Bewässerungsland, das Eigentum des Königs war, zu bearbeiten hatten. Diese mußten an Zins, Grundsteuern und anderen Abgaben allein rund die Hälfte ihres Ertrages und mehr abführen. Sie waren nahezu ausschließlich Ägypter.

Man lebte in Dörfern, unter ständiger Kontrolle durch die königlichen Funktionäre und die Steuerpächter, freilich andererseits mit der Möglichkeit, in diesem patrimonialen System auch direkt an den König zu appellieren, und manchmal nicht ohne die Möglichkeiten eines gewissen Komforts. Insgesamt aber war das Leben sehr hart und einfach. Oft wußte man nicht mehr weiter und entfloh dem Steuerdruck und dem Zugriff der Funktionäre. Man ging unter die Räuber, die besonders im Nildelta ihre Schlupfwinkel hatten, oder suchte den Schutz eines Tempelasyls. Die Tempel waren seit dem ausgehenden 3. Jh. zunehmend privilegiert worden, man konnte sich in ihrem Bereich in Sicherheit aufhalten und hatte, in dem System der Tempelwirtschaft, viele Möglichkeiten, seinen Lebensunterhalt zu fristen.

Aus der Masse der Tagelöhner und Bauern ragten diejenigen Ägypter heraus, die – vor allem seit dem ausgehenden 3. Jh. – als machimoi, also als Wehrfähige, zum Kriegsdienst herangezogen wurden bzw. werden konnten und die dafür einen kleros erhalten hatten. Da sie diesen selbst bearbeiteten, waren sie besser situierte Bauern und bildeten allmählich die Oberschicht in den Dörfern. Eine kleine Gruppe der Indigenen – im Grunde ihre traditionelle Elite – behielt diese Rolle bei: der Stand, aus dem sich die Priester rekrutierten.

Die Angehörigen der griechischen Bevölkerung befanden sich in der Regel in einer überlegenen Position. Die königlichen Funktionäre waren nicht nur durch ihr Amt höher gestellt, sie konnten auch leicht ihre Befugnisse überspitzen und die Bevölkerung kujonieren, zumal im Bunde mit den Entrepreneurs, die noch mehr Interesse an einer möglichst weitgehenden Beanspruchung der Finanzkraft der Bevölkerung hatten. Gegen diese konnte man sich noch weniger wehren als gegen die Beamten, über die man sich doch wenigstens beschweren konnte – übrigens nicht ohne Erfolgsaussichten: Viele Zeugnisse im Zusammenhang mit den Aufständen des 2. Jahrhunderts lassen auf weitverbreiteten Amtsmißbrauch und Korruption sowie die Reaktion der Herrscher darauf schließen.

Neben den Funktionären und Entrepreneurs standen als weitere große griechische Bevölkerungsgruppe die Kleruchen (vgl. o.), deren Stück Land relativ groß und mit weniger Abgaben behaftet war als die Parzelle eines Königsbauern. So haben sie ihr Land offenbar in der Regel weiterverpachtet, direkt an Bauern oder wohl häufiger an eine weitere spezielle Pächtergruppe, die denselben sozialen Status hatte wie sie und die dieses Land entweder ihrerseits weiterverpachtete oder selber mit Hilfe meist angemieteter Arbeitskräfte bearbeitete. Diese war oft auch in Kapitalgeschäfte involviert, vergleichbar den Steuerpächtern, während die Kleruchen eine echte Rentiersschicht bildeten. Letztere standen so – zumal nachdem die kleroi faktisch erblich geworden waren – ökonomisch in derselben Position wie die klassischen griechischen Oberschichten; bezeichnenderweise sollten sie in der römischen Kaiserzeit, im Zuge der zunehmenden Verstädterung Ägyptens, die urbanen Eliten bilden.

Viel lückenhafter ist unser Kenntnisstand für das Seleukidenreich: Auch hier ist jedoch das Nebeneinander von griechischen und indigenen Gruppen klar erkennbar und war womöglich noch stärker ausgeprägt. Die Texte aus Uruk etwa zeigen eine wesentlich ungebrochene Kontinuität mit den vorangehenden Epochen, die so wirksam war, daß sogar die Griechen sich in diesen Bahnen zu bewegen hatten. Dies gilt auch für die Lage der nicht-griechischen Landbevölkerung in den Regenfeldbaugebieten in Mesopotamien und Syrien und besonders in Kleinasien: Eine charakteristische Existenzform mit insgesamt wahrscheinlich sehr vielen einzelnen Facetten war die der an die Scholle oder an ihr Dorf gebundenen Bauern, die in der Regel in Abhängigkeit von einem Grundherrn standen, um dessen turmartig bewehrten Wohnsitz herum ihre Dörfer nicht selten gelegen waren. Sie waren diesem zu Abgaben und Dienstleistungen verpflichtet. Es sind offenbar derartige ‚Hörige‘, die als laoi in unseren – wenigen – diesbezüglichen griechischen Quellen (aus Anatolien vor allem) begegnen. Sie wurden im Falle einer Vergabe des Landes, als kleros oder dorea, samt ihrem Dorf mitübergeben. Gelangten sie auf diese Weise zum Gebiet einer griechischen Polis, so waren sie nicht vollberechtigte Polisbürger, sondern hatten lediglich einen ‚Mitbewohner‘-Status (Katoiken, Paroiken).

Gegenüber dieser traditionellen Hörigkeit und dem System der ägyptischen Königsbauern spielte die Sklaverei als Arbeitsfaktor in den hellenistischen Großreichen eine eher untergeordnete Rolle. Anders war dies vor allem dort, wo wir uns in den primär oder genuin griechischen Bereichen bewegen.

Bevölkerungsstruktur im Seleukidenreich

d) Die soziale und politische Verfassung in den griechischen Städten und Bünden

Wenn man die Polisgesellschaft beschreiben will, muß man, wie sich aus der prinzipiellen Identität der effektiv unabhängigen und der in einem Herrschaftsbereich befindlichen Poleis ergibt, den Bereich der Monarchien überschreiten. Daß die Stadt der charakteristische Lebensort der Griechen war und blieb und daß sie, als Polis, auch in den hellenistischen Monarchien einen festen Platz hatte, ist bereits gesagt worden. Diese ‚Urbanität‘ des Griechischen hat sich im Hellenismus besonders im Osten sogar noch stärker ausgeprägt, da dort die Diskrepanz zwischen Stadt und Land viel größer war bzw. wurde. An sich war ja die Polis eine Ackerbürgerstadt, ohne rechtliche Schranke zwischen Stadt und Land. Aber gerade in dem Maße, wie etwa die hörige Bauernbevölkerung als ‚Beisassen‘ und Dorfbewohner die ländliche Population ausmachte, meist noch als Angehörige anderer Ethnien, mußte die Kluft zwischen Stadt und Land sich vertiefen.

Strukturveränderungen in den Poleis

Dazu kam eine nicht nur im Osten wirksame Tendenz, die sich bis jetzt in unseren Quellen erst sehr undeutlich abzeichnet, aber in ihrem Ergebnis in der römischen Kaiserzeit ziemlich deutlich ist: Es gab offenbar große Konzentrationspro-
zesse, Ländereien wurden in den Händen immer weniger Eigentümer akkumu-
liert, der Anteil der selbständigen freien Bauernbevölkerung – wesentliches
Kennzeichen klassischer Polisstaatlichkeit – wurde kleiner. Zudem verzeichneten
die städtischen Zentren einen Zuwachs an Urbanität im modernen Sinn, insofern
Arbeitsteilung und ökonomische Differenzierung überhaupt beträchtlich zunah-
men: Durch die wirtschaftliche Öffnung des Orients und Ägyptens sowie die
Aufnahme und Verbesserung der Verkehrsverbindungen auch in sehr entfernt liegende Gebiete, die ja ganz im Sinne der königlichen Politik waren, bekamen Handel und Warenaustausch einen höheren Stellenwert, gerade im ‚klassischen' griechischen Bereich, der Ägäis und ihren Inseln und Küstenplätzen. Die Insel Rhodos, die ihre Unabhängigkeit auch faktisch gewahrt und sogar im Laufe des 3. und
2. Jahrhunderts den Rang einer Mittelmacht erreicht hatte, war geradezu eine
Drehscheibe des Welthandels. Angesichts der Bedingungen der antiken Schiff-
fahrt herrschte generell ein hoher Bedarf an Anlege- und Hafenplätzen. Durch
Kolonisierung, Bevölkerungszuwachs und Erschließung ergab sich überall ein
stets noch wachsendes unmittelbares Hinterland, in Epirus und – teilweise – Illyrien im Westen, in Thrakien, in ganz Anatolien. So waren immer mehr größere
und kleinere Zentren notwendig, mit vielen Möglichkeiten für neue Existenzen –
aber auch für große Bereicherung.

Deshalb hatte sich die formal demokratisch verfaßte Stadtgesellschaft auch sozial stark verändert: Die Angehörigen der Oberschicht, deren Reichtum immer
noch primär auf Immobilien beruhte, wurden immer mehr zu wirklichen Groß-
grundbesitzern und hatten darüber hinaus, durch die Zunahme von Handel und
Verkehr, wachsende Reichtümer in ‚klingender Münze'. Sie ragten immer stärker
über die Masse der kleinen Leute, über die Kleinbauern, Pächter, Handwerker,
Kleinhändler hinaus, konnten viele davon, neben ihren zahlreichen Sklaven, als
Arbeiter beschäftigen. Immer mehr nahmen sie alle Kennzeichen echter Aristokraten an, aus ihnen rekrutierten sich vornehmlich die Funktionseliten in den
Reichen.

Ihre innergesellschaftliche Stellung wurde vor allem dadurch gefestigt, daß sie
ihre Position und ihren Reichtum in einem hohen Maße für öffentliche Aufgaben
nutzten: Sie ließen etwa ihre guten Beziehungen zu den Herrschern im Interesse
ihrer Stadt spielen, sorgten in Zeiten von Nahrungsmittelverknappung für Zu-
fuhr und Ausgleich, gestalteten die staatlichen religiösen Feste zu besonders attraktiven Veranstaltungen, machten aus ihren Amtszeiten als gewählte Magistrate
der Polis geradezu selbst Anlässe zu Festen, standen für Tribute und Abgaben ein,
schmückten die Städte mit Bauten und Denkmälern – und das alles in Konkurrenz mit ihren Standesgenossen, denn um das Prestige, das diesem Verhalten entsprang, war es ihnen zu tun. Nicht anders als die Herrscher selbst (freilich in
quantitativ bescheidenerem Umfang) zeigten sie sich als „Wohltäter" (euergetai) –

und blieben in ihrer sozialen und ihrer innerstädtisch-politischen Superiorität unangefochten. Ja, dieser Prozeß, der sich schon weit über die Anfänge des Hellenismus zurückverfolgen läßt, wurde angesichts des Niederganges der Monarchie
und der römischen Dominanz noch intensiver. So konnten einzelne ,Granden' in
geradezu königlicher Weise und auch über Verdienste im Rahmen der Polis hinaus
als ,geborene' Wohltäter erscheinen, weit abgehoben von den anderen Politen, für
deren Position das Wort ,Mitbürger' ein Euphemismus gewesen wäre: Aus Honoratioren waren Magnaten geworden.

Der politische Kampf – soweit er angesichts der Dominanz der Monarchie noch
möglich war – reduzierte sich im wesentlichen darauf, ob jemand mit solcher
Machtfülle sogar völlig allein bzw. nur mit seiner Freundesclique unter Mißach-
tung der verfassungsrechtlichen Formen regierte, als Tyrann also – was zumal
dann gut möglich war, wenn er einen Herrscher hinter sich wußte; oder ob eine
zu einem Herrscher oder einer Dynastie tendierende Gruppe von einer anderen
abgelöst wurde – was dann einen Herrschaftswechsel bedeutete, also den oben erwähnten politischen Spielraum der Städte sichtbar machte, und gerne als Befreiung gefeiert wurde.

In der politischen Organisation herrschte das demokratische Prinzip. Es war
zwar zu einer Formalität herabgesunken, auf die man als solche jedoch Wert legte: Wenigstens den Rahmen einstiger Souveränität wollte man behalten, und vielleicht sah man hierin (ähnlich wie in dem formal korrekten Verhalten der Könige)
eine letzte Sicherung vor der – realiter ja leicht möglichen – totalen Dominanz einzelner Cliquen oder Machthaber bzw. ein Indiz für deren Respekt vor der als
schlechthin legitim geltenden Ordnung. Die Institutionen ähnelten sich im einzelnen sehr, sie waren alle mehr oder weniger der demokratischen ,Normalverfas-
sung' nachgebildet, wie sie sich im 4. Jh. in Entsprechung zur athenischen geradezu als politische ,Koine' entwickelt hatte: Es gab einen Rat und eine Volksversammlung als die miteinander korrespondierenden Beschlußorgane, daneben in
der Regel auch Volksgerichte, vor allem aber die jeweiligen Beamtenkollegien, für
die es, je nach lokalem Herkommen, noch individuelle Bezeichnungen gab.

Politische Organisation

Ist man von daher geneigt, im Bereich der traditionellen griechischen Verfas-
sungspolitik im Hellenismus nur noch wenig Kreativität wirksam zu sehen, so
wird man mit dem Blick auf das Phänomen der griechischen Föderalstaaten eines
besseren belehrt. Eine Neuschöpfung waren auch diese nicht. Schon immer hatte
es in Griechenland Gebiete gegeben, in denen ein – doch wohl ursprünglich –
landsmannschaftlich-gentiler Zusammenhang lebendig geblieben war und als politisches Organisationsprinzip diente, so besonders im Ethnos der Aitoler. Auch
wenn sich im Gebiet eines solchen Stammes echte Polisstaaten herausgebildet hatten, war nicht selten die alte Identität noch im Bewußtsein verhaftet, und dies hatte dazu geführt, daß die Polisstaaten einerseits politisch souverän agierten, andererseits aber auch sich politisch in einer höheren Einheit zusammenschlossen, einem Koinón, einer Einheit, die wir durchaus als Bundesstaat bezeichnen können,
da in ihr auch viele Souveränitätsrechte, besonders in Außenpolitik und Kriegs-

Die Bundes-staaten

führung, situiert waren. Das beste uns bekannte Beispiel ist der Boiotische Bund des 5. Jahrhunderts v. Chr.

Deren Organisa-
tionsprinzipien

Ein solcher Bund bot nun – zunächst im Schutz der landsmannschaftlichen Verbundenheit – theoretisch die Gelegenheit zu einer die Polis als die eigentliche politische Grundeinheit überschreitenden größeren politischen Einheit, ohne daß dies um den Preis der – von den anderen abgelehnten – Herrschaft oder auch nur Vorherrschaft einer Polis erkauft war, wie etwa in den hegemonialen Symmachien Athens oder Spartas. Selbst in dem Stammesrahmen war dies freilich nicht unproblematisch, wie die Politik Thebens im Boiotischen Bund und die Reaktion darauf gezeigt hatten. Aber im Hellenismus hat man aus dieser theoretischen Chance eine reale Perspektive für die griechische Politik entwickelt. Wichtig war, daß sich die einzelnen Gliedstaaten angemessen vertreten fühlten und daß zugleich eine ganz wesentliche Selbstverständlichkeit griechischer politischer Organisation gewahrt blieb, die *direkte* Mitbestimmung der hierzu Berechtigten (in einer Primärversammlung). Dies geschah regelmäßig durch eine je nach Bedeutung der Einzelstaaten abgestufte Präsenz von deren Vertretern in einem die Geschäfte führenden Bundesrat, durch die zeitliche und räumliche Verbindung der Einberufung der Primärversammlung mit zentralen Festen oder doch wenigstens den Wechsel des Versammlungsortes sowie – im Falle des Boiotischen und des Achaiischen Bundes – durch die korporative Abstimmung, die jedem Gliedstaat eine Stimme gab, also eine Majorisierung durch zahlreich anwesende Bürger einer bestimmten Stadt verhinderte.

In dieser Gestalt jedenfalls waren der Aitolische und der Achaiische Bund, auch machtpolitisch selbständig, mit eigenen Ansprüchen gegenüber dem antigonidischen Großreich, in der Lage, über ihren ursprünglichen stammesmäßigen Kreis hinaus andere Städte, ja Bundesstaaten anzugliedern und zu integrieren: Der Aitolische Bund umfaßte zeitweilig ganz Mittelgriechenland, der Achaiische die Peloponnes, so daß der Historiker Polybios diese dann geradezu als Polis bezeichnete. Wie groß die Integrationskapazität insgesamt war, ist nicht mehr recht zu beantworten, da die griechische Geschichte im 2. Jh. durch das Dazwischentreten Roms eine in jeder Hinsicht entscheidende Veränderung erfuhr. Doch das politische Gesicht gerade des griechischen Mutterlandes haben die Koiná markant mitgeprägt.

4. Aspekte der Hellenistischen Kultur

Der in sich sehr heterogene Bereich der hellenistischen Kultur soll in diesem Abschnitt seine Mitte finden in der Mentalität, in der psychischen Befindlichkeit der Menschen in der hellenistischen Epoche, in dem, was man als Lebensgefühl bezeichnen könnte. Deshalb bilden die reale Lebenssituation und deren innere Verarbeitung den Ausgangspunkt und stehen Religion und Philosophie, für uns die wichtigsten Indikatoren für Fühlen und Denken der Zeit, im Mittelpunkt. Auch Literatur und Bildkunst müssen herangezogen werden. Da es sich dabei bereits um Objektivationen handelt, sind freilich deren jeweilige Eigengesetzlichkeiten zu berücksichtigen. Religion, Philosophie und Kunst stehen in ihren je eigenen Traditionen, die zeitlich schon vorher entwickelt waren und sich andererseits tief in die Kaiserzeit hinein erstrecken. Gerade hier sind die Epochengrenzen also besonders elastisch. Dasselbe gilt für die räumliche Ausdehnung, sofern nämlich der Hellenismus gerade als kulturelle Größe auch über den Bereich der hellenistischen Staatenwelt im engere Sinne weit ausgestrahlt hat, insbesondere ins westliche Nordafrika und nach Italien hinein.

a) Grunderfahrungen und Lebenssituationen

Bestimmend für den Lebens- und Vorstellungshorizont waren naturgemäß zunächst die Zeitläufte selbst. Was hatte man nicht alles erlebt! Die Welt war von Alexander gleichsam auf den Kopf gestellt worden, die Kämpfe nach seinem Tode hatten sie noch einmal richtig herumgewirbelt und umgekrempelt. Solche Erfahrungen erneuerten sich immer wieder, echte Ruhe wollte nicht eintreten. Große und kleine, überregionale und lokale Kriege, oft miteinander verflochten, zogen sich durch die Geschichte des 3. Jahrhunderts hindurch, erfuhren gar noch eine Steigerung und Qualitätsveränderung im 2. Jahrhundert, als Rom auf der Bildfläche erschien. Keine Gegend blieb verschont. Materielle Not konnte immer wieder katastrophale Züge annehmen, nicht zuletzt in elementaren Bereichen wie der Versorgung mit Brotgetreide. Auch in den kurzen Friedenszeiten und selbst im Inneren durchaus mächtiger Reiche herrschte keine völlige Sicherheit: Raub und Seeraub hatten hohe Konjunktur und konnten bestenfalls eingedämmt werden. Vergleichbares hatte es in der griechischen Geschichte auch vorher gegeben. Doch jetzt waren die Verhältnisse anders. Konnte man zuvor, in den bedeutenderen Poleis wenigstens, mindestens zeit- und teilweise das Gefühl haben, aktiv und mitgestaltend auf dieses Geschehen Einfluß nehmen zu können, so war man nun gerade in der Politik ,fremdbestimmt', im Handeln eingeschränkt. So wenig dies auch offiziell ausgedrückt und formalisiert wurde, die Griechen hatten sich dem Status des ,Unfreien' genähert, den sie im „Barbaren" verachteten.

Reaktionen auf das Geschehen

Auch für die Nichtgriechen, seit Jahrtausenden in feste Herrschaftsordnungen eingespannt, waren die Änderungen à la longue einschneidender als die üblichen Wechsel. Zumindest war – sozusagen quantitativ – der Herrschaftsdruck gestiegen, hatten sich die Anforderungen erhöht; zunehmend konnten gerade die traditionellen Eliten die Dominanz als Fremdherrschaft empfinden. Andererseits ergaben sich im Gefolge von Kriegswirren politische Spielräume für manche kleineren Einheiten, Monarchien, Stammesverbände oder Tempelstaaten, und vor allem: die Kultur der neuen Herren übte eine unglaubliche Anziehungskraft aus, der sich viele in vollen Zügen hingaben. So nahmen sie nicht nur äußerlich, sondern auch innerlich an den Wechselfällen der Epoche Anteil.

Gefühle des Ausgeliefert- seins Der bestimmende Grundzug war, schon zur Zeit von Alexanders Eroberung, der des Ausgeliefert- und Geworfenseins. Man fühlte sich als Opfer des Geschehens, passiv durchaus im Leidenssinn. Die Kräfte, denen man dabei ausgesetzt war, schienen ebenso unüberwindlich wie unergründlich. Bezeichnenderweise ‚entdeckte‘ man jetzt die unendliche Macht der Schicksalsgöttin, der Tyche, die sich gerade in der Unberechenbarkeit und Unvorhersehbarkeit des blinden Zufalls äußerte. Für den Wechselfall, und zwar gerade den unerwarteten, ja unwahrscheinlichen, hatte man ein lebhaftes Empfinden; das Paradoxe – wie man es nannte – war geradezu das Normale geworden. Und suchte man Rettung und Hilfe, so appellierte man gerne an den großen Potentaten, den man relativ leicht wie einen Gott verehrte. Das hörte sich dann so an: „Heil Dir, des mächtigsten, des Gotts, Poseidons Sohn, / Sohn auch Aphrodites! / Die andern Götter halten sich so weit entfernt / oder haben kein Ohr / oder sie sind nicht oder nicht uns zugewandt. / Dich aber sehen wir da, / nicht hölzern und nicht steinern, sondern lebend wahr – / beten darum zu Dir. / Als erstes Frieden schaffe, o Geliebter, uns. / Denn die Gewalt hast ja Du!" [FGrHist, 76 F 13, 13ff., übersetzt von V. EHREN-BERG] – so sangen die Athener, deren Vorfahren noch um die griechische Hegemonie gekämpft hatten, im Hymnos auf Demetrios Poliorketes!

Neue Horizonte Auch jenseits der Fluktuationen der großen Politik mit ihren Auswirkungen in den alltäglichen Bereich hatte sich der Horizont verändert, nicht in jedem griechischen Bergdorf, aber doch gerade in den Regionen, die Einflüssen offenstanden und diese geistig-mental umsetzten. Der Hellenismus war ja eine Epoche der Emigration und Kolonisation. Neue Möglichkeiten der Existenz eröffneten sich in den neuen Monarchien. So wurden viele aus alten Zusammenhängen herausgerissen und in neue gestellt. Die alte Polis war verlassen, man lebte in einer neuen, mit neuen bzw. anderen Göttern und Kulturen, neuen Nachbarn und neuen Gemeinschaften. In manchen Gebieten gab es gar keine Polis als Bezugspunkt. Solche Zustände und Befindlichkeiten wirkten auch auf die Heimat zurück. Das Ich mußte sich neu finden; es erhielt gegenüber der gewachsenen Gemeinschaft mehr Gewicht. Sein Horizont konnte sich leicht vergrößern, es hatte buchstäblich mehr gesehen oder konnte sich zumindest davon etwas vermitteln lassen. Deshalb spricht man nicht zu Unrecht vom Individualismus als Grundzug der hellenistischen Epoche und spielt gerade in den objektivierten Positionen hellenistischer Geistigkeit der Universalismus eine bedeutende Rolle. Zugleich aber grenzten sich die Griechen, je mehr sie von der Welt sahen, durchaus auch als Griechen von den „Barbaren" ab, begriffen sich als Einheit – vor allem in Sprache und Bildung, Lebensform und Kultur, mit dem Anspruch auf Freiheit. Überhaupt wurden andere Gruppenidentitäten neben (und in) der Polis stärker, die anderen Mechanismen der Integration unterlagen, etwa dem gemeinsamen Kultvollzug.

All diese Faktoren haben – in jeweils sehr unterschiedlichem Maße – auch auf die alltäglich-elementare Lebenssituation eingewirkt und zu teilweise erst langsam sich ergebenden, aber doch im Endeffekt markanten Veränderungen geführt. Schon die Sprache ist dafür ein deutlicher Indikator. Polisgeist und ‚Kantonalismus' der Griechen hatten sich nicht zuletzt in einem extremen Dialektreichtum niedergeschlagen. Im Hellenismus dagegen setzte sich weithin eine „allgemeine" (griechische) Sprache durch, die koiné, die am Attischen orientiert war. Es gab selbstverständlich zwischen den Gebieten des Mutterlandes und den neuen Siedlungsgebieten dabei erhebliche Unterschiede: Privatbriefe aus Ägypten zeigen uns, daß dort die koiné die Alltagssprache war, während wir Reste der alten Dialekte auch noch in offiziellen Urkunden in den ‚traditionellen' Gebieten finden. Aber selbst dort ist die koiné die Hoch- und Schriftsprache geworden. Die Dialekte gewannen erst wieder an Gewicht, als sich die Schriftsprache in der klassizistischen Rückwendung des Attizismus, einer Orientierung am ‚echten', guten alten Attisch, im 1. Jahrhundert v. Chr. radikal von der gesprochenen Sprache zu trennen begann – mit Auswirkungen noch auf das aktuelle Griechisch.

Sprachliche Vereinheitlichung

Wandlungen, und bei genauem Hinsehen nicht unbeträchtliche, zeigen sich auch im Bereich der Familie. Deren Normalform war in Griechenland schon lange die sogenannte Kernfamilie (Eltern und Kinder). Sie war primär eine Zweckgemeinschaft zur Erzeugung legitimer Nachkommen. Deshalb war sie aber nicht allein für die Individuen selbst (für die Eltern etwa als Garantie für die Versorgung im Alter und nach dem Tode) von Bedeutung, sondern stand in zweierlei Hinsicht noch in größerem Zusammenhang. Zum einen gewährleistete sie den Bestand des Familienverbandes einschließlich von dessen Vermögen in diachronem Sinn, über die Generationen hinweg, zum anderen rekrutierten sich die Bürger einer Polis aus den jeweiligen vollbürtigen Nachkommen. Dies kam auch institutionell zum Ausdruck. Die Ehe beruhte etwa auf einer Vereinbarung zwischen dem Brautvater (bzw. dem Vormund der Braut) und dem Bräutigam; die Mitgift ging zwar an den Ehemann, fiel aber in bestimmten Fällen an das Familienvermögen zurück. Gab es keine Söhne als Erben, so hatte die Tochter als Erbtochter (epikleros) den nächsten männlichen Verwandten zu heiraten; das Vermögen blieb so im Besitz mindestens der weiteren Familie. Und so sehr die Ehe auch private und privatrechtliche Angelegenheit war, die Polis reagierte mit gesetzlichen Regelungen sensibel auf den Gebieten, wo der individuelle Rahmen nicht ausreichte oder öffentlich-gemeinschaftliche Belange, ja politische Interessen gefragt waren.

Strukturveränderungen in Ehe und Familie

Im Hellenismus haben wir klare Anzeichen dafür, daß die Kernfamilie an Eigengewicht gewann. Deutlich wird dies besonders im Eherecht: So beobachtet man, daß in Ägypten die Mitgift nicht mehr in den Bereich des braut-väterlichen Vermögens zurückfällt und daß die Frau selbst – wenn auch unter Mitwirkung eines Vormundes (kyrios) – einen Ehevertrag abschließt. Auch die Scheidung, ebenfalls Privatsache der Eheleute, war relativ leicht zu erreichen. In anderen Gebieten haben sich die älteren Formen länger gehalten, doch daß die Eheverbindung eine neue Eigenständigkeit erhielt, war ein letztendlich verbreitetes Phänomen. Die Ehe erscheint darüber hinaus aber auch nicht mehr nur im o.a. Sinne als Zweckverband, sondern – tendentiell – als gewollte und gewünschte Gemeinschaft zweier Partner, basierend auf Liebe und gegenseitigem Respekt, welcher in Ehekontrakten beiden Beteiligten bis in den Intimbereich hinein vorgeschrieben werden konnte. Ja, in der ehelichen Treue kommt partiell schon mehr zum Ausdruck als die Achtung vor der Ehre des anderen und der Verzicht darauf, ihn zu kränken. Die Verbreitung solcher Phänomene zeigt sich am besten in dem hohen Stellenwert, den Ehe und eheliche Liebe und Treue in der Literatur haben, zum Teil schon in der ‚Neuen Komödie‘ und vor allem in den der Trivialliteratur mindestens nahe stehenden Romanen, oder auch darin, daß sie in der Religion besonders überhöht wurden: Die große Göttin Isis z.B. ist geradezu die Stifterin der ehelichen Gemeinschaft.

Stellung der Frau Man mag der Meinung sein, daß diese Individualisierung der Ehe und Familie vor allem den Frauen zugute kam. So sprach und spricht man gerne von einer „Emanzipation" im Hellenismus. Davon kann aber, legt man heutige Kriterien an, überhaupt nicht die Rede sein. Nach wie vor war die Frau selbst im privatrechtlichen Bereich dem Manne nicht gleichgestellt, da alle ihre Rechtshandlungen im Beisein seines Vormundes (kyrios) zu erfolgen hatten, in der Regel des Ehemannes, des Vaters oder des nächsten männlichen Verwandten. Der weibliche Lebensbereich war nach wie vor in besonders markanter Weise das Haus, wo sie der Reproduktion der Familie und insbesondere der Erziehung der Kinder zu dienen hatte. Wegen der Ausstattung mit der Mitgift galt die Geburt einer Tochter oft als Belastung, entsprechend häufig wurden weibliche Säuglinge ausgesetzt, d.h. ihnen drohten – sollen wir sagen, im günstigsten Fall? – Sklaverei und Prostitution.

Dennoch haben sich, in Relation zum antiken Horizont, erhebliche Veränderungen ergeben: Die Beteiligung des kyrios an weiblichen Rechtsgeschäften war immer mehr zu einer Formalität geworden, gleichsam von einer Dominanz über eine Mitwirkung zur bloßen Anwesenheit herabgesunken. In den unruhigen Zeitläuften und im Milieu der ‚Neuen Welt‘ mußten Frauen häufiger ‚ihren Mann‘ stehen, besonders bei längerer Abwesenheit der Männer und als Witwen – als solche hatten sie sogar die Verfügungsgewalt über ihre unmündigen Kinder. In den neuen Kultgemeinschaften der Mysterienkulte (s.u.) befanden sie sich ohnehin prinzipiell auf derselben Stufe wie die Männer und konnten sogar führende Positionen erreichen. Überhaupt standen ihnen Priesterämter offen. So waren sie auch im öffentlichen Leben mehr präsent als zuvor. Bezeichnenderweise gewinnt jetzt das Amt des Gynaikonomen („Frauenaufseher") große Verbreitung, das

nach Aristoteles [Politik 6,8,1322 b 37ff.] eher im aristokratischen Milieu anzusiedeln ist, also dort, wo die Frauen schon traditionell größeren Spielraum hatten.
Daß die Frauen nach wie vor keinerlei politische Rechte hatten, fiel desto weniger
ins Gewicht, je geringer deren reale Bedeutung auch für den ‚Durchschnitts-
mann‘ war. Die Aristokratisierung der Oberschicht (s.o.) tat ein übriges zur Veränderung der Stellung der Frau in den entsprechenden Kreisen. Ohne mit der Be-
nutzung des Begriffs „Emanzipation“ falsche Assoziationen zu erwecken, wird
man also festhalten können, daß die Möglichkeiten und Räume der Frauen in der
patriarchalisch geprägten Männergesellschaft in einer für seinerzeitige Begriffe
auffälligen Weise gewachsen waren.

b) Religion und Religiosität

Zunächst gilt es, auch auf diesem Gebiet auf die Kontinuitäten hinzuweisen. Keineswegs wurde das religiöse Leben im Hellenismus revolutioniert. Alte Kulte behielten ihren Platz, ja konnten ihn teilweise noch erweitern: Athena blieb *die*
Göttin Athens so wie Hera *die* von Argos oder Samos und Helios *der* Gott der
Rhodier, dem jetzt sogar eine nahezu jedes Maß sprengende Statue errichtet war,
eines der Sieben Weltwunder. Es wurden die Kulte der jeweiligen Poleis besonders gepflegt, man spürte ihren Wurzeln nach, und sie behielten ihre Popularität.
Die Identität in und mit einer Polis, die jetzt weniger in politischer Aktivität und
Solidarität gestiftet und genährt wurde, kam noch stärker als vorher schon im gemeinsamen Kult zum Ausdruck. Feste der Götter nahmen an Bedeutung und
Umfang zu, prägten und gliederten die Lebensabläufe in Stadt und Land und waren ein Schmaus für alle Sinne: die Prozessionen mit ihrer Mischung aus Ordnung
und Buntheit, die Wettkämpfe (Agone) mit ihren Tänzen und Gesängen, mit großem Theater und sportlicher Spannung, die Opfer mit ihrer weihevollen Todesnä-
he, mit Blutgeruch, aber auch mit Bratendampf. Hilfe suchte man bei diesen Göttern nach wie vor, besonders im Gebet und Gelübde, in den Versprechungen, für
die Hilfe in der Not, im Geschäft oder im Kampf etwas zu stiften und zu weihen.
Und vor schwierigen Entscheidungen befragte man nach wie vor das Orakel und
ließ sich dessen Sprüche von Priestern und Sehern deuten. Orakelstätten blühten
im Hellenismus auch und gerade in Verbindung mit Heilkulten, wo einem der
Gott im Inkubationstraum erschien und Wege zur Heilung prophezeite.

$\qquad$Doch es gab auch Neues, wenngleich eher Erweiterung und Ergänzung des Alten als dessen Umformung und Veränderung. Solche Neuerungen sind angesichts
der neuen Lebenserfahrungen und -horizonte alles andere als verwunderlich.
Daß gerade jetzt die Göttin Tyche (Schicksal und Zufall in einem) besondere Verehrung und Beachtung fand, ist ein mehr als deutliches Symptom. Oder wenn
man z.B. nur bedenkt, wie wichtig die Poliskulte für die Integration der Bürger
waren, wie vor allem die Identifizierung mit einer spezifischen Schutzgottheit die
Ortsbestimmung des Einzelnen in seiner Gemeinschaft auch emotional begrün-

Marginalien:

Elemente
traditioneller
Religiosität

Neue Aspekte

dete, wird man fragen, wie denn in den Hunderten von neuen Poleis, mit jeweils sehr gemischter Bevölkerung, solche Kulte gestiftet wurden: In Antiocheia am Orontes etwa nahm man gleich die Tyche selbst als Stadtherrin. Generell ist aber von vornherein zu unterstellen, daß durch die Lösung aus den alten Zusammenhängen die Aufgeschlossenheit auch für neue Götter und neue Kultformen noch zunahm. Denn ohnehin waren die Griechen schon vorher gerade gegenüber fremden Gottheiten, die sie etwa im Zuge der verschiedenen Kolonisierungsschübe kennengelernt hatten, ziemlich offen gewesen und hatten diese ihren eigenen religiösen Vorstellungen inkorporiert (interpretatio Graeca), man denke nur an den Zeus Ammon. So ist gerade die Übernahme von orientalisch-ägyptischen Göttern und Kulten, Glaubens- und religiösen Organisationsformen ein Charakteristikum der hellenistischen Epoche. Wenn überhaupt, kann man hier von einer partiellen ‚Vermischung' griechischer und nichtgriechischer Elemente sprechen.

Die Mysterien-religionen Als spezifisches Kennzeichen in diesem Sinne haben die sogenannten Erlösungs- oder Mysterienreligionen zu gelten. Beide Begriffe sind nicht unproblematisch, haben sich aber zum einen in der Wissenschaft eingebürgert und bezeichnen zum anderen, bei allen notwendigen Relativierungen, durchaus eine spezifische Religiosität und Kultform, so daß sie auch hier in distinktivem Sinne verwendet werden. Auch in dieser Hinsicht muß zunächst hervorgehoben werden, daß die Mysterienreligionen nichts Neues in der griechischen Welt waren. Schon längst waren sie in Athen etwa im Kult der Demeter von Eleusis wirksam und in vielen Teilen Griechenlands in den Festen (orgia) für den Wein- und Vegetationsgott Dionysos oder die aus Kleinasien stammende Muttergottheit Meter (Kybele) verbreitet, daneben gab es lokale Gottheiten mit einer durchaus über ihr Kultzentrum hinausgehenden Ausstrahlung, wie etwa die Helfer aus Seenot, die Kabiren von der Insel Samothrake. Diese Gottheiten wurden durchweg auch in denselben Formen verehrt wie die offiziellen Polisgottheiten, die meist dem Kreise der olympischen Götter zugerechnet wurden. Doch in zwei Punkten unterscheiden sie nebst ihren Kulten sich wesentlich von diesen.

Sie selber haben, auf jeweils unterschiedliche Weise, mit Leiden und mit Sterben zu tun, sie stehen nicht – wie die Olympier – über diesen elementaren menschlichen Erfahrungen, sondern kennen sie sozusagen selbst, überwinden sie aber, insofern sie Götter sind, und geben damit den Menschen eine vergleichbare Perspektive zumindest auf ein besseres Jenseits, als es z.B. die Schattenexistenz im Hades darstellte. Im Mythos der Göttin Demeter äußert sich diese Todes- und Leidenserfahrung sowie deren Überwindung in der Trauer der Göttin über den Verlust ihrer Tochter Kore/Persephone, die vom Unterweltgott Hades geraubt wurde, sowie im Jubel über deren Auffindung.

Darüber hinaus haben die Kulte selbst einen gleichsam privaten Charakter, und zwar gerade in ihren spezifischen Handlungen: Diese sind nicht allen zugänglich, sondern nur speziell Eingeweihten, insofern sind die Mysterien. Teilweise führen sie zu buchstäblichem Außersichsein, zur Ekstase, in der man vom

Gott ergriffen ist, in heiligem Wahnsinn (so besonders bei Dionysos und Meter/ Kybele).

Im Hellenismus nun haben diese Kultformen der Mysterien stark an Bedeutung gewonnen, vor allem dadurch, daß neue Gottheiten mit ihnen in Verbindung gebracht wurden und erhebliche Popularität gewannen. Ihren Höhepunkt erlebte diese Entwicklung in der römischen Kaiserzeit. So erweiterte sich der Kult der Meter/Kybele. Auch bisher als besonders fremd empfundene Elemente, *Kybele* wie sie in Kleinasien verbreitet und besonders etwa bei der Großen Mutter von Pessinus in Phrygien ausgeprägt waren, wurden jetzt übernommen: Attis, männlicher Gegenpart der „Mutter", den man sich als deren Sohn, Geliebten, Gefährten, Gatten vorstellen konnte, hatte sich selbst entmannt und sein Leben verloren. Die Göttin hatte es zum Teil vor dem völligen Verlöschen retten können: Sein Haar wuchs weiter und der kleine Finger blieb beweglich. So bestand in diesem Kult der engste Kreis der Eingeweihten aus Kastraten, den sogenannten Galloi.

Von besonderer Bedeutung war die ägyptische Göttin Isis, die schon im Göt- *Isis und Sarapis* terkosmos der spätägyptischen Religion immer weiter ins Zentrum gerückt war und bereits zu Herodots Zeiten, im 5. Jh., als Hauptgottheit beschrieben wurde. Kernstück ihres Mythos war – wie bei Demeter – Suchen und Wiederauffinden: Ihr Mann Osiris war von Seth, dem Wüstengott, getötet und zerstückelt worden. Isis brachte ihm durch das Zusammensetzen der Teile das Leben zurück und gebar ihm Horus, der den Vater rächte. Osiris wurde der Herr im Totenreich. Dieses tief in den elementaren ägyptischen Existenzformen zwischen Wüste und Nil verankerte mythische Geschehen mußten die Griechen nahezu zwangsläufig, im Sinne der interpretatio Graeca, mit ihren Mysterienreligionen verbinden. Dazu kam noch, daß bestimmte geheimgehaltene Kultvorgänge, insbesondere die Priesterweihe, die Assoziation zu den Mysterien aufdrängten. Isis war schon von jeher von den Griechen mit Demeter identifiziert worden (wie Osiris mit Dionysos). Jetzt nahm sie auch deren Kult an und brachte die reichen ägyptischen Kultformen dazu ein, und so konnte sie ihr sogar allmählich den Rang ablaufen, zumal Demeters Mysterienkult in Eleusis ortsgebunden war.

In gewisser Verbindung mit dem Isiskult steht auch der des Sarapis, der freilich weniger die Form der Mysterien annahm: In Anlehnung an eine ägyptische Form des Osiris, der auch als Apis-Stier über die Toten regierte (Oserapis), in dem großen unterägyptischen Zentrum von Memphis, hatten die Ptolemäer diesen Gott auch in ihrer Hauptstadt Alexandreia mit einem Kult ausgestattet. Er wurde vor allem als Retter vor Krankheiten sowie als Schutzgott der Stadt Alexandreia und des Herrscherhauses verehrt.

Schließlich ist noch der iranische Gott Mithras zu erwähnen, dessen Verbrei- *Mithras* tung in der gesamten antiken Welt freilich erst in die römische Kaiserzeit gehört. Mithras, ein Licht- und Sonnengott und in der iranischen Religion als Kämpfer für die gute Sache wahrscheinlich vor allem von Kriegern verehrt, erscheint in seinem Mysteriencharakter, also als rettender, lebensstiftender Gott, durch die Tö-

tung eines Stieres, die ihrerseits dem Leben Platz gibt. Wir haben hinreichend Indizien dafür, daß der Kult im hellenistisch-iranischen Milieu Kleinasiens, und
zwar gerade in den dortigen Königreichen Pontos, Kappadokien und Kommagene, einige Bedeutung hatte. Es ist gut denkbar, daß bestimmte Kulthandlungen,
vollzogen von den Priestern, die Magier genannt wurden, griechischen Mysterien
entsprachen, von Griechen so gedeutet und vielleicht sogar unter teilweise griechischem Einfluß umgestaltet wurden. Jedenfalls hatten sich an die Vorstellung
von Mithras andere Elemente, insbesondere von babylonisch-chaldäischen Ge-
stirnsgottheiten, angelagert.

Ausbreitung der   Die Ausbreitung dieser und anderer vergleichbarer Kulte im hellenistischen
Mysterienkulte   Milieu vollzog sich nicht schlagartig, aber doch kontinuierlich und nachhaltig:
Die ersten Kultplätze außerhalb der ‚Neuen Welt‘ (übrigens teilweise schon vor
dem Hellenismus) waren die Zentren, in denen die Bevölkerung gemischt war,
die großen Hafen- und Umschlagplätze, wie etwa die Insel Delos oder der Piräus,
wie Korinth und Rhodos oder die Metropolen Kleinasiens. Hierhin wurden die
Kulte wohl durchaus von Orientalen gleichsam mitgebracht und praktiziert und
fanden dann zunehmend Interesse und Beachtung. Dies können wir besonders
beim ägyptischen Sarapis auf Delos verfolgen.

Spezifische   Die wesentlichen Kennzeichen, die diesen verschiedenen Kulten bei aller indi-
Merkmale der   vidueller Abweichung gemeinsam sind, zeigen sich besonders in den Organisa-
Mysterien   tionsformen, dem Kultgeschehen und den Gottesvorstellungen: Im Unterschied
zu den klassischen griechischen Polisregionen fällt die Kultgemeinschaft nicht
mit der der Politen zusammen. Ob und bis zu welcher Intensität, in der Initiation
beispielsweise, man an dem Kult Anteil nahm, war Privatsache. So finden wir als
charakteristische Form der ‚Vergemeinschaftung‘ den Verein von Kultgenossen,
der sich selber seine Ordnung setzt. Es gibt auch eine fest umschreibbare und zusätzlich abgegrenzte Gruppe von Priestern, die sich dieser Tätigkeit ausschließlich widmen, ja widmen müssen, da die diversen kultisch-rituellen Handlungen
genaue Kenntnisse und permanente Präsenz verlangen: Die Göttin Isis z.B. mußte, in Gestalt ihrer Kultstatue, jeden Tag mit Nahrung versorgt, an- und ausge-
kleidet, gewaschen und mit den verschiedensten Riten angebetet werden. Etwa
zwischen den professionellen Priestern und den einfachen Verehrern standen,
manchmal in graduellen Abstufungen, die Eingeweihten oder Mysten, diejenigen, die bestimmte Initiationsriten durchgemacht hatten. Über den Grad des in
diesen Verehrergruppen herrschenden Zusammengehörigkeitsgefühls wissen wir
wenig. Sie sind jedenfalls nicht die wesentlichen neuen Identifikationsträger geworden. Doch andererseits fühlten sich gerade die gemeinsam in die Mysterien
Eingeweihten einander besonders verbunden. Sie nannten sich Brüder, und in der
Literatur konnte für eine verschworene Räuberbande die Metapher der Mysten
verwendet werden. Zu beachten ist ferner auch, daß in den Kultgemeinschaften
die jeweiligen sozial und geschlechtlich bedingten Rangstufen stark relativiert
waren. Sie waren nicht dauernd überwunden, und der Reiche ragte, etwa durch
Stiftungen für die Gottheit, auch im religiösen Leben hervor. Aber im Mysterium

selbst zählte nur die jeweilige individuelle Nähe zur Gottheit. Und selbst in den äußeren Organisationsformen konnten Frauen als Vorsitzende und Priesterinnen wichtige Positionen bekleiden.

In dem eigentlich ‚mysteriösen‘ Teil der Kulthandlungen war das Herzstück die Peripetie von der Katastrophe zum Triumph. Damit imitierten die Eingeweihten bzw. die Einzuweihenden im Kultgeschehen die Erfahrungen der Gottheiten, die ja auch mit elementarem Leid und mit dem Tod konfrontiert gewesen waren, diese aber – wie auch immer – bezwungen hatten. Die gemeinsame Trauer und der tiefe Erlösungsjubel, unterstrichen durch die verschiedenen rituellen Akte, Gesänge, Tänze, Vorführungen, das Zeigen von heiligen Gegenständen, das kontrastierende Spiel von Schatten und Licht, Fasten und Festmahl, Enthaltsamkeit und Ausgelassenheit, muß eine erhebliche psychische, primär kathartische Wirkung gehabt und vielen echte Erleichterung gebracht und wirklichen Trost gespendet haben.

Sicherung und Hilfe auf Erden erflehte man auch von anderen Göttern, und wenn es um die Gesundheit ging, gab es wirksame Heilgötter wie etwa den Asklepios. Auch zu Zauberei und Magie mochte man zusätzlich greifen. Aber von den Mysteriengöttern erwartete man sich noch mehr: ein schönes, mindestens erträgliches Jenseits. Der Tod wurde nicht geleugnet, er war ja integrierender Bestandteil in Mythos und Ritus. Aber seine Bedeutung wurde geschwächt, es gab eine Perspektive, die ihm seinen äußersten Schrecken nahm.

Noch mehr als bei den anderen Kulten kam es hier auf die Reinheit an, besonders vor der eigentlichen Initiation in den Kreis der Mysten. Man mußte auch vorher entsprechende Aussagen über sein bisheriges Leben und eventuelle Befleckungen durch Bluttaten machen, wie man dies recht gut von den Mysterien aus Samothrake weiß. Hier konnten sich dann auch genuin ethische Postulate anlagern, wie sie bei der Isis- und der Mithrasverehrung schon in den jeweiligen epichorischen Vorstellungen begegnen.

Der Gottheit, der man sich auf solche Weise anvertraut hatte, war man jedenfalls besonders nahe. Es war nun keineswegs so, daß man „nicht andere Götter haben“ durfte neben ihr. Doch gab es eine Tendenz, dieser Gottheit außerordentliche Wirkung und Wirksamkeit zuzuschreiben. Oder andersherum, die Mysteriengötter, jedenfalls die nichtgriechischen Ursprungs, hatten neben, ja mit ihrer Retterfunktion überhaupt herausragende Macht und nahmen in der Götterwelt schon einen wichtigen, wenn nicht den zentralen Platz ein. Sie waren wenn nicht all-, so doch übermächtig. Dies gilt vor allem für die anatolische Kybele und die ägyptische Isis. Was lag näher, als die Fähigkeiten und Eigenschaften auch anderer Götter und Göttinnen mit ihnen zu verbinden? So gehen in Isis letztendlich alle wichtigen weiblichen Gottheiten auf. Damit gewinnt sie aber auch an ‚Zuständigkeit‘. Dieser Henotheismus ist für die Mysteriengötter charakteristisch. Sie können dann geradezu als Schöpfer und Lenker, als Weltherrscher schlechthin erscheinen, stärker als die Tyche, das Schicksal. Und ihnen gegenüber ist tiefste Demut am Platze.

Wanderprediger   Mit den Mysterienkulten geht teilweise einher die Gestalt des „Göttlichen Mannes", des charismatisch begabten, wundertätigen Gottesfreundes. Gerade im Bereich der Mysterienreligionen, besonders in den eher ekstatischen Formen, finden sich solche Persönlichkeiten als Wanderprediger, wobei bezeichnenderweise die Grenzen zu manchen neuen Verbreitungsformen der Philosophie fließend waren. Die Verehrer waren freilich keine Religionsstifter und scharten in der Regel auch keinen festen Anhängerkreis um sich.

Mysterien-
religionen und
Christentum   Vieles lädt dazu ein, in den Mysterienreligionen Vorläufer des Christentums zu sehen und überhaupt die Gemeinsamkeiten zwischen diesen Religionen zu betonen. Doch das ist nicht zulässig. Die Mysterienreligionen und das Christentum gehen nicht in einem größeren Verband von wesentlich einheitlich strukturierten Erlösungsreligionen auf. Zu groß sind die Differenzen, schon wegen des jüdischen Erbes der christlichen Religion. Aber Elemente einer gewissen Nähe, die letztendlich in der Kaiserzeit, in und nach einer Phase von Wechselbeziehungen, zu deutlicheren Entsprechungen führen konnten, sind nicht zu übersehen: Die Mysterienreligionen kennen keine Exklusivität des Gottes, wohl aber die Tendenz zu einer besonderen Hingabe des Gläubigen und zum henotheistischen Herausragen der Gottheit; es gibt keine Wiederauferstehung, aber den Sieg der Freude über die Furcht und die Hoffnung auf ein besseres Leben im Jenseits; keine Eucharistie und keine echte unio mystica, doch das gemeinsame Essen und die Präsenz des Göttlichen, sein Eingehen in den ekstatischen Menschen; kein Sündenbekenntnis, doch eine Tendenz, die kultische Reinheit auch in ethische Qualität zu überhöhen; keine Gemeinde schließlich, aber Gemeinschaftsformen und -gefühle nicht ohne Konsistenz. Und so ergibt die Analyse der Mysterienreligionen doch eine klare Aussage über die Befindlichkeit der Zeit: Die Zuwendung zu den sorgenden Göttern, die Perspektive, mit ihnen gemeinsam in den schlimmsten Gefahren des Daseins, den Tod nicht ausgenommen, bestehen zu können, war eine Antwort auf das bedrückende Gefühl des Ausgesetztseins an blinde, aber gewaltige Mächte, das gerade für die hellenistische Epoche so charakteristisch war.

Herrscherkult   Neben den Mysterienkulten ist ein wesentlich neuer Faktor in der hellenistischen Religion der Herrscherkult. Wir haben schon gesehen, welche Elemente in ihn Eingang gefunden haben (s.o.). Ein wesentliches Kennzeichen ist zunächst seine Vielfalt. Dafür sind schon die jeweils unterschiedlichen Wurzeln bzw. Traditionen maßgeblich, die sich zudem noch untereinander verquickten. So finden wir die orientalischen Quellen mit dem Herrscher als Diener, Gefolgsmann, Helfer eines bedeutenden Gottes bzw. verschiedener Götter. In Ägypten ging dies so weit, daß der Herrscher auch göttliche Kräfte und Eigenschaften verkörperte. Die von griechischen Poleis beschlossenen „Vergöttlichungen" sind Ausdruck extremer Dankbarkeit aus durchaus realistisch-politischen Gründen und bringen dem Herrscher gottgleiche Ehrungen, wie schon Aristoteles [Rhetorik 1,5,1361 a 28ff] deutlich hervorgehoben hat. Die von den Herrschern selbst inspirierten Reichskulte betreffen die eigenen Vorfahren und nur im Extremfall, hauptsäch-

lich in Ägypten, ihre eigene Person, oder sie akzentuieren die Verehrung be-
stimmter Gottheiten, die als Begründer des Geschlechtes (Apollon bei den Seleukiden) oder als spezielle Förderer der Herrscher und ihrer Familien (Sarapis, Dionysos und selbst der Hirtengott Pan) erscheinen. Dabei bot es sich angesichts des
Siegeszuges der Mysterienreligionen und des in ihnen wirkenden Henotheismus
an, gerade zu den besonders beliebten Göttern in enge Beziehungen zu treten.

Insgesamt haben die Herrscher hinsichtlich ihrer Göttlichkeit bzw. ihres Göt-
terbezugs also durchaus verschiedene Qualitäten zugleich. Wir finden sie als göt-
tergleiche Menschen, als besondere Günstlinge und Schützlinge mächtiger Gottheiten, als Halbgötter oder doch mindestens Abkömmlinge von Göttern, als
Götter selbst mit eigener Personalität oder als Inkarnation, z.B. als ,neue' Formen von bekannten – und besonders großen – Gottheiten, Neos Dionysos, Nea
Isis etwa. Dabei ist die direkte Vergöttlichung in Ägypten bei den Ptolemäern am
weitesten getrieben worden, es folgen dann mit gewissen Abstufungen die Seleukiden, Attaliden und Antigoniden – um nur die wichtigsten zu nennen. Diese für
uns schwer nachvollziehbare Flexibilität hatte den Vorteil, daß die religiösen Vorstellungen der je unterschiedlichen Untertanengruppen Platz fanden und daß
Neuerungen – wie etwa der ptolemäische Dynastiekult – insofern behutsam eingeführt werden konnten, als sie immer an traditionelle Formen anknüpften.

Wieweit sich freilich mit dem Herrscherkult – jedenfalls in der griechischen
Welt – echte Religiosität verband, ist sehr fraglich. Gerade da, wo sich diese noch
am ehesten und von jeher verkörperte, im persönlichen Gebet und in den Weihungen für erbetene und erhaltene Hilfsleistungen, treten die Herrscher weitestgehend zurück. Ja, man betete um ihr Wohlergehen zu anderen Göttern, und solche Gebete scheinen allmählich sogar auf Kosten anderer Formen der Herrscher-
verehrung zugenommen zu haben. Und angesichts des Heraustretens einzelner
Götter in den Mysterienkulten mußte die Göttlichkeit des Herrschers vollends
verblassen. So liegt der Schwerpunkt des Herrscherkultes im Politischen; er ist
weniger Ausdruck von Religiosität, sondern vor allem von Loyalität durch die
Untertanen – freudig erbracht oder widerwillig-pflichtschuldigst, je nachdem,
wie die Herrschaft empfunden wurde.

Neben Mysterienreligion und Herrscherkult gilt oft auch die Erweiterung **Magie und**
,subkultureller' religiöser Praktiken wie Zauber und Magie als ein Spezifikum **Zauber**
der hellenistischen Epoche. Naheliegend wäre dies schon, da angesichts des Ohn-
machtsgefühles gegenüber dem Walten nicht zu durchschauender Mächte auch
der einfache Gedanke präsent sein mußte, solche Mächte durch die noch stärke-
ren des Zaubers zu bannen. Auch lernte man jetzt noch beträchtlich mehr neue
Zauberpraktiken und -formeln, Beschwörungsriten und magische Gottheiten
kennen . Jedenfalls haben wir reichlich Zeugnisse dafür, daß magische Handlungen sehr verbreitet waren, insbesondere der sympathetische Zauber, bei dem es
darauf ankam, den erwünschten Effekt durch eine analoge Handlung, an einer
Puppe z.B., vorwegzunehmen. Im Liebeszauber etwa suchte man den Geliebten
mittels eines Kreisels herbeizuziehen. Auch Entwicklungen im Bereich der

‚hohen' Religiosität und der Wissenschaft (besonders der Astrologie) wurden rasch in die magische Vorstellungswelt umgesetzt. Neue bannende Dämonen konnten sich aus den mächtigen Göttern rekrutieren, die man kennenlernte, und die unfehlbare Deutung aus dem unwandelbaren Ablauf der Gestirne entsprach dem Suchen nach dem, was wirklich zwingen konnte.

c) Die Philosophie im Hellenismus

Befanden wir uns mit der Religion im Bereich von Vorstellungen, wie sie durch nahezu alle Schichten der Bevölkerung hindurchgingen, so führt uns die Philosophie in die Welt der Gebildeten, in den Bereich derer, die sich in besonderer Weise der Geistigkeit zuwenden konnten, weil sie dazu dank ihres Reichtums Zeit und Muße hatten – gelegentliche Tendenzen zu philosophischer ‚Kapuzinerpredigt' in der kynischen Diatribe dürfen darüber nicht hinwegtäuschen. Bezeichnend aber ist, daß wir hier durchaus denen der Religiosität vergleichbare Tendenzen finden, im Suchen nach dem Halt in einer offensichtlich unkontrollierbar gewordenen Welt, im Betonen des Privaten – im Sinne des Individuellen wie des Apolitischen –, andererseits im Zug ins Universale, kurz, in dem „Bedürfnis nach universalen Systemen, mit denen der Einzelne in einer entfremdeten politischen Welt sein privates Dasein bestreitet" [U. HÖLSCHER, Die Chance des Unbehagens, Göttingen 1965, 73].

Bedeutung der Ethik   Ganz wesentliches Kennzeichen der wichtigsten philosophischen Richtungen war die Orientierung auf die Ethik bzw. die praktische Philosophie, wie es in dem Bild eines Gartens sinnreich zum Ausdruck kommt: „Die Stoiker gebrauchen als Sinnbild für die Philosophie den Fruchtgarten, wobei die Physik den himmelanstrebenden Bäumen, die Ethik den nahrungsspendenden Früchten und die Logik den sichernden Mauern entsprechen" [696: POHLENZ, 24]. Dies erklärt sich zunächst durchaus aus den genuinen philosophischen Denktraditionen. Denn alle großen hellenistischen Denkschulen wurzeln letztlich in Sokrates. In deren radikalster, bei den Kynikern, war dies ganz ungebrochen. Der Athener Antisthenes,

Die Kyniker   noch unmittelbarer Schüler des Sokrates, ein Philosoph der klaren Sätze und deftigen Postulate, trieb den Meister geradezu auf die Spitze: Tugend (areté) war das Schlüsselwort. Sie sei lehrbar und allein zur Gewinnung wahren Glücks (eudaimonia) völlig ausreichend. Zwischen den Polen Tugend und Schlechtigkeit sei alles andere irrelevant. Der Mensch, der in wahrer Tugend lebe, der Weise, genüge sich selbst (sei autárkes). Dies gipfelte in einer bewußten Umkehrung geläufiger Werte: Schmerz, Kummer und Ruhmlosigkeit waren etwas Positives, Reichtum, vornehme Abstammung und Prestige wurden verachtet. Männern und Frauen wurden dieselbe Tugend und Tugendfähigkeit zuerkannt. Von Natur aus gebe es nur *einen* Gott. Solche Grundsätze sind in der Gestalt des Weisen verkörpert, der in jeder Hinsicht über den Dingen steht, in sich die wahre Freiheit und Unabhängigkeit verkörpert, sich selbst Gesetz ist: „Der Weise treibt Politik nicht nach dem gesetzten Recht, sondern nach dem der Tugend" [DIOGENES LAERTIOS 6,11]. Er ist also, im Sinne der Polis, a-sozial und a-politisch. Hierin steckt in nuce schon ein gutes Stück der hellenistischen Philosophie insgesamt, und es ist ja auch nur zu plausibel, daß eine Epoche, in der das Individuum aus manchen traditionellen Bindungen heraustrat und die Polis als Bezugspunkt an Bedeutung abnahm, gerade solche Positionen sich weithin durchsetzten.

Antisthenes selbst hatte etliche Schüler, die sich in dem athenischen Gymnasion Kynosarges um ihn scharten. Unter ihnen ragte der aus dem fernen Sinope nach Athen gekommene Diogenes hervor, der den Lehrer noch übertraf, indem er die Selbstgenügsamkeit des Weisen in der Bedürfnislosigkeit gipfeln ließ und persönlich eindrucksvoll (und anekdotenträchtig) demonstrierte. Dessen Schüler Krates, aus Theben, nannte man den „Hund" (kyon), und Kyniker hießen dann die Philosophen dieser Observanz, die ihre totale Eigenständigkeit und ihre Verachtung für die herkömmlichen Normen und Verhaltensmuster der Gesellschaft auch äußerlich, etwa in Kleidung und Lebensgewohnheiten, zur Schau stellten, die jede Organisation verabscheuten und als radikale Kritiker, Weltverneiner, ja ‚Aussteiger' wie Wanderprediger durch die Lande zogen und in volkstümlichen und satirischen Schriften mit höchster Drastik gängige Meinungen der Lächerlichkeit preisgaben.

Die anderen Lehren kamen nicht so burschikos einher. Sie hatten eine Organisationsform in Gestalt der „Schule", und diese war nach dem Vorbild von Platons Akademie wie ein Kultverein geformt, mit einem Vorsitzenden an der Spitze, einem Vereinsvermögen und einem festen Sitz, und zwar in Athen, das von Sokrates zur Mutterstadt der griechischen Philosophie gemacht worden war und dank dieser Schulen für nahezu 1 000 Jahre deren festes Zentrum blieb. Zur Lehrtätigkeit gehörten auch öffentliche Vorträge und Auftritte; doch Wesentliches geschah, in Vorlesung und Diskussion, im Kreise der Schüler, im esoterischen Raum, in den man sich oft sehr bewußt zurückzog. Die jeweiligen Schulhäupter verkörperten Kontinuität und Tradition ihrer Schulen. Ihre Reputation im hellenistischen Athen wuchs rasch und strahlte weit in die griechische und gräzisierte Welt aus. *Die Schulen*

Ein zweiter Unterschied zu den Kynikern liegt im Philosophieren selbst: Grundzug der Schulen war das Bemühen, die ethischen Doktrinen, nach wie vor Kernstück des Denkens, wissenschaftlich, und das hieß natur-wissenschaftlich und ontologisch, zu fundieren. Die Erkenntnis der physisch-metaphysischen Zusammenhänge ergab gleichsam zwingend eine bestimmte Ethik, der Baum die Frucht. Dabei mußte man nun über Sokrates hinausgehen, genauer hinter ihn zurückgehen, in die Welt der Vorsokratiker, die den Grenzbereich von Naturphilosophie und Ontologie schon tief durchdacht und komplexe Theorien über das Wesen der Welt und die Natur des Denkens gefunden hatten.

Besonders deutlich sind diese Zusammenhänge bei den großen Schulen der Stoiker und der Epikureer. Der junge Zypriot Zenon, ein Kaufmannssohn aus Kition, hatte in Athen den Kyniker Krates gehört. In der „bunten Halle" (stoa poikile) am Markt in Athen begann er dann, selbst seine Theorie darzulegen und *Die Stoa* zu diskutieren, die sich in ihren Postulaten wenig von der der Kyniker unterschied, aber vor allem mit ihrem Rückgriff auf Heraklits Lehre von dem alles Leben und die gesamte Natur und den Kosmos durchwaltenden Prinzip des Logos, der Weltvernunft, eine besondere Stringenz erhielt. Rasch entwickelte sich eine Schule, die ihren Namen von Zenons Wirkungsstätte bekam. Deren Doktrin, in sich sehr geschlossen, erhielt ihre definitive Gestalt erst unter dem dritten Schulhaupt, Chrysipp aus dem kilikischen Soloi. Diesem gelang es vor allem durch die Formulierung einer messerscharfen Dialektik, den schützenden „Zaun" um den Garten der stoischen Philosophie zu errichten; denn diese, schon von jeher den Attacken der ganz anders orientierten Epikureer ausgesetzt und ohnehin leicht in Gefahr, sich unter Aufgabe des wissenschaftlich-logischen Ballastes im bloßen moralischen Rigorismus ‚kynischen' Charakters zu verlieren, war durch den jetzt in der Schule der Akademie triumphierenden Skeptizismus radikal in Frage gestellt worden.

Basis der stoischen Ethik ist die Identität des Logos im Menschen, seiner individuellen Vernunft, mit dem des Universums, die zugleich die prinzipielle Verwandtschaft von Menschen und Göttern bedeutet. Diesem Logos in sich zu folgen, mit ihm in Übereinstimmung zu sein (homologuménos zen) entspricht der menschlichen Natur. Tugend ist die mit dem Logos harmonierende seelische Haltung, sie muß als höchstes Lebensziel um ihrer selbst willen erstrebt werden. Wer das Ziel erreicht hat, ist ein Weiser. Er weiß sich mit seinem Wesen eins und ist durch nichts zu erschüttern. Schicksalsfälle, Leid und Freude, Glück und Unglück sind für ihn sekundär und indifferent (adiaphora). Die auf den Logos gestützte Weltordnung ist sinnvoll gewirkt, das Schicksal verkörpert sich nicht in der – blinden – Göttin Tyche, sondern ist „Fügung" (heimarméne). Indem der Weise sich an seinem Logos orientiert, ist er mit ihr eins. Sie erhält sogar, besonders in einem Hymnos des zweiten Vorstehers der Schule, des Kleanthes, religiöse Weihung, als Schöpfung des höchsten Gottes, Zeus, in dem sich der Logos geradezu verkörpert.

Aus der Teilhabe der Menschen am Logos ergibt sich auch ihre prinzipielle Gleichheit sowie die Vorstellung, man könne und müsse in jedem Menschen den Bruder sehen: Entscheidend ist, wie weit man bereit ist, dem Logos zu folgen, nicht ob man Sklave oder Freier ist. Dieses gehört vielmehr zu den Indifferentien. Auch ethnische Unterschiede, wie etwa die geläufige zwischen Griechen und Barbaren, sind unter ethischen Gesichtspunkten irrelevant. Darüber hinaus kann sogar die gesamte Welt, die Einheit der Götter und Menschen auf der Basis der Weltvernunft, als eine Polis gedacht werden: Schon der junge Zenon hat als Idealstaat eine menschliche Gemeinschaft, durch Liebe verbunden und im Banne des göttlichen – d.h. vernunftbestimmten – Gesetzes stehend, gezeichnet, in der es einzelne Staaten noch nicht gab. Dies war eine bewußt als solche gefaßte und in die Vergangenheit projizierte Utopie. Daß das Leben über diese Ideale hinaus aber auch sehr reale Fragen an den Weisen stellte, haben die Stoiker keineswegs geleugnet. Sie haben Konzepte entwickelt, nach denen man die indifferenten Dinge doch werten und gewichten, zwischen relativ guten und relativ schlechten Verhaltensweisen unterscheiden konnte, und so ergab sich überhaupt ein für diese Bereiche zuständiges Instrumentarium, eine praktische Vernunft. Hier vor allem lag für den großen Modernisierer Panaitios von Rhodos, in der sogenannten Mittleren Stoa, die Möglichkeit, diese Doktrin mittels einer systematischen Pflichtenlehre (der Lehre von den relativ guten, „angemessenen" Handlungen, kathekonta) z.B. auch für eminent praktisch-politisch ausgerichtete römische Aristokraten besonders attraktiv zu machen.

Um die Unerschütterlichkeit (ataraxia) der Seele ging es ganz entschieden auch Epikur, und auch er verknüpfte die ethische Zielsetzung mit physikalischen Grundtatsachen. Doch sonst war in seiner Schule nahezu alles anders als bei den Stoikern, fast diametral entgegengesetzt: Die Lehre selbst war ganz allein das Werk dieses Atheners. Die naturwissenschaftlichen Grundlagen sind der atomistischen Theorie der Schule Demokrits entlehnt, und man kann sogar den Eindruck haben, daß in dem dort so konsequenten Materialismus die Natur als Natur ernster genommen ist und nicht nur – wie bei den Stoikern – als eine Extrapolation menschlichen Denkens erscheint. In ethischen Fragen mag Epikur ebenfalls aus dieser Richtung Anregungen empfangen haben. Besonders wichtig war aber darüber hinaus die Lusttheorie des Sokrates-Schülers Aristipp von Kyrene. Für Epikur zählte an der Philosophie nur ihre Nützlichkeit, sie war gleichsam die Medizin für die Seele, Seelenheilkunde. Da die Welt durch die zufällige Kombination von Atomen entstanden ist und alles Werden und Vergehen den Gesetzen der Natur, die die des Zufalls sind, unterliegt, gibt es gerade keine göttlich gefügte Weltordnung. Die Götter existieren in heiterer Glückseligkeit, welche gerade aus ihrer Inaktivität resultiert. Man braucht sie also nicht zu fürchten, ebensowenig den Tod. Der ist kein Eingang in ein Schattenreich, wo man womöglich gar ein Seelengericht zu erwarten hat, sondern die schlichte Auflösung, das Auseinandergehen der den Körper und die Seele bildenden Atome.

Angesichts dieser Grundlagen heißt naturgemäßes Leben für Epikur und die Epikureer, sich an elementaren physischen Regeln zu orientieren. Diese lehren uns, daß die Lebewesen von Natur aus die Lust (hedone) aufs höchste schätzen und erstreben, den Schmerz dagegen mit aller Macht zu vermeiden suchen. Größtes Ziel ist also die höchste Lust. Dies bedeutet freilich nicht die exzessive, ‚hedonistische' Hingabe an alle möglichen Genüsse, denn diese können ihrerseits wieder Verdruß bereiten. Die höchste Lust ist die Freiheit von körperlichem und seelischem Schmerz, echte Ruhe, ataraxia, göttergleiches Glück. Was alle Welt erstrebt, Reichtum und Macht, ist demgegenüber unerheblich.

Die Realitäten des Lebens ließ Epikur gelten. Er rechnete mit unterschiedlichen Neigungen, Interessen und Lebenssituationen der Menschen. Aber alle Handlungen hat er am Postulat heiterer Gelassenheit gemessen. Mit den didaktischen Mitteln von kurzen Sentenzen und Aphorismen, in der Auseinandersetzung mit anderen Schulen nicht ohne Polemik, hat er seine Grundsätze verbreitet und ihnen selbst genügt, innerhalb seines Hauses, in dessen „Garten", der seiner

Epikur

Schule den Namen gab, zurückgezogen lebend und lehrend. „Lebe im Verborgenen" (lathe biosas) war eine seiner Maximen: Die Seelenruhe ist gefährdet durch zu viele Aktivitäten, gerade auch durch solche in der Politik. Diese birgt viele Unsicherheiten, die es ja gerade zu vermeiden gilt. So ist der Weise auch hier grundsätzlich a-politisch, und wohl selten in der Geistesgeschichte ist die Orientierung am ganz individuellen Glück reiner zum Ausdruck gekommen; sicher nicht zufällig in einer Epoche größtmöglicher Umwälzungen in der griechischen Geschichte, die Epikur durchaus bewußt miterlebt hatte, teilweise sogar als unmittelbar Betroffener. Mochte die Welt herumgewürfelt werden, die Abgeschiedenheit des Gartens blieb als Refugium. Die Wechselfälle der Tyche überwindet der Epikureer nicht, er sucht sie zu ignorieren, auf seine Weise nicht minder innerlich frei und unabhängig als der Stoiker.

Die Akademie   Die moderne geistige Entwicklung, diesen Eindruck konnte man haben, war an der ältesten der Philosophenschulen, an Platons Akademie, vorbeigegangen. Die Akademiker verloren sich zunächst zunehmend in pythagoreisch beeinflußten und vom Meister selbst schon im Alter kultivierten Spekulationen über den Zusammenhang von Ideen und Zahlen oder die verschiedenen Abstufungen des Seienden. In der langen Zeit seines Scholarchats (314-270) hat Polemon allerdings schon den Primat praktischer Philosophie vor der Dialektik betont, doch bleibt uns seine Lehre nahezu völlig unklar. Sie scheint – freilich nur in elementaren Dingen – der Zenons nahegestanden zu haben, konnte aber offenbar zur philosophischen Diskussion der Zeit wenig Spezifisches beitragen. Dies alles änderte sich schlagartig, als unter Arkesilaos aus dem aiolischen Pitane der Skeptizismus die Akademie geradezu revolutionierte (sogenannte Mittlere Akademie). Schon

Die pyrrhoni-   vorher hatte Pyrrhon von Elis, der selber am Alexanderzug bis nach Indien hin
sche Skepsis,   teilgenommen und dabei für sein Weltbild entscheidende Eindrücke gesammelt
ihr Einfluß auf   hatte, gerade die subjektive Unerfaßlichkeit (akatalepsia) der Dinge und die bloße
die Akademie   Konventionalität von Aussagen und Verhaltensweisen betont und aus der Absage an alle Dogmen die Grundlage für eine Ethik absoluter Gelassenheit gemacht, hierin dem Epikur nicht unähnlich. Seine nur mündlich vertretenen Lehren fanden jetzt auch in der Akademie Eingang, und das war nicht völlig abwegig: Konnten doch mit dieser Wendung die Akademiker zu ihren Wurzeln zurückkehren, zu Sokrates bzw. zu dem Platon der Frühdialoge oder, besser gesagt, in das geistige Milieu dieser Zeit generell, denn manche ihrer Lehren stehen der Sophistik sehr nahe.

Die akademische Skepsis, die dann unter Karneades ihren Höhepunkt erreichte, ging ganz prinzipiell (nicht allein mit Bezug auf die je individuellen Möglichkeiten wie die der Pyrrhoneer) von dem Grundsatz aus, daß es schlechterdings keine Gewißheit gebe – wobei man sich auch darüber im klaren war, daß schon dieser Satz selbst nicht sicher war. Allenfalls Wahrscheinlichkeitserwägungen ließ man gelten. Ansonsten sah man die Hauptaufgabe – sozusagen gut sokratisch – darin, die Positionen anderer kritisch zu diskutieren. Dabei setzte man sich mit größtem Scharfsinn gerade auch mit den Stoikern auseinander. So wird Chrysipps Bemühen um eine ausgefeilte Dialektik nur zu verständlich, und diese stellte dann erst recht wieder eine Herausforderung für Karneades dar, der es im übrigen auf der berühmten Philosophengesandtschaft in Rom 155 v. Chr. fertigbrachte, an einem Tag das Lob der Gerechtigkeit in den höchsten Tönen zu singen und sie am nächsten Tag geradezu ad absurdum zu führen. In der späteren Zeit, unter dem Scholarchen Philon von Larissa, gab es wohl schon eine Annäherung an Stoisches, die unter Ciceros Lehrer Antiochos von Askalon (Neuere Akademie) bereits deutlich eklektische Züge annahm und in dieser Gestalt die Akademie letztlich bis zum Aufkommen des Neoplatonismus im 3. Jh. n. Chr. prägte.

Die Schule des Aristoteles, Peripatos oder Lykeion genannt, hatte in der Generation nach dem Tode ihres Begründers noch eine Reihe markanter Gelehrter. So hat der Scholarch Theophrast die Neugier seines Lehrers in allen Wissensgebieten geteilt; als Polyhistor und Universalgelehrter hat er überall, in der Naturwissenschaft wie der Ethik, der Botanik wie der Rechtsphilosophie, der Zoologie wie der Staatstheorie, die Forschungen fortgesetzt, durchaus da und dort erweiternd und vertiefend. Demetrios, aus dem athenischen Bezirk Phaleron, war nach seinem Scheitern als Regent in Athen als Berater an den Ptolemäerhof gegangen und hat dort am Aufbau des Museion und der Bibliothek maßgeblichen Anteil gehabt. Auch Straton von Lampsakos dürfte in dieser Hinsicht, vor allem im Bereich der Naturwissenschaften, gewirkt haben, bevor er Leiter des Peripatos wurde (287). Damit aber war auch ein Stück des aristotelisch-peripatetischen Forschens und Sammelns nach Ägypten gelangt und hat in seiner neuen Gestalt als alexandrinische Gelehrsamkeit immensen Einfluß auf die hellenistische Geistesgeschichte gehabt (s.u.). Insgesamt aber konnte das Lykeion mit den anderen Schulen nicht konkurrieren. Es machte die Ausrichtung auf die praktische Philosophie auch nicht eigentlich mit. Wo man sich mit ethischen Fragen beschäftigte, ging es z.B. – wie etwa bei Aristoxenos oder Dikaiarch – in erster Linie darum, die jeweiligen Lebensformen und -typen zu beschreiben und zu klassifizieren, so wie Theophrast etwa die „Charaktere" behandelt hatte. Dies war zwar nicht völlig wertfrei, aber doch eher sammelndes Ordnen als orientierendes Denken. Immerhin liegt hier einer der Wurzeln der antiken Biographie. Möglicherweise geht auch das bei Polybios zu findende Konzept der Mischverfassung und des Kreislaufs der Verfassungen vor allem auf peripatetische Vorstellungen (etwa im „Tripolitikos" des Dikaiarch) zurück. Überhaupt trieb man auf vielen Gebieten die Einzelforschung voran, aber der innere Zusammenhang im großen System, der bei Aristoteles überall spürbar ist, war verlorengegangen. Eine schöpferische Auseinandersetzung mit dem Schulgründer selbst war schon deswegen nicht möglich, weil viele seiner Lehrschriften in der Schule gar nicht zur Verfügung standen. Sie kamen erst im 1. Jh. v. Chr., in der Kriegsbeute Sullas nach der Eroberung von Athen (86 v. Chr.), wieder in den Gesichtskreis der philosophischen Forschung.

Neben den vier ‚klassischen' Schulen gab es auch noch andernorts bedeutende Philosophen und vergleichbare Organisationsformen. Überhaupt war es so, daß

Der Peripatos

Allgemeiner Bildungsstand

die Lust am scharfsinnigen, bis zur Spitzfindigkeit durchdachten Dialog und Disput unausrottbar war und eine hohe Attraktivität genoß, jedenfalls in den vornehmen Kreisen. Der Historiker Polybios, von Hause aus keineswegs ein ‚Intellektueller‘, zeigt mit seinen Bemerkungen über den Kreislauf der Verfassungen, über welche philosophischen Kenntnisse ein durchschnittlich gebildeter Angehöriger der Oberschicht verfügte. Doch waren auch breitere Kreise durchaus mit der Philosophie konfrontiert: Sokrates hatte diese auf dem Markt heimisch gemacht, die hellenistischen Schulen hatte sie in ihren Zirkeln vertieft, ohne sie dort völlig einzusperren. Auch in Stoa und Gymnasion hatte sie ihren Platz, und daß sie aus dem öffentlichen Bilde nicht verschwand, besorgten schon die Kyniker.

d) Kunst und Wissenschaft

Das Drama   Ein wesentliches, noch heute durch eindrucksvolle Überreste dokumentiertes Phänomen griechischer Stadtarchitektur ist der Siegeszug des Theaterbaues in der hellenistischen Zeit. Keine Stadt, die diese Bezeichnung verdienen wollte, konnte darauf verzichten. Man könnte also den Eindruck haben, die hellenistische Epoche sei auch die Blütezeit der Theaterliteratur gewesen. Dieser aber ist weitgehend unberechtigt, gerade wenn wir das Kriterium literarischer Kreativität anlegen. Die große Zeit des griechischen Theaters war das 5. Jahrhundert, und das nicht zufällig. Die einzigartige Position, die Athen zu jener Zeit erreicht hatte, brachte eine Literatur zum Durchbruch, die aufs engste mit der Polis, mit ihren Problemen und der fragwürdig gewordenen Orientierung ihrer Bürger verbunden war. Bei der Komödie, die geradezu karnevalistisch-kabarettistisch im Leben der Stadt verankert war, ist das offenkundig. Für die Tragödie hat dies jetzt CH. MEIER herausgearbeitet. Und es handelt sich nicht lediglich um Literatur: Es waren Gesamtkunstwerke, deren Wirkung auch auf Musik, Tanz, Kostüm und Dekor gestützt war, die insofern einmalig waren, als sie grundsätzlich nur einmal aufgeführt wurden, und die vor allem im engeren Sinne Kulthandlungen waren, Darbietungen im Rahmen von Festen zu Ehren des Gottes Dionysos. Man hat geradezu von „performance" gesprochen.

Schon im 4. Jahrhundert hatte sich da einiges geändert. Die Komödie hatte ihren politischen Stachel seltener und seltener gebraucht, die atavistisch gekleideten Chöre mit ihren Gesängen und Tänzen waren peu à peu aus der Handlung verschwunden, das gesprochene Wort wurde wichtiger und vor allem: man erinnerte sich der glorreichen Vergangenheit. Gerade in der Restauration der lykurgischen Ära wurde das Dionysos-Theater in Athen repräsentativ ausgebaut, wurden die Texte der klassischen Dramatiker von offizieller Seite gereinigt und gesammelt. Zunehmend wurden alte Stücke wieder aufgeführt (386 zum ersten Male). Sie konnten jetzt aus ihrem alten Kontext heraustreten und primär als dramatische Literatur konsumiert werden, damit aber auch in der ganzen griechischen Welt, und weit über Athen hinaus, Verbreitung finden. Der beliebteste Tragiker wurde jetzt Euripides. Zu einigen Charakteristika von dessen Werken hatte man jetzt eine besondere Affinität, und die zeitgenössische Literatur ahmte sie nach, so die souveräne Psychologie in der Zeichnung und Führung der Charaktere, die Sprünge und Umschwünge im Gang der Handlung, die Rätselhaftigkeit und Paradoxie göttlichen Verhaltens, dem man ausgeliefert war, ohne sich dies durch einen tieferen Sinn erklären zu können.

Eine originelle Weiterentwicklung in der hellenistischen Theaterliteratur gab es – gerade unter solchen Einflüssen – in der Komödie, mit der Herausbildung der sogenannten Neuen attischen Komödie (nea) im letzten Viertel des 4. Jahrhunderts vor Chr. Ihre Autoren, unter denen Philemon, Diphilos und insbesondere Menander als ‚Klassiker‘ galten, waren lange nur durch dürftige Fragmente sowie römische Nachdichtungen (Plautus, Terenz) bekannt, hatten aber schon in dieser Gestalt große Bedeutung für die Entwicklung des neuzeitlichen Theaters, insbesondere der sogenannten Charakterkomödie: Viele Typen, Handlungselemente und dramaturgische Formen sind von ihr aus in das europäische Drama eingegangen, Figuren und Motive ziehen durch die Epochen hindurch, wie besonders etwa der Amphitryon-Stoff zeigt. Mittlerweile sind durch Papyrusfunde aus dem Werk Menanders auch einige Stücke unmittelbar, eines ganz, einige zu mehr oder weniger großen Teilen, bekanntgeworden. *Die „neue Komödie"*

Der Handlungsablauf dieser Dramen ist durchweg wohl durchkonstruiert und reich an plötzlichen Wendungen und Überraschungen. Feste Elemente sind z.B. das Hin und Her von Reichtum und Armut, die Versklavung von Freien, die Trennung von Kindern durch Aussetzung, dann das spätere Wiedererkennen. Am wichtigsten aber ist die Liebe, die per se schon für Verwicklungen gut ist und hier zudem noch durch diverse äußere Hindernisse gestört ist. So konstruiert das Gefüge der Handlung ist, entscheidend sind die Vorgänge, die sich in den Menschen abspielen. Erst diese bilden die Voraussetzungen für ein glückliches Ende – und dem mag sich dann auch die Tyche nicht entziehen.

Gerade diese Charakteristika zeigen, wie sehr die „nea" ein Kind ihrer Zeit ist: Die Geläufigkeit auch extremer Wechselfälle und die Konzentration im Privaten, ja Intimen spiegeln sich in ihr. Da es wesentlich auf die inneren Vorgänge ankam, lag Menander besonders an der Darstellung der Charaktere seiner Helden. Sie haben auch manches Typenhafte an sich (so wie die „Charaktere" THEOPHRASTS), sind aber, insbesondere in den Hauptrollen, mit feiner Differenzierung gezeichnet und so sehr dem Leben abgesehen, daß Aristophanes von Byzanz, einer der großen Gelehrten des Hellenismus, die Frage stellen konnte: „Menander und das Leben, wer von euch hat wen nachgeahmt?". Bei Menander hat dieser Realismus einen explizit humanen Zug, die Hinwendung zur Menschlichkeit: Was Menander hochhält (und was in den Wirren der Zeit hochzuhalten ist und im Drama für den guten Ausgang sorgt), sind Werte wie Großmut, Großzügigkeit, Verzeihung, Verständnis – ein alles andere als prüder, aber doch klarer und besonders urbaner Kodex. Die Nachsicht gipfelt darin, daß man den anderen gerade deshalb versteht, weil man selbst auch ein Mensch ist, so daß man auch sagen kann: „Ich bin ein Mensch; ich glaube, nichts Menschliches ist mir fremd" [TERENZ, Heautonti- *Menander*

morumenos 77], und: „Wie reizend ist ein Mensch, wenn er Mensch ist" [MENAN-
DER, Fragment 484].

Der Mimos.   Mit den Komödien verwandt waren kleinere dramatische Formen, die man un-
Herondas und ter dem Begriff des Mimos zusammenfassen kann, meist nur einzelne Szenen, die
Theokrit   darauf aus waren, eine ganz alltägliche, manchmal auch etwas delikate Situation
vorzustellen. Wir kennen derartige Kabinettstückchen aus der Feder von Herondas (oder Herodas) und Theokrit. Auch sie sind auf größtmöglichen Realismus
aus, doch ist dieser noch eher ein Verismus, insofern er in hohem Maße als solcher
stilisiert ist. Diese Literatur lebte nämlich gerade von dem Kontrast zwischen der
gemeinen Banalität des Abgebildeten und der komplexen Feinheit der sprachlichen Mittel, in Stil und Metrum, ja in einem speziellen Kunstdialekt. Sie ist hoch-
gradig artifiziell, und so arbeitet sie auch mit mannigfachen Formen der literarischen Anspielung, des Zitats, der Parodie und Ironie. Dies ist für Theokrit generell charakteristisch: Selbst große Helden des Mythos stellt er in einen ganz alltäglichen – privaten, ja intimen – Kontext, dabei traditionelle Sprachformen geschickt plazierend; oder er macht den einäugigen Kyklopen Polyphem, das
schreckliche Ungeheuer des Odysseus-Mythos, zu einem turtelnden Verliebten.
Er begründete mit diesem Kunstwollen sogar eine ganze Literaturgattung, die
Bukolik. Sie präsentiert uns schlichtestes Landleben, läßt uns das Milieu der Hirten geradezu sehen, schmecken und riechen, übernimmt nachahmend Formen
volkstümlichen Dichtens – aber ein Gesprächsthema der Schäfer kann Literatur-
theorie sein. Diese Künstlichkeit hat sich bei den späteren Vertretern der Gattung
noch weiter ins Sentimentalische gesteigert, aber Europa die Kunstlandschaft Arkadien geschenkt.

   Sie ist aber nicht nur für Theokrit und Herondas charakteristisch, sondern ein
ganz wesentliches Merkmal der hellenistischen Poesie überhaupt. Das hängt aufs
Das Museion engste mit deren Produktionsbedingungen zusammen. Das große Zentrum lite-
und die   rarischer wie gelehrter Aktivität wurde sehr rasch der Hof der Ptolemäer in Alex-
Hofliteratur andreia. Es wurde schon gesagt, daß die Alimentation von Intellektuellen ein
wichtiger Bestandteil monarchischer Repräsentation war. Man hielt sich die Gelehrten als Aushängeschild und Schmuck sowie zum Ausfüllen der Mußezeit, die
im griechischen Adelsmilieu seit dem Auftreten von Sängern und Rhapsoden immer auch für geistig-literarische Genüsse Platz hatte. So begegnete man dem
Mann des Geistes in einer entspannten Atmosphäre, beim Symposion etwa, in einem Milieu, in dem eher die egalitären Regeln der Freundschaft galten als die Vor-
schriften hierarchischen Hofzeremoniells. Die Dichter, Künstler und Wissen-
schaftler hatten dabei den Vorteil einer materiell wohlgesicherten Existenz mit
optimalen, ja paradiesischen Arbeitsmöglichkeiten. Und die Logik des „Wes Brot
ich eß', des Lied ich sing" war durch den Freiraum der Geselligkeit relativiert, der
auch ein Spiel-Raum war und den ironisierenden Scherz selbst gegenüber dem
Herrscher durchaus zuließ.

   Das Museion hatte Demetrios von Phaleron dem Ptolemäerkönig wie eine
athenische Philosophenschule organisiert, als Kultgemeinschaft. So waren die

Gelehrten stets im Kreise ihrer Kollegen, von Ihresgleichen. Dies war mindestens zweischneidig, und sicher war man damit nicht immer glücklich. Timon von Phleius, ein Schüler des Skeptikers Pyrrhon, spottete darüber ganz im Stil dortiger Literatur: „Viele werden im völkerreichen Ägypten gefüttert, Bücherkritzler, andauernd streitend im Musenkäfig" [ATHENAIOS 1,22d]. Aber entscheidend war, daß man sich gut kannte, daß man sein Publikum immer vor Augen hatte, daß es aus Fachleuten bestand. Unter solchen Bedingungen einer abgeschirmten Gesellschaft nicht ohne Freizügigkeit und vor allem von versammeltem Sachverstand konnte eine besondere Art von Literatur gedeihen.

Schon der erste Vorsteher des Musenvereins, Philitas von Kos, setzte die Maßstäbe. Er wurde, jedenfalls später von Strabon [14,2,19], als ποιητὴς ἅμα καὶ κριτικός („Dichter zugleich und Gelehrter") bezeichnet. Wesentlich für die Arbeitsbedingungen war der Aufbau einer riesigen Bibliothek, wahrscheinlich im Museion selber. In ihr wurde alles gesammelt, was überhaupt literarisch – auf Griechisch, aber auch in allen anderen Sprachen – produziert worden war. Unter Ptolemaios II. war die königliche Sammelwut geradezu ein Politikum. Die eingegangenen Texte mußten registriert, katalogisiert, geordnet, übersetzt, ja teilweise überhaupt erst – in philologischem Sinne – hergestellt werden. Vor allem *der* Dichter, Homer, bereitete die schwierigsten Probleme. Der Philitas-Schüler Zenodot von Ephesos, der erste Bibliotheksleiter, besorgte hier die erste Edition, während sich die Dichter Alexander aus Aitolien und Lykophron von Chalkis um die Tragödien bzw. die Komödien kümmerten. Später erstellte Kallimachos von Kyrene die sog. pinakes, „Verzeichnisse aller, die in jeder Literaturgattung Bedeutung hatten, und ihrer Schriften in 120 Büchern" – ein bibliographisches Kompendium der gesamten griechischen Literatur. Und immer wieder gab es zu erklären und zu kommentieren, von Sprache, Wortwahl, Metrik, Grammatik bis hin zu Sachen und Begriffen. Dies führte weit hinein in Geschichte und Geographie, Philosophie und Naturwissenschaft.

Aber Philitas war eben nicht nur Gelehrter, sondern auch Dichter gewesen, und Gleiches konnte man auch von Kallimachos sagen, „Dichter zugleich und Philologe". Als Dichter schufen die Musenjünger eine sehr wirkungsmächtige Literatur, die gerade aus ihrer gelehrten Tätigkeit gespeist wurde. Beides bedingte sich. Dabei ging es ihnen aber nicht, wie man denken könnte, um eine klassizistische Anlehnung an die von ihnen so intensiv bis in die Geheimnisse ihrer Sprache hinein traktierten alten Autoren, sondern um eine eigene Ausrichtung, um die Entwicklung neuer Genera, um das Setzen neuer Akzente. Manches ließ man bei den Alten gelten, ja man suchte sich neue Vorbilder unter ihnen, wie Hesiod. Aber im Grunde fühlte man sich ihnen überlegen: Kallimachos war sich sicher, daß seine Hexameter richtiger, mithin besser waren als die Homers.

Vor allem nahm man die Alten gerne als ‚Steinbruch', um seine Gelehrsamkeit zu zeigen, in einem kleinen Kreis von Spezialisten, denen man einiges zumuten konnte und die man auch immer wieder konkurrierend übertrumpfen mußte. Schon Philitas von Kos hatte seltene Wörter bei älteren Schriftstellern gezielt ge-

Charakteristika der alexandrinischen Literatur

sucht. Darüber hinaus gab es die unterschiedlichsten Metren, in Epik und Lyrik, und man konnte diese jetzt verfeinern, aber auch in neue, ungewohnte Zusammenhänge bringen. In der Masse der Literatur fand man die entlegensten und speziellsten Versionen von Mythen und Geschichten. Überhaupt ließen sich Anspielungen und Zitate sowie parodistische Umdeutungen in Hülle und Fülle einsetzen. Ein Endprodukt solcher ,Verrätselung', die „Alexandra" eines Lykophon, wohl des schon genannten chalkidischen Poeten, gibt fiktive Prophezeiungen der Kassandra vor dem Ende des Trojanischen Krieges und bedarf nahezu in jeder Zeile intensiver lexikalischer Untersuchungen und Kommentierungen – ein wahrhaftiges Orakel. Die kontrastive Spannung und die Lust am Disparaten, die wir hier im Spiel der literarischen Innovation mit Traditionselementen finden und die wir schon in der Dialektik von Realismus und Künstlichkeit bei Theokrit beobachten konnten, beherrschten überall das Feld.

Kallimachos und Apollonios

Kallimachos, der die kleine literarische Form und die ausgefeilte Miniatur zu seinem literarischen Ideal machte und besonders von der voluminösen Epik abgrenzte, liebte die Darstellung sehr natürlicher Szenen und Gefühle. Mit dem Apparat der gesamten Gelehrsamkeit bemühte er sich, etwas Kleines und scheinbar Schlichtes zu präsentieren, in dem der Kenner den gelehrten Aufwand durchaus bemerkte, das aber wie ein Stück aus dem Leben wirkte. In seinem Kleinepos „Hekale" etwa griff er eine so gut wie unbekannte athenische Lokalsage auf, aber sein Interesse richtete sich nicht auf den Helden Theseus, der gerade im Begriffe war, eine seiner Großtaten zu vollbringen; vielmehr ziselierte Kallimachos dessen Aufenthalt bei der bettelarmen, alten Hekale mit einer genauen Zeichnung von deren schlichter und herzlicher Bewirtung, einschließlich einer Beschreibung verschiedener Olivensorten – gerade im Kontrast zur heroischen Wucht des Theseus. Demgegenüber hielt Apollonios von Rhodos, als Bibliothekar der Nachfolger Zenodots, die alte Form des Epos in Ehren, von Kallimachos, seinem Lehrmeister, dafür polemisch angegangen. Doch was war das für ein Epos! Die Darstellung der Argonautensage gab reichlich Gelegenheit zu gelehrten Exkursen in Geographie und mythischer Geschichte. Einzelne Teile, besonders die Beschreibung von Bauten, die sich wie Bilder lesen lassen, könnte man geradezu herausnehmen. Und das Interesse richtete sich weniger auf die großen Taten, als auf das innerseelische Geschehen, insbesondere der Medea, welches mit höchstem Pathos herauspräpariert wurde.

Auch auf anderen Gebieten spielte man mit neuen Genera. Wenn man schon so gelehrt arbeitete und schrieb, warum sollte man dann die Ergebnisse wissenschaftlicher Forschung in das längst üblich gewordene prosaische Gewand kleiden und nicht in das der Poesie, als Lehrgedicht, damit auf Hesiod oder Parmenides deutend? So dichtete Arat von Soloi – übrigens nicht am Hof von Alexandreia, sondern in Pella, später wahrscheinlich in Antiocheia wirkend – ein astronomisches Lehrgedicht unter dem Titel „phainomena" (Erscheinungen). Hinter der – bloß fiktiven – Praxisnähe (Hilfe z.B. für Seefahrer) schimmert sehr deutlich das stoische Weltkonzept hervor, und die sprachlichen Mittel haben eine Brillanz, die selbst einen Kallimachos begeisterte, Theokrit zu umdeutender Nachahmung veranlaßte und das Werk zu einem der meistgelesenen seiner Zeit, ja zu einem ‚Klassiker‘ im Schulunterricht machte.

Im Laufe der Zeit trat die Einheit von Dichtung und Gelehrsamkeit zurück, zunehmend dominierte die Wissenschaft, die jetzt bereits in beachtlicher Weise verfeinert und spezialisiert wurde. Eratosthenes von Kyrene, der auf den Rhodier Apollonios als Bibliotheksleiter folgte und seinem Schüler, dem späteren König Ptolemaios IV., eine bemerkenswerte Liebe zu Homer und den Musen einpflanzte, hat nicht nur über die Komödie und deren Sprachgebrauch wissenschaftlich gearbeitet, sondern vor allem auch auf der Grundlage modernster mathematischer und astronomischer Kenntnisse der Chronologie und der Geographie wissenschaftlichen Rang verliehen, sie gleichsam auf die Zahl gebracht, mit einem System der Zeitrechnung bis in die früheste Vergangenheit und einem auf Vermessung und Berechnung beruhenden Bild der Erde. Unter seinem Nachfolger Aristophanes von Byzanz und dessen Schüler Aristarch trat dann sehr markant die genuine Philologie hervor, mit all ihren Aspekten in der Arbeit am Text, an der Sprache und der sachlichen Erklärung der Autoren, insbesondere des unerschöpflichen Homer. Was in der späteren Antike in Chronologie und Linguistik bekannt war und so die mittelalterliche und neuzeitliche Welt ‚erreichte‘, fußt auf Schriften, die in der Tradition solcher Gelehrter stehen, etwa auf den Arbeiten des Apollodor von Athen oder der „grammatiké téchne“ des Dionysios Thrax, einerseits Endpunkt der langen Analyse der Regeln der Literatursprache, andererseits Wurzel jeder, auch noch der neuesten, normativen Schulgrammatik.

Selbstverständlich war dies alles nicht auf Alexandreia beschränkt. Gerade in der Generation des Dionysios (Ende 2. Jh.), als sich immer mehr Römer auch den Feinheiten hellenistischer Literatur und Wissenschaft widmeten, wurde die Insel Rhodos zu einem wichtigen Forum geistigen Austausches. Und natürlich hat es auch schon vorher bedeutende andere Zentren gegeben. Der Kontakt mit den vor allem in Athen konzentrierten Philosophenschulen war auch für Alexandreia lebenswichtig. Eratosthenes etwa war ein Schüler des stoischen Sektierers Ariston von Chios und vor allem des akademischen Neuerers Arkesilaos. Schließlich förderten auch andere Höfe die Kunst und die Gelehrsamkeit. Im dritten Jahrhundert, unter der langen Friedenszeit des Königs Hieron, machte Syrakus von sich reden. Und Pergamon mit seiner Bibliothek konnte, als seine Dynastie auf ihrem Zenit stand, nach dem Antiochoskrieg (192-188), und als die ptolemäische Macht zu zerrinnen begann, sogar Alexandreia ernsthaft Konkurrenz machen.

Die Spezialisierung und die Entwicklung in den sogenannten exakten Wissenschaften, wie wir sie schon am Beispiel des Museion angedeutet haben, war überhaupt ein Kennzeichen der Epoche. Auch und gerade sie hat dafür gesorgt, daß diese Zeit mit der Moderne parallelisiert wurde. Aber dieser Eindruck ist zumindest zwiespältig: Gerade der absolute Sieg des technisch-naturwissenschaftlichen Denkens in der gesamten Zivilisation fehlte, mochten auch einige Theoreme modernen wissenschaftlichen Erkenntnissen nahekommen. Aristarch von Samos,

Margin notes:
Spezialisierung und Gelehrsamkeit

Andere Zentren

Technik

möglicherweise ein Schüler des Peripatetikers Straton, hatte berechnet, daß sich die Erde um die Sonne drehen müsse. Dies blieb aber folgenlos, und selbst einer der wenigen, die Aristarch ernstnahmen, wies ihm einen mathematischen Fehler nach. Dieser selbst, Archimedes von Syrakus, der zu Studien in Alexandreia geweilt hatte, war zweifellos einer der bedeutendsten Mathematiker und Physiker der Antike, ja der Geschichte überhaupt. Viele Entdeckungen und Entwicklungen, vor allem in der Mechanik, sind mit seinem Namen verbunden. Er war weithin bekannt und reiche Anekdoten rankten sich um sein Leben, verkörperte er doch einen Typus, der mit téchne, also mit letztlich geistiger Geschicklichkeit auch eine an sich mißliche Situation verblüffend zu meistern wußte; denn téchne bedeutete für die Griechen nicht nur Technik und Fertigkeit, sondern hatte immer auch etwas von List an sich. Zu den ihm zugeschriebenen Erfindungen gehört die berühmte archimedische Schnecke, die der Wasserhebung diente, und legendär wurden seine Abwehrmaschinen während der Verteidigung von Syrakus gegen die Römer. Wer, wenn nicht er, konnte sagen: „Gib mir einen Punkt zum Stehen, und ich bewege die Welt"?

So erfindungsreich man auch sonst war und so viel man über „mechaniké téchne" schrieb – vieles diente nicht der praktischen Nutzanwendung, sondern der frappierenden Demonstration. Eine wirkliche Nutzung ab es auf militärischem Gebiet, im Schiffsbau, bei der Konstruktion von Belagerungs- und Abwehrmaschinen oder in der Ballistik artilleristischer Fernwaffen. Und selbst hier entsprang manches eher dem Bedürfnis nach Repräsentation . So wurden gelegentlich Schiffe vom Stapel gelassen, die einen großen Effekt machten und in die Literatur Eingang fanden – ohne so recht schwimmen zu können oder einen Hafen zu finden, der groß genug war, sie aufzunehmen.

Medizin   Die Medizin nahm nach wie vor eine Sonderstellung ein, weil sie primär in den Bahnen ihrer eigenen Wissenschaftstradition verlief, allerdings nicht ohne von bedeutenden zeitgenössischen Strömungen etwa in der Philosophie beeinflußt zu werden. Auch hier bildete Alexandreia in der ersten Hälfte des 3. Jahrhunderts ein wichtiges Zentrum mit den Ärzten Herophilos von Chalkedon und Erasistratos von Julis (auf Keos), die, gestützt auf genaue Beobachtungen in Anatomie und Pathologie, wichtige Erkenntnisse gewannen und sich kritisch von den älteren Schulen absetzten. An sie knüpfe dann (über Herophilos' Schüler Philinos von Kos) die Schule der Empiriker an, die noch deutlicher von den Lehren der Skepsis geprägt war. Aus der Ablehnung von generalisierenden Theorien ergaben sich vielfältige Methodenstreitigkeiten mit anderen Richtungen.

Historio-   Einen besonderen Strang in der antiken Literatur bildet die Historiographie,
graphie   zwischen Wissenschaft und Dichtung noch weit mehr changierend als selbst auf dem Höhepunkt des modernen Historismus. Auch hier hat sich im Hellenismus eine spezifische Veränderung ergeben. Schon im 4. Jahrhundert war die Geschichtsschreibung unter den Einfluß der Rhetorik geraten, keineswegs zufällig! Spätestens seit Thukydides waren eingelegte, nicht unbedingt dokumentarisch zitierende, sondern teilweise ganz fiktive Reden integrierender Bestandteil dieser

Gattung geworden. Was lag näher, als das Genos insgesamt im Sinne und nach den Regeln der rhetorischen Schulen zu gestalten? Dazu kam der überwältigende Einfluß des athenischen Stilmeisters Isokrates. So geriet die Geschichtsschreibung – gerade in zwei ihrer führenden Vertreter, Ephoros und Theopomp – in den Bann isokrateischer Rhetorik, womit sich selbstverständlich auch die eher sinnlich-psychagogischen Mittel dieser „Überredungskunst" verbreiteten. Dies wurde noch einmal gesteigert, und zwar erkennbar unter dem Eindruck des Alexanderzuges; denn die Archegeten der neuen Historiographie waren die Alexanderhistoriker Kallisthenes und Kleitarch. Nur wenig später erschien auch die Weltgeschichte der letzten rund 100 Jahre in diesem Gewande, mit den Historien des Duris von Samos. Dieser grenzte sich nun sogar von den ‚Rhetorikern' ab, denen es nur um die schöne Fassade zu tun gewesen sei; entscheidend sei es aber, die Leidenschaft (pathos) des Publikums zu erregen, wie es das Drama tue. Man nennt deshalb diese Richtung, vielleicht nicht mit dem letzten Recht, tragische Geschichtsschreibung. Ihre Mittel und Verfahrensweisen legitimieren aber diesen Begriff durchaus:

Herausgestrichen werden Leid und Freude des Individuums, im Banne der Tyche; die besondere Leistung der Helden wird beleuchtet, das Mirakulöse und Unglaubliche geradezu gesucht – und ge(er)funden. Das Paradoxographische beherrschte die Gattung so stark, daß selbst einer ihrer schärfsten Gegner, Hieronymos von Kardia, sich ihm nicht entziehen konnte. Dazu kam eine Sprache von sinnlicher Plastizität und manieristischer Musikalität, die später als orientalischer Schwulst verschrien war (Asianismus). Doch diese war ungemein populär und beherrschte auch die Rhetorenschulen, nach wie vor die Zentren der allgemeinen formalen Ausbildung der griechischen Oberschicht. Zwar war die politische Bedeutung der großen Rede erheblich zurückgegangen, aber umso mehr stieg ihre Bedeutung als Prunkrede (Epideiktik): Man trat vor die Volksversammlung nicht, um primär politisch zu argumentieren (wenn auch mit allen rhetorischen Tricks), sondern um seine Rednergabe im besten Licht erscheinen zu lassen, der Zustimmung konnte man sich ohnehin sicher sein. Man gewöhnte sich an diese Art der Rhetorik so sehr, daß man schließlich immer mehr Redner zu bloßen Schau-Zwecken einlud und gut bezahlte.

In der Historiographie fand die Pathetik freilich auch Kritiker, und ein ganz anderer Geist ist bei Polybios zu erkennen, der sich mit nüchterner Strenge bewußt auf die Tatsachen (pragmata) konzentrierte und damit auch den Bogen über Hieronymos zurück zu Thukydides schlug. Und da es hier nicht nur um Form und Stil, sondern auch um das Verhältnis zu Wahrheit und Wirklichkeit geht, ist das auch für den Quellenwert der Autoren von erheblicher Bedeutung. Selbst in die Alexandergeschichte war da und dort Zurückhaltung eingekehrt, mit den Werken von Ptolemaios I. und Aristobulos; und diese waren dann für den Attizismus, der seinen Siegeszug im 1. Jh. v. Chr. begann, ungleich attraktiver.

Ganz zuletzt sei noch eine Literaturgattung vorgestellt, die als solche – nicht zufällig – ihre Entstehung dem Hellenismus verdankt, auch wenn sie für uns (von

Roman und Novellistik

Fragmenten abgesehen) nur durch kaiserzeitliche Werke repräsentiert ist, der griechische Liebes- und Abenteuerroman, mit OTTO WEINREICHS unnachahmlichen Worten „die Frucht einer Liaison, die das gealterte Epos mit der kapriziös reizvollen hellenistischen Historiographie einging. Der Bastard wurde ein anziehendes und von der jungen Mutter her auch sehr vitales Geschöpf, mit manchen Patengeschenken von den Musen des Dramas und der Liebespoesie bedacht" [Heliodor, Aithiopika. Die Abenteuer der schönen Chariklea, Hamburg 1962, 234]. Diese Romane haben ein ganz schlichtes Handlungsschema: Zwei sich innig liebende junge Menschen werden, kurz vor oder nach ihrer Vermählung, durch Schicksals- oder Zufallsumstände (Raubüberfälle, Kriegshandlungen, Schiffsunglücke) getrennt. Ihre Treue wird auf verschiedene Weise äußerlich auf die Probe gestellt, um sich – bei den Frauen immer, bei den Männern so gut wie immer – siegreich zu bewähren, so daß am Ende das verdiente Happy-End steht. Die Liebe ist also das unwandelbare Element in einer Welt der Katastrophen, und daß und wie diese herausgestellt wird, ist angesichts des Wesens von Ehe und Liebe im klassischen Griechenland sehr auffällig. Man wird dies wohl als Indiz für einen entsprechenden Mentalitätswandel anzusehen haben (vgl. o.).

Nicht so treu und züchtig ging es in dem verwandten Genos der Novellistik zu. Hier wurde Erotik in eindeutigeren Formen präsentiert, besonders in einer Gattung, die man „milesische Geschichten" nannte und die als besonders lasziv galt. Ihre Elemente sind aber – bei den Römern jedenfalls – durchaus auch mit den Strukturen des Liebesromans verbunden worden.

Neuer
Realismus in
der Bildkunst

In der bildenden Kunst finden wir viel Vergleichbares. Immer wieder wird auch hier der Realismus hervorgehoben. Freilich darf man dabei nicht übersehen, daß schon vorher, in der klassischen Kunst, die Tendenz zum ‚Naturwahren‘ einen schwer zu überbietenden Höhepunkt erreicht hatte, man denke nur an den Bildhauer Praxiteles oder die Maler Zeuxis und Parrhasios. Aber im frühen Hellenismus hat es ganz offenbar einen gezielten Neuansatz, eine als solche verstandene Innovation gegeben, mindestens in der Glyptik. Von Lysipp heißt es, er habe Menschen geformt, nicht wie sie wirklich waren (quales essent), sondern wie sie erschienen [quales viderentur; Plinius, naturalis historia 34,65]. So hat er die Proportionen etwa zwischen Kopf und Körper geändert, um einen bestimmten Eindruck zu erzielen. Freilich blieb er damit in der Wirklichkeit, diese wurde aber nicht naturalistisch messend abgebildet, sondern ihrer Wirkung nach gestaltet, wurde Wirklichkeit in einem höheren, künstlerischen Sinne, dem des Verismus. Sie war damit aber auch Gegenstand bewußter Reflexion, nicht unvermittelt, sondern distanziert dargestellt – wie die der Hirten in Theokrits „Bildchen" (eidyllia). Auch beim Maler Apelles, der sich zudem theoretisch über Kunstfragen äußerte (Ideal der cháris), sind Elemente einer vergleichbaren Stilisierung zu beobachten. Und auch die Architektur hat in diesem Sinne ihre Wirkung und den von ihr zu hinterlassenden Eindruck mitreflektiert.

Die vollkommen ‚realistische‘ Impression war jedenfalls ein wichtiger Grundzug. Besonders im Porträt erreichte sie einen Höhepunkt. Auch hier dürfte Lysipp Pate gestanden haben, der ein geradezu kanonisch gewordenes Alexanderporträt schuf, das das Vorbild für die späteren Herrscherbilder abgab. In der Malerei war dieser zugespitzte Realismus Anlaß zu zahlreichen Anekdoten. Beim Anblick von Pferden, die Apelles gemalt hatte, sollen sogar echte Rosse gewiehert haben. Und von dessen Rivalen Protogenes erzählte man, daß er vor lauter Verzweiflung darüber, den Schaum vor dem Mund eines keuchenden Hundes nicht adäquat darstellen zu können, einen Schwamm auf sein Bild geworfen habe. „Dieser trug die abgewischten Farben wieder so auf, wie es sein Bemühen gewünscht hatte, und so hat in der Malerei der Zufall die Naturwahrheit geschaffen" [Plinius a.o. 35,103, übers. v. R. KÖNIG].

Angesichts des nahezu vollständigen Verlustes der hellenistischen Malerei müssen wir uns mit solchen Geschichten begnügen. Wenn wir jedoch unterstellen, daß die berühmten pompejanischen Wandgemälde nur ein Abglanz solcher Kunst sind, oder auf die Repliken von Bildern in der Mosaikkunst, etwa das Alexandermosaik, sehen, werden wir sie nicht für allzu übertrieben und in ihrem Kern für treffend halten. Die Mosaikkünstler beteiligten sich im übrigen selber kreativ an solcher Kunstgestaltung: Dazu ‚verurteilt‘, vor allem Fußböden zu verschönern, taten sie dies auch, indem sie den Eindruck erweckten, auf dem Boden seien Gegenstände zufällig liegengeblieben. Die Paläste von Pergamon waren hierfür berühmt, wo Sosos einen Speiseraum auf diese Weise dauerhaft mit Essensresten dekoriert hatte. Vergleichbares hat – mit einer höchst einfachen Idee – Hephaistion ebenfalls in Pergamon (im sogenannten Palast V) erreicht, der seine Küstlersignatur so auf dem Mosaik anbrachte, als stände sie auf einem dort aufgeklebten, allerdings an einer Ecke abgelösten Stück Pergament. Wie gelungen diese Illusion ist, kann heute noch jeder Besucher des Pergamon-Museums nachvollziehen.

Das Spielen mit der Wirklichkeit konnte noch ganz andere Züge annehmen, vor allem den des Pathetisch-Barocken, wie es als Charakteristikum der pergamenischen Kunst gilt: Die Denkmäler der Siege über die Galater mit dem sterbenden Gallier etwa oder der Fries am Zeus-Altar von Pergamon mit der Darstellung des Kampfes der Götter und der Giganten oder – noch später – die Gruppe mit dem Priester Laokoon und seinen Söhnen, die von einer Seeschlange erdrosselt werden, waren und sind weithin bekannte Zeugnisse solchen Kunstwollens. Man faßt hier natürlich zunächst den Selbstdarstellungs- und Repräsentationsdrang der Herrscher, die auch hier in der Bahn Alexanders schritten und sich vornehmlich im siegreichen Kampf, bei erfolgreicher Jagd oder bei religiöser Verehrung abbilden ließen. Freilich erschöpfte sich diese Repräsentation nicht in der Machtdemonstration. Es ist vielmehr höchst bezeichnend, wieviel Aufmerksamkeit auch den Besiegten zuteil wird. Diese werden eigentlich nicht als die zu Recht Unterlegenen gebildet, sondern als Opfer ernst genommen. Ihre Rolle als Geworfene und Getretene kann sogar besonders akzentuiert werden und sich aus dem Kontext des Herrschertriumphs lösen. Das Opfer ist dann der Geschlagene schlechthin, der dem Unbegreiflichen ausgeliefert ist.

‚Barock‘ und Pathos

Genre   Eine auf anderer Ebene liegende, aber vergleichbare Dialektik zeigt sich in den höchst beliebten Darstellungen, die gemeinhin als Genre- oder Rokokoszenen recht unzureichend benannt sind. Charakteristisch ist auch hier eine Passage des älteren Plinius [a.o. 35,112], über den Maler Peiraikos, der „sich nur von gewöhnlichen Gegenständen leiten ließ und doch gerade in diesem Kleinen den höchsten Ruhm erwarb. Er malte Barbierstuben und Schusterwerkstätten, Esel, Gemüse und Ähnliches und erhielt deshalb den Beinamen ‚Schmutzmaler‘ (rhyparographos); aus diesen Werken spricht vollendetes Vergnügen, so daß sie zu höherem Preis verkauft wurden als die größten Bilder von vielen" (übers. von R. KÖNIG). Dies ist signifikant, weil es in der uns vornehmlich erhaltenen Plastik und Reliefkunst auch optisch nachvollziehbar ist: Beliebt waren Alltags- und Augenblicksszenen, richtige ‚Studien‘. Gegenstand waren die kleinen Leute, ja einfachste Menschen, Bauern, Hirten, Fischer. Auch Kinder wurden von der Bildkunst – ebenso wie von der Literatur – entdeckt, mit der naturgegebenen Möglichkeit, Schlichtes und Spielerisches kombiniert auszudrücken. Es ist ferner sogar ein deutlicher Zug zum Vulgären und Häßlichen festzustellen, etwa in dem Motiv der betrunkenen Alten. Die Plastik öffnete sich auf diese Weise Formen und Figuren, die sie bisher verpönt hatte und denen sie mit demselben Kunstsinn nachspürte wie ihren klassischen Gegenständen. Innovativ erschloß sie sich, ohne ihre Künstlichkeit zu verleugnen, neue Bereiche. So drangen, wie etwa im Telephos-Relief vom Pergamon-Altar, auch ausgesprochene narrative Elemente ein.

Die Verbreitung gerade der ländlichen Szenen, die ja in der Bukolik ihr Pendant findet, könnte geradezu den Schluß nahelegen, es habe für das Landleben generell eine besondere Vorliebe geherrscht; wenn ja, war dies mehr als eine Modeerscheinung? War es das Zeichen für die sentimentalische Sehnsucht einer hochgezüchteten Stadt- und Hofkultur zum einfachen agrarischen Leben, eine Art Schäferromantik? Man wird solche Gedanken nicht leicht verwerfen. Im Zusammenhang mit dem Dionysoskult wurde rustikale Schlichtheit auch am Hofe Ptolemaios IV. kultiviert, im Fest der Lagynophorien (Flaschenbringen), wo man sich auf Stroh lagerte und aus der Flasche trank, sehr zum Leidwesen der Königin Arsinoe, die dies als vulgär ablehnte (Eratosthenes bei Athenaios 7,276 a). Die sogenannte Tazza Farnese, ein großer Kameo aus Sardonyx, rund 20 cm im Durchmesser, konnte sogar in die Nähe der Kunst eines Theokrit oder eines Kallimachos gerückt werden. Jedenfalls bietet auch sie einiges naturalistische Detail und andererseits geradezu verschlüsselnde Stilisierung, mit feinsten Anspielungen und Wiederaufnahmen, deren Sinn sich bis heute nicht so recht erschließen will; und sie ist, schon ihres Wertes wegen, bei der höchsten Noblesse oder bei Hofe anzusiedeln.

Architektur   Die Welle der Städtegründungen im Hellenismus sowie königlich-aristokratischer Repräsentationswille und Euergetismus haben auch für die Architektur viele Möglichkeiten erschlossen. Das sogenannte hippodamische Schema, ein Prinzip rhythmisierter Orthogonalität, wie es schon in modernen Stadtanlagen des 5. Jahrhunderts (Piräus, Rhodos) zur Verwirklichung gelangte, beherrschte jetzt weithin die Urbanistik, so daß eine alte Stadt wie Athen mit ihren verwinkelten

Gäßchen an den Hängen des Zentrums als häßlich gelten konnte. Überaus bezeichnend für die hellenistische Architektur war die Zusammenfassung an sich unterschiedlicher Bauteile in einem organischen Komplex. Dies zeigt sich vor allem in den Marktplätzen (agorai), die jetzt geschlossene Anlagen wurden, sowie in Heiligtümern oder Sportstätten (gymnasia), bei denen ebenfalls der Platzcharakter betont wurde. Die Integration des Diversen erreichte man mit verschiedenen Mitteln, durch Fluchtung, Achsenbeziehung oder Rechtwinkligkeit. Besonders charakteristisch war dabei das Operieren mit dem Peristyl, der ringsumgeführten, zusammenfassenden Säulenhalle. Sie beherrschte seitdem die antike Architektur. Demgegenüber trat, außer in Kleinasien, der monumentale Tempelbau zurück.

Experimentierfreude äußerte sich auch in der Architektur, „Lust zur Variation, ja zum Widerspruch" [774: LAUTER, 109]. Natur und Landschaft beispielsweise wurden architektonisch und damit künstlich eingefaßt, als bewußt konzipierte Ruhe- bzw. Betrachtungspunkte. Und mitten in die Großstadt Alexandreia zauberte das riesige Pan-Heiligtum die Illusion eines felsigen Berges, der zudem noch eine Aussicht über die ganze Stadt bot. Überhaupt verschmolz man gerne auch in der Architektur nicht nur Verschiedenartiges, sondern eigentlich Unvereinbares: Ein Heroon in dem kleinen nordarkadischen Städtchen Stymphalos zeigt dies in ebenso einfacher wie sinnfälliger Weise: Ein Rundbau bildet gleichgewichtig mit einem prostylen Tempelchen eine ganz neue, harmonische Einheit – discordia concors, wie man als Motto über die hellenistische Kunst in toto stellen könnte. Und war diese denn nicht auch Ausdruck des Versuchs, das Paradoxe und Chaotische wenigstens im Spiel zu bewältigen?

5. Hellenistische Politik

a) Das labile Gleichgewicht

Antiochos I.   Mit welchen Schwierigkeiten Antiochos I. zu kämpfen hatte, sein väterliches Erbe anzutreten, ist bereits skizziert worden. Nachdem er sich mit Ptolemaios II.
(279) und Antigonos Gonatas (278) arrangiert hatte, blieb ihm noch der Krieg
mit Nikomedes von Bithynien und den alliierten griechischen Städten Herakleia
am Pontos, Byzanz und Chalkedon (sogenannte Nord-Liga). Dieser wurde dadurch kompliziert, daß Nikomedes einige der keltischen Gruppen aus Thrakien
zum Übergang nach Kleinasien bewegen konnte. Diese – wir nennen sie nach ihrer griechischen Bezeichnung Galater – wurden zu einer schweren Belastung für
die dortigen Lebensumstände überhaupt. Sie ließen sich häufig als Söldner an-
heuern und lebten von marodierenden Raub- und Beutezügen, die vor allem die
unbefestigten Landgebiete trafen, damit aber auch das Leben der griechischen Poleis und der Tempelverbände schwer beeinträchtigten. Antiochos hat sie bekämpft und einen Sieg über sie errungen, in einer sogenannten Elefantenschlacht
(vielleicht schon um 275). Damit drängte er sie in das zentrale Anatolien ab, ohne
freilich damit das Galaterproblem langfristig lösen zu können. Schon Anfang der
60er Jahre gab es erneut schwere militärische Auseinandersetzungen mit ihnen.

Der 1. Syrische   Bei allen Schwierigkeiten in Kleinasien hatte Antiochos aber Ägypten nicht aus
Krieg   dem Auge verloren. Er hatte in dieser Zeit (zwischen ca. 278 und 275) seine Tochter Apama mit Magas verheiratet, den sein Stiefvater Ptolemaios I. zum Platzhalter in Kyrene gemacht hatte und der mit seinem Halbbruder Ptolemaios II. in ge-
spannten Beziehungen stand. Offenbar war eine Aktion gegen Ägypten geplant,
deren Koordination mißlang: Magas jedenfalls schlug los, als Antiochos noch in
Kleinasien aufgehalten wurde. So konnte Ptolemaios seinen isolierten Angriff ab-
wehren (275/74) und dann sofort seinerseits gegen den zum Krieg rüstenden Seleukiden in die Offensive gehen (1. Syrischer Krieg), mittels Raubüberfällen in
verschiedenen Gebieten, eines geschlossenen Vorstoßes nach Nordsyrien sowie
einer großen Flottenoperation, wohl ebenfalls an der Levanteküste (Frühsommer
274). Diese sehr ausgedehnte ‚Vorwärtsverteidigung‘ beantwortete Antiochos
nach starken Rüstungen im Winter 274/73 mit einem energischen Gegenangriff
zu Lande und zu Wasser, in dessen Verlauf Damaskus erobert wurde. Insgesamt
scheiterte dieser jedoch, womöglich weil in den westlichen Gebieten des Seleukidenreiches eine Epidemie ausbrach (wie sie jedenfalls 274/73 für Babylonien bezeugt ist). Der Krieg zog sich vielleicht bis etwa 271 hin, aber weitere Kampfhandlungen sind nicht bekannt. Immerhin hat wohl noch im Verlauf dieses Krieges eine ptolemäische Flotte im Schwarzen Meer operiert.

Am Ende ergab sich im wesentlichen eine Bestätigung des status quo ante.
Ägypten blieb also im Besitz von Koilesyrien und der Gebiete, die es in Klein-

asien und in der Ägäis unter seine Kontrolle gebracht hatte. Andererseits hatte sich Antiochos überall mit Nachdruck in sein väterliches Erbe hineingekämpft. Als Herrscher war er jetzt unumstritten. So wenig sich auch über den 1. Syrischen Krieg oder gar über die bei den Hauptakteuren jeweils maßgeblichen Motive ausmachen läßt, so deutlich sieht man, wie dicht Selbstbehauptung und Expansion zusammenlagen und wie wenig gefestigt die Situation war: Mindestens in Koilesyrien, also einem besonders reichen Teil der Levante, schwelte ein Dauerkonflikt zwischen Ptolemäern und Seleukiden.

Doch das war noch nicht alles. Von den Ptolemäern mit ihrem ‚Streubesitz‘ in der griechischen Welt und besonders ihrer Verankerung in der Ägäis (gestützt auf den Nesiotenbund im Gebiet der Kykladen) ging eine besondere Unruhe aus. In der Tradition seines Vaters gab sich Ptolemaios II. als Vorkämpfer der griechischen Freiheit: In einer vielleicht aus Anlaß des Ptolemäen-Festes zu Ehren seines vergöttlichten Vaters veranstalteten Prozession (279/78 oder 275/74), die jeden Rahmen sprengte und die überwältigende Macht und den verschwenderischen Reichtum des Königs der Welt präsentieren sollte, befanden sich auf einem Wagen mit Götterbildern auch Statuen von Alexander und Ptolemaios I. (begleitet übrigens von einer Allegorie der areté, der herrscherlichen Tüchtigkeit also) und neben diesen ein Standbild mit goldenem Kranz, das Korinth symbolisierte. Auf den Wagen folgten „reichgekleidete und geschmückte Frauen, die die Städte darstellten, die den Persern untertan gewesen waren, in Ionien und die übrigen Griechenstädte in Asien und auf den Inseln. Alle trugen sie goldene Kränze" [Athenaios 5, 201 de, übers. von U. und K. Treu].

Das war nicht bloß punktuelle Ostentation. Der Blick auf wichtige Dokumente der griechischen Politik, eine athenische Inschrift [IG II²686 = 2: III 476] und ein Beschluß des Hellenenbundes von Plataiai [806: Étienne/Piérart, 51ff.], zeigt Übereinstimmungen im Spezifischen und belegt eine klare Linie: Die Proklamation der griechischen Freiheit nimmt Bezug auf die Perserkriege und stellt sich damit in die Tradition des Panhellenismus. Sie dient dem Zweck, möglichst viele Griechen gegen einen neuen ‚Unterdrücker‘ zu mobilisieren, gegen Antigonos Gonatas, dessen wichtigste Position in Griechenland gerade Korinth war! Wie weit die Ziele Ptolemaios' II. reichten, muß offenbleiben. Eine deutlich offensive Komponente ist hier nicht zu verkennen. Wahrscheinlich hatte auch seine Schwester Arsinoe, die Witwe des Lysimachos, die nach ihrer Flucht vor Ptolemaios Keraunos (279) nach Alexandreia gegangen war und den Bruder geheiratet hatte – beide trugen deshalb den Beinamen Philadelphos („Bruder-" bzw. „Schwesterlieb") –, an der Formulierung dieser Politik nicht unerheblichen Anteil.

Antigonos Gonatas hatte nach dem Tod des Pyrrhos seine Position in Griechenland stabilisieren können. Sie stützte sich auf die direkte Kontrolle über Euboia, den athenischen Hafen Piräus sowie das Isthmos-Gebiet mit der makedonischen Garnison auf der Festung Akrokorinth. In wichtigen Städten der Peloponnes herrschten Tyrannen, die mit ihm eng verbunden waren oder wenigstens auf

Aspirationen der Ptolemäer

Chremonideischer Krieg

gutem Fuße standen. Spannungen gab es mit Sparta, wo der König Areus selber große Pläne hatte und sich ganz am Handeln und Auftreten hellenistischer Monarchen orientierte, und mit Athen, für das die makedonische Präsenz im Piräus unerträglich war. Hier fanden Ptolemaios' und Arsinoes Freiheitstöne Gehör. Deren Bündnis mit Areus schloß sich – neben einigen peloponnesischen Staaten – im Spätsommer 268 Athen an, mit einem ganz im Sinne der panhellenischen Freiheitsphraseologie von seinem führenden Politiker Chremonides formulierten Beschluß (daher Chremonideischer Krieg).

Die Kampfhandlungen in dem daraufhin ausbrechenden Krieg waren auf den Isthmos und vor allem auf Attika konzentriert. Dreimal versuchte Areus, die makedonische Position im Gebiet von Korinth zu erschüttern und damit Athen zu entlasten, bis er im Gefecht fiel (265). Ägypten hatte einen starken Flottenverband unter dem Admiral Patroklos geschickt und besetzte seinerseits verschiedene Stützpunkte an den Küsten Attikas. Nichts aber konnte den Würgegriff, in den Antigonos die Stadt Athen genommen hatte, effektiv lockern. Angesichts einer drohenden Hungersnot mußte Athen schließlich kapitulieren (262). Seine Lage verschlimmerte sich mit dem Friedensschluß, weil Antigonos seine Kontrolle nun auch noch in innerathenische Angelegenheiten hinein erstreckte.

Damit war auch die Politik des Ptolemaios Philadelphos gescheitert. Die Erfolglosigkeit seiner Truppen darf aber nicht als Indiz dafür gelten, daß er den Krieg nur halbherzig oder gar widerwillig geführt habe. Immerhin konnte ja trotz der nicht unbeträchtlichen Seemacht des Antigonos und seiner Kontrolle über den Piräus dank ptolemäischer Unterstützung die Versorgung Athens und der nichtmakedonischen Festungen lange gesichert werden. Ein wichtiger Faktor war auch die energische Kriegsführung des Antigonos, aber entscheidend war wohl der Umstand, daß der Freiheitsappell nicht wirklich griff. Es gab keinen effektiven panhellenischen Widerstand, aktiv waren nur die Poleis, welche ihrerseits genuine Konflikte mit Antigonos hatten, sozusagen die natürlichen Alliierten.

Im hochbedeutenden Apollonheiligtum auf Delos wurde das Jahr 261 ausdrücklich als Jahr des Friedens gefeiert. Der sollte freilich nicht lange anhalten. Im selben Jahr nämlich starb Antiochos I., und es hat allen Anschein, als habe Ptolemaios II. auch jetzt wieder, wie nach der Ermordung des Seleukos, die virtuelle Schwächung des anderen Reiches in der Phase der Thronfolge als Chance zum Eingreifen genommen und zugleich – wie sich aus der Lokalisierung wichtiger Kampfhandlungen ergibt – eine Gelegenheit gesucht, die negativen Wirkungen des Chremonideischen Krieges vergessen zu machen.

Der 2. Syrische Krieg   Dieser 2. Syrische Krieg (260/53) bleibt besonders mysteriös. Was sich auf dem südlichen (syrischen) Schauplatz abspielte, ist ganz ungewiß. Wir hören nur von vielen Kampfhandlungen und der Mobilisierung erheblicher Ressourcen (Porphyrios, FGrHist 260 F 43). Bezeichnend war aber wohl, daß ein – wenn nicht der – Schwerpunkt in Kleinasien lag, woraus sich auch ergibt, daß Ptolemaios II. die Initiative hatte: Wir finden spätestens um 260 seinen Sohn und Mitregenten in

Milet, in Kampfhandlungen verwickelt. Vor Ephesos brachte ihm die rhodische Flotte, mit Antiochos im Bunde, eine empfindliche Niederlage bei. Offensichtlich hatte seine großangelegte Offensive nicht nur den energischen Widerstand Antiochos' II. gefunden, sondern auch die Rhodier, an sich geradezu natürliche Alliierte der Ptolemäer, auf dessen Seite getrieben. Und nicht zuletzt hatte sie auch Antigonos Gonatas mobilisiert. Besonders das wurde fatal. Wahrscheinlich nach der Niederlage von Ephesos war der eigene Sohn von Ptolemaios abgefallen und kurz darauf von dem Söldnerführer Timarchos in Milet ermordet worden. So konnte Antigonos mit seiner Flotte bis zur Insel Kos vorstoßen und dort wahrscheinlich im Frühjahr 255 einen großen Sieg über das Aufgebot Ptolemaios' II. erzielen. Damit war die dominierende Position der Ptolemäer in der Ägäis zusammengebrochen. Im Heiligtum von Delos wurde dies durch Weihungen des Antigonos an markanten Punkten ad oculos demonstriert: Die glorreichen Zeiten antigonidischer Thalassokratie, da Demetrios als Poseidon gefeiert wurde, schienen wiedergekommen zu sein. Möglicherweise gab es zwischen Makedonien und Ägypten einen Separatfrieden. Antigonos konnte es sich jetzt gestatten, seinen Druck auf Athen zu lockern.

Der Krieg der Ptolemäer mit den Seleukiden wurde zwei Jahre später beendet. Der Friede war – zumal angesichts der ursprünglichen Absichten – für Ptolemaios II. wenig angenehm, vor allem weil seine Position im westlichen Kleinasien in Mitleidenschaft gezogen war. In Syrien dagegen gab es offensichtlich keine Verschiebung. Wichtig war, daß die Monarchen allem Anschein nach um einen ernsten Ausgleich bemüht waren. Es gab nämlich die erste dynastische Verbindung zwischen Seleukiden und Ptolemäern. Zur Besiegelung des Friedens verheiratete Ptolemaios II. seine Tochter Berenike mit Antiochos II., der sich von seiner Gattin Laodike trennte – womit der Frieden allerdings schon den Anlaß zum nächsten Krieg in sich barg!

Zunächst aber spitzten sich die Dinge im Konfliktfeld zwischen Ptolemaios und Antigonos um 250 wieder zu. Es war wohl bloßer Zufall, daß dies nicht in einen größeren Krieg ausmündete: Im Mai 251 hatte eine Handvoll Emigranten unter Führung des jungen Aratos ihre Heimatstadt Sikyon von einem Tyrannen befreit und diese – angesichts ihrer höchst prekären Situation – dem Achaiischen Bund angeschlossen, dessen antimakedonische Orientierung notorisch war. Das konnte für Antigonos nicht gleichgültig sein, da Sikyon nur wenige Kilometer von seiner Basis Korinth entfernt lag. Aratos konnte später eine erhebliche finanzielle Unterstützung in Alexandreia erwirken (Winter 250/49). Aber es kam noch schlimmer: Antigonos' Statthalter in Korinth war jahrzehntelang sein Halbbruder Krateros gewesen, Sohn des gleichnamigen Diadochen und der Phila, ein Mann von unerschütterlicher Loyalität. Nach seinem Tode übernahm sein Sohn Alexandros diese Position, fiel aber wenig später von Antigonos ab (250/49), trat in ein Bündnis mit den Achaiern und setzte sich auch in Euboia durch. Antigonos hatte fast auf einen Schlag seine griechische Herrschaft verloren. Dies nutzten die Ptolemäer, um ihre Position in der Ägäis zu restituieren.

Antigonos Gonatas und Ptolemaios II.

Andererseits wiederum ergriff Gonatas eine Gelegenheit, sich in die engere Einflußsphäre der Ptolemäer einzumischen. Magas und Ptolemaios II. hatten sich nach ihrem Krieg (s.o. S. 100) und einer Phase gespannter Beziehungen arrangiert und eine Eheverbindung ihrer Kinder, Berenike und Ptolemaios, des präsumtiven Nachfolgers auf dem ägyptischen Thron, vereinbart. Nach Magas' Tod (250) rief jedoch dessen Witwe Apama einen neuen Freier ins Land, Demetrios, genannt „der Schöne", einen Sohn des Demetrios Poliorketes aus seiner Ehe mit der Lagidin Ptolemais, einen Enkel mithin von Ptolemaios I., aber auch einen Halbbruder des Gonatas. Schwerlich hätte Ptolemaios die damit drohende antigonidische Dominanz in Kyrene toleriert – aber die Lage klärte sich rasch: Demetrios näherte sich seiner Schwiegermutter allzu sehr und wurde von Berenike getötet. Nach einer Phase relativer Unabhängigkeit kam Kyrene dann mit der Realisierung der geplanten Eheverbindung zwischen dieser und Ptolemaios III. (246) unter ägyptische Herrschaft. Solche Episoden zeigen, wie rasch im Milieu permanenter Ambitionen und wechselseitigen Belauerns, das für diese Epoche so charakteristisch ist, Konflikte aufflammen konnten – oder auch wieder erstickten, wie bereitwillig Möglichkeit geboten und genutzt wurden – aber auch wieder schwanden. Stets mußte man mit allem rechnen, und das nährte wiederum die Atmosphäre allgegenwärtiger Spannung.

Laodikekrieg (3. Syrischer Krieg)

Wie wenig stabil die prononcierte Einigung von 253 zwischen Seleukiden und Ptolemäern war, zeigte sich sofort mit dem Tode des Philadelphos (Januar 246), der wohl den ersten Anstoß zu einem weiteren ,Weltkrieg' der hellenistischen Reiche gab (3. Syrischer Krieg oder Laodikekrieg). Dessen Ausbruch ist auf Grund der verworrenen und widersprüchlichen Quellenlage für uns nur noch teilweise zu rekonstruieren. Unsere Hypothese beruht auf zwei Tatsachen: Zum einen sehen wir, wie Ptolemaios III. Euergetes im Sommer 246 die Kampfhandlungen wohlvorbereitet und auf verschiedenen Schauplätzen, im syrischen Zentrum des Seleukidenreiches wie in der nördlichen Ägäis, wo sein Halbbruder Ptolemaios Andromachou, ein Bastard Ptolemaios' II., operiert, mit raschen Schlägen beginnt. Zum anderen finden wir Antiochos II. bei seinem Tode (zwischen 30. Juli und 29. August 246) in Ephesos, wo sich auch seine ehemalige Frau Laodike aufhält, während seine zweite Gattin Berenike, die Schwester Ptolemaios' III., in der Hauptstadt Antiocheia am Orontes weilt. Die Erklärung dürfte darin liegen, daß beide Herrscher in der ersten Hälfte des Jahres unter dem Eindruck von Philadelphos' Tod zu einem Waffengang rüsteten, auf jeden Fall hat man dies für Ptolemaios anzunehmen. Antiochos II. mag darauf reagiert haben oder seinerseits sogar unter Ausnutzung des ägyptischen Thronwechsels zuerst die Initiative ergriffen haben. Kurzum, Krieg lag in der Luft. So wäre es auch plausibel, daß Antiochos II. sich wieder mit Laodike aussöhnte (und nicht unglaubhaft, daß diese ihn tötete). Wie dem auch sei, er starb in Ephesos, und sogleich übernahm Laodike die Regie, so nachhaltig, daß schon die Zeitgenossen den Krieg nach ihr benannten: Sie ließ ihren ältesten Sohn von Antiochos II., Seleukos, zum König ausrufen und sorgte für die Ermordung von Berenike und deren Sohn.

Ptolemaios III. reagierte prompt, zum Schutze seiner Schwester und seines Neffen, nur zu prompt, denn er war sofort in verschiedensten Gebieten präsent und verriet damit, daß er schon ,auf dem Sprung' gewesen war: Die Verbindung zwischen Syrien und Kleinasien wurde unterbrochen, triumphierend zog der König selber in Seleukeia und in Antiocheia ein, so schnell, daß er mit der Fiktion arbeiten konnte, seine Schwester lebe noch. Von dort startete er zu einem großen Feldzug in Richtung auf Mesopotamien. Gleichzeitig kam Ephesos durch eine Schwenkung des seleukidischen Statthalters Sophron in seinen Besitz und konnte sein Halbbruder Ptolemaios Andromachou an der thrakischen Küste offensiv werden und die Position in der Ägäis ausbauen. Jetzt endlich schienen alte ptolemäische Träume wahr zu werden. Spätestens mit der Flottenoperation in der Ägäis war auch Antigonos Gonatas gefragt, dessen Position allerdings durch den Abfall des Alexandros und den Konflikt mit Achaia geschwächt war. Wieder tat der Zufall sein Werk: Alexandros starb (wohl 245) und Gonatas brachte mit Hilfe eines Tricks Akrokorinth wieder an sich. Nun konnte er auch der ptolemäischen Flotte entgegentreten, und das war höchste Zeit. Vor einer seiner wichtigsten Seebasen, der Insel Andros, erfocht er einen Sieg über Ptolemaios Andromachou.

Auch auf dem asiatischen Kriegsschauplatz hatten sich die Dinge für Ptolemaios III. nicht so positiv entwickelt. Wie weit er vordringen konnte, ist nicht mit Sicherheit zu klären. Immerhin scheint er wenigstens bis in das südliche Mesopotamien, also in das andere Zentrum des Seleukidenreiches, gelangt zu sein. Auf Grund von Aufständen in der Heimat sah er sich allerdings zur Rückkehr genötigt. In den folgenden Jahren schleppte sich der Krieg hin. Von konkreten Kampfhandlungen ist uns wenig Näheres bekannt. Seleukos II. kämpfte energisch und erfolgreich in Kleinasien und Syrien, freilich um den Preis erheblicher Konzessionen an seinen Bruder Antiochos (mit dem Beinamen Hierax, der „Habicht"), den er als Mitregenten und Gouverneur von Anatolien anerkennen mußte. In Griechenland unterstützte Euergetes die Gegner des Antigonos, denen 243 mit dem Handstreich auf Akrokorinth und dem Beitritt Korinths in den Achaiischen Bund ein großer Erfolg gelungen war. Dieser schloß jetzt ein offizielles Bündnis mit Ptolemaios III. und wählte ihn zu seinem „Hegemon zu Land und zu Wasser". Das war zwar mehr nominell als effektiv, aber die ptolemäischen Subsidien trugen mit dazu bei, daß Gonatas in Griechenland ,gefesselt' blieb.

241 schlossen Seleukos II. und Euergetes Frieden. Trotz mancher Rückschläge und mancher Abstriche angesichts möglicher Pläne und Anfangserfolge war die ägyptische Monarchie der eigentliche Sieger. Deutliches Zeichen dafür war, daß sie die Kontrolle über Seleukeia in Pierien, eine der seleukidischen Hauptstädte und deren wichtigster Hafenplatz in Syrien, behielt. So zog sich die Sphäre ptolemäischer Suprematie – mit wenigen Lücken – die gesamte Ostküste des Mittelmeeres entlang, besonders an der Levante und im westlichen Kleinasien. Wenn man zudem an die neugefestigte Herrschaft über Kyrene denkt und an die Bündnisse mit bzw. die guten Beziehungen zu Achaia, Sparta oder Rhodos, so erscheint das östliche Mittelmeerbecken fast als ein mare clausum der Ptolemäer.

Primat der Ptolemäer

Schwächung der   Begünstigt wurde dieser ptolemäische Primat durch beträchtliche innere
Seleukiden Schwierigkeiten der Seleukiden. Der schon lange schwelende Konflikt zwischen
den beiden Söhnen der Laodike, Seleukos II. und Antiochos Hierax, entwickelte
sich bald nach dem Frieden von 241 zu einem echten Bruderkrieg (ca. 240/38
oder nach 235). In dessen Verlauf konnte sich Hierax nach einem Sieg bei Ankara
(239 oder 235) völlig vom Bruder freimachen und über ein eigenes Reich in Kleinasien herrschen, zu dem neben etlichen Städten vor allem die Troas, das hellespontische Phrygien wie Großphrygien, Lydien und große Teile Kariens gehörten. Lediglich der Herrscher von Pergamon, Attalos, ein Nachkomme jenes Philetairos, der den wichtigen Platz in Mysien nebst dem dort stationierten Schatz Seleukos I. übergeben hatte, konnte sich gegen ihn und seine stark aus Galatern re-
krutierte Armee behaupten. Anfang der 20er Jahre nötigte der Pergamener, der
nach einem großen Sieg über die Galater (ca. 238) den Königstitel angenommen
hatte, den Hierax zur Flucht aus Kleinasien. Nach einem vergeblichen Versuch,
in Mesopotamien Fuß zu fassen, hat Antiochos dann in Thrakien Zuflucht gesucht, wo er 226 starb. Kleinasien jedoch war zunächst für das Seleukidenreich
weitgehend verloren.

Nicht minder bedenklich war die Entwicklung im Osten. Schon vorher hatten
sich dort Statthalter selbständig gemacht, so Andragoras, der Satrap von Parthien
während des Laodikekrieges. Auch im Nordosten des Reiches, in Baktrien und
Sogdien, regten sich zentrifugale Tendenzen: Dort war man angesichts der Streif-
züge von Reiternomaden an einer effektiven und wohlorganisierten Verteidigung
vital interessiert. Da das Gebiet für die seleukidische Reichspolitik ganz am Rande lag, kamen solche Sicherheitsinteressen der iranischen und zum Teil auch griechischen Bevölkerung dem Macht- und Selbständigkeitsgefühl von Statthaltern
entgegen. Als während der Spannungen zwischen Seleukos II. und seinem Bruder im Jahre 239/38 der Reiterstamm der Parner in das Gebiet des Andragoras ein-
fiel, waren die Verbindungen zwischen der Zentrale und dem Nordosten des Reiches gekappt. Der Satrap von Baktrien, Diodotos, machte sich völlig selbständig
und nahm den Königstitel an. Es entwickelte sich ein gräko-baktrisches Reich.
Auch die Parner begannen sich als Parther entsprechend zu etablieren, zumal
nachdem es Seleukos II. auch in einer großen Offensive (um 230) nicht gelungen
war, sie zu vertreiben.

Zurückhaltung   Von dieser Seite also hatte Ptolemaios III. nichts zu befürchten, und so konsta-
der ägyptischen tieren wir im südöstlichen Mittelmeergebiet eine relative Stabilität. Überhaupt
Politik war die ptolemäische Politik zurückhaltender geworden. Versuche, die Schwäche
der Gegner aggressiv zu nutzen, finden sich nicht mehr. Endlich schien in das
Staatensystem ein Stück Beständigkeit, ja Normalität einzukehren. Liegt darin
die Besonnenheit eines Herrschers, der nach feurigem Anfang ein weiser Staats-
mann geworden war? Waren die Ressourcen des Landes zu sehr strapaziert worden? Nahm man die Aufstände, die die Erfolge im Laodikekrieg zunichtege-
macht hatten, als Indiz für einen größeren Widerstandswillen insbesondere der
einheimischen Bevölkerung ernst? Unser Material läßt keine eindeutige Antwort

zu. Aber angesichts des nach wie vor imposanten und imposant präsentierten Reichtums von Ägypten hat es den Anschein, als wäre die neue Politik Ergebnis einer bewußten Entscheidung gewesen.

Die ägyptische Zurückhaltung war allerdings alles andere als splendid isolation. Überall mischte man kräftig mit, aber weniger militärisch-direkt als vielmehr diplomatisch-politisch, d.h. in erster Linie durch sinnvoll eingesetzte Geldzahlungen, nicht anders, als es die persische Diplomatie im ausgehenden 5. und im 4. Jahrhundert praktiziert hatte. Schon Ptolemaios II. hatte in seinen letzten Jahren gegenüber den Antigoniden so operiert. Und später ist in diesem Rahmen vor allem die nachhaltige Unterstützung der Aitoler in der Zeit des Antigonos Doson (229-221) zu erwähnen. Selbst die große Flottenoperation, die diesen unter Ausnutzung der Destabilisierung der Seleukidenherrschaft in Kleinasien nach Karien führte, ein Gebiet, wo die Ptolemäer selbst Besitzungen und Interessen hatten, änderte nichts Wesentliches an der ptolemäischen Reserviertheit. Einen gewissen Höhepunkt in dieser Hinsicht bildete – gerade im Kontrast zur Zeit vor 241 – die Zurückhaltung der ägyptischen Politik angesichts der Thronwechsel bei Seleukiden (223) und Antigoniden (221) am Ende der 20er Jahre, die für die jungen Herrscher in beiden Reichen zunächst einige Schwierigkeiten brachten.

Gab es also im Südostbecken des Mittelmeeres und an den dortigen Küsten eine gewisse – freilich, wie sich bald zeigen sollte, befristete – Ruhephase, so wurde in der Zeit nach dem Laodikekrieg das griechische Mutterland um so mehr – und noch mehr als zuvor – heimgesucht. Eine Kette von Kriegen ließ das Land kaum zum Atmen kommen und hat es tiefgreifend verwandelt und langfristig, ja dauerhaft in seiner Substanz, demographisch wie ökonomisch, deformiert. Der Demetrioskrieg (ab 239-229) ging gleichsam nahtlos in den Kleomeneskrieg (229/8-222) über, auf diesen folgten der Bundesgenossenkrieg (220-217), der 1. und der 2. Makedonische Krieg (215-205 bzw. 200-196), der Antiochoskrieg (192-188) und schließlich der Perseus- oder 3. Makedonische Krieg (171-168). Dieses waren Auseinandersetzungen von allgemeiner Bedeutung, dazu traten, in der Regel mit ihnen verquickt, in großer Fülle lokale Konflikte und Waffengänge, Raubzüge und Fehden. Zwar waren die Zeiten der ‚klassischen‘ Militäraufgebote vorbei. Mehr Gewicht hatten jetzt Berufsarmeen von Söldnern (wobei sich manche Staaten gleichsam auch selbst beschäftigten), aber erhebliche Schäden und Verluste bis in die Zivilbevölkerung hinein, von denen kein Gebiet verschont wurde, gab es auch so, da gezielt geplündert, marodiert und die Ernte vernichtet wurde. Von manchem der Kriege wissen wir kaum mehr als das Faktum selbst und einige zentrale Ereignisse, aber wie die Kriegsführung im Detail aussah, mag man etwa bei Polybios, dem ungefähr ab dieser Zeit kontinuierlich berichtenden und in vielen Partien erhaltenen Historiker, nachlesen und kann sich dann die fehlenden Details gut vorstellen.

Die Kriege waren zunächst geprägt von der Konfliktkonstellation zwischen dem traditionellen antigonidisch-makedonischen Imperialismus, der seit Philipp II. auch und gerade die Suprematie über Griechenland verfocht, und dem gegen

Kriege in Griechenland

Konflikte zwischen Makedonien und griechischen Mächten

diesen gerichteten Widerstand verschiedener griechischer Staaten, unter denen sich neben den schon genannten Achaiern und Spartanern immer mehr die Aitoler hervortraten. Diese hatten schon im 4. Jahrhundert einen Bundesstaat (Koinón) gebildet. Als einzige unter den Griechen im Mutterland hatten sie es nach Alexander geschafft, ihre Unabhängigkeit von den Makedonen auch angesichts energischer Angriffe von deren Seite zu wahren. Schnell hatten sie eine dominierende Stellung in Mittelgriechenland gewonnen und bei der Abwehr des keltischen Raubzuges auf das Heiligtum von Delphi großes Prestige erworben. Sie dominierten dieses religiöse Zentrum und dehnten sich immer weiter in östlicher und nordöstlicher Richtung aus. Dabei erlaubte es ihre Bundesorganisation, andere Städte und Bünde nicht bloß zu annektieren, sondern teilweise zu integrieren. Durch diese Expansion erreichten sie schon rund 10 Jahre nach der Abwehr der Kelten den Malischen Golf, waren also in der Lage, alle Landverbindungen zwischen Nord- und Mittelgriechenland zu kontrollieren.

Ihre Beziehungen zur antigonidischen Monarchie kamen über den Status gespannter Neutralität nicht recht hinaus. Erst in ihrem Konflikt mit dem Achaiischen Bund in den 40er Jahren, nach ihrem Sieg über die Boioter (245) und Aratos' Handstreich auf Korinth, schloß Gonatas mit ihnen einen ganz von militärischem Interesse bestimmten Vertrag, der eine Teilung des Achaiischen Bundes vorsah. Doch schon rund drei Jahre später (241/40) gab es Frieden zwischen Aitolien und Achaia, aus dem sogar nach dem Tode des Antigonos Gonatas (wohl Frühjahr 239) ein Bündnis wurde.

Demetrioskrieg   Dieses richtete sich gegen Demetrios II., den Sohn des Antigonos, der durch seine Verbindung mit Epirus und damit mit Akarnanien für die Aitoler besonders gefährlich war. Von dem nun folgenden Demetrioskrieg ist ziemlich wenig bekannt, einen echten Sieger gab es nicht. Immerhin konnte sich der Achaiische Bund durch den Anschluß von Megalopolis weit nach Süden ausdehnen, übernahm damit aber auch das schwere Erbe der traditionell antispartanischen Ausrichtung dieses Staates. Der Krieg war noch gar nicht zu Ende, als der König nach schweren und insgesamt erfolglosen Kämpfen gegen den illyrischen Stamm der Dardaner starb (229). Sein Sohn Philipp V. war gerade neun Jahre alt. Und rasch geriet das Reich vollends in eine Situation, die an die Anfänge Philipps II. erinnerte. Die Athener befreiten sich von der Besatzung im Piräus, und die Argolis ging vollständig an den Achaiischen Bund, während die Aitoler fast ganz Thessalien besetzten. Für den jungen Philipp führte die Regierungsgeschäfte ein Sohn des Demetrios des Schönen, Antigonos Doson. Dieser stellte sehr schnell in Thessalien und Mittelgriechenland die alte Situation wieder her. 228 konnte er sogar gegen die Aitoler in die Offensive gehen und mit ihnen Frieden schließen.

Rom und Illyrien   Genau in dieser Zeit makedonischer Schwäche und Regeneration war aber eine neue Macht, dem Anschein nach nur punktuell-momentan, dafür aber um so nachdrücklicher, auf der Balkanhalbinsel erschienen, die letztlich alles verändern sollte, die Römer. Schon lange hatten die illyrischen Stämme durch Kaperfahrten entlang der östlichen Adria den Handel zwischen Griechenland und Unteritalien, also auch mit Roms Verbündeten, empfindlich gestört. Nun hatte Demetrios II. sogar einen dieser Stämme, die Ardiaier unter ihrem König Agron, für seine Zwecke mobilisiert. Daraus entwickelte sich ein lebhafter Expansionismus, fortgesetzt unter dessen Witwe Teuta. Die Griechen, auch die Allianz von Aitolischem und Achaiischem Bund, konnten sich gegen die schnellen, kleinen Kaperschiffe (lemboi) der Illyrer nicht effektiv wehren. Korkyra mußte eine illyrische Besatzung aufnehmen, Epidamnos wurde belagert: Ein neues Machtzentrum baute sich auf, welches die Verbindungen in der südlichen Adria kontrollierte. Jetzt intervenierte Rom und drängte die Illyrer in einem kurzen Krieg (229/28, 1. Illyrischer Krieg) zurück. Es nahm Korkyra, Apollonia und Epidamnos, die wichtigsten Hafenplätze der südöstlichen Adria, sowie umliegende Stämme in seinen Schutz, ohne daß dies vertraglich formalisiert wurde oder zu einer festen römischen Etablierung führte.

Nach seinem karischen Unternehmen (227, s.o. S. 107) eröffnete sich dem Antigonos Doson in Griechenland eine faszinierende Perspektive angesichts wachsender Schwierigkeiten der Achaier mit dem spartanischen König (seit 235) Kleomenes III. (Kleomeneskrieg 229/28-222): Dieser war ganz durchdrungen von der Idee, als hellenistischer König Spartas alte Stärke und die unbedingte Hegemonie wenigstens auf der Peloponnes wiederherzustellen. Zu diesem Zweck sollten auch die alten Zustände spartiatischer Gleichheit und militärischer Zucht restituiert werden. So kam es in Sparta zu Umsturz und Bodenreform (Winter 227/28). Neue Spartiaten zogen in den Krieg, makedonisch gedrillt und unter Führung eines hellenistischen Monarchen. Immer bedrohlicher wurde es für die Achaier. Eine historische Wende bahnte sich an, eingeleitet schon durch Geheimverhandlungen im Winter 227/26: Nachdem sie ihre Subsidien aus Ägypten zugunsten des Kleomenes verloren (225) und eine Serie von Rückschlägen gegen diesen im Frühjahr 224 erlitten hatten, schlossen sie ein Bündnis mit Antigonos, das deutlich von diesem dominiert war. Wenig später saß auf Akrokorinth wieder eine makedonische Besatzung, und nach erfolgreichen Kämpfen gegen Kleomenes konnte Doson sogar alle mit ihm verbündeten Staaten, es waren bezeichnenderweise alles Bundesstaaten (die Achaier, Epiroten, die kurz zuvor ihre Monarchie beseitigt hatten, Phoker, Boioter, Akarnanen, Thessaler), zu einem Bund unter seiner Hegemonie vereinigen, einer Neuauflage des Hellenenbundes seines Urgroßvaters Antigonos und seines Großvaters Demetrios vom Jahre 302.

Gestützt auf diesen gelang ihm im Jahre 222 bei Sellasia im nördlichen Lakonien ein vernichtender Sieg über das spartanische Aufgebot. Seit Alexanders des Großen Zeiten war die makedonische Herrschaft in Griechenland nicht mehr so eindeutig. Zwar starb Doson im folgenden Jahr, nachdem er einen schweren illyrischen Einfall abgewehrt hatte, auch waren die Anfänge seines Nachfolgers Philipps V. von Streitigkeiten in der Führungsschicht überschattet, doch konnte dieser sehr rasch dort weitermachen, wo Doson stehengeblieben war.

Der Hellenenbund hatte seine Spitze ja nicht nur gegen Sparta gerichtet, sondern auch – sofern etwa Akarnanen und Epiroten ihm angehörten – gegen die Ai-

Der Kleomeneskrieg und die makedonisch-achaiische Allianz

Dosons Hellenenbund und die Schlacht von Sellasia

Bundegenossenkrieg

toler. Diese ihrerseits waren nicht die Leute, sich dadurch wesentlich einschüchtern zu lassen. Gerade Ende der 20er Jahre wurde ihr Druck auf die westliche Peloponnes, insbesondere in Messene, stärker, über Angriffe und Plündereien von ihrer Seite hatten viele zu klagen. So erklärte der Bundesrat des Hellenenbundes in Korinth unter dem Vorsitz Philipps den Aitolern den Krieg (220, Bundesgenossenkrieg). Dieser brachte die Aitoler in erhebliche Bedrängnis, namentlich Philipps überraschender Raubzug gegen ihr zentrales Bundesheiligtum in Thermos (218) machte großen Eindruck und erwarb als Racheaktion für aitolische Plünderungen und Zerstörungen im epirotischen Dodona und im makedonischen Dion dem jungen König durchaus Ansehen. Im August 217 schloß man Frieden (in Naupaktos) auf der Basis des status quo. Philipp und der Bund waren die Sieger: Weithin war die Peloponnes unter ihrer Kontrolle, die Aitoler hatten in ihren Randgebieten wichtige Plätze verloren, in denen jetzt zum Teil makedonische Besatzungen lagen.

Philipp V.
in Illyrien Wenige Wochen vor Abschluß des Friedens (wohl im Juli) hatte Philipp von der schweren Niederlage Roms am Trasimenischen See gegen Hannibal erfahren. Gerne hat man deshalb später die Meinung vertreten, daß Philipp den Krieg mit den Aitolern rasch (zu rasch) beendet habe, um sich wie ein zweiter Pyrrhos, als Vorkämpfer aller Griechen gegen die Barbaren aus dem Westen, auf die Römer zu stürzen und letztendlich die Weltherrschaft zu gewinnen. Man hat in unseren Quellen Politikern, dem Illyrer Demetrios von der Insel Pharos [Polybios 5,101,6ff.] und dem Aitoler Agelaos [5,104,6f.] solche Gedanken und Appelle in den Mund gelegt. Sie werden dadurch aber nicht weniger anachronistisch, als sie sind. Sie passen vor allem nicht zu den für Philipp überlieferten Handlungen und dem, was sich vernünftigerweise aus ihnen schließen läßt. Sicher war Philipp alles andere als zurückhaltend, konnte sich dies als König auch schwerlich erlauben. Ferner mochte Pyrrhos ein attraktives Beispiel abgeben, und zu übergroßem Respekt vor den Römern war kein Anlaß. Aber gleich die Weltherrschaft? Da müßte man in Philipp einen Phantasten sehen. Überdies muß ihm ja nur zu klar gewesen sein, daß man dann auch noch in andere Richtungen zu sehen hatte, in solche zumal, in die ihn die Traditionen seines Hauses verwiesen. Aber die römische Schwäche zu nutzen, dabei einem Freund und Alliierten zu helfen, die Grenzen des eigenen Reiches und Interessengebietes weiter in Richtung Adria auszudehnen und die Fremden nachdrücklich auf Italien zu verweisen – das mochte angehen. Und in diesem Sinn lassen sich Philipps Maßnahmen auch deuten. Die Römer hatten im Jahr 219 Demetrios von Pharos, der schon unter Doson mit Makedonien verbündet war, besiegt und vertrieben, nachdem er immer wieder gegen die Bestimmungen des römisch-illyrischen Friedensvertrages verstoßen hatte (2. Illyrischer Krieg). Er hatte bei Philipp Zuflucht gefunden und gehörte zu dessen engsten Beratern. So griff Philipp nach erfolgreichen Kämpfen im illyrischen Gebiet nordwestlich und westlich seines Reiches im Jahre 216 mit zuvor neu gebauten hundert Schnellbooten illyrischen Typs das im Schutz Roms stehende Apollonia an, wurde jedoch durch einen römischen Entlastungsangriff zum Rückzug genötigt.

Etwa gleichzeitig hatte Rom das Desaster von Cannae erlebt (August 216). So nahm Philipp Verhandlungen mit Hannibal auf, die zu einem Bündnis zwischen den Karthagern und ihren Alliierten in Italien sowie Philipp und dem Hellenenbund führten (Sommer 215). Auch dieses Abkommen zeigt noch einmal, daß es Philipp nur darum ging, die Römer von der Ostseite der Adria zu verdrängen bzw. aus der griechischen Politik herauszuhalten. Die Römer antworteten mit der Kriegserklärung an ihn und seine Verbündeten (215, 1. Makedonischer Krieg). *Der 1. Makedonische Krieg*

Der Krieg verlief zunächst ohne größere Schwenkungen. Die Römer konnten mit relativ einfachen Mitteln dank ihrer Flotte von wenigen, aber schweren Einheiten verhindern, daß sich Philipp in ihrem Einflußgebiet um Apollonia durchsetzen konnte. Zudem war der König zwischen 215 und 213 in Auseinandersetzungen in und um Messene verwickelt. Danach spitzte sich die Lage zu, weil Philipp vom Lande aus das Gebiet der Freunde Roms zunehmend einschränkte und schließlich (wohl 213) den wichtigen illyrischen Hafenplatz Lissos erobern konnte. Dort begann er den Bau einer großen Adria-Flotte.

Wohl primär unter dem Eindruck dieses Unternehmens schloß Rom einen Bündnisvertrag mit den Aitolern (Herbst 212), der sehr konkret auf den militärischen Zweck festgeschrieben war, vor allem die Teilung von Beute und gewonnenen Gebieten regelte, aber auch festlegte, daß keiner der Beteiligten einen Separatfrieden schließen dürfe. Anderen, mit Aitolien und Rom sympathisierenden oder verbündeten Staaten sollte der Beitritt zu dem Vertrag möglich sein; genannt waren Elis und Sparta, König Attalos von Pergamon sowie zwei illyrische Fürsten. In den folgenden Jahren mußte Philipp vor allem dank der maritimen Überlegenheit der Gegner – zu der römischen Flotte waren die Schiffe des Attalos gekommen, die vor allem in der westlichen Ägäis operierten – Rückschläge einstecken, dazu kamen schwere Verluste bei einem Angriff der Dardaner (209). Im Jahre 208 wendete sich das Blatt. Prusias von Bithynien, mit Philipp im Bunde, fiel in Pergamon ein. Attalos mußte sich zurückziehen. Philipp verbesserte seine Position auf der Peloponnes und konnte nach der Eroberung von Ambrakia (207) direkte Plünderungszüge nach Aitolien unternehmen (207/206). Angesichts insgesamt nicht ausreichender römischer Hilfe schlossen die Aitoler mit ihm Frieden (206). Bereits im nächsten Jahr kam es auch zu einem Friedensvertrag zwischen Philipp und Rom, der beiden den status quo bestätigte, also den Römern ihr – geringfügig verkleinertes – Schutzgebiet um Apollonia und Epidamnos, Philipp seine Landverbindung in den Raum von Lissos. Mit aufgenommen in den Frieden wurden die jeweiligen Alliierten, auf Philipps Seite die Mitglieder des Hellenenbundes und Prusias von Bithynien, bei den Römern Attalos und der Illyrer Pleuratos, dazu Sparta, Elis und Messene.

Dieser Frieden von Phoinike (205) barg einigen Zündstoff. Philipp hatte sein eigentliches Ziel, die Verdrängung der Römer vom Balkan, nicht erreicht. Da er nun direkt an ihre Einflußzone grenzte, war das Konfliktpotential groß. Die Römer hatten den Friedensschluß wie schon die Kriegsführung zuvor einer anderen *Friede von Phoinike*

Priorität, der Auseinandersetzung mit Hannibal, nachgeordnet. Sie rüsteten dort zum entscheidenden Schlag. Wenn der gelungen war und sie die Hände frei hatten, würden sie dann vergessen haben, wer sich in einer der schwärzesten Stunden ihrer Geschichte mit ihrem schlimmsten Feind zusammengetan hatte?

Während im Westen Wolken über Griechenland heraufzogen, hatten sich auch im Osten entscheidende Veränderungen angebahnt. Nur kurz vor Philipp V. hatte im Jahre 223 ein ebenfalls noch sehr junger, gerade allenfalls 20jähriger Mann, Antiochos III., die Herrschaft im Seleukidenreich angetreten. Dessen älterer Bruder, Seleukos III., war nach nur rund dreijähriger Regierungszeit auf einem großen Feldzug, der endlich die seleukidische Machtposition in Kleinasien gegen Attalos wiederherstellen sollte, jenseits des Tauros ermordet worden. Sein Verwandter (vielleicht Vetter) Achaios, der sofort die Initiative übernahm, die Mörder bestrafte und für Ordnung sorgte, schlug das ihm angetragene Diadem aus.

Antiochos III. und der 4. Syrische Krieg

Dennoch waren die Anfänge des Antiochos extrem schwierig. Schon ein Jahr später lehnte sich Molon, sein Gouverneur für die oberen Satrapien, in Medien auf. Nachdem dieser Anfang 220 besiegt worden war, ließ sich nur wenig später Achaios doch zum König ausrufen. Seine Truppen folgten ihm freilich nicht gegen den angestammten Herrscher, so konzentrierte er sich auf Kleinasien. Antiochos selbst ignorierte dies zunächst und begann im Jahre 219 einen großangelegten Feldzug gegen Ägypten (4. Syrischer Krieg) zur Rückeroberung – so seine Sichtweise – des südlichen Syrien, welches seinem Ahnherren Seleukos zugestanden habe und von Ptolemaios nach Ipsos widerrechtlich besetzt worden sei. Gleich am Anfang gewann er Seleukeia in Pierien zurück (Frühjahr 219). Der ägyptische Hof, wo der schon zur Zeit des Euergetes einflußreiche Berater Sosibios die Politik des Königs Ptolemaios IV. Philopator weitgehend lenkte, führte den Krieg zunächst hinhaltend, unternahm jedoch energische Rüstungs- und Mobilisierungsanstrengungen. In erheblich größerer Zahl wurden jetzt auch Ägypter (die sog. machimoi = Kampffähige) ausgehoben und militärisch nach makedonischer Art trainiert. Bei Raphia (südwestlich von Gaza) kam es zur Entscheidungsschlacht (23. Juni 217), an der beide Könige persönlich teilnahmen. Nach zunächst durchaus nicht ungünstigem Verlauf mußte Antiochos schließlich eine Niederlage hinnehmen. Ptolemaios IV. stieß nach Norden vor. Bald einigte man sich auf einen Frieden, im wesentlichen auf der Basis des status quo ante, wobei möglicherweise Antiochos sogar noch einen nicht unwichtigen – und angesichts des Kriegsverlaufes auch auffälligen – Vorteil genoß. Er blieb wahrscheinlich im Besitz von Seleukeia. Spätestens hier wird definitiv greifbar, daß die ptolemäische Politik einen deutlich defensiven Zug angenommen hatte.

Restituierung des Seleukidenreiches

Nun hatte Antiochos die Hände frei für die nächstliegende Aufgabe, die er auch sogleich in Angriff nahm: die Beseitigung des Usurpators Achaios. Innerhalb von drei Jahren (216-213) gelang dieses. Die seleukidische Herrschaft in Kleinasien war wieder zur Geltung gebracht, freilich in verschiedener Hinsicht sehr eingegrenzt: Die Königreiche von Kappadokien, Pontos, Bithynien und Pergamon im zentralen, nördlichen und nordwestlichen Anatolien mußten respektiert werden. Vor allem blieb die Küste dem seleukidischen Einfluß weitestgehend versperrt. Hier zeigte sich nach wie vor ptolemäische Dominanz (im Süden und Westen), teilweise auch rhodische und antigonidische (im karischen Raum).

Die Richtung, die Antiochos nun einschlug, war besonders kennzeichnend. Bisher schien ihm vieles gleichsam vorgeschrieben gewesen zu sein: Der Kampf um Koilesyrien hatte schon im Konzept seines ersten Beraters, Hermeias, gelegen, der gegen Achaios hatte sich von selbst aufgedrängt. Doch in der Vertretung seines Rechtsstandpunktes gegenüber den Ptolemäern hatte er bereits gezeigt, wie extensiv er seine Ansprüche auslegte. Dieser Gedanke leitete ihn jetzt weiter: die Wiederherstellung des väterlichen Reiches in seinem vollen Umfang, in der Maximallösung.

Zunächst nahm er die Revision der Zustände im Osten des Reiches in Angriff. In einem nahezu sieben Jahre währenden Unternehmen (212-205), in Kampagnen in Armenien (212), gegen die Parther (209), in Baktrien (208-206) und östlich des Hindukusch (206) brachte er tatsächlich das Reich in dem Umfang unter seine Kontrolle, den es unter seinem Begründer Seleukos gehabt hatte – freilich bei genauem Hinsehen mit bezeichnendem Unterschied. Da es ihm, insbesondere in Parthien und in Baktrien, nicht gelang, den Widerstand effektiv zu brechen, begnügte er sich mit einer eher diplomatischen Lösung, wie sie ähnlich immerhin schon Alexander und sein Ahnherr Seleukos für Indien gewählt hatten: Die betreffenden Herrscher, der Partherkönig Arsakes II. und König Euthydemos von Baktrien, wurden in ihrer Würde bestätigt, hatten jedoch die Oberhoheit des Seleukiden formell anzuerkennen. Ebenso verfuhr Antiochos auch in Randgebieten (Atropatene, Armenien und schließlich in Gandhara gegenüber dem Maurya-Fürsten Sophagasenos). Dieses pragmatische Souveränitätskonzept ist womöglich auch von orientalischen Vorbildern mitgeprägt worden. Jedenfalls taucht die dazu passende Titulierung des Königs als Großkönig (megas basileus) jetzt vereinzelt auch in der griechischen Titulatur auf. Überhaupt nannte man Antiochos bald „den Großen". Und darin lag ja schließlich auch das Entscheidende: in der Wirkung auf die Welt. Er hatte, dem Seleukos und vor allem dem Alexander gleich, einen „Hinaufmarsch", eine „Anabasis" hinter sich gebracht. Wer ihm im weiten Osten auf welche Weise gehuldigt hatte, danach fragte keiner. Hier hatte nicht nur ein Herrscher sein Reich wieder zusammengefügt, hier hatte sich ein Held auf die Stufe der Heroen gestellt, ein Alexander redivivus. So ging es zu, wenn ein hellenistischer Herrscher sein Reich mehrte!

Mit derartigem Ruhm beladen und in seinen Plänen sicherlich nicht zurückhaltender geworden, kehrte Antiochos etwa zu der Zeit aus Ostiran zurück, als im fernen Westen ein Friede geschlossen wurde, an dem manches offen war, und ein anderer Herrscher, der mit kaum minderer Energie die Position seiner Dynastie in Griechenland glänzend gefestigt hatte, seine Hände vom Duell mit einem unbequemen Gegner freigemacht hatte. Es waren zwei besonders charakteristische Repräsentanten des politischen Hellenismus, unter denen die große Wende eintrat.

b) Die Niederlagen gegen Rom (205-168)

Charakter der
Politik bei
Griechen und
Römern

Die Epoche, in der die hellenistische Welt definitiv unter die römische Herrschaft fiel, ist für ein zentrales historisches Phänomen ein geradezu klassisches Beispiel. Dinge entwickelten sich in immer wieder konkreten Entscheidungssituationen geradezu im Sinne eines eigenständigen Prozesses: Jeder gehorchte bestimmten Zielen und Interessen; aber was schließlich herauskam, hatte – auch wenn es auf den ersten Blick so aussieht und zumal aus der Retrospektive einleuchtet – so niemand gewollt oder gar gezielt angestrebt, am wenigsten wohl die, welche den Sieg davontrugen. Die Römer operierten mit einer Zurückhaltung und Scheu vor direkter Involvierung, die man sogar als „Apathie" bezeichnen konnte [858: GRUEN, 401]. Dem standen auf seiten der hellenistischen Monarchen und der Führungszirkel griechischer Staaten umtriebiger Aktionismus und offensive Interessenpolitik gegenüber, wie sie für die Zeit vorher so charakteristisch waren.

Dennoch war das Ergebnis kein Zufall. Die römische Politik hatte immer klare ‚Essentials', hinter die sie nicht zurückging. Machtkonzentrationen, durch die sie vitale Interessen (zu denen auch die Wahrung ihrer Reputationen gehörte) bedroht sah, tolerierte sie nicht. Wenn sie ernsthaft ultimativ drohte, handelte sie auch entsprechend und duldete keinen Gesichtsverlust; ein militärischer Konflikt endete grundsätzlich mit einem Sieg, der dem Gegner durchaus noch Spielraum ließ, im Wiederholungsfalle verschärfte sich die Situation erheblich. Die Römer lernten präzise aus bestimmten Erfahrungen und setzten diese in die Praxis um. So ergab sich – bei allen Fehlern, Versehen, Pannen und Fehleinschätzungen und bei aller offenkundigen Gleichgültigkeit und Langmut über längere Phasen hinweg – allmählich eine Linie und eine Richtung: Hinter Erreichtes ging es auf keinen Fall zurück, aber auf Erreichtes nachdrücklich zu pochen hieß im Konfliktfall, die Pflöcke noch weiter hinauszustecken. Natürlicherweise wuchsen Erfahrung und politisches Überlegenheitsgefühl gegenüber den Griechen. Und die Entscheidung stellte sich im Jahre 168 ein, mit der Liquidierung des makedonischen Staates, den Säuberungen in den griechischen Führungsschichten, der demütigenden Zurückdrängung des seleukidischen Herrschers und dem kränkenden Umgang mit den alten Verbündeten in Pergamon und Rhodos. Von nun an war Rom konkurrenzlos, alte Mechanismen der Interventionspolitik griffen nicht mehr, und wo sich Widerstand regte, verdeutlichten die Ergebnisse, wie definitiv die Situation sich gewandelt hatte; nur totale Katastrophen blieben, in Makedonien (148), Korinth (146) und Athen (86).

Das Arrangement zwischen
Philipp V. und
Antiochos III.

Die Entwicklung begann, wie schon angedeutet, mit dem gleichzeitigen Zusammenprall zweier Energien: Antiochos III. hatte Macht und Ruhm seines Hauses und seiner Person in sehr nachdrücklicher Weise gemehrt; kaum von seiner förmlich alexandergleichen „Anabasis" aus dem Osten zurück, wurde er im westlichen Kleinasien, in Karien und sogar in Teos aktiv (204/3). Zu derselben Zeit hatte Philipp V., nachdem er im Westen seine Pläne nicht völlig hatte realisieren können, an die traditionelle Politik seines Hauses in der Ägäis angeknüpft, wo er zunächst kretische Städte, die teilweise vom Seeraub lebten, gegen die Mittelmacht Rhodos unterstützte. Dahinter standen natürlich auch die alten Interessen im karischen Raum, und hier schien sich nun durchaus ein Konflikt mit Antiochos III. anzubahnen, der dort im Frühjahr 203 auch in antigonidische Einflußsphären einbrach (Alinda, Mylasa). Aber die Entwicklung lief in eine andere Richtung, als voraussehbar schien, und das war welthistorisch entscheidend.

Gerade in dem Zeitraum, als die beiden Herrscher in der Ägäis aufeinander zu stoßen drohten, war, noch im Sommer 204, Ptolemaios IV. Philopator gestorben. Diese in der hellenistischen Geschichte per se konfliktträchtige Situation wurde dadurch noch ‚einladender‘, daß der Thronfolger ein Kleinkind war und daß Hof und Stadt von Alexandreia in einem Gemenge von Palastintrigen, Mordaffären und Aufruhr zeitweise fast paralysiert wurden. In dieser Lage hätte ein Bündnis zwischen Ägypten und Makedonien nahegelegen, und die Politik der Regentschaft in Alexandreia ging auch in diese Richtung. Doch Philipp und Antiochos reagierten anders: Entschlossen, die Schwäche Ägyptens gemeinsam zu nutzen, stellten sie ihr mögliches Konfliktpotential zurück und arrangierten sich, wahrscheinlich in einem geheimen Abkommen, auf Kosten ptolemäischer Gebiete. Das Jahr 202 zeigte die Tragweite dieser Orientierung: Antiochos III. erneuerte seinen Angriff auf Koilesyrien (5. Syrischer Krieg), und Philipp wurde sogar in der nördlichen Ägäis aktiv. Er übernahm die Kontrolle über die Meerengen (mit der Eroberung von Lysimacheia, Perinth, Chalkedon und Kios) und unterwarf die Insel Thasos. Im folgenden Jahr, während Antiochos an der Levante agierte und Gaza (Sommer oder Herbst 201) eroberte, brachte Philipp das ptolemäische Samos gewaltsam in seine Hand, und in nunmehr offenem Krieg mit Attalos von Pergamon und den Rhodiern konnte er diese in erhebliche Bedrängnis bringen. Im Winter 201/200 kontrollierte er weite Teile des westlichen Karien und angrenzende Gebiete.

Schon vorher, im Herbst 201, nach gravierenden Mißerfolgen, hatten Attalos und die Rhodier Gesandtschaften nach Rom geschickt, über das Arrangement zwischen den beiden Königen in entsprechend übertreibender Form berichtet und Hilfe erbeten. Die Reaktion des Senats war, trotz aller Kriegsmüdigkeit der römischen Bevölkerung nach der gerade beendeten existentiellen Auseinandersetzung mit Hannibal, ziemlich eindeutig. Natürlich war es noch nicht die Kriegserklärung – aber die Entschlossenheit zum Krieg für den Fall, daß Philipp nicht Halt machte. Dies sollte durch ein Ultimatum erreicht werden: Es verbot Philipp den Krieg gegen griechische Staaten – das war nicht näher spezifiziert! – und empfahl zur Regelung aktuelle Konflikte ein internationales Schiedsgericht. Eine römische Gesandtschaft machte diesen Standpunkt in einigen griechischen Staaten deutlich – man suchte schon Unterstützung oder mindestens wohlwollende Neutralität für den bevorstehenden Waffengang. Als Attalos I. im Frühjahr 200 gemeinsam mit den Rhodiern im saronischen Golf operierte und mit der römischen Gesandtschaft zusammentraf, war er „hocherfreut" – er wußte, daß ihr Auftauchen und ihre Instruktion den Krieg bedeutete. Die Athener waren derselben Überzeugung und schlossen sich der antimakedonischen Allianz an.

Hilfegesuch von
Pergamon und
Rhodos an Rom

Der 2. Make-
donische Krieg

Philipp ignorierte das Ultimatum zunächst und lehnte es schließlich, als es ihm während der Belagerung von Abydos in etwas erweiterter Form und wenig respektierlicher Weise persönlich präsentiert wurde, klar und bestimmt ab. Daß er gegen griechische Staaten keinen Krieg führen dürfe, konnte ein makedonischer Herrscher nicht akzeptieren. Den Römern dürfte das schwerlich verborgen gewesen sein. Jedenfalls begannen sie die Kampfhandlungen prompt. Über die Motive des Senats, den Krieg gegen Philipp so klar ins Auge zu fassen, kann hier nicht näher reflektiert werden. Sicherheitsdenken – angesichts der entsprechend dargestellten ‚Elefantenhochzeit‘ – ist wohl nicht zu unterschätzen, auch Prestigebewußtsein gegenüber der griechischen Öffentlichkeit, die wegen römischer Brutalitäten während des 1. Makedonischen Krieges nicht sehr wohlgesonnen war, kann eine Rolle gespielt haben. Aber auch – und vielleicht vor allem – die Unzufriedenheit mit dem Frieden von 205 schlug zu Buche und der Gedanke, mit dem einstigen Gegner aus schwerer Zeit nicht angemessen ‚abgerechnet‘ zu haben.

Rom führte den Krieg zunächst wenig durchschlagend. Die Aitoler, die 199 in ihn eingetreten waren und wohl die Chance sahen, sich jetzt an Makedoniens Stelle als griechische Großmacht zu etablieren, waren naturgemäß sehr energisch. Im Jahre 198 schlossen sich, nach lebhafter Debatte, auch die seit 224 mit dem Antigonidenhaus verbundenen Achaier der römischen Seite an. Es gab verschiedentlich Verhandlungen zwischen den Römern und Philipp, aber eine Entscheidung brachte erst die druckvolle Kriegführung des Titus Quinctius Flamininus, der jetzt für die folgenden Jahre die Seele der römischen Griechenlandpolitik wurde. Beim thessalischen Höhenzug von Kynoskephalai erlitt im Jahre 197 die makedonische Phalanx eine katastrophale Niederlage. Nach neuen Verhandlungen kam 196 ein Friede zustande: Philipp wurde auf sein makedonisches Kernland beschränkt und verlor alle seine Positionen in Griechenland, einschließlich von Demetrias, immerhin einer seiner Residenzstädte.

Proklamation
der griechischen
Freiheit durch
die Römer

Das Kernstück der neuen Regelung war aber in gewisser Weise, was Flamininus im Verlauf der Isthmischen Spiele von 196 einer verblüfft staunenden und überschwenglich jubelnden griechischen Öffentlichkeit mitteilte: Alle griechischen Staaten sollten frei sein. Damit hatten sich auch die Römer in die hellenistische Tradition der Freiheitserklärungen hineingestellt – auch wenn sie mit deren praktischer Handhabung noch einige Schwierigkeiten haben sollten. Jeder in Griechenland wußte, daß dies nicht für jede Stadt wörtlich zu nehmen war – das lehrte die Geschichte solcher Proklamationen und Abkommen. Freiheit hieß primär: Freiheit von makedonischer Herrschaft, ansonsten aber: Freiheit griechischer Politik, zu tun und zu lassen, was man sonst auch tat – also etwa Herrschaftspositionen zu errichten.

Wichtig war, daß die Römer diese Proklamation so ernst nahmen, wie man sie ernst nehmen konnte – nicht nur, indem sie in der Tat nur zwei Jahre später ihre Truppen aus Griechenland zurückzogen, sondern vor allem, weil die Freiheitspolitik genau in ihrem Interesse lag. Bei der Regelung von 196 lag ihnen nichts ferner als die direkte Herrschaft über oder auch nur der direkte Einfluß in Griechenland. Entscheidend war, daß sich Vergangenes nicht wiederholen sollte. Dafür sorgte die Reduzierung Philipps und ansonsten die Tatsache, daß niemand an seine Stelle trat. So wurden die verbündeten Achaier nur sehr vorsichtig gefördert: In ihrem Dauerkonflikt mit Sparta erhielten sie zwar zunächst römische Unterstützung. Ganz im Sinne der Freiheitsdeklaration wurde der spartanische Herrscher Nabis aus Argos verdrängt und kam dieses wieder an den Achaiischen Bund – aber Sparta blieb unter Nabis unabhängig (195). Vor allem – und das führte zu einer folgenreichen Verstimmung – wurden die Aitoler ,gebremst', und wo sie gerne expandiert hätten, in Akarnanien etwa oder besonders in Thessalien, wurden die kleineren Staaten gestärkt. Kurzum, die griechische Freiheit nahmen die Römer deshalb so ernst, weil sie ihren machtpolitischen Interessen so genau entgegenkam. Aber angesichts der Art, wie die Griechen ihre Freiheit verstanden, konnten die Römer sich nicht zur Ruhe setzen.

Die Freiheitsdeklaration hatte noch eine andere Komponente, denn schon während der Isthmischen Spiele wurde ein möglicher Konflikt mit Antiochos III. sichtbar. Dieser hatte im Jahre 200 die Eroberung Koilesyriens und Palästinas militärisch abgeschlossen. Der Krieg seines ,Partners' Philipps V. gegen Rom war ihm Anlaß zu einer Umorientierung: Daß er diesen nicht unterstützte, war aus seiner Sicht völlig normal, da er durch dessen Niederlage nur gewinnen konnte. So begann er, wo er mit dem Arrangement von 203/2 aufgehört hatte, in Kleinasien. Schon 198 war Pergamon bedroht und erbat eine römische Demarche, 197 arrangierte sich Antiochos mit Rhodos und wandte sich, gestützt auf seine Basis in Ephesos, nach Norden, auch hier genau in die Lücke stoßend, die Philipps Verwicklung in den Krieg bzw. dessen Niederlage gelassen hatte. Schon Ende des Jahres stand er im erst kürzlich von diesem eroberten Abydos am Hellespont, im Frühjahr 196 bereits auf europäischem Boden.

Antiochos III. im „kalten Krieg" mit Rom

Spätestens jetzt war deutlich, daß Antiochos sein Ziel, die Wiederherstellung seines ererbten Reiches, auch hier in einem extensiven Sinne verstand. Wenn er schon in Thrakien stand, das seinem Ahnherren Seleukos ja nur punktuell gehört hatte, konnte man zu Recht fragen, wo er denn Grenzen setzen würde. Selbst der Schritt nach Makedonien war nicht ausgeschlossen, für ihn sprach sogar eine gewisse Logik. Mindestens suchte Antiochos – wie Philipp kurz zuvor – die Kontrolle über die Meerengen. Gleichzeitig war er dabei, den Krieg mit Ägypten durch eine dynastische Verbindung, die Heirat seiner Tochter Kleopatra mit Ptolemaios V., abzuschließen. Diese Ehe, die dann im Winter 194/93 geschlossen wurde, sicherte ihm in ägyptischen Angelegenheiten eine starke Position, wenigstens eine Rückendeckung. So war schon 196 seine Stellung in der östlichen Ägäis nahezu mit der des Ptolemaios III. zu vergleichen, nur daß hinter ihm noch die Machtmittel Asiens standen.

Bezeichnenderweise erschienen bereits 197 die Römer auf dem Plan, die ja gerade im Begriffe waren, die Freiheit der griechischen Städte zu proklamieren und bei denen die von Antiochos bedrohten Städte Lampsakos und Smyrna um Hilfe nachgesucht hatten. Zwei Probleme waren es, die in den folgenden Jahren im Bereich von Macht und Prestige das Konfliktfeld zwischen Rom und Antiochos bestimmten: Wo sollte Antiochos haltmachen? Wo waren die Grenzen der griechischen Städtefreiheit? Hieraus resultierten jeweils die unterschiedlichen Vorschläge und auch die Möglichkeiten eines Kompromisses zwischen den beiden Großmächten, die sich durchaus um eine Einigung bemühten, allerdings auch ihr Gesicht nicht verlieren wollten – und konnten [99: WILL II 187].

Während der Isthmien, im Schwange seines Sieges über Philipp und der griechischen Begeisterung, konfrontierte Rom die Gesandten des Antiochos mit den Maximalforderungen im Sinne der erwähnten Punkte: Antiochos solle sich aus Europa zurückhalten und die Freiheit der griechischen Städte respektieren. Als Anfang 195 in Lysimacheia am Hellespont römische Legaten sich diplomatisch vorsichtig in demselben Sinne äußerten und besonders auf die Freigabe der ehemals ptolemäischen und antigonidischen Städte drangen, hielt Antiochos seine Maximalvorstellungen dagegen: Asien sei genauso seine Interessensphäre wie Italien die Roms, und in Europa ginge es ihm nur um die traditionelle Position seiner Dynastie.

Die Lage war zwar gespannt, aber beide Mächte steuerten auch jetzt noch keineswegs einen Krieg an, obwohl – wie schon gesagt – bei Antiochos die Grenzen des Restituierungsprogramms fraglich blieben und er 195 Hannibal aufnahm. Die Römer mußten sich schon wegen der Logik ihrer Befreiungspolitik zurückhalten, die sie nach dem Sieg über Nabis (s.o.) als vollendet ansahen, woraufhin sie 194 ihre Truppen aus Griechenland abzogen. Sie machten im Jahre 193 einen Kompromißvorschlag, wobei sie von den zwei Optionen, die die o.a. Konfliktpunkte boten, jeweils eine zur Disposition stellten: Entweder sollte es eine klare Abgrenzung der Interessensphären geben, entlang der Grenzen zwischen Asien und Europa – oder, falls Antiochos in Europa bleibe, solle er die römische Politik in Kleinasien tolerieren. Hierin lag die Möglichkeit eines Arrangements. Dies aber kam im wesentlichen aus zwei Gründen nicht zustande.

Antiochos, der zweite Alexander und der neue Seleukos, der Herr Asiens, der „Große", der die Macht seiner Dynastie bis nach Indien getragen hatte und sich damit das für den Herrscher so elementar wichtige Ansehen in überreichem Maße erworben hatte, konnte kaum von seinen proklamierten Zielen abrücken. Vielleicht hätte er doch der politischen ratio den Vorrang eingeräumt, da ihm immerhin ja Asien garantiert war. Aber hier kam der zweite Faktor ins Spiel, der dann definitiv den Krieg herbeiführte: Die Verhandlungen der Großmächte und insbesondere das zwischen ihnen denkbare Arrangement mochten zwei Mittelmächten gar nicht schmecken.

Eumenes II.   Eumenes II. war 197 seinem Vater Attalos in der Herrschaft über Pergamon gefolgt, gerade in einer Zeit verschärfter seleukidischer Kleinasienpolitik. Ihm mußte völlig klar sein, daß er im Falle einer Konzentration der geballten Energien des Antiochos III. auf Asien das gegebene Opfer war. Seine Dynastie war auf Kosten der Seleukiden großgeworden – jetzt würde sie zur Disposition stehen. So tat Eumenes alles, um die Römer zum Krieg zu motivieren, aber auch das war noch nicht entscheidend, der römische Vorschlag ließ ja die Option und zeigte – für diesen Zeitpunkt – die römische Gleichgültigkeit gegenüber den Attaliden.

Noch wichtiger und letztendlich ausschlaggebend war die Politik der Aitoler in Griechenland. Diese hielten sich geradezu für die eigentlichen Sieger des 2. Makedonischen Krieges und fühlten sich durch das Verhalten der Römer düpiert. Die Revision der durch diese etablierten Situation in Griechenland war das vordringliche Ziel aitolischer Politik. Diese erreichte im Jahre 193, gerade als Antiochos sich zu entscheiden hatte, einen ersten Höhepunkt in dem Versuch, die ‚Mißvergnügten‘ zu gewinnen, durch aitolische Gesandtschaften an Nabis, Philipp V. und Antiochos III. Hier ließ sich auch Antiochos trefflich erproben. Wie die Frage nach der Reichweite des Prestigedenkens und den Grenzen seiner Restituierungspolitik zu beantworten war, konnte man seinem Verhalten gegenüber den Aitolern entnehmen: Würde er diese unterstützen oder auch nur ermuntern, konnte man nicht damit rechnen, daß man ihn auf Asien würde beschränken können. — *Die Aitoler*

Der Krieg brach dort los, wo das unmittelbare Konfliktpotential steckte, zwischen Nabis und den Achaiern (192), und er blieb zunächst eine bilaterale Angelegenheit. Doch während er gerade begann, erschienen (im Frühjahr 192) Gesandte des Antiochos in Aitolien. Ihre Äußerungen waren zwar relativ vage – sie verwiesen auf Macht und Glorie des Seleukiden –, aber die Aitoler konnten sich durchaus ermuntert fühlen; denn es wurde auch Antiochos’ Rolle als Vorkämpfer der griechischen Freiheit hervorgehoben. So wurde der König beim Wort genommen, aufgefordert zur Befreiung Griechenlands und zur Schlichtung zwischen Aitolern und Römern.

Damit war der Knoten geschürzt: Deutlich war jetzt, daß Antiochos nicht auf Asien zu ‚reduzieren‘ war, daß er die Freiheitsparole gegen ihren ‚Champion‘, die Römer , wandte – oder mindestens, daß die Griechen das so verstehen konnten. Die Aitoler jedenfalls wurden jetzt aktiv: Sie brachten Demetrias an sich und schickten einen Appell an Antiochos, daß bei seinem Erscheinen Griechenland hinter ihm stehen werde. Ein Anschlag auf Chalkis schlug fehl, Eumenes übernahm dort die Sicherung, und im Herbst entschieden sich die Achaier für die Allianz mit Rom und den Krieg gegen Antiochos und die Aitoler. Es war klar, daß Rom jetzt auch militärisch aktiv werden würde, und Antiochos konnte seinerseits nicht mehr zurück: Er mußte nun die Rolle spielen, die seine Reputation gebot und für die er sich so wohlklingend empfohlen hatte, und das möglichst rasch, angesichts der Chance, die die aitolische Kontrolle über das wichtige Demetrias bot. — *Der Antiochoskrieg*

Im Oktober 192 landete er dort und wurde von den Aitolern zum Oberbefehlshaber (strategos autokrator) gewählt. Schnell stellte sich auf beiden Seiten Enttäuschung ein: Das Heer von 10 000 Infanteristen, 500 Reitern und 6 Kriegselefanten war nicht das alles überragende Aufgebot eines asiatischen Großkönigs, das man erwartet hatte. Andererseits konnte von der Erhebung ganz Griechenlands keine Rede sein, zumal sich nach den Achaiern auch Philipp V. auf die römische Seite schlug. Man konnte eigentlich nur hoffen, daß die Römer nicht Ernst machten. Doch sie waren in solchen Dingen – wenn es so weit war – sehr konsequent.

So befand sich Antiochos, der Chalkis durch einen Handstreich nehmen konnte, rasch in der Defensive, von römischen Truppen in Nordgriechenland Anfang
191 bedroht und von den Aitolern nur halbherzig unterstützt. Da er den Thermo-
pylenpaß nicht halten konnte, mußte er im April 191 mit nur 500 Mann nach
Asien fliehen. Die Aitoler schlossen nach der Belagerung von Naupaktos einen
Waffenstillstand. Die Römer wurden jetzt in Asien aktiv, unterstützt von Rhodos
und besonders energisch von Eumenes, der immer mehr Einfluß auf den Verlauf
des Krieges nahm. Antiochos machte 190 ein Friedensangebot ganz im Sinne der
römischen Maximalforderung von 196, aber das war jetzt zu spät. Rom steckte,
beraten von Eumenes, die Pflöcke weiter. Die Linie war klar: Der völlige Rückzug aus Kleinasien wurde gefordert sowie eine hohe Kriegskontribution. Dabei
blieben die Römer bei den Friedensverhandlungen, die nach dem großen Sieg ein-
setzten, den sie Anfang 189 bei Magnesia am Sipylos gemeinsam mit Eumenes
über das Reichsaufgebot des Antiochos davongetragen hatten.

In Griechenland hatten nach dieser Schlacht die Aitoler kapituliert und mit
Rom einen festen Vertrag (foedus) nach römischer Art geschlossen: Sie verloren
ihre Randgebiete und die Kontrolle über Delphi. Im wesentlichen war aber die
Lage in Griechenland wieder so geregelt, wie es den Römern 196 vorgeschwebt
hatte, wobei lediglich Aitolien etwas schwächer und Philipp V. etwas stärker war.
In Kleinasien ging man, nach massiven Einwirkungen des Eumenes und der Rhodier auf die Verhandlungen im römischen Senat, im Frieden von Apameia (188) etwas anders vor: Antiochos wurde von hier völlig zurückgedrängt. Er verlor alle
Besitztümer in Anatolien nördlich des Tauros-Gebirges, und seine politische Beweglichkeit in seinen Westgebieten wurde eingeschränkt (abgesehen davon, daß
er riesige Kriegskontributionen zu zahlen, seine Kriegsflotte weitestgehend ab-
zubauen und seine Elefanten zu übergeben, auch Geiseln zu stellen hatte).

Demgegenüber wurde eine Reihe kleinasiatischer Städte, die nicht seleukidisch
waren oder rechtzeitig, d.h. vor der Schlacht von Magnesia, abgefallen waren,
darunter die großen Inseln und wichtige Städte an der westanatolischen Küste,
ausdrücklich für frei erklärt. Vor allem aber profitierten Eumenes und die Rhodier: Diese erhielten Lykien und Karien (bis zum Mäander), traten also hier das
Erbe der Ptolemäer und Antigoniden an, jener bekam riesige Gebiete im westlichen Kleinasien. Eine Gemeinsamkeit mit den Regelungen in Griechenland lag
aber darin, daß die Römer selber sich auch hier völlig zurückzogen und sich offenbar auf die Balance zwischen den von ihnen geförderten Mittelmächten verlie-
ßen. Jedenfalls ließen sie den Dingen ihren Lauf. Besonders Eumenes nutzte dies
in den folgenden Jahren zu einem weiteren Ausbau seiner Position durch Bündnisse mit den oder durch militärische Siege über die anderen kleinasiatischen Monarchien (Bithynien, Kappadokien, Pontos, Paphlagonien). Er verfolgte den
Wachstumskurs hellenistischer Königspolitik nicht anders als deren energischste
Vertreter und entwickelte sehr rasch auch europäische Interessen. Hier kam dann
die werdende neue Großmacht mit einer sich regenerierenden alten, dem Makedonien unter Philipps Sohn Perseus, in Konflikt.

Friede von
Apameia

Auch in Griechenland hatten die Eigengesetzlichkeiten traditionellen politischen Verhaltens schließlich zu einer Gefährdung des gesamten ‚Systems‘ geführt. Das lag an dessen innerer Widersprüchlichkeit. Einerseits ließen ja die Römer die Dinge „in Freiheit" laufen und legten gegenüber den verschiedenen politischen Aktionen einige Langmut an den Tag. Ihre Toleranzschwelle war zunächst
ziemlich hoch – und das wußte man. Andererseits war aber gar nicht zu leugnen,
daß sie die stärkste Macht waren und dominierten – und, wenn auch nur reagie-
rend, präsent waren. Dies führte gerade angesichts der aktiven Machtpolitik der
griechischen Staaten und angesichts der dieser traditionellen inhärenten Interven-
tionsersuchen dazu, daß wieder und wieder die Potenz und das Prestige Roms gesucht wurden, wenn man eigene Interessen verfolgen oder Schwächen bzw. Mißerfolge ausgleichen wollte. Die Zahl der Freunde und Alliierten Roms nahm auch
beständig zu. So ergab sich allmählich eine neue Qualität des politischen Verhaltens. Da das römische Wort ein Machtwort war oder zumindest sein konnte,
schielte man immer nach Rom als letzter Instanz, suchte römische Reaktionen
auszurechnen, Spielräume auszuloten und auszuschöpfen.

Gerade dabei aber ergaben sich die größten Unklarheiten, da die Römer dem
schwierigen Geschäft des Schiedsrichters gar nicht gewachsen waren, auch kaum
gewachsen sein konnten. Bald zu großzügig, bald zu streng, einmal geradezu er-
munternd, das folgende Mal wieder bremsend, sorgten sie für manche Unsicher-
heit. Eindeutig war immer, daß niemand uneingeschränkt gefördert wurde: Jedem blieb ein Gegengewicht. Dies zeigt besonders das Verhalten gegenüber den
Achaiern, die in ihrem Konflikt mit Sparta nie von Rom völlig freie Hand erhielten. Andererseits konnten sie, als sie ihr Ziel, die Einverleibung des alten Gegners, erreicht hatten, durchaus das entsprechende Selbstbewußtsein entfalten –
welches sich dann immer wieder an römischen Eingriffen und Vorbehalten reiben
mußte. Generell wuchs so auch bei alten Freunden Roms, wie bei Achaiern und
Rhodiern, die Verstimmung.

Andererseits mußte sich in Rom gegenüber dem griechischen Interventionsge-
strüpp und dem rhetorisch überhöhten Antichambrieren griechischer Spitzenpo-
litiker in römischen Atrien und in der Kurie eine gewisse Verachtung ergeben, zugleich – angesichts der immer wieder gezeigten Eigenwilligkeit – ein ausgeprägtes
Mißtrauen und schließlich auch eine Unzufriedenheit mit dem System – zu dem
aber keine Alternative sichtbar schien.

In dieser schwülen Atmosphäre kam es zur Entladung, als eine ehemalige
Großmacht einen an sich politisch normalen Weg ging, den der konsequenten Restituierung, und dabei sogar versuchte, möglichen römischen Gravamina auszu-
weichen. Schon Philipp V. hatte bald nach seiner Niederlage und dann dank der
Verwicklung Roms in den Antiochoskrieg seine Position in Griechenland, besonders in Thessalien (einschließlich von Demetrias), wieder verbessert und auch im
Inneren einiges reorganisiert, so daß die ökonomischen und demographischen
Ressourcen für eine offensive Politik gegeben waren. Seine Expansionstendenz
zielte vor allem auf den thrakischen Raum, wo er etwa an den ehemals ptolemäi-

Griechen und
Römer:
Zunehmende
Irritationen

Regeneration
Makedoniens

schen Städten Ainos und Maroneia ansetzen konnte. Auch der Weg zu den Meerengen wäre dann nicht mehr weit gewesen. Daß sich daraus Konflikte mit Eumenes ergeben konnten und dann auch Rom letztendlich ein Machtwort sprach, zeigte sich 183, als Philipp V. zur Räumung von Ainos und Maroneia veranlaßt wurde.

Aber zu einer kritischen Zuspitzung kam es nicht, auch nicht, als der betont romfreundliche Prinz Demetrios wegen Hochverrats hingerichtet wurde, was wohl nicht als antirömische Schwenkung gedeutet werden darf. Aber mindestens gab es Störungen im Atmosphärischen. Und darauf kam es, zumal angesichts vergleichbarer Spannungen in Griechenland, jetzt zunehmend an.

Philipps Nachfolger Perseus, der sofort die offiziell gute Beziehung zu Rom auffrischte, setzte den Kurs eines Vaters durchaus fort. Besonders dem Eumenes galt sein Augenmerk, dem er durch eine Annäherung an die Rhodier und eine dynastische Politik begegnete: Seine Schwester Apama gab er Prusias II. von Bithynien zur Frau und – was noch viel schwerer wog – er selber heiratete im Jahr 177 Laodike, die Tochter von Seleukos IV., dem Sohn und (seit 187) Nachfolger von Antiochos III. Dies konnte Eumenes zwar konterkarieren, indem er nach der Ermordung dieses Seleukos durch einen Prätendenten dessen Bruder, Antiochos IV., zur Krone verhalf (175). Aber insgesamt strahlte Perseus' Stern immer heller, während der des Eumenes verblaßte, gerade auch weil dieser mit den Römern zu eng kooperierte.

Denn die Popularität, die Perseus in Griechenland geradezu in den Schoß fiel und die er durch eine Politik der Großzügigkeit und Zurückhaltung förderte, ist ein Indiz für die dortige Stimmung, die unterschwellige Aversion gegen die Römer. Angesichts der Grenzen des Spielraums, die immer deutlicher wurden, aber auch angesichts schwerer und zunehmender sozialer und ökonomischer Spannungen, die vor allem aus Besitzverlusten und Einbußen wegen der militärischen Beanspruchungen resultierten und besonders in Thessalien, Boiotien und Aitolien grassierten, erschien Perseus als ein möglicher Hoffnungsträger. Dieser ließ sich das gerne gefallen. Er war nicht der Mann, seine Position zäh, aber unauffällig aufzubauen. Eher demonstrierte er – ganz ein König seiner Zeit – eine Macht, die so gar nicht vorhanden war. 174 zog er – ganz friedlich, aber mit einem Heer – nach Delphi, um dergestalt an markantem Punkte seine Verbundenheit mit den Aitolern und die mit diesen gemeinsam errungene Dominanz in der Amphiktyonie zu zeigen. Fast gleichzeitig diskutierte man sogar in Achaia über eine Entente mit ihm – was nur eine Brüskierung der Patrone Rom und Eumenes bedeutet hätte und dank des Engagements des prorömischen Politikers Kallikrates unterblieb.

Perseuskrieg (3. Makedonischer Krieg)   So entstand schließlich die eher kuriose Situation, daß die Stellung des Perseus – ohne es wirklich zu sein – so grandios erschien, daß sich Rom durch einen persönlichen Auftritt des Eumenes im Senat alarmieren ließ (172). Zwar lehrten die Gesandtschaften, die Rom überall hinschickte, daß Perseus isoliert oder mindestens leicht zu isolieren war. Auch war der König alles andere als kriegsbereit. Er schickte noch Anfang 171 eine Gesandtschaft zu Verhandlungen nach Rom, die allerdings schroff abgewiesen wurde. Rom brauchte jetzt nicht einmal ein echtes Ultimatum, sondern als Vorwand nur, was es selbst vorher nicht ernst genommen hatte und später nur römische Annalisten hätten glauben sollen. Daß es in dieser Situation zum Krieg kam, zeigt ganz deutlich, was sich in den letzten Jahrzehnten verändert hatte; und nur damit läßt sich der Krieg überhaupt erklären: Die enervierenden Erfahrungen mit griechisch-hellenistischer Politik und deren umtriebiger Unverbesserlichkeit mochten es nahelegen, den gordischen Knoten der diversen Verstrickungen zu zerschlagen, an dem offenkundigen Nutznießer der diffusen Unzufriedenheit ein Exempel zu statuieren, die Möglichkeit einer Wiederholung a limine auszuschließen und überhaupt zu demonstrieren, wo Macht und Prestige wirklich zu Hause waren. Diese äußerten sich ja gerade in den ständigen Interventionen. Da sollte es hinfort keine konkurrierende Instanz mehr geben.

Ein erster – und unerwarteter – Erfolg des Perseus im Krieg (3. Makedonischer Krieg) brachte fast ganz Griechenland zum Jubeln, aber bald verhielten sich alle so, wie es die römischen Sondierungen zuvor gezeigt hatten: Perseus stand weitgehend allein, und als das Kriegsglück sich gegen ihn neigte, wußten alle, wohin sie sich zu orientieren hatten – auch dies zeigt, wie sehr sich die Dinge gewandelt hatten und wie sehr die römische Macht als solche wahrgenommen wurde. Immerhin versuchten die Rhodier im Jahre 168 zu vermitteln. Doch gerade jetzt, als ‚Verwässerung‘ drohte und gleichzeitig Antiochos IV. im Begriffe stand, die Eroberung Ägyptens mit der Einnahme von Alexandreia abzuschließen (s.u. S. 124), forcierte der römische Befehlshaber Aemilius Paulus den Krieg: Am 22. Juni 168 wurde die makedonische Armee in der Schlacht von Pydna total vernichtet.

Die folgenden Regelungen zeigten eine neue Qualität: Um zu verhindern, daß sich ähnliche Entwicklungen wie in den 80er und 70er Jahren wiederholten, griffen die Römer tief in die Integrität der Staaten ein, besonders in Makedonien: Hier wurde die Monarchie ein für allemal abgeschafft. Man nannte das Befreiung von monarchischer Vorherrschaft, aber es war nichts anderes als die Liquidierung makedonischer Staatlichkeit. Vier makedonische Republiken sollte es hinfort geben, zwischen denen wechselseitige Beziehungen verboten waren und die wirtschaftlich und militärisch geknebelt wurden: Sie durften ihre Ressourcen, nämlich das Holz für den Schiffsbau und die Minen für die Münzprägung, nicht nutzen. | Konsequenzen des römischen Sieges

Aber auch die griechischen Staaten – die doch fast alle auf römischer Seite gewesen waren, freilich nicht mit ihren Sympathien – waren tangiert. Denn überall entledigten sich die besonders prorömischen Gruppen ihrer inneren Gegner, die als Sympathisanten der Makedonen verdächtigt werden konnten, zu Recht oder zu Unrecht. Die Römer haben solche Denunziationen geradezu gefördert und die beschuldigten Politiker allesamt nach Italien deportiert, allein aus Achaia waren dies 1000 Personen. In Epirus, das zum größten Teil im Bunde mit Perseus gestanden hatte, ließ Aemilius Paulus im Jahre 167 siebzig Ortschaften gleichzeitig plündern und ihre Bevölkerung in die Sklaverei verkaufen.

Wie exemplarisch Rom seine Stärke demonstrierte, zeigt auch das Schicksal von Rhodos, das mit seiner Vermittlungsaktion noch die Illusion gezeigt hatte, die es hinsichtlich einer selbständigen Außenpolitik hatte: Die Römer machten Miene, die Rhodier mit Krieg zu überziehen. In demütigender Weise gaben sie ihnen schließlich Bescheid, sie würden nicht als Feinde angesehen – aber auch nicht mehr als Freunde. Rhodos wurde vor allem dadurch dauerhaft geschädigt, daß die Insel Delos zum Freihafen gemacht wurde. Die Einnahmen aus Zöllen, die den Wohlstand von Rhodos entscheidend begründeten, gingen ganz erheblich zurück. Rhodos war ins Mark getroffen. Selbst Eumenes, der sich in Person an den Kampfhandlungen auf römischer Seite beteiligt hatte, wurde nicht nur nicht gefördert, sondern mißtrauisch beäugt: Man glaubte sogar Gerüchten, er, der doch den Hauptanteil am Zustandekommen des Krieges hatte, habe in der letzten Kriegsphase, von Perseus bestochen, mit dem Gedanken daran gespielt, ein für diesen günstiges Ende zu erreichen.

Antiochos IV. in Ägypten und die römische Intervention   Die römische Entschlossenheit kam auch noch an anderem Ort und auf andere Weise zum Ausdruck. Im Jahre 169 war, womöglich nach gewissen Spannungen, seitens der Regentschaft in Alexandreia – der König Ptolemaios VI. war noch nicht volljährig – ein Krieg gegen Antiochos IV. vom Zaun gebrochen worden (6. Syrischer Krieg). Dieser hatte sehr schnell die Initiative übernommen, Pelusion erobert, das Einfallstor zum Nildelta, und war auf Alexandreia vorgerückt (169). Dort waren mittlerweile die Schwestergemahlin und der jüngere Bruder des Königs, Kleopatra II. und Ptolemaios VIII., ebenfalls zu Herrschern proklamiert worden. Ptolemaios VI. hatte sich zwischenzeitlich mit seinem Onkel Antiochos zusammengetan, war dann aber wieder in das Dreierregiment zurückgekehrt. Dennoch trug im Jahre 168 Antiochos einen neuen Angriff nach Ägypten hinein, nachdem man seine Forderung, ihm Zypern und Pelusion zu überlassen, abgelehnt hatte. Es ist nicht ausgeschlossen, daß er sogar für sich die Herrschaft über Ägypten, mindestens in Form einer Regentschaft über Ptolemaios VI., anstrebte. Als er sich an die Belagerung von Alexandreia machte und sich bereits im Vorort Eleusis befand, wurde er durch den römischen Gesandten Popilius Laenas, der auf Wunsch der ägyptischen Könige nach Ägypten geschickt und dorthin in Kenntnis des Sieges von Pydna gelangt war, in höchst ultimativer Weise, ohne auch nur Gelegenheit zu haben, seine Berater zu konsultieren, zum Abzug aus Ägypten veranlaßt (Juli 168): Antiochos, der als Geisel in Rom gelebt hatte, wußte den römischen Wink wohl zu deuten. Nichts bringt die neue Situation klarer zum Ausdruck als dieser prompte Gehorsam des damals mächtigsten hellenistischen Königs. Rom hatte die hellenistische Welt besiegt.

c) Das lange Nachspiel

Die Situation nach Pydna   Welche Lehren es aus seinen Erfahrungen mit der hellenistischen Politik gezogen hatte, hatte Rom in den Jahren 168 und 167 nur zu deutlich gezeigt. Dies waren harte Schnitte – aber sie waren nicht Ausfluß eines neuen Konzeptes. Im Endeffekt zog sich Rom wieder weitestgehend zurück. Die Wirrungen der hellenistischen Politik setzten erneut ein, das alte Spiel um Macht und Ruhm begann von Neuem, mindestens innerhalb der Staaten, aber auch in den zwischenstaatlichen Beziehungen. Das Ganze hat etwas Absurdes an sich, da ja effektiv gar nichts Wesentliches mehr zu ändern war. Die Situation war noch einmal qualitativ anders als vor 168, da Rom keine Konkurrenten mehr hatte und seine Geduld sicherlich nicht größer geworden war. Dennoch versuchte man, bei aller Respektierung der indirekten Herrschaft der Römer, die Spielräume zu erweitern, eigene Interessen durchzusetzen – wobei man zunehmend mehr das römische Machtwort zu gewinnen suchte. Sicher sein konnte man aber in dieser Phase eigentlich nur noch, wenn man im Zweifelsfalle bedingungslos seine Politik der römischen anpaßte oder mindestens nichts ohne das Votum der Römer unternahm. Attalos II., Bruder und Nachfolger Eumenes' II., der es wirklich wissen mußte, hat dies in einem Brief an den Priester der Großen Mutter von Pessinus eindringlich formuliert [13: WELLES, Nr. 61]: „Ohne die Römer vorzugehen, ist gefährlich; denn wenn man Erfolg hat, bringt das Neid, Verringerung und scheußlichen Argwohn, welche sie auch gegenüber unserem Bruder hatten. Hat man einen Mißerfolg, erregt man nur zu sichere Vernichtung; denn sie werden sich nicht um uns kümmern, vielmehr werden sie es mit Freuden sehen, weil wir ohne sie derartiges unternahmen. Nun aber, auch wenn wir – was nicht geschehen möge – irgendwelche Niederlagen erleiden, können wir, wenn wir jeweils mit ihrer Zustimmung gehandelt haben, Unterstützung bekommen und die Verluste ausgleichen, mit der Hilfe der Götter".

Freilich, Roms Wünsche zu erforschen, war nicht einfach, ‚Kurienastrologie' war notwendig. Und wenn man zu sehr fehlte, war man leicht existentiell gefährdet. Dies galt natürlich erst recht für den Fall des offenen Widerstandes: Nach der Regelung von 168 gab es immer wieder Schwierigkeiten in Makedonien. Mehrere römische Gesandtschaften konnten keine Ruhe stiften. Die Erinnerung an die große monarchische Tradition war noch lebendig. So gelang es einem gewissen Andriskos, der sich als Sohn des Perseus und der Seleukidin Laodike ausgab und sich Philipp nannte, sich in etlichen Teilen Makedoniens durchzusetzen und sogar Thessalien zu bedrohen (149). Die Römer, die ihn im Sommer 148 besiegten, richteten nun in Makedonien einen ständigen Amtsbereich ein, die Provinz Macedonia, die sich von der Adria bis zur Ägäis erstreckte und durch eine Straße von den ‚Kopfstationen' im Westen (Apollonia/Epidamnos) bis nach Thessalonike erschlossen wurde. Rom scheute nun auch hier nicht mehr vor der direkten Herrschaft zurück – eine neue Qualität war erreicht.

Definitive Unterwerfung Makedoniens

Die achaiische Katastrophe stand unter anderen Vorzeichen, war aber insofern symptomatisch, als die Achaier besonders nachdrücklich erfahren mußten, daß es einen Spielraum nicht mehr gab: Von ihrer Anlehnung an Rom seit der historischen Schwenkung von 198 hatten sie durchaus profitiert, vor allem in der Ära ihres Politikers Philopoimen aus Megalopolis. Dieser hatte freilich eine konsequent achaiische Machtpolitik betrieben, teilweise auch ohne römische Rückendek-

Katastrophe der Achaier

kung, namentlich gegenüber Sparta. Dieses war schließlich in den Bund hineingezwungen worden, aber nur um den Preis erheblicher Spannungen, auch noch nach Pydna. Die ‚Säuberungen‘ von 167 hatte die extrem prorömische Politik – für die Kallikrates stand – nicht dauerhaft und fest etablieren können. Aber alle waren sich darüber im klaren, daß die wesentlichen Entscheidungen in Rom fielen. Auch die Vertreter separatistischer Tendenzen in Sparta wußten dies. Die Situation spitzte sich zu, aber aus Rom war nichts Eindeutiges zu vernehmen, ein erster Waffengang zwischen Sparta und Achaia (148) brachte keine Entscheidung. Doch Rom wurde deutlicher: Es verlangte von den Achaiern nicht nur den Verzicht auf Sparta, sondern auch auf Korinth, Argos und andere Städte. Das war nichts anderes als die Zerstörung des Bundes, wie er sich seit den Tagen Arats geformt hatte.

Man hat fast den Eindruck, daß die Weigerung der Achaier ein letztes Aufbäumen des Selbstwertgefühls war. Zwar rechneten sie nicht unbedingt mit einem bewaffneten Eingreifen Roms und erklärten lediglich Sparta den Krieg (146). Aber als die Römer sie dann wider Erwarten angriffen, nahmen sie den Krieg an. Militärisch war ihre Niederlage nur eine Frage der Zeit. Bald belagerten römische Streitkräfte unter Mummius Korinth. Die Stadt, eine der berühmtesten und reichsten Griechenlands überhaupt, wurde erobert, geplündert und weitgehend zerstört. Die Bevölkerung wurde massakriert oder versklavt. Die anderen Städte, die am Widerstand beteiligt gewesen waren, wurden der Provinz Macedonia zugeordnet. Der achaiische Bund wurde auf sein altes Stammesgebiet verkleinert. Ansonsten blieben die Städte „frei“.

Lage in Kleinasien

So frei, daß auch noch andere die Erfahrung der Achaier machen konnten: Noch mehr als in Griechenland hatte sich der politische Aktivismus in Kleinasien gehalten. Hier spielte das Pergamon Eumenes’ II. seit seinen erfolgreichen Kriegen gegen Bithynien und Pontos eine besondere Rolle – aber das forcierte nur die Energien anderer Monarchen. Eumenes mußte zudem erfahren, daß selbst er der römischen Unterstützung nicht bedingungslos sicher sein konnte, und über den politischen Spielraum seines Bruders Attalos II. haben wir diesen selbst schon gehört. Es war fast konsequent, wenn dessen Nachfolger Attalos III. sein Reich testamentarisch direkt der römischen Obhut anvertraute (133).

Das politische Spiel ging aber auch nach der Einrichtung einer römischen Provinz in ehemals attalidischem Gebiet (Asia) unverändert weiter – gerade weil Rom nicht gefährdet war, konnte es mit Toleranz zusehen und durch Interventionen dennoch steuern. Aber die Ambitionen der Könige waren ungebrochen: Weit jenseits römischer Interessensphären, nördlich des Schwarzen Meeres, vergrößerte Mithridates VI. von Pontos sein Reich, brachte sich gegenüber den anderen Herrschern Anatoliens immer nachdrücklicher zur Geltung, und schließlich – Rom war durch seine inneren Konflikte zeitweise neutralisiert – fiel ihm sogar ganz Kleinasien nahezu in den Schoß. Welcher Haß sich gegen die römischen Herren aufgestaut hatte, zeigte sich im Massaker römischer und italischer Bürger (sog. Vesper von Ephesos, 88). Schon knüpfte Mithridates als Vorkämpfer der griechischen Freiheit seine Fäden in die Ägäis. Boiotien und selbst Athen schlossen sich ihm an (87/86). Nach Jahrzehnten römischen Drucks bei mangelnder direkter Konfrontation mochte man das Gefühl haben, hier sei jemand den Römern gewachsen. Man berauschte sich an dem Gedanken, die Herren doch noch vertreiben zu können, vertreiben lassen zu können, besser gesagt. Doch leistete man auch erbitterten Widerstand – ein nur zu deutliches Zeichen der römischen Verhaßtheit. Doch Rom wurde mit dieser Herausforderung selbst angesichts schwerster innerer Belastungen fertig, und so brachte diese nur katastrophale Zerstörungen in Boiotien und vor allem in Athen, wo die Römer unter Sulla so hausten, wie man es seit Xerxes' Zeiten nicht mehr erlebt hatte. Danach finden wir Griechenland als Schauplatz römischer Bürgerkriege, die mit erneuten Verwüstungen und Konfiskationen verbunden waren. Erst die Kaiserzeit brachte eine partielle Regeneration.

Die beiden noch verbliebenen alten Großreiche hatten diese Position spätestens 168 verloren: Die Ptolemäer waren im wesentlichen auf Ägypten und Zypern zurückgeworfen, die Seleukiden hatten Kleinasien verloren und auch in Ägypten nichts kompensieren können. Antiochos IV. mußte sich nach dem Tag von Eleusis vor allem mit inneren Schwierigkeiten beschäftigen, besonders in Judäa, wo sich aus innerjüdischen Konflikten, in die er intervenierte, ein Aufstand gegen die seleukidische Herrschaft entwickelte (Makkabäeraufstand), der immer wieder aufflackerte und schließlich zu einem unabhängigen Staat führte.

Nach seinem Tode (164) brachen sehr bald Thronstreitigkeiten aus zwischen der Linie seines Bruders und verschiedenen Prätendenten. Noch bedenklicher war die rasante Ausbreitung des einst noch von Antiochos III. unter Kontrolle gehaltenen Stammes der Parther, die unter ihrem König Mithridates I. (ca. 171-139/38) im Juli 141 Seleukeia am Tigris eroberten und 140 sogar den seleukidischen König Demetrios II. gefangennehmen und für gut 10 Jahre festhalten konnten. Dessen jüngerer Bruder Antiochos VII. konnte in einer großen Offensive 130 gegen die Parther noch einmal Babylon und Medien gewinnen, doch sein Tod im folgenden Winter (129) ermöglichte es den Parthern, sich definitiv in Mesopotamien festzusetzen. Ktesiphon, ihre in hellenistischer Art errichtete Hauptstadt in der Nähe von Seleukeia am Tigris, wurde das Zentrum eines Reiches, das die Seleukiden bald überflügelte. Diese versanken immer mehr in Thronwirren zwischen den jeweiligen Linien der beiden Brüder Demetrios II. und Antiochos VII., die sich dann auch selbst noch spalteten, bis schließlich der Römer Pompeius im Zuge der endgültigen Liquidierung der Mithridateskriege und einer generellen Neuorganisation der römischen Herrschaft im Osten den letzten Rest des Reiches als Provinz Syria unter direkte römische Herrschaft nahm (63).

Vergleichbare Konflikte führten auch zur völligen Zerrüttung des Ptolemäerreiches. Zwar hatte Ptolemaios VI. sogar im Seleukidenreich Einfluß nehmen können und zuletzt Demetrios II. gegen den Prätendenten Alexander Balas gestützt, war aber in einem an sich erfolgreichen Kampf gegen diesen 146 gefallen. Sein Sohn Ptolemaios VII. wurde umgehend ermordet, und in den folgenden Jah-

Ende der Seleukiden

Ende der Ptolemäer

ren brachen immer wieder Auseinandersetzungen zwischen seinem Bruder Ptolemaios VIII. und seiner von diesem ‚übernommenen' Schwestergemahlin Kleopatra II. aus, die sich in vergleichbarer Form auch in den späteren Generationen fortsetzten. Zuletzt dominierte römische Intervention. Bezeichnenderweise hat die letzte Königin, Kleopatra VII., einen festen Platz in den innerrömischen Auseinandersetzungen. So fällt in deren letzter, dem Bürgerkrieg zwischen Octavian und Kleopatras Gatten Marcus Antonius, auch die Entscheidung über Ägypten: Nach seinem Sieg bei Actium (31) und dem Selbstmord seiner Gegner zog Octavian das Nilland in das römische, genauer in sein eigenes Herrschaftsgebiet ein (30). Damit fand der Hellenismus als politische Größe sein definitives Ende, nachdem ihm seit 168 ein – wenn auch sehr lebendig wirkendes – ‚Pseudodasein', sozusagen unter römischem Vorbehalt, beschieden gewesen war.

II. Grundprobleme und Tendenzen der Forschung

HELLENISMUS – BEGRIFF UND EPOCHE

Das entscheidende Problem in der historiographischen Erfassung des Hellenismus als Epoche liegt darin, daß wir mit einem Begriff operieren, der von DROYSEN [88] begründet ist, ohne daß aber die von diesem gegebene Bestimmung des Begriffs, die Ausfluß seines spezifischen Geschichtsbildes ist und zum Teil auf einem sprachlichen Mißverständnis beruht, heute noch akzeptiert wird, wie besonders PRÉAUX [108] gezeigt hat. So haben sich über das Verständnis der Epoche – wenn man sie denn überhaupt als solche gelten ließ – teilweise verbissene Diskussionen entwickelt, die vor allem in der deutschen Forschung gelegentlich quälenden Charakter annehmen konnten, mit einem Höhepunkt in den 20er Jahren anläßlich von LAQUEURS Rektoratsrede [105, vgl. hierzu 117: BICHLER, bes. 140ff.]. Eine gewisse ‚Neuauflage' scheint sich heute zu entwickeln mit zwei Arbeiten, die beide nicht unproblematisch sind: BUSCHE [114] verharrt zu sehr in einer etwas vagen Anlehnung an DROYSEN, BICHLER [117], dessen Arbeit auf ganz anderem Niveau steht, richtet seinen Blick weniger auf die Epoche selbst und ihre Phänomene als auf die Positionen der Sekundärliteratur, womit er im eher Doxographischen steckenbleibt.

Für DROYSEN lag im Hellenismus die entscheidende Voraussetzung für die Offenbarung und Entfaltung der christlichen Religion, im faktischen Rahmen wie in der gedanklichen Entwicklung. Dazu war für ihn welthistorisch notwendig die – in HEGELS Sinne verstandene – Synthese zwischen den Polen Orient und Okzident [zu DROYSEN vgl. etwa 114: BUSCHE; 109: BRAVO; 117: BICHLER, 55ff.; 119: GEHRKE]. Heute gibt es zwei Hauptpositionen, die gelegentlich – so etwa bei MEYER [106] mit dem Begriff der „Durchdringung" – miteinander kombiniert werden. Durchaus nicht selten erscheint der Hellenismus noch als eine Epoche der Verschmelzung, wie sie teilweise schon von Alexander eingeleitet worden sei [so etwa 490: ROSTOVTZEFFS ältere Position; 114: BUSCHE; 111: HENGEL; differenzierend, da weniger die Intention als den – partiellen – Effekt akzentuierend jetzt bes. 118: MILLAR].

Überwiegend wird aber heute betont, daß trotz aller Annäherung die griechische und die jeweils indigenen Kulturen sich nicht wirklich miteinander ver-

Die Diskussion um den Epochenbegriff

mischten, daß es keine neue Einheit gab, sondern ein sich mehr oder weniger stark beeinflussendes Nebeneinander. Insofern sich dabei im griechischen Bereich Veränderungen ergaben, sprach man von einem Schritt von der nationalen zur kulturellen Einheit [91: KAERST] bzw. einem Übergang vom Partikularismus zu einem „allgemeinen Kulturgedanken" [105: LAQUEUR]. Die generellen Zustände erfaßte man mit Begriffen wie Überschichtung, Überlagerung oder vergleichbaren Metaphern [bes. 263: HEUSS, 50ff.; 93: ROSTOVTZEFF I, 502. II, 1106f.; E. STIER, Aus der Welt des Pergamonaltars, Berlin 1932, 30; vgl. 108: PRÉAUX; 110: MOMIGLIANO]. Für die besondere Akzentuierung auch des jeweils Verschiedenartigen und der Eigenständigkeit der verschiedenen Traditionen, wie sie durch die aktuelle Einzelforschung betont wird, kann jetzt DAVIES [in 103: CAH VII 1, 257ff.] als repräsentativ gelten: Gerade weil die Griechen auf teilweise wesentlich ältere Kulturen trafen, die eine hohe Eigenständigkeit und Vitalität auszeichnete, setzten sie sich nicht völlig durch und ergaben sich da und dort auch engere Verbindungen [jetzt akzentuiert am Beispiel der Phöniker durch 118: MILLAR]. In welchem Maße freilich die griechische Kultur bis weit nach Zentralasien hinein präsent war, haben besonders die Grabungen im afghanischen Ai Khanoum gelehrt [171: BERNARD u. a.; 172: ROBERT].

Die Situation kann, wie bei allen Epochengliederungen, nie vollständig befriedigen [vgl. schon 104: BELOCH]. Inhaltlich bleibt vieles verschwommen, und mit einer bloß konventionellen Zeiteinteilung mag man sich nicht zufriedengeben. Dennoch geht der jetzt von BICHLER [117] an den Tag gelegte Skeptizismus zu weit. Es gibt genügend in der Forschung – in den verschiedensten Bereichen, bis weit in die Geistes- und Kunstgeschichte hinein – klar begründete Spezifika, und diese machen den Hellenismus sogar zu einer relativ gut abzugrenzenden Epoche [zur Einheit der Epoche siehe jüngst 451: AUSTIN, 452].

Griechen und ‚Barbaren' Im übrigen zeigt schon die Schwankung in den gegebenen Inhaltsbestimmungen das zentrale Problem des Hellenismus. Das Verhältnis von Griechen und Nicht-Griechen, das in jedem Falle auf eine neue Ebene gehoben wurde, ist allein schon ein Signum der Epoche und macht eine diese konstituierende Thematik sichtbar. Damit aber ergibt sich eine wesentliche, kürzlich von DAVIES [103, 263] besonders herausgestrichene Problematik der forschungsgeschichtlichen Perspektive, die auch für dieses Buch gilt: Wir erfassen gemeinhin den Hellenismus von der griechischen Geschichte her, als deren Epoche und Phänomen; und namentlich von dieser Seite aus hat die hellenistische Kultur auch ihre Einheit [s. etwa 101: WALBANK, 67]. Andere Blickwinkel werden, schon aus Gründen der wissenschaftlichen Spezialisierung, oft, und notgedrungen auch hier (zumal wir ja auch einen Überblick über die Forschung geben), vernachlässigt; eine Ausnahme bildet in der Forschung allenfalls die Geschichte des Judentums im Hellenismus. Deshalb ist es sehr zu begrüßen, daß in den letzten Jahren sowohl von althistorischer wie altorientalischer Seite begonnen wurde, Lücken zu schließen [s. besonders 116: MOMIGLIANO; 538: MCEWAN; 418: BRIANT; 118: MILLAR; 539: FUNCK; 419: OELSNER; 525: KUHRT/SHERWIN-WHITE].

Die Frage der zeitlichen Begrenzung ist von der Bestimmung der Epoche natur- Beginn und Ende der Epoche gemäß nicht zu lösen [vgl. 117: BICHLER, 3f.]. Hier muß deutlich gesagt werden, daß die von uns nachdrücklich vertretene Einbeziehung Alexanders des Großen [dazu ebenfalls markant vor allem 263: HEUSS, 50ff., mit dem Hinweis auf die Bedeutung der Schwerpunktverlagerung 54ff., vgl. aber etwa auch 256: EHRENBERG, 399] für die heutige Forschung nicht repräsentativ ist. Ihre Begründung ergibt sich aus der einleitenden Skizze und vor allem aus der Behandlung Alexanders selbst. In einer ansonsten seltenen Einmütigkeit ist in neueren Darstellungen erst sein Tod [s. etwa 96: LÉVÊQUE; 98: PRÉAUX; 99: WILL; 103: CAH VII 1, doch s. auch anders 101: WALBANK] zum Ausgangspunkt genommen. Das Ende wird – noch einmütiger – in dem Übergang zur Kaiserzeit gesehen.

Allgemeine Handbücher zur Geschichte des Hellenismus nach DROYSEN kön- Handbücher nen hier nicht in extenso behandelt werden. Da aber auch ältere Werke ihren Wert nie völlig verlieren, seien die wichtigsten der Orientierung halber vorgestellt. BELOCH [90] gab eine gegenüber DROYSENs Position in vieler Hinsicht kritische Behandlung der Epoche, modern im Sinne der Zeit insofern, als die nationale Einigung der Griechen unter makedonischer Führung stark herausgestellt wurde und wirtschafts- und zivilisationsgeschichtliche Aspekte große Beachtung fanden – mit einer freilich stark aktualisierenden Sicht der Dinge. Angesichts einer gewissen ,Überfrachtung' mit verschiedenen Konzepten wählte NIESE [89] einen bewußt pragmatisch-positivistischen Weg, während umgekehrt KAERST [91] in geradezu idealisierender Weise besonders die Bezüge der Epoche zu ihrem geistigen Hintergrund herausarbeitete. Aus einer unnachahmlichen Kenntnis der Denkmäler und Überreste heraus lieferte ROSTOVTZEFF [93] eine zusammenfassende Darstellung der Wirtschafts- und Sozialgeschichte, mit wichtigen Bemerkungen auch zu den politischen Abläufen und Formen, wobei er in Konzept und Begrifflichkeit besonders dazu neigte, moderne Vorstellungen in die Epoche hineinzutragen. Auf ähnliche Weise näherte sich SCHNEIDER [599] der Kulturgeschichte, mit einer starken Betonung des griechischen Charakters der hellenistischen Kultur. Heute verfügen wir, neben diversen kürzeren Zusammenfassungen [595: TARN/GRIFFITH; 96: LÉVÊQUE; 100: CHAMOUX und bes. 101: WALBANK, der exemplarisch und quellennah auf kleinem Raum hohe Anschaulichkeit erreicht] über ausführliche Handbücher, die schon die verschiedenen Revisionen repräsentieren, welche die neuere Forschung an manch einseitigen Konzepten vornahm und an denen auch die jeweiligen Verfasser selbst aktiv beteiligt waren. So bilden die Arbeiten von 98: PRÉAUX; 99: WILL; 103: CAH VII 1 vorzügliche Arbeitsgrundlagen.

1. Alexander der Grosse

a) Alexanderbilder

Vielleicht das deutlichste Symptom für die provozierende Bedeutung der Persönlichkeit Alexanders des Großen ist die kaum rational erklärbare Faszination und Parteinahme, die er – positiv oder negativ – auslöste. Dieses innere Engagement führte aber leicht dazu, daß in ihn, in die Deutung seiner Person viel Fremdes eingehen konnte, daß er oft eher Gefäß für die spezifischen Deutungen und Sichtweisen seiner Erklärer war. So ist auch die geschichtswissenschaftliche Forschung gerade über Alexander immer auch ein Stück, oft ein gutes Stück Zeitgeschichte [s. z.B. 188: Demandt]; und demgemäß finden wir eine Fülle von Alexanderbildern. Noch komplexer wird dieser Sachverhalt dadurch, daß man die Epoche des Hellenismus aus guten Gründen mit Alexander beginnen lassen kann (s.o.), so daß er nicht nur generell ein klassischer Fall für die Diskussion über die Rolle des Individuums in der Geschichte ist – was seine ausführliche Behandlung hier in erster Linie rechtfertigen mag –, sondern auch speziell mit der Frage ‚belastet‘ wird, wieweit die neue Weltkultur dieser Epoche von ihm gleichsam schon intendiert war, wieweit dem objektiven Ergebnis subjektive Antriebe entgegenkamen.

Schon das erste Werk, das ihn nach den Regeln der modernen Geschichtswissenschaft zu erfassen suchte, Droysens „Alexander" [88 I], setzte hier mehr als deutliche Zeichen. Es zeichnete voller Sympathie den Heldenjüngling, der durch seine Taten einer neuen Epoche Bahn brach und damit ganz im Sinne des von Gott gewollten Geschichtsablaufs den Boden für die Offenbarung des Christentums bereitete. Generell blieb charakteristisch, daß Alexander mit großen Ideen ‚befrachtet‘ wurde, wobei insbesondere das wie auch immer bezeichnete Konzept der Weltherrschaft auf der Basis der Verschmelzung von Orient und Okzident oder doch mindestens der Verbindung von Iranern und Makedonen im Vordergrund stand [175: Meyer; 251: Berve; 256: Ehrenberg, Verschmelzung auch mit ägyptischen Vorbildern; 176: Wilcken ist hier noch am nüchternsten]. Die Zeit der ‚großen Würfe‘ erreichte jedoch ihren Höhepunkt in zwei Werken aus der Mitte unseres Jahrhunderts, bei Tarn [177] und Schachermeyr [178]. Jener, ganz in britisch-viktorianischer Tradition befangen, portraitierte Alexander als überlegten, aufgeklärten Eroberer, dessen höchstes Anliegen die Vereinigung der Menschheit in brüderlicher Eintracht war; dieser dagegen, ganz im Banne des Hitlererlebnisses, sah in Alexander den dämonischen Machtmenschen, ja den „titanischen" Einzelgänger und Übermenschen, dem nur die ganze Welt angemessene Szene war [178 und, wie ein erratischer Block in der Forschungslandschaft, 192; zu beiden Autoren s. bes. 196: Badian].

Dieser Höhepunkt war aber auch ein Abschluß, denn nicht zufälligerweise regte sich nahezu gleichzeitig Widerspruch, teilweise gerade durch die extremen Po-

Alexander und die Tendenz seiner Historiker

Skepsis und Zurückhaltung

sitionen hervorgerufen: Die „Minimalisten" [der Begriff wurde geprägt von 187: BADIAN] verzichteten bewußt darauf, Alexander weittragende Ideen und Pläne zuzuschreiben. Vielmehr ließen sie nur gelten, was sich nach strenger Kritik positiv in den Quellen finden ließ [grundlegend 179. 254: ANDREOTTI; 180. 183: HAMPL; vgl. 253: BALSDON, welche dabei an ältere Positionen, bes. 90: BELOCH und teilweise 172: WILCKEN anknüpfen konnten]. Die darauf folgende ‚skeptische Generation' von Alexanderhistorikern konzentrierte sich sehr stark auf die Detailforschung, mit besonderer Beachtung der Quellenfrage sowie des Umfeldes von Alexander (wie schon BERVE [317] Alexander in seiner persönlichen Umgebung und seinen administrativen und militärischen Aspekten behandelt hatte). Geradezu programmatisch wurde die Einzelforschung vor den Versuch der Gesamtanschauung gestellt [so bes. 196: BADIAN, 300, der führende Vertreter dieser Richtung, vgl. auch 203: WIRTH. Zu den Forschungen im einzelnen s. die Übersichten von 181: WALSER; 185: BURICH (reine Bibliographie); 189: SEIBERT; 187: BADIAN (überlegt charakterisierend, generaliter und en detail); 196: BADIAN; 201: GOUKOWSKY; vgl. 192: SCHACHERMEYR, 609ff.; zur älteren Literatur s. 112: BENGTSON; 107: KIESSLING; 179: ANDREOTTI. Einige Sammlungen von Aufsätzen sind repräsentativ, so 182: Greece and Rome; 184: GRIFFITH (auch für ältere Positionen); 195: Alexandre; 203: WIRTH].

Die ‚minimalistische' Position hat in gewisser Weise KRAFT [260] verabsolutiert, der sich bemühte, alle Irrationalität aus Alexanders Motiven zu verbannen zugunsten eines normalen, nüchtern-sachlich, eben „rational" kalkulierenden Mannes. Dieses nicht völlig durchgearbeitete, postum herausgegebene Werk [s. BADIAN, Gnomon 47, 1975, 48ff. und 203: WIRTH, 276ff.] bringt gleichsam im Vergrößerungsglas ein Dilemma der ‚minimalistischen' Deutung zum Ausdruck: Diejenigen, die Alexander Konzepte unterstellen, die sich den Quellen nicht unmittelbar entnehmen lassen, haben gegenüber den Vertretern der Minimalposition immer die wissenschaftliche Beweislast. Dies kann dazu verführen, einen Negativbeweis zu schnell als Tatsache zu nehmen, der möglicherweise strukturell nichts anderes ist als ein argumentum e silentio. So kann dann die Eindimensionalität moderner rationaler Erklärung dem Erfassen Alexanders dienen – aber damit hätte man ihn wieder mit modernen, nicht den ihm angemessenen Vorstellungen erfaßt.

Doch solche Einseitigkeit ist durchaus nicht repräsentativ. Vielmehr hat die ‚reduktionistische' Beschäftigung mit Alexander auch zu vorsichtigen Gesamtdarstellungen geführt, die durchweg gute Einführungen und Arbeitsmittel bilden [183: HAMPL (sehr konzis, im Sinne der o.a. Grundsätze); 193: WIRTH (dem Genre gemäß etwas essayistisch formuliert; vgl. auch die Synopse 203, 92ff.); 190: HAMILTON (nüchtern und knapp, mit besonderer Berücksichtigung der Quellenprobleme); 194: GREEN (dank der Lesbarkeit, Zuverlässigkeit und Eigenständigkeit gelungen, teilweise nicht frei von Übertreibungen und der Überlieferung gegenüber zu unkritisch, z.B. 42); 200: LAUFFER (pragmatisch und gediegen); 199: HAMMOND (den makedonischen Hintergrund und die militärischen Aspekte be-

Gängige
Handbücher

tonend)]. Jüngere Autoren sind gelegentlich etwas weiter gegangen: So gibt LANE FOX [191] eine stellenweise brillant geschriebene und spannende Rekonstruktion, die besonders den mythos-orientierten Romantiker Alexander herausstellt. Sie ist freilich stellenweise so fehlerhaft, daß ein – allerdings sehr scharfer – Kritiker von einer „adventure story mid-way between historical journalism and historical fiction" [E. BADIAN, JHS 96, 1976, 230] sprechen konnte [vgl. jetzt auch 198: LANE FOX, mit vorzüglicher Bebilderung]. Das flott geschriebene, teilweise salopp formulierte Buch von WILL [204] bemüht sich – ausgehend von provozierenden Bemerkungen des Schriftstellers Arno Schmidt – bewußt darum, die negative Seite Alexanders, den großen Zerstörer, herauszuarbeiten, was nicht ohne trivialpsychologische Beweisführung abgeht, aber angesichts mancher verklärender Darstellungen nicht ganz ohne jede Berechtigung sein mag. In jüngerer Zeit haben sich die Einzelarbeiten eher noch vermehrt, wobei Impulse besonders von den sensationellen Funden in Vergina und überhaupt von der Intensivierung archäologischer Arbeit in Makedonien ausgegangen sind [vgl. z.B. 102: LINDSAY ADAMS/BORZA].

Forschungs-   Insgesamt lehrt die neue Entwicklung auf dem Felde der Alexanderliteratur,
perspektiven daß die ‚minimalistische' Position womöglich zu kurz greift, wir aber auch nicht mehr hinter sie zurückgehen dürfen: Die Zeit des unkontrollierten Psychologisierens und Ideologisierens sollte eigentlich vorbei sein, aber auch auf planes Rationalisieren sollte man sich nicht beschränken, da dieses wieder zunächst nichts anderes ist als ein Anachronismus. Stärker sollte man bei der Gesamtdeutung Alexanders, die bei aller Einzelforschung immer wieder Aufgabe – und Reiz – bleibt, auf das sehen, was als Motiv und Plan, als unbewußtes Drängen und bewußte Überlegung vor dem Zeithintergrund [vgl. 254: ANDREOTTI, 122 und 263: HEUSS, 35] und vor allem im seinerzeitigen für uns durchaus zugänglichen Mentalitätsgefüge [im Sinne von V. SELLIN, Hz 241, 1985, 555ff.] sowie angesichts der Mechanismen damaliger Sozialisation möglich oder gar wahrscheinlich war.

b) Die Quellen

Unsere Autoren   Das gerade skizzierte Alexanderproblem ist – in noch spezifischerem Maße als
und ihre Quellen dies für jede historische Thematik gilt – auch eine Quellenfrage: Denn zu den noch in der aktuellen Forschung manifesten Tendenzen zur engagierten, d.h. subjektiven Einschätzung Alexanders, die sich in der Antike noch ungehemmter Geltung schuf, kommt die Tatsache, daß unsere erhaltenen zusammenhängenden Darstellungen erst aus der Zeit vom 1. vorchristlichen bis zum 2. nachchristlichen Jahrhundert stammen (Diodor, Justin, Curtius Rufus, Plutarch, Arrian; dazu kommt der ganz phantastisch-fiktive Alexanderroman). Es sind also – mit Hilfe von überlieferten Fragmenten – aus diesen späten Zeugnissen erst die zeitgenössischen Autoren, unsere primären Quellen, herauszufiltern. An solchen fehlte es nicht; ihre wichtigsten waren Kallisthenes, Neffe und Schüler des Aristoteles, gleichsam als offizieller Historiograph und Berichterstatter am Alexanderzug

teilnehmend; Kleitarch, ebenfalls ein ausgewiesener Historiker, nicht unmittelbar beteiligt, aber schon am Ende des 4. Jahrhunderts schreibend; Nearchos, der Admiral Alexanders des Großen; Onesikritos, ein kynischer Philosoph, seit dem Indienfeldzug Erster Steuermann der Flotte; Chares, am mobilen Hofe Alexanders besonders für zeremonielle Angelegenheiten zuständig; Ptolemaios, in Alexanders engster Umgebung, der spätere König von Ägypten; Aristobulos, ein Intellektueller, der offenkundig während des Alexanderzuges mit technischen Aufgaben betraut wurde [die Fragmente s. 1: JACOBY, FGrHist, 117-153; engl. Übersetzung 212: ROBINSON, dazu 187: BADIAN, 49; eine zusammenfassende Behandlung bei 215: PEARSON].

Grundlegend für die Rekonstruktion der Abhängigkeitsverhältnisse waren die philologischen Analysen von E. SCHWARTZ [44; RE II, 1230ff. (Arrian); IV, 1871ff. (Curtius Rufus)] und besonders von F. JACOBY [RE XI, 622ff. (Kleitarch)]. Es war das große Verdienst von TARN [177], die daraus [bei allen Modifikationen, s. 90: BELOCH III 2, 38f. zu Kleitarch] resultierende communis opinio in Frage gestellt zu haben. Sein eigenes Bild konnte zwar vor der wissenschaftlichen Kritik nicht standhalten [s. bes. 211: STRASBURGER], aber danach wurde die Quellenforschung wieder viel stärker thematisiert. Dabei geht es insbesondere darum, die Autoren zunächst im Zusammenhang ihrer eigenen Intentionen und ihres Gesamtwerkes zu sehen: Ein mittlerweile altes Dilemma – daß die Philologen die teilweise nicht sehr attraktiven Autoren wenig beachteten und die Historiker ohne große Beachtung des Kontextes die sie interessierenden Notizen ‚herauspflückten‘ – wird damit allmählich überwunden. Repräsentativ hierfür sind 209: BROWN (zu Onesikritos); 35: BRUNT; 37: BOSWORTH; 38: STADTER; 36: WIRTH/ VON HINÜBER (zu Arrian); 76: DEVINE; 77: ATKINSON; 78: BÖDEFELD; 79: GUNDERSON; 80: HAMILTON (zu Curtius Rufus); 52: HAMILTON (zu Plutarch); 85: URBAN; 87: SYME (zu Justin); 230: PRANDI; 231: GOLAN (zu Kallisthenes, vgl. bereits die Versuche von STRASBURGER, Ptolemaios [207] und ein Stück Nearchos [273] zu rekonstruieren, sowie die deutlichen Worte zur Tendenz des Chares bei 267: BADIAN, 50f.).

Das Hauptproblem verbindet sich mit der relativ klaren Trennung zwischen Arrian und der übrigen Überlieferung: Jener hat in seinem Bemühen, Alexanders Heldenhaftigkeit ohne Beschönigung und Übertreibung aus seinen Taten sprechen zu lassen [38: STADTER], auf besonders nüchtern berichtende und ihm damit als zuverlässig erscheinende Quellen zurückgegriffen, auf Aristobulos und Ptolemaios; die restliche Überlieferung zieht er jedoch auch heran, meist unter dem Stichwort: „Was überliefert wird" (τὰ λεγόμενα); diese nennt man in der Forschung Vulgata. Sie läßt sich aber – durch eine Reihe von Übereinstimmungen – auch bei den vier anderen ‚Grundautoren‘ auffinden, freilich mit jeweils sehr abweichenden Varianten. Wie die Abhängigkeiten hier konkret liefen und wie der Quellenwert dieser ‚Vulgata-Gruppe‘ gegenüber dem ‚Arrian-Strang‘ einzuschätzen ist, bedarf noch weiterer Klärung. Immerhin haben die Forschungen nach TARN deutlich gemacht, daß das Bild der klassischen Quellenanalyse in den

Intensivierung der Quellenforschung

wesentlichen Elementen zutrifft, daß Modifizierungen vor allem angebracht sind hinsichtlich des Quellenwertes von Arrian [222: BOSWORTH], der heute nicht generell den anderen vorgezogen wird, sowie der Beziehungen zwischen Kleitarch und Diodor, den man nicht mehr nur als bloßes Kleitarch-Exzerpt versteht [224: HAMILTON], und in Bezug auf die zeitliche Abfolge zwischen Kleitarch, Ptolemaios und Aristobulos, wobei u.a. eine Frühdatierung des Ptolemaios erwogen wird [R. M. ERRINGTON, Classical Quarterly N.S. 19, 1969, 233ff., vgl. 187: BADIAN; 222: BOSWORTH]. Repräsentativ für diesen Stand sind – neben den genannten Arbeiten – mit jeweils individuellen Abweichungen PEARSON [215] (aber Aristobulos wird vor Kleitarch datiert); HAMMOND [229] (aber neben Kleitarch wird Diyllos als Quelle von Diodor XVII angenommen, dagegen schon ERRINGTON, Gnomon 56, 1984, 780); BADIAN [187, 37ff.], vgl. auch das Stemma von SCHACHERMEYR in 195: Alexandre.

Nichtliterarische Quellen   Von anderen Quellen ist zum gegenwärtigen Zeitpunkt nicht viel zu erwarten [vgl. 187: BADIAN]: Die Inschriften sind zahlenmäßig verschwindend gering und haben zudem jüngst eine nicht immer glückliche Behandlung erfahren [227: HEISSERER, zur Kritik s. etwa 201: GOUKOWSKY]. Die Münzprägung Alexanders wirft als solche derartige Probleme auf, daß eher von der historischen Rekonstruktion Licht auf sie fällt als umgekehrt von ihr auf diese. Grundlegend sind noch immer die relativ vorsichtigen Bemerkungen von BELLINGER [216]. Auch die archäologischen Zeugnisse bringen keinen wesentlichen Zugewinn an Erkenntnissen: Die Porträtforschung hat erst jüngst begonnen, auch in diesem Felde das historische Vergleichsmaterial als Folie zu benutzen [VON SCHWARZENBERG, 217 und bes. 223 sowie 220: HÖLSCHER, der in methodischer Hinsicht einige Linien gezogen hat], doch sind immer noch wesentliche Grundfragen der Stilistik, Datierung, Materialbasis umstritten [vgl. 228: HARTLE]. Dagegen haben die beiden wichtigsten künstlerischen Darstellungen zur Alexanderthematik, der Alexandersarkophag und das Alexandermosaik aus Pompeji, eingehende und treffende Behandlungen erfahren [219: VON GRAEVE; 223a: ANDREAE].

c) Jugend und Herrschaftsantritt

α) Der makedonische Hintergrund und Philipp II.

Lage Makedoniens   Wie schon angedeutet wurde, hat die Erforschung der makedonischen Geschichte vor allem durch erhebliche archäologische Anstrengungen und Funde viel Nahrung und Antrieb erhalten. Grundlegend für den hier behandelten Zeitraum sind 132: HAMMOND I und HAMMOND/GRIFFITH II. Dort werden insbesondere die landeskundlichen Grundlagen, die Elemente des Wirtschaftslebens und der föderativen Struktur eingehend vorgestellt [HAMMOND; zu den natürlichen Voraussetzungen und Ressourcen s. auch 245: BORZA] und wird die Geschichte Philipps minutiös nachgezeichnet, mit vielen wichtigen Einzelbeiträgen [GRIFFITH]. Dazu kommen jetzt der – für diese Zeit recht knappe – Überblick von 139: ERRINGTON sowie eine Reihe von zusammenfassenden Darstellungen bzw. Beiträgen zu Philipp II. [238: ELLIS; 240: CAWKWELL; 242: HATZOPOULOS/LOUKOPOULOS (zu diesen nebst GRIFFITH s. M. ERRINGTON, AJAH 6, 1981, 69ff.); 247: WIRTH].

Zur Problematik der makedonischen Monarchie hat ERRINGTON [440] jetzt deutliche Worte gesagt; vgl. auch 443: LEVY, wo sich freilich zeigt, daß mit der Verwendung von Begriffen wie absolutistisch, konstitutionell, demokratisch die Diskussion in eine schiefe Fragestellung gerät (S. 222). In der Tat war die makedonische Monarchie dies alles nicht. Ihr Institutionalisierungsgrad war niedrig, und deswegen konnte das reale Gewicht des Königs in Relation zu dem des Heeres bzw. des Volkes und des Adels wechseln. Die „subhomerischen" Strukturen sind gut betont bei 194: GREEN, 3ff., die Aktivitäten und Ambitionen der Adligen bei 248: HECKEL. Die Schwerpunkte von Philipps inneren Reformen sind bisher noch wenig akzentuiert worden. Den möglichen persischen Einfluß versucht 237: KIENAST herauszustellen. Philipp II.

Zumindest zur Heeresstruktur läßt sich anmerken, daß in der quaestio vexata der Phalanx und der Pezhetairen [vgl. 304: MILNS] die Interpretation nicht von den beiden problematischen Scholiasten-Fragmenten des Theopomp und Anaximenes auszugehen hat, sondern von den relativ klaren Angaben bei Diodor [16,3,1f.] und Demosthenes [2,17]: Danach war Philipp Schöpfer der makedonischen Phalanx, was eo ipso jede historische Wahrscheinlichkeit für sich hat [vgl. jetzt 312: GRIFFITH]. Deren Herzstück und Elite (vergleichbar ähnlichen „Auserlesenen" in griechischen Heeren) waren die Pezhetairen, in der unmittelbaren Umgebung des Königs und ganz offensichtlich permanent, mithin als ein stehendes Heer, das irgendwie abkömmlich war, also ausreichende Nahrungsgrundlagen hatte. Daß aus diesen erst unter Alexander dem Großen das Gros der makedonischen Phalanx wurde, kann man schon deswegen nicht mit GRIFFITH [132 II, 705ff.] und MILNS [304, 94ff.] aus Anaximenes [1: FGrHist, 72 F 4] herauslesen, weil sich dieser nach seinem Duktus nur auf Alexander I. beziehen läßt [vgl. ERRINGTON, Diskussionsbeitrag in 195: Alexandre, 131]. Was kann uns also an der Annahme hindern, daß diese Eliteeinheit schon unter Philipp allmählich oder schubweise, je größer die Ressourcen wurden, an Zahl beträchtlich zugenommen hat [doch s. jetzt 315: GOUKOWSKY, der in den Pezhetairen auch unter Alexander noch eine Eliteeinheit sieht, vgl. u.]? – Die wichtigsten Hinweise auf das Pagenkorps finden sich immer noch bei 317: BERVE I, 37ff [vgl. jetzt auch 229: HECKEL], zum möglichen persischen Hintergrund, der hier noch am ehesten denkbar ist, s. 237: KIENAST, 264ff.

Für die Organisation makedonischer Herrschaft in Griechenland nach Chaironeia sind noch grundlegend die Artikel von ROEBUCK [233] zu den bilateralen Regelungen und von HEUSS [374] zum Korinthischen Bund: Dort wird deutlich begründet, daß nicht neben der koiné eiréne noch ein zusätzlicher Symmachievertrag existierte, was auch durch die Beobachtungen und Argumente von RYDER [236] bestätigt wurde [Weiteres bei 149: GEHRKE, 65 A. 75; für ein Detail, die Frage des inneren Umsturzes, s. jetzt 244: URBAN].

β) Alexanders Anfänge

Olympias Alexanders Mutter Olympias wurde immer wieder Gegenstand von negativen Psychologisierungen, als ein bis zur Raserei leidenschaftliches, ja dämonisches Weib [nur ein Beispiel statt vieler 192: SCHACHERMEYR, zur Kritik s. jetzt 249: CARNEY]. Unsere Quellen bieten dieses Bild, doch sind sie unter dem Eindruck von Olympias' Verhalten nach Philipps und mehr noch nach Alexanders Tod geprägt, und viele Geschichten, vor allem im Zusammenhang mit Alexanders göttlicher Geburt, sind natürlich erst nach dessen Zug in die Oase Siwa erfunden worden. Was zunächst bleibt, ist womöglich eine starke Leidenschaft für orgiastische Kulte – aber da wird sie nicht allein gestanden haben. Ihre besondere Position im Kreise von Philipps Frauen geht womöglich darauf zurück, daß sie die Mutter des präsumtiven Nachfolgers war [243: ELLIS, vgl. auch allgemein 249: CARNEY, die auch eine knappe Skizze des Forschungsstandes zur Position makedonischer Herrscherfrauen gibt: 397]; doch da trotz ELLIS [243] an ihrem Fortgang wegen Philipps Hochzeit mit Kleopatra nicht zu zweifeln ist, hatte sie zumindest ein Selbstwertgefühl entwickelt, das es ihr offenbar nur als ‚prima inter pares' unter den Frauen des Königs zu existieren erlaubte.

Wie eng Alexanders Bindung an sie war, ist heute nicht mehr zu eruieren, da die Quellen hierzu – besonders wegen der Ammonsgeschichte – sehr anekdotenhaft sind. Nachweislich wichtig für ihn war das molossische Erbteil wegen der heroischen Traditionen dieses epirotischen Stammes [hierzu s. 129: HAMMOND, 383ff. 412f.].

Alexanders Erziehung Wie stark Alexanders Jugend durch die heroischen Ideale geprägt war, haben vor allem HAMILTON [235] und EDMUNDS [259, 369f.] verdeutlicht. Mit den Unterweisungen durch Aristoteles hat man vieles verbunden: Politische Ratschläge, etwa zum Umgang mit den Barbaren – die Alexander dann später über den Haufen warf; oder gar Unterrichtung in den Tiefen platonischer Metaphysik [so noch jüngst 200: LAUFFER, 26ff.]. Belege dafür gibt es nur in apokrypher Literatur, etwa Briefen, weil dieses Lehrer-Schüler-Verhältnis des großen Philosophen und des großen Königs natürlich reiche Themen für Rhetoren- und Philosophenschulen lieferte. Im Vordergrund wird auch hier die Ilias-Deutung gestanden haben, wie es generell in der Erziehung Jugendlicher in diesem Alter üblich war. Dazu kamen die Vermittlung von diversen Grundkenntnissen, etwa im Geographischen, und Ermahnungen zur areté [254: ANDREOTTI, 121; dieser Aspekt ist von 192: SCHACHERMEYR mit Hilfe des aristotelischen Paians auf Hermeias von Atarneus konkretisiert worden].

Alexander und Philipps Ermordung Für die Verstrickung Alexanders in die Ermordung seines Vaters [zum Datum s. jetzt 246: HATZOPOULOS, der wegen der eindeutigen Quellenlage den Vorzug vor 90: BELOCH III 2, 59 verdient] sind wichtig vor allem HAMILTON [235; der sich freilich später selbst relativierte: 190, 43] und BADIAN [234]. Natürlich wird man in dieser Frage nichts Definitives mehr ermitteln können. Aber die Argumente für Alexanders Beteiligung wiegen sehr schwer, schwerer als der Versuch von EL-

LIS [243], die Ermordung als Tat eines Gestörten hinzustellen: Dessen quellenkritische Argumentation greift nicht, und die von ihm angestellten Überlegungen zu den Motiven der Handelnden sind allzu abstrakt, historisch-philologisch nicht nachvollziehbar, und sie erfüllen auch nicht ihren Zweck. Immerhin steht fest, daß aus der letzten Ehe Philipps kein Sohn hervorging, sondern eine Tochter Europa [s. jetzt 241: HECKEL].

Wie problematisch Alexanders Verhältnis zu den Griechen war und welche Risiken dieses in sich barg, ist vor allem von WIRTH [264, im Grundsätzlichen, freilich mit schiefen Akzenten: So wird Issos als „Teilkriegsschauplatz" bezeichnet (191)] sowie von BADIAN [324, im Hinblick auf die – glänzend rekonstruierte – Politik Agis' III.] herausgearbeitet worden, vgl. auch 149: GEHRKE. Überhaupt hat das Verhältnis zwischen Athen und Alexander gerade angesichts des großen Restaurationsprogrammes dieser Stadt und der Zuspitzung mit dem Auftreten des Harpalos, dem Verbanntendekret und der langen Diskussion über die göttliche Verehrung Alexanders in der letzten Zeit sehr viel Aufmerksamkeit gefunden [321: MITCHEL; 327: ROSEN; 291: JASCHINSKI und jetzt vor allem 155: WILL, dessen Tendenz dahingeht, im Unterschiede zu MITCHEL die Konflikthaltigkeit im Verhältnis Alexanders zu Athen zu reduzieren, insbesondere dem Programm Lykurgs seine antimakedonische Perspektive zu nehmen. Doch wird hier zu wenig zwischen Resignation aus machtpolitischen Gründen und wirklicher Gesinnung geschieden].

Alexander und die Griechen

d) Krieg in Kleinasien

α) Alexanders Motive und Ziele

Es ist notwendig, schon anläßlich des Beginns des Feldzuges auf die zentrale Thematik der Motivation und Zielsetzung einzugehen. Zunächst ist festzuhalten, wie sehr Alexander im mythisch-homerischen Denken und Fühlen befangen war. Dieser – nie unbeachtet gebliebene Aspekt – [vgl. den Hinweis auf „die heroisch-romantischen Empfindungen, die er aus der homerischen Welt gesogen hatte" bei 175: MEYER, 279] ist erst in den letzten Jahren klarer konturiert und zu einem Leitgedanken in der Alexanderdeutung gemacht worden, vor allem in so ganz unterschiedlichen Arbeiten wie 255: BRUNT; 259: EDMUNDS, 369ff.; 191: LANE FOX (wo der Gedanke konsequent durchgeführt ist); 263: HEUSS, 40ff. und 294: HÖGEMANN, 121f. [vgl. zu Teilaspekten auch 258: REHORK (Persepolis) und 273: STRASBURGER, 492f. (Zug durch die Gedrosische Wüste)]. Man kann diese Beobachtungen nicht mit dem Hinweis darauf entwerten, daß dieser Gesichtspunkt schon in unseren Quellen [zu Arrian s. besonders 38: STADTER, zu Kallisthenes s. 250: WILCKEN] die Alexanderinterpretation prägte oder daß es hier gleichsam nur um die nach außen gerichtete Propagierung ging [dazu tendiert 192: SCHACHERMEYR]. Vielmehr haben wir sehr gute Gründe dafür, daß wir damit Alexander selbst greifen: Zunächst begegnet dieser Aspekt in voneinander unabhängigen Quellen. Wichtig ist ferner die Entdeckung SCHACHERMEYRS [192, 653ff., vgl. da-

Alexanders Ziele: Die Rolle des Mythos

zu auch 259: EDMUNDS, 383ff.], der pothos-Begriff im Hermeias-Paian des Aristoteles kennzeichne in spezifischer Weise das Streben mythischer Helden nach Verwirklichung ihrer areté; denn einerseits begegnet des öfteren pothos als Alexanders Movens im Kontext mythischer imitatio und aemulatio [bes. deutlich Strabon 17,1,43; Arrian 3,3,1, aus Kallisthenes, so 250: WILCKEN, 266], und überhaupt werden in den Quellen – vielleicht auf den König selbst zurückgehend [319: EHRENBERG, 52ff. = 95, 458ff.] – von anderen schwer oder gar nicht nachvollziehbare, für Alexander spezifische Handlungen mit diesem Begriff motiviert. Auch die Religiosität Alexanders steht mit dem heroischen Charakter in enger Verbindung (s.u. S. 147). Außerdem wird man immer wieder Schwierigkeiten haben, Alexanders Aktivitäten ohne die Zuhilfenahme dieses mythischen Elementes überhaupt angemessen zu verstehen. Die beste Bestätigung aber, ja wohl sogar den Schlüssel liefern die von Alexander selbst ritualisierten Inszenierungen und symbolischen Akte, z.B. beim Übergang nach Asien und in der Troas, beim Rückzug aus Indien (die dionysische Prozession) und bei der Bestattung des Hephaistion.

Bei der Klassifizierung dieses Phänomens sollte man mit der Polarität der Begriffe Rationalität und Irrationalität – die ja immer moderne psychologische Vorstellungen implizieren – vorsichtig sein. So falsch es ist, im Mythos-Bezug nur theatralische Fassade zu sehen, so problematisch ist es, bloß dumpfe Triebe darin erkennen zu wollen. So lebensmächtig er auch war, so tief in Alexanders Seele seit der Kindheit verankert, er war diesem auch bewußt. Und vor allem: er schloß gar nicht aus, daß der König im jeweiligen Einzelfall sehr ‚rational‘ und sachlich kalkulierte Gründe hatte [so bes. 255: BRUNT und 294: HÖGEMANN, zu der militärischen Seite s.u. S. 144].

Zielsetzung Philipps II.   Sehen wir – vor diesem Hintergrund – auf den Beginn des Perserkrieges! Schon Philipps Zielsetzung hat die Forschung intensiv beschäftigt. Dabei spielte eine große Rolle, wieweit Philipp sich den Ideen des Isokrates angeschlossen hatte [vgl. die Übersicht bei 200: LAUFFER, 31 A. 17]. Heute ist man in diesem Punkt eher skeptisch [bes. 255: BRUNT, 205f.], aus guten Gründen: Abgesehen davon, daß ungeklärt ist, wie ernst Isokrates seine ‚Vorschläge‘ gemeint hat, bleibt vor allem festzuhalten, daß die offiziell propagierte Schwerpunktsetzung des Feldzuges mit Isokrates gerade nicht ohne weiteres kommensurabel ist. Was die Reichweite von Philipps Absichten betrifft, konkret, ob sie sich im wesentlichen auf Kleinasien erstreckten [für eine jedenfalls in der Publizistik der Zeit vertretene denkbare Grenzlinie s. G.A. LEHMANN, Historia 21, 1972, 385ff.] oder doch schon mehr oder weniger auf das Perserreich abzielten [so etwa 252: INSTINSKY], tut man gut daran, zurückhaltend zu sein. Man darf nie die Perspektive Philipps und seine historische Situation außer acht lassen. So sollte man sich an einem seiner wichtigsten Berater orientieren, an Parmenion, und an dessen Rat an Alexander angesichts von Dareios' Abtretungs-Angebot (s.o. S. 17), so 192: SCHACHERMEYR, 62 mit A. 39 und 263: HEUSS. Die ganz phantastischen Mutmaßungen über die Errichtung eines theokratischen Absolutismus nach dem Sieg über die Perser bei FREDRICKSMEYER [in: 102, 85ff.] entbehren jeder Quellenbasis; eine ihrer Grundlagen, die göttliche Verehrung Philipps [FREDRICKSMEYER in: 137, 145ff.] hält eingehender quellenkritischer Prüfung [267: BADIAN] kaum stand.

Viel wichtiger ist die Frage, welche Pläne und Ziele Alexander selbst im Moment des Übergangs nach Asien zugeschrieben werden können. Hatte er schon die Vorstellung, er werde mit dem persischen König um dessen Reich kämpfen [183: HAMPL, 17f.; 255: BRUNT], und damit womöglich sogar den Gedanken an die Herrschaft über die Welt [252: INSTINSKY]? Oder ging er zunächst ohne weiterreichende Pläne vor und ließ sich eher vom Erfolg weiter treiben, um erst nach dem Sieg von Issos das Perserreich ins Auge zu fassen [254: ANDREOTTI; 264: WIRTH]? Klar ist, daß wir – wegen der Korrespondenz mit Dareios, die wohl niemand mehr für unecht hält [37: BOSWORTH, 227ff. und jetzt 298: BERNHARDT] – spätestens zu diesem Zeitpunkt das weitere Ziel der Herrschaft über das Perserreich (zum Problem der Weltherrschaft s.u. S. 149) nachweisen können. Heißt es, daß es erst jetzt aufkam oder daß es vorher vorhanden, aber nur – uns – verborgen war? Wir haben für einen früheren Ursprung keine schlüssigen Hinweise. Die Lösung des berühmten Gordischen Knotens soll die Herrschaft über Asien prophezeit haben. Dies hat nach FREDRICKSMEYER [275] (der im übrigen viel über die Bindungen zwischen dem Wagen, Midas und Makedonien spekuliert) Alexander den Impuls zur Eroberung des Persischen Reiches gegeben. Doch die Geschichte von dem Orakel ist per se verdächtig, da sie eigentlich ein vaticinium ex eventu ist. Der Begriff Asia war überdies bei den Griechen notorisch vage und konnte auch Kleinasien bedeuten [PAPE-BENSELER s.v. mit Belegen, s. auch 200: LAUFFER, 71 A. 15], wenn man nicht ohnehin nur an Phrygien denken will [192: SCHACHERMEYR, 191ff.].

Der Speerwurf in den asiatischen Boden muß keineswegs bedeuten, daß das gesamte Perserreich übernommen werden sollte. Er wird allerdings nicht lediglich als Analogie zum römischen Fetialritus zu deuten sein [so 320: BADIAN], der doch zu spezifisch römisch ist, sondern ist wohl am ehesten als symbolische Inbesitznahme nach archaisch-griechischen und makedonischen Vorstellungen zu deuten [252: INSTINSKY; 526: SCHMITTHENNER, 34ff.; zur chora doriktetos s.u. S. 175] – aber damit ist über die Größe des zu erobernden Gebietes ja nichts gesagt.

Verführerisch ist die ingeniöse Vermutung von INSTINSKY [252], daß in den Xerxes-Reminiszenzen der Übergangs-Riten auch eine bewußte Antwort auf dessen Weltreichsidee steckte, wie sie immerhin bei Herodot formuliert war; freilich muß offenbleiben, wie tief Alexander mit Herodot vertraut war [vgl. 192: SCHACHERMEYR, 86f. mit A. 68]. Der Bezug auf Xerxes läßt sich auch allein aus der offiziellen Fassade des Rachekrieges hinreichend erklären. Vor allem gilt es zu bedenken, daß diese universale Sinngebung, wäre sie der Kern der ja durchaus ostentativen Maßnahmen gewesen, den Zeitgenossen hätte deutlich sein bzw. entsprechend auch als solcher propagiert werden müssen; aber in den Quellen findet sich davon keine Spur. Immerhin ist angesichts von Alexanders innerer Disposition zur heroischen Bewährung, zum Streben nach Übertreffen des Gegners in Nach-

Alexanders Übergang nach Asien und seine Inszenierung

ahmung der Helden, das ja gerade auch in der Symbolik vor Ilion deutlich wurde, klar, daß er so leicht nicht Halt machen würde. Man wird also die Möglichkeit, daß Alexander schon weiterreichende Pläne hatte, bevor er dies in einer auch für uns faßbaren Weise demonstrierte, nicht ausschließen, ja nicht einmal für unwahrscheinlicher halten.

β) Das Heer

Stärke und Struktur des Heeres

Die vor allem auf Diodor [17, 17, 3] fußenden Beobachtungen von 317: BERVE I, 177f. zur Heeresstärke sind heute noch grundlegend. Sie haben freilich eine gewisse ‚Fehlerquote'. Überhaupt werfen Zusammensetzung, Bewaffnung und Organisation des Heeres erstaunlich viele Probleme auch noch in sehr elementaren Fragen auf; einen guten Überblick über die ältere Literatur gibt LAUFFER [200, 52 A. 18], der beste Ausgangspunkt bleibt BERVE [317 I, 103ff.]. Von prinzipieller Bedeutung ist die Erkenntnis von Militärhistorikern schon des 19. Jahrhunderts, daß der Kern der makedonischen Strategie sowie der daraus resultierenden Truppenorganisation der Grundsatz vom sogenannten Kampf der verbundenen Waffen war [sehr deutlich H. KÖCHLY/W. RÜSTOW, Griechische Kriegsschriftsteller, II 1, Leipzig 1855, 27f.; H. DELBRÜCK, Geschichte der Kriegskunst I, Berlin 1920³, 173f.]. Dieser stellte sich als ein organisches Zusammenspiel von großer Flexibilität dar und bewährte sich in den unterschiedlichsten Situationen, im Bergkampf wie auf planem Schlachtfeld.

Besondere Rätsel, namentlich die Frage ihrer Bewaffnung und ihres Verhältnisses zu den Hypaspisten, geben die Pezhetairen auf (zur Einführung und zum Begriff s.o.). GOUKOWSKY rückt beide jetzt [315] sogar recht eng zusammen, als Gardeeinheiten. Er bringt aber keine zwingenden Argumente gegen die Ansicht vor, die in den Pezhetairen das Gros der Phalanx sieht. Vor allem auf Grund der Schilderung von Kämpfen, an denen diese beteiligt waren, ist dann aber ganz offensichtlich, daß sie eine recht bewegliche Formation waren, die auch im schwierigen Gelände und Nah- und Einzelkampf operieren konnte. Ihr Einsatz unterschied sich also wesentlich von der späteren antigonidischen Phalanx, die wegen der Ausrichtung auf die überlange Lanze (die ca. 6 m lange Sarisse) nur als Körper in geeignetem Gelände wirksam kämpfen konnten [so sehr deutlich 294: HÖGEMANN; daß es eine Entwicklung gegeben haben muß, hatte schon DELBRÜCK a.O., 420ff. begründet]. Dieser Schluß widerspricht auch nicht dem archäologischen Befund [dazu jetzt 302: ANDRONIKOS; 307. 310: MARKLE], da es nicht nur Indizien für die Sarisse, sondern auch für kürzere Stoßlanzen (von rund 2,5 m) und vor allem für größere, den griechischen Hoplitenschilden analoge Rundschilde gibt. Will man also nicht die Sarisse für diese Zeit als bloße „Paradewaffe" deklarieren [so 294: HÖGEMANN] – was nicht so ganz befriedigt –, dann muß man vermuten, daß die Bewaffnung je nach Aufgabe wechseln konnte, wobei allerdings die lange Sarisse nur relativ selten verwandt wurde [so 307. 310: MARKLE;

vgl. auch BOSWORTH in 195: Alexandre, 134]. Die damit anzunehmende besondere Flexibilität dieser Waffengattung würde gut zu den allgemeinen Grundsätzen der philippisch-alexandrischen Kampfweise passen. Man hat sich also die Pezhetairen im wesentlichen nicht viel anders zu denken als griechische Hopliten – wozu letztendlich auch die Diktion unserer Quellen paßt.

Das ist auch wichtig für das Hypaspistenproblem. Mit Recht wurde darauf hingewiesen, daß diese sich in ihrer Bewaffnung nicht prinzipiell von den Pezhetairen unterschieden [300. 132 II: GRIFFITH; 304: MILNS]; man findet sie oft bei Sondereinsätzen, die Schnelligkeit und Beweglichkeit voraussetzen, und darf sie am ehesten als spezielle Eingreiftruppe sehen, als Prätorianer sozusagen [„the king's personal standing infantry force", so 304: MILNS, 96]. Die Argyraspiden wird man dann zunächst am ehesten als eine Eliteeinheit der Hypaspisten ansehen [so 294: HÖGEMANN], wenn man ihre Existenz nicht von vornherein erst in die Zeit nach Alexander legt [306: LOCK, doch siehe dagegen 311: ANSON]. Zu den Asthetairen gibt es dagegen bisher nur hypothetische Ansichten [303: BOSWORTH; 315: GOUKOWSKY]. Die Kavallerie bietet nicht so gravierende Probleme, s. den Überblick bei BRUNT [301].

Die Frage der Verstärkung und Ergänzung sowie überhaupt der Veränderung ist häufig, aber im wesentlichen nicht kontrovers diskutiert worden. Auch hier ist 317: BERVE I, 178ff. noch grundlegend; ferner s. besonders 192: SCHACHERMEYR; 304: MILNS; 309: ENGELS; 294: HÖGEMANN. Folgende Tendenzen zeichnen sich ab: Der Anteil der Makedonen, deren Verluste nicht in vollem Umfang ergänzt wurden [304: MILNS], ist rückläufig gewesen. Dafür stieg das Gewicht der Söldner, die für Stationierungen gut geeignet waren und vor allem nicht so viel Rücksicht verlangten wie die vom makedonischen Selbstbewußtsein getragenen Kerntruppen (die Rolle der Söldner hat jetzt mit vollem Recht WIRTH [314] hervorgehoben). Auch die Zahl der in das Heer eingereihten Indigenen, bes. iranischer Einheiten, nahm seit dem sogdischen Krieg ganz erheblich zu. Dies schlug nicht nur quantitativ zu Buche, sondern gab auch gerade angesichts der neuen Anforderungen in Zentralasien und Indien eine noch größere Vielseitigkeit. Besonders wichtig ist in dieser Zeit die Formierung von Heeresgruppen, die selbständig operieren konnten [192: SCHACHERMEYR].

Eine wirkliche Integration vor allem makedonischer und iranischer Truppenteile kam erst mit den Reorganisationen von Susa 324 und Babylon 323. Es wird aber deutlich, daß diesen kein – sachfremdes – Programm von Verschmelzung zugrundelag, sondern bare militärische Notwendigkeit, da die Makedonen allein nie ausgereicht hätten. Auch für die 323 verfügte Aufstellung von gemischten Einheiten, die makedonische Phalangiten mit iranischen Schleuderern und Bogenschützen vereinigte, hat jetzt HÖGEMANN [294] eine überzeugende Erklärung gefunden: Dieses Eindringen des Prinzips der verbundenen Waffen auch in die einzelnen infanteristischen Truppenteile war eine aus den sogdischen Erfahrungen geborene, militärisch bedingte Anpassung an den in Arabien zu erwartenden Beduinenkrieg. Andere Aufgaben hätten andere Organisationen hervorgerufen.

Veränderungen

Ein großes, traditionell ausgerüstetes makedonisches Truppenkontingent war als Ersatz für die entlassenen Veteranen bereits eingeplant.

Weitere Waffengattungen sind behandelt bei MARSDEN [308] (Technik) und HAUBEN [305] (Flotte). Besonders wichtig ist die Arbeit von ENGELS [309], die dem häufig vernachlässigten Problem der Versorgung gilt: Die Bemühung um die reale Konkretisierung des Geschehens mit dem Blick auf das physisch Mögliche und Erforderliche erlaubt dabei viele Präzisierungen und Exklusionen, was gelegentlich auch das Bewußtsein sehr – teilweise zu – großer Sicherheit (gegenüber klaren Quellenbefunden) gibt; auch sind – eine wesentliche Grundlage der Arbeit – die Transportmöglichkeiten stark unterschätzt worden [s. bes. E. BADIAN, The London Review of Books 26 Nr. 20, Dez. 1979, 54ff.; A.M. DEVINE, Phoenix 33, 1979, 273f.; N.G.L. HAMMOND, JHS 100, 1980, 257].

γ) Die Schlacht am Granikos – Alexander als Feldherr

Rekonstruktion der Granikos-Schlacht

Das Problem der Granikos-Schlacht liegt vornehmlich in den Widersprüchen zwischen unseren Quellen, Diodor und Arrian: Nach erneuter Prüfung der Topographie durch FOSS [286], die im wesentlichen eine Bestätigung der Beobachtungen von JANKE [270] brachte, sowie vor allem nach der auf souveräner Quellenkritik beruhenden Analyse der Schlacht durch BADIAN [285] kann kein Zweifel mehr daran bestehen, daß die Version Diodors [für diese besonders markant K. LEHMANN, Klio 11, 1911, 230ff. und jüngst 194: GREEN, 489ff.] zu verwerfen ist; auch die unabhängig davon erarbeitete Studie von NIKOLITIS [283], die gelegentlich versucht, detaillierter zu sein, als es die Quellen erlauben, bestätigt dies.

Alexanders Feldherrn-qualitäten

Wichtig ist, daß sich daraus die spezifische Feldherrnqualitäten schon sehr deutlich gewinnen lassen, wie bereits BADIAN [285, 293] angedeutet hat. Gerade was militärisch entscheidend war, die Initiative zu suchen und zu behalten und den Angriff an der entscheidenden Stelle anzusetzen, wurde Alexander auch von seinem ‚heroischen' Impetus im Suchen nach dem Kräftemessen mit dem Gegner [vgl. aber hierzu jetzt die Vorbehalte von 296: DEVINE] vorgegeben: Er wurde aber damit nicht der rasende Berserker, sondern blieb der überlegt manövrierende, seine Kräfte in Anpassung an Situationen und Gebiete optimal einsetzende Stratege. Die Mittel, mit denen er seinen Agon führte, waren die des kühlen Verstandes. Es sei hier auch darauf hingewiesen, welche klaren Überlegungen im organisatorischen und logistischen Bereich insgesamt nötig waren [309: ENGELS]. Im übrigen ist zu bedenken, daß das ritterlich-heroische Ethos in der persisch-iranischen Mentalität ebenfalls von einiger Bedeutung war: Auch hier suchte man ja genau den Zweikampf [192: SCHACHERMEYR; 313: GROPP – mit wichtigen Überlegungen zu den daraus resultierenden Postulaten an den König]. Dies ist die – iranische – Voraussetzung für die Strategie der Entscheidungsschlacht, die letztlich Alexander entgegenkam.

δ) Alexander und Kleinasien

Das Interesse der Forschung richtete sich hier vor allem auf Alexanders Verhalten gegenüber den Griechen, wobei insbesondere die Fragen nach der Substanz der Freiheitsdeklaration und – damit im Zusammenhang – nach der Eingliederung der griechischen Poleis in Kleinasien in den Korinthischen Bund im Vordergrund standen. Gegenüber TARNs [177 II, 199ff.] Betonung der griechischen Freiheit müssen die Bemerkungen von BICKERMAN [318] nach wie vor in ihrer Substanz aufrechterhalten werden, wie BADIAN [323] gezeigt hat: Freiheit gab es nur da, wo man nicht mit Alexanders Plänen kollidierte. Dabei spielte es – wie das Beispiel Chios lehrt – schon im Jahre 332 keine Rolle mehr, ob die Polis dem Korinthischen Bund angehörte oder nicht. Man darf also diese Frage nicht überbewerten: Für die Zugehörigkeit aller griechischer Staaten hatte WILCKEN [316] die Argumentationsgrundlage geschaffen. Nachdem EHRENBERG [319] dies in Frage gestellt hatte, plädiert nun BADIAN [320. 323] wieder für einen Einschluß der kleinasiatischen Städte, vor allem wegen der – insbesondere in IvPriene 1 bezeugten – Zahlung von syntaxeis (Beiträge). Dies ist ein – eingestandenermaßen – schwaches Argument [vgl. auch 328: HIGGINS, 137f.].

Wichtiger als der Freiheitsaspekt ist das Problem der jeweiligen internen Verfassungen: Alexander hat hier – möglicherweise nach einigem Tasten, so 323: BADIAN – gezielt die Demokratien gefördert, aber schon wegen des Widerspruchs zur makedonischen Politik in Griechenland ersichtlich nicht aus einer Idee oder einem Konzept heraus, sondern weil es sich angesichts der Förderung oligarchischer Cliquen durch die Perser politisch aufdrängte [37: BOSWORTH, 135f., 157: GEHRKE, 288f.]. Wie bedenklich Alexanders Lage wegen der Erfolge Memnons, der Stimmung in Griechenland und der Politik Agis' III. von Sparta war, haben besonders BADIAN [324, 174f.] und WIRTH [264] herausgearbeitet. Zum Gordischen Knoten s.o. S. 141.

ε) Issos

Der Ablauf der berühmten Schlacht selbst bietet kaum echte Probleme. Indes bleibt die Frage nach der Lokalisierung der Stadt Issos trotz HELLENKEMPER [293] offen; auch die Frage nach der Lage des Schlachtfeldes ist unklar: Es geht darum, ob der Fluß Pinaros mit dem Deli Çay oder dem weiter südlich gelegenen Payas identifiziert werden muß. Gute Gründe für ersteren sind vor allem von JANKE [271] vorgebracht worden, doch sind jetzt die Überlegungen von ENGELS [309, 131ff.] zu beachten, der wegen der Entfernungen und der Marschgeschwindigkeit von Alexanders Armee starke Argumente für den Payas gefunden hat. Freilich ist auch dies womöglich zu relativieren [vgl. A.M. DEVINE, Phoenix 33, 1979, 275; für den Payas dagegen mit wichtigen Argumenten auch 199: HAMMOND, 94ff.].

Schwieriger ist die Rekonstruktion der jeweiligen strategischen Überlegungen, insbesondere die Erklärung dafür, warum sich die Heere aneinander vorbei be- Vorbeimarschieren der Heere wegt haben. Wegen evidenter Unmöglichkeiten kann Arrians Bericht nicht gehalten werden, damit gewinnt Curtius' Darstellung an Bedeutung: Es ist also ziemlich sicher, daß Alexander bedächtig operierte, um den Feind in dem relativ engen Gelände an der Küste zu erwarten [so schon 90: BELOCH III, 2, 363 und jetzt 37: BOSWORTH, 199f; 309: ENGELS, 44ff. geht allerdings zu weit, wenn er auch noch Alexanders Zug ins westliche Kilikien schon unter Kenntnis von Dareios' Aufstellung nahe Sochoi stattfinden läßt; denn das gibt chronologische Probleme]. Jedenfalls hat Dareios seine günstige Position bei Sochoi verlassen, warum, muß mehr oder weniger offenbleiben [die wichtigsten Erklärungen jetzt 282: MURISON; 192: SCHACHERMEYR, 205; 264: WIRTH; 309: ENGELS, 45f.]. Für ein bewußtes Umgehungsmanöver scheint das Unternehmen zu aufwendig. Wahrscheinlich war Dareios' Position tatsächlich wegen der logistischen Probleme unmöglich geworden [ENGELS a.o.], und er zog dorthin, wo sich seiner Information nach Alexander befand – der sich ihm seinerseits auf anderem Weg näherte.

e) Um das Persische Reich

α) Alexander in Ägypten – Gottessohnschaft und Religiosität

Zu dem wichtigen Briefwechsel zwischen Dareios und Alexander ist bereits das Nötige gesagt (s. o. S. 17, 140f.). – Daß Alexander in Ägypten in Memphis zum Pharao gekrönt wurde, ist nur im Alexanderroman direkt überliefert, entscheidend ist aber, daß er pharaonische Titel führte [250: WILCKEN]. Die Gründung von Alexandreia erfolgte nach WELLES [276, vgl. jetzt auch 290: BAGNELL] erst nach dem Zug zur Oase Siwa (Gleichsetzung vom 25. Tybi und 7. April 331). Dies ist bei genauerer Gewichtung der Quellen eher unwahrscheinlich [vgl. 632. 455 I, 3ff. II, 2f.: FRASER]. Will man den späten Termin halten, so könnte man ihn als Zeitpunkt des offiziellen Gründungsaktes ansehen, den Aufenthalt vorher (etwa Januar 331) als Planungsphase [ähnlich auch 37: BOSWORTH, 263f]. Die ökonomischen Aspekte der Gründung [dazu schon klar 484: TSCHERIKOWER, 150f.] hebt jetzt mit Recht HÖGEMANN [294] hervor. Wäre es lediglich oder primär um militärische Sicherung gegangen, hätten wir wohl nicht mit dieser Dimension rechnen müssen und eine andere Lage erwartet. Ferner wäre der konkrete Anlaß fraglich (die Kyrener haben dem König bald gehuldigt), und außerdem muß man an den Anteil der Naukratiten und die Rolle des Kleomenes denken.

Alexandreia — (margin, line "dend ist aber...")

Alexander und Zeus Ammon — (margin)

　　Für das vieldiskutierte Problem des Zuges in die Oase Siwa muß die scharfsinnige, durch neuere Literatur [zusammengestellt bei 268: LANGER] nicht erschütterte Studie von WILCKEN [250] vor allem in zwei wesentlichen Punkten als fundamental gelten: Der Marsch zum Orakel diente nicht der Eruierung einer möglichen Gottessohnschaft, sondern war ein durch das Bestreben zur Nachahmung der Vorfahren Perseus und Herakles angeregter Besuch eines der auch in Griechenland berühmtesten Orakel; was Alexander fragte, bleibt unklar, weil er es selbst nicht mitteilte [eine ansprechende Vermutung gibt 269: KIENAST, 327 mit älterer Literatur A. 63]. Als des Gottes Sohn wurde er nicht durch das Orakel bezeichnet, sondern lediglich in der Begrüßung des Priesters (entsprechend seiner Stellung als Pharao).

Allerdings darf man daraus nicht die Überraschung erschließen, die WILCKEN annimmt. So weit muß Alexander mit den Vorstellungen der Ägypter vertraut gemacht worden sein, daß er bereits wissen konnte, daß der Pharao als Sohn des Amun-Re galt, also des Ammon nach der interpretatio Graeca. Ferner dürfen wir, wie BOSWORTH [262] nahegelegt hat, gerade durch die extreme Mythenidentifizierung bei Alexander eine starke Prädisposition annehmen. Außerdem hat BOSWORTH zu Recht (gegen WILCKEN, TARN und KRAFT vor allem) hervorgehoben, daß die Idee von der Sohnschaft des Zeus Ammon in Alexanders Leben und Selbstverständnis von großer Bedeutung und realem Gewicht war [so auch schon deutlich 257: EHRENBERG und jetzt 269: KIENAST, der zwischen Zeus- und Ammon-Sohnschaft unterscheiden will und generell für die Bedeutung der Zeusdeszendenz wichtige Zeugnisse zusammengestellt hat]: Nicht nur die Opfer an der Indusmündung mit der Berufung auf das Orakel sind hier zu berücksichtigen, sondern vor allem die ganz persönlichen Beziehungen am Ende, die Anfrage hinsichtlich der postumen Ehren für Hephaistion und der Wunsch, selbst in Siwa bestattet zu werden.

All dies paßt sehr gut zu dem, was wir über Alexanders Religiosität generell erschließen können: Überall sehen wir ihn Opfer bringen, Tempelbauten initiieren, überhaupt berühmte religiöse Plätze aufsuchen. Das ist – in dieser Dichte – keineswegs bloße Inszenierung, sondern Ausdruck echter religiöser Scheu, durchaus in naiv-traditionellen Bahnen – in denselben, in denen der Mythos für ihn Lebensmacht war und Aktualität besaß. Diesen Zusammenhang hat besonders EDMUNDS [259] deutlich gemacht.

β) Vom Eroberer zum Erben

Ein besonders vertracktes Problem bildet der Brand von Persepolis. Die Frage, die sich auf Grund unserer Quellenlage stellt, ist, ob es sich um einen Akt der Trunkenheit oder um eine bewußte Maßnahme gehandelt hat. Für letzteres scheint in erster Linie zu sprechen, daß gemäß den archäologischen Untersuchungen aus dem Palast alle wertvollen Gegenstände sorgsam entfernt waren und daß eine zuverlässige Quelle, Arrian, von einem bewußten Racheakt für die von Xerxes in griechischen Heiligtümern angerichteten Zerstörungen spricht [3,18,11f.]. Auf Grund der Tatsache, daß dies aber schon damals angesichts von Alexanders Position anachronistisch war, hat die Forschung – soweit sie die bewußte Zerstörung annahm – nach verschiedenen Lösungsmöglichkeiten gesucht: ANDREOTTI [254, 127] sah dahinter die Absicht, moralischen Druck auf Dareios auszuüben. Ähnlich verstand BORZA [281] den Akt als Demonstration gegenüber Dareios und seinen Untertanen, als Fanal, daß es nun mit dem alten Zustand ein Ende ha-

Der Brand von Persepolis

be. Nach BADIAN [324, 186ff.] habe Alexander, noch unter dem Eindruck von Nachrichten aus dem Agiskrieg, sich den Griechen noch einmal so recht als ihr Hegemon präsentieren wollen [was allerdings auf gewisse chronologische Schwierigkeiten stößt, s. 281: BORZA und vgl. 261: WIRTH zu Modifizierungen von BADIANS Chronologie; wahrscheinlich muß man zeitlich noch weiter heruntergehen: 309: ENGELS, 73]. REHORK [258] weist auf durch Herodot vermittelte Troja-Reminiszenzen, und BALCER [288] sieht eine Akzentuierung des Gegensatzes zwischen Alexander und den Persern, gerade auf religösem Gebiet – all dies kann wenig befriedigen. Man muß sich vielmehr der – wohl auf Kleitarch fußenden und entsprechend auch ausgeschmückten – Version von dem Alkoholexzeß anschließen, was ja zunächst auch nicht ohne Präzedenz wäre. Vor allem quellenkritische Überlegungen sprechen dafür, wie sie namentlich von BERVE [317: II, 175] und LANE FOX [191, 260ff.] vorgetragen wurden: Arrians Version gibt nur eine platte Erklärung, zudem in dem konventionellen Disput-Schema zwischen Parmenion und Alexander; sein Gewährsmann, Ptolemaios, hatte im übrigen Grund, die Rolle seiner späteren zeitweiligen Lebensgefährtin zu verschweigen; die ‚Vulgata'–Version wäre demgegenüber schwer als bloße Erfindung abzutun. Die vorherige Ausräumung des Palastes ist – zumal nach den Plünderungen zuvor – auch anders zu erklären [37: BOSWORTH, 332]. Zu denken geben muß ferner auch, daß Persepolis ja schon demonstrativ geplündert war und daß der Brand erst gegen Ende des Aufenthalts geschah; warum handelte man nicht gleich entsprechend systematisch?

Alexander und die persische Tradition   Daß Alexander an die Übernahme der Herrschaft im Persischen Reich dachte, aber sich dabei auch in Bahnen der persischen Legitimität bewegte, war schon in der Korrespondenz mit Dareios deutlich geworden. Es liegt deshalb nahe, mit RITTER [431, 53f.] zu vermuten, daß der Gedanke der konkreten Nachfolge, ja Erbfolge schon in Alexander schlummerte, bevor dies mit dem Tode des Dareios und der Übernahme von Teilen des persischen Herrscherornats auch äußerlich offenkundig wurde. Die Elemente des Ornats, besonders das Problem des Diadems, hat RITTER [431] eingehend dargelegt, und FREDRICKSMEYER [330] hat auf den spezifischen Charakter der Verbindung in der Tracht und das letztliche Hervortreten des makedonisch-griechischen Faktors aufmerksam gemacht. Auch in den von Alexander benutzten Siegeln steht Persisches neben dem alten Makedonischen [331: BALDUS].

Konflikte in Alexanders Umgebung   Die Konflikte innerhalb von Alexanders Umgebung, denen die Diskrepanz zwischen altmakedonischen Traditionen und neuartigem Gebaren des Herrschers eher als Folie diente, als daß sie in ihnen konkret thematisiert worden wäre, bleiben wegen unserer Quellenlage teilweise unklar, vor allem die Philotas-Affäre: Klar sollte sein, daß dieser selbst nicht an einer Verschwörung gegen Alexander beteiligt war, daß aber der König die Tatsache, daß er eine ihm hinterbrachte Attentatsabsicht nicht weiterleitete, zum Anlaß nahm, ihn zu beseitigen; jüngst hat RUBINSOHN [287] die dabei vorwaltenden Rivalitäten innerhalb des Führungszirkels besonders betont.

In der Frage der Proskynese ging es primär nicht um das Gottkönigtum, sondern um zeremonielle Fragen [253: BALSDON]. Es bleibt aber zu beachten, daß für die Griechen damit eine göttliche Verehrung impliziert war; und insofern ist die Annahme einer grundsätzlichen Opposition des Kallisthenes plausibler [267: BADIAN]. Wie sich daraus die Rache an ihm entwickelte, hat BROWN [208] eindringlich dargestellt.

f) Zu den Grenzen

α) Das Problem der Weltherrschaft

Mit der Nachfolge der Achaimeniden war vieles, bis hin zum Indienfeldzug [das akzentuiert für den gesamten Bereich der Grenzen im Osten jetzt 297: MATELLI], vorgezeichnet, doch wird darin noch etwas mehr deutlich, nämlich das Bemühen, die Grenzen der Welt auch konkret zu erreichen, in edlem Wettstreit mit Heroen und im Nachvollzug sogar göttlichen Handelns. Der Weltherrschaftsgedanke als großes Konzept – meist in Verbindung mit der Verschmelzungsidee – ist immer wieder ein zentraler Faktor der Alexanderdeutung gewesen, als repräsentativ hierfür seien 175: MEYER; 176: WILCKEN; 256: EHRENBERG; 251: BERVE; 192: SCHACHERMEYR genannt. Vor einer Verabsolutierung solcher Konzeptionen hat insbesondere HEUSS [263] gewarnt, generell skeptisch blieb ANDREOTTI [254, 133]. In der Tat müssen wir fragen, wie – wenn überhaupt – Alexander zu einem solchen Konzept gekommen sein kann. Nach INSTINSKY [252] wäre ihm das – vermittelt durch die Xerxes-Deutung Herodots – schon beim Übergang nach Kleinasien klar gewesen (s.o. S. 141); und dafür spräche die Analogie des Poseidonopfers am anderen Ende der Welt, im Indischen Ozean. Doch bleibt das insgesamt fraglich. EHRENBERG [256] denkt an Ägypten als ‚Ursprungsgebiet‘, und dafür könnten auch die Mutmaßungen von WILCKEN [250] über den Inhalt der Orakel sprechen. HÖGEMANN [294] weist auf Babylon und die alten orientalischen Traditionen. Das ist sicher eine wesentliche Überlegung, aber es ist gut denkbar, daß Alexander die entsprechenden Konzepte, die ja zu seiner Zeit auch gerade die offiziell persischen waren, schon früher kennengelernt hatte.

　　Entscheidend ist ohnehin, daß seine heroische Prädisposition ihn veranlaßte, dies nicht nur als Anspruch zu sehen, sondern zu aktualisieren; nirgends wird dieser Zusammenhang deutlicher als in der ihm bei Arrian in den Mund gelegten Rede [bes. 5,26,1ff., vgl. dazu 259: EDMUNDS, 386]. Und diese Aktualisierung stand naturgemäß in Verbindung mit seinem eigenen Weltbild und dessen Oikumene- und Grenzvorstellungen [zu diesen s. jetzt 294: HÖGEMANN mit der älteren Literatur]. Dabei ist es für die Zielsetzung relativ gleichgültig, daß diese womöglich sehr verschwommen waren [254: ANDREOTTI, 149]: Gerade deswegen wurde ja die genaue geographische Exploration als solche Bestandteil der Weltherrschaftsbestrebungen. Es besteht deshalb auch kein Grund, den Einschnitt, den die Verweigerung am Hyphasis darstellte, zu relativieren, wie es jetzt HOLT

Ursprung des Weltherrschafts- gedankens bei Alexander

[282] unternimmt, der gerade den Schwerpunkt der Geschichte, Alexanders totale Enttäuschung, zu wenig gewichtet.

β) Die Gedrosische Wüste

Problematik
rationaler
Erklärungen

Immer wieder ist versucht worden, diesen Zug als ein rational begründetes, wohlgeplantes und durch unglückliche Umstände gescheitertes Unternehmen anzusehen. Der wichtigste Versuch in dieser Richtung aus jüngerer Zeit stammt von ENGELS [309, 137ff.], nach dessen Auffassung Alexander vom Lande aus die Flotte mit Wasser versorgen wollte, während umgekehrt die Nahrungsmittel für das Heer von den Schiffen transportiert wurden – wobei freilich die Kleinigkeit der Monsunwinde übersehen worden war (so daß die Katastrophe durch die nicht mehr mögliche Koordination herbeigeführt wurde): Die Unterstellung einer derartigen Unkenntnis und Leichtfertigkeit ist im Grunde eine argumentative Bankrotterklärung [auf die Unmöglichkeit der Verproviantierung des Heeres durch die Flotte haben schon verschiedene Rezenzenten hingewiesen, N.G.L. HAMMOND, JHS 10, 1980, 257; D. KIENAST, Gnomon 53, 1981, 25].

Es bleibt dabei: Rationale Erklärungen reichen hier nicht aus. Wir kommen deshalb nicht umhin, auf das von Alexanders engstem Partner in der Planung dieses Unternehmens, von Nearchos, bezeugte Streben nach Konkurrenz mit Semiramis und Kyros zurückzugreifen. Insofern ist die Rekonstruktion von STRASBURGER [273] nach wie vor voll gültig, sie muß allerdings im Hinblick auf die genaue Route korrigiert werden, im Sinne von STEIN [272], vgl. jetzt 309: ENGELS, 137ff. [zum östlichen Teil s. freilich 284: EGGERMONT, 67ff.]. Ganz in die umgekehrte Richtung geht die Tendenz bei BADIAN [274; noch markanter bei 204: WILL], als habe Alexander über die genannten Motive hinaus auch die Absicht verfolgt, seine Truppen für die Verweigerung am Hyphasis büßen zu lassen. Dies stößt aber auf erhebliche Schwierigkeiten [328: HIGGINS].

g) *Der König Alexander*

α) Organisationsfragen

Alexander und
seine Umgebung

Für alle Detailfragen der Organisation von Reich und Zentrale bleibt BERVE [317] nach wie vor die Fundgrube; zum zeremoniell-formellen Aspekt vgl. 431: RITTER und 331: BALDUS. Daß der König selber die Mitte bildete, das Reich ganz auf seine Person gestellt war, hat besonders deutlich WELLES [322] betont. Das äußerte sich bis in den Ornat hinein [330: FREDRICKSMEYER]. Zu der Umgebung des Königs hat, mit Betonung des ‚homerischen‘ Hintergrundes, STAGAKIS [325] wichtige Bemerkungen gemacht (mit Hinweis auf die Reziprozität des Hetairenverhältnisses), und HECKEL hat [329] sich jetzt mit den Rangabstufungen in der Elite beschäftigt, ohne daß ihm freilich der Nachweis für einen cursus honorum gelungen ist.

Ansonsten war Alexanders Verwaltung geblieben, was sie schon immer war, eine vorwiegend pragmatisch reagierende, sich dem Vorgefundenen anpassende, klaren Notwendigkeiten genügende und nüchternen Überlegungen entsprungene Verhaltensweise [zu den Prinzipien s. bes. 320: BADIAN]. Abweichungen sind nicht erkennbar. Die zunehmende Verdüsterung des Herrschers, seine ‚terroristische‘ Verformung, die BADIAN [274] besonders betont hat, wurde jetzt von HIGGINS [328] relativiert.

Ein zentrales Moment in der Einschätzung Alexanders ist schon von jeher seine sogenannte Verschmelzungspolitik gewesen – oft in engen Zusammenhang mit dem Weltherrschaftsgedanken gestellt [175: MEYER; 256: EHRENBERG; 251: BERVE; 192: SCHACHERMEYR; vgl. auch 203: WIRTH], ja mit der Idee der Menschheitsverbrüderung verbunden [177: TARN]. Kaum ein Gedanke ist gängiger als dieser, aber auch kaum einer weniger begründet: Auch hier drängt sich eine pragmatische Erklärung geradezu auf. ‚Verschmolzen‘ wurden ja nur die makedonischen Hetairenaristokraten und der persische Hochadel sowie (bedingt) die militärischen Einheiten, ansonsten gibt es Hinweise allenfalls auf eine Ko-Existenz [vgl. zu Ägypten die Kritik von 250: WILCKEN an 256: EHRENBERG]. Zu den militärischen ‚Sachzwängen‘ bei der Kombination der Einheiten hat jetzt HÖGEMANN [294] einleuchtende Erklärungen gegeben (s.o. S. 143). Und die Verbindung zwischen den ‚Trägerschichten‘ der makedonischen und der persischen Monarchie war ebenfalls kaum etwas anderes als eine bare Selbstverständlichkeit, ja Notwendigkeit. Deutlich hat die pragmatischen Aspekte jetzt BOSWORTH [266] unterstrichen [zur entsprechenden Interpretation des Gebetes von Opis (Arrian 7,11,8f.) s. selbst 192: SCHACHERMEYR, 496f.; und zu Alexander aus der baktrisch-sogdischen Perspektive s. 299: HOLT].

Verschmelzungspolitik?

β) Alexander und die Griechen

Das Verhältnis zwischen Alexander und den Griechen war zweifellos in den Jahren 324 und 323 besonders gespannt. Die Hauptursache dafür war – daran lassen die Quellen keinen Zweifel, und das ist auch gut erklärbar – das sogenannte Verbanntendekret: Daß Alexander sich als so mächtig zeigen konnte, daß er jahrhundertealte Mechanismen von Herrschaft über Bord werden konnte [374: HEUSS; 157: GEHRKE, 306f.], dabei souverän das kompliziert ausgeklügelte Friedenssystem seines Vaters ignorierend und über die Griechen wie über Untertanen verfügend, mochte als solches gar nicht einmal so schlimm erscheinen, denn de facto war nichts geändert. Aber mit der notwendigen Eingliederung von Verbannten waren überall erhebliche Probleme verbunden, und für Athen bedeutete der Erlaß den Verlust von Samos. So spitzte sich gerade hier die Lage krisenhaft zu [149: GEHRKE; 327: ROSEN; 155: WILL]. Auch die Flucht des Harpalos [274: BADIAN; 291: JASCHINSKI, der freilich wegen der gewählten Perspektive und Quellenbasis, also der athenischen Seite, die Bedeutung der Harpalos-Affäre überbewertet, so wie 378: LEPORE die Rolle der Söldner wohl überschätzt] stellte eine Belastung dar.

Verbanntendekret

Göttliche Ehren   Oft wird in diesem Zusammenhang auch die Vergöttlichung Alexanders in die Debatte geworfen: Alexander habe von den Griechen die göttliche Verehrung gefordert und erhalten. Und dieses ‚Gottkönigtum' sei gleichsam ein formeller Ausdruck des neuen, durch Übermacht des Königs bestimmten Verhältnisses Alexanders zu den Griechen gewesen [so jüngst wieder K.T.M. ATKINSON, Athenaeum 51, 1978, 310ff., aber vgl. schon 177: TARN II, 370f.]. Von beidem kann nicht die Rede sein, wie unlängst BADIAN [267] in einem umfassenden Artikel (eine alte Position von 253: BALSDON aufgreifend) gezeigt hat: Die ihrem Wesen nach spontane, vom Ehrenden ausgehende ‚Vergöttlichung' entsprach zwar dem Selbstverständnis und wohl auch dem inneren Wollen Alexanders, wurde aber nicht generell allen Staaten angeordnet, sondern von einigen beschlossen. Dabei können wir in Athen noch den politischen Hintergrund greifen, den Versuch, mit diesem Beschluß Alexanders Einlenken in der Frage von Samos zu erreichen. Die einzige für allgemeine Vergöttlichung sprechende Stelle, Arrian 7,23,2, ist ebenfalls kaum in diesem Sinne zu verstehen [so 267: BADIAN mit einer ausführlichen Relativierung der sprachlichen Beobachtungen von 265: FREDRICKSMEYER]. Damit fällt aber auch die Theorie vom ‚Gottkönigtum' als neuer Herrschaftsform bzw. -grundlage.

γ) Letzte Pläne und Ende

Hypomnemata und letzte Pläne   Die letzten – teilweise phantastischen – Pläne sind für die Alexanderinterpretation lange Zeit von großem argumentativen Wert gewesen. Da sie in Notizen und Aufzeichnungen (hypomnémata) festgehalten waren, hat man ihnen einen hohen Quellenwert zugeschrieben. Insbesondere daß Alexander sich demnächst an die Unterwerfung des Westens machen wollte, schien im Sinne des Weltherrschaftskonzeptes ja durchaus nur konsequent zu sein. Demgegenüber hat man zunächst zu bedenken, daß HAMPL [in 184: GRIFFITH, 303ff.] in einer klugen Analyse den Quellenwert der hypomnémata in Frage gestellt hat. Man ist also gut beraten, sich nicht zu sehr auf sie zu stützen. Immerhin ist angesichts der ja spätestens in Indien schon ganz real gefaßten Welteroberung plausibel, daß Alexander sich auch in anderer Richtung fortbewegt hätte [vgl. Arrian 5,26,1ff.], zumal das Griechentum ja auch einen westlichen Horizont hatte: Ein Zug gegen Karthago hätte sich dann ‚angeboten'. Aber auch an eine – wie sonst mit geographischer Erkundung verbundene – Unternehmung im Skythenlande, durch den Tanais zum Iaxartes, könnte man denken [darauf machte 260: KRAFT aufmerksam]. Aber da war nichts konkretisiert. Was dagegen auf der Tagesordnung stand, war der Arabienfeldzug. Kürzlich hat HÖGEMANN [294] überzeugend dargelegt, mit welcher Präzision dieser Zug vorbereitet war und wie sehr er Alexanders Trachten bis zu seinem Tode absorbierte.

Todesursachen   Natürlich konnte es nicht ausbleiben, daß auch Alexanders Tod Forschungskontroversen auslöste. Das Datum ist nun geklärt [s. – mit älterer Literatur – 278: LEWIS], aber immer noch gibt es Vertreter der Mordhypothese, so etwa BOS-

WORTH [279], der an eine Verschwörung der Großen auf Initiative des Antipatros denkt. Das geht weit über das hinaus, was man auch nur hypothetisch unseren Quellen entnehmen kann, selbst wenn man über den dokumentarischen Wert der Ephemeriden geteilter Meinung sein kann [s. etwa 214: PEARSON; 232: HAMMOND]. Nach allem was nüchterne Quellenanalyse ergibt, starb Alexander an einer Fieberkrankheit, wahrscheinlich der Malaria tropica [289: ENGELS], die vielleicht mit anderen Komplikationen verbunden war [192: SCHACHERMEYR].

2. Das Zeitalter der Diadochen

a) Die Diadochen und ihre Epoche

Unsere Diskussion der Forschungsperspektiven kann sich hier noch mehr als ohnehin auf große Schwerpunkte und wenige wichtige Einzelprobleme beschränken, weil in den Werken von Will [99] und Seibert [333] sehr zuverlässige und aktuelle Zusammenfassungen der wissenschaftlichen Positionen gegeben sind. Die

Quellen Quellenlage [vgl. insgesamt die Abhandlung von 335: Schubert sowie die Überblicke bei 355: Fontana, 249ff. und 357: Fortina, 122ff.] ist nicht so kompliziert wie im Falle Alexanders des Großen, da in unseren wichtigsten Sekundärquellen (Diodor, Arrian und den einschlägigen Plutarchbiographien) ein hoch einzuschätzender, politisch sachverständiger und an den Ereignissen zum Teil unmittelbar beteiligter Historiker, Hieronymos von Kardia, noch relativ präsent ist. Daß insbesondere Diodors Bücher 18-20 direkt und vor allem auf ihm fußen, war schon eine wohlbegründete Ansicht der traditionellen Quellenforschung [336: Jacoby] und ist durch neuere und teilweise noch detailliertere Untersuchungen [335: Fontana, 259ff. und bes. 341: Hornblower] erhärtet worden. Jüngere Versuche, den Quellenwert des Hieronymos zu relativieren [363: Seibert, 64ff.; 365: Briant], sind nicht hinreichend begründet, vgl. jetzt die zusammenfassenden Bemerkungen bei Lehmann [344]. Schwierig freilich wird die Situation in dem Moment, wo der kontinuierliche Bericht Diodors nicht mehr erhalten ist [302 v. Chr.]. Allerdings wirkt sich dann zunehmend positiv die – durch Neufunde stetig wachsende – Zahl von Inschriften aus, so daß, bei manchen Problemen im einzelnen, dank scharfsinniger neuerer Analysen [bes. 407: Heinen; 152: Habicht] grundlegende faktische Zusammenhänge geklärt sind.

Chronologie   Entsprechendes gilt für die Chronologie: Diese beruhte für die Phase vor der Schlacht von Ipsos (301) auf dem Bericht Diodors, der in sich einen im wesentlichen sinnvollen politischen Text ergibt und sich, trotz notorischer chronologischer Oberflächlichkeiten, auch zur Datierung benutzen ließ, besonders unter der Voraussetzung, daß seine Quelle Hieronymos von Kardia wie Thukydides die Jahre nach Kriegsjahren rechnete [vgl. 349: Errington; 344: Lehmann, 126], was bei Diodors Zählung nach attischen Amtsjahren Anpassungsschwierigkeiten brachte. Die auf dieser Basis von Beloch [90] konstituierte Chronologie ist primär wegen ihrer Widersprüche mit orientalischen Zeugnissen nicht mehr zu halten, so daß man mindestens bis ins Jahr 314 mit sehr vielen Daten etwa um ein Jahr heruntergehen muß. Entsprechende Ansätze von Manni [345] sind vor allem von Errington [346. 349], Bacigalupo Pareo [348] und Schober [350] zu der heute akzeptierten [vgl. etwa 369: Mehl; 351: Anson] Chronologie weiterentwickelt worden.

Da auf diese Weise der Bericht Diodors teilweise erheblich ‚gestreckt' werden muß, gab es immer noch einige Bedenken [z.B. generell 287: BRIANT], insbesondere im Hinblick auf Kassandros' Unternehmungen zwischen 319 und 316. Hier haben jüngst GULLATH/SCHOBER [352] eine weitgehende Klärung herbeigeführt. In den Grundzügen ‚steht' also das System bis 301 (die größte Ausnahme bilden die Vorgänge um Seleukos zwischen 311 und 302; für die Jahre 313-311 verdient BAKHUIZEN [381] gegenüber HAUBEN [347] den Vorzug), und für die Zeit danach ist dank der oben erwähnten Untersuchungen der Spielraum für Unsicherheiten erheblich eingeschränkt worden.

Das zentrale Thema der Epoche wird durch die Frage nach den Motiven und Aspirationen der wichtigsten Diadochen bestimmt: Grob gesagt ist dabei nach wie vor – mit deutlichen Ausnahmen, s. etwa 397: CARNEY, 402 – die Auffassung dominierend, daß es Perdikkas und dann vor allem Antigonos Monophthalmos um die Herrschaft im gesamten Reich Alexanders des Großen gegangen sei, während die anderen sehr früh bzw. von Anfang an mit einem Teil des Reiches zufrieden gewesen seien oder der Konstituierung ihrer Herrschaft in einem Teilgebiet Priorität eingeräumt hätten [so jetzt als charakteristisches Beispiel 367: ENGEL]. Neuerdings besteht sogar eine gewisse Tendenz, Antigonos in dieses ‚pluralistische' System aufzunehmen [362: WEHRLI, generell; 387: BRIANT für die frühe Zeit, die insgesamt in dieser Frage nicht aussagekräftig sein kann; M. ERRINGTON, JHS 95, 1975, 250f. und 394: GRUEN, zu den Königsproklamationen, vgl. dazu auch u. S. 116f.].

Motivation der Diadochen

In der Bestimmung, von welchem Punkt an definitiv wenigstens das Gros der Diadochen separatistisch-pluralistisch dachte, wird etwa von ROSEN [360] das Kampfbündnis gegen Antigonos vom Herbst bzw. Winter 315/14 angeführt, welches als symmachia in völkerrechtlichem Sinne die wechselseitige Respektierung bedeutet habe – was eben auf einer juristischen Prämisse ruht, die so schwerlich zulässig ist; a priori einleuchtender ist der Hinweis auf die erstmaligen wechselseitigen Eheverbindungen nach 301 durch COHEN [366]. Aber selbst hier gilt noch, daß derartige Festlegungen oft politischen Nahzielen genügten, also nicht als grundsätzliche, sondern als taktische Maßnahmen zu deuten sind [zu den dynastischen Verbindungen in diesem Sinne generell 781: SEIBERT].

In dieser Frage ist überhaupt zu beachten, daß unsere Quellen hier ein ziemlich deutliches Bild vermitteln [zur Werbung um Kleopatra vgl. 781: SEIBERT, 19ff.], jedenfalls für Antigonos: Der jüngst edierte Kölner Historikerpapyrus [343] bestätigt dies in markanter Weise. Generell muß man sich hier hüten, zu sehr vom späteren Ergebnis her zu denken und die Diadochen – was angesichts des ‚machiavellistischen' Charakters verführerisch ist – nur von realpolitischen und zweckrationalen Überlegungen her zu verstehen [charakteristisch für dieses Verfahren 346: ERRINGTON]. Wenn man den Lebens-, Erfahrungs- und Vorstellungshorizont zum Ausgangspunkt nimmt, ihre Prägung durch Alexander und dessen Mentalität berücksichtigt und das Verhalten makedonischer Adelsherren [248: HECKEL] als Folie heranzieht, ergibt sich eine andere, sozusagen offensivere

Grundannahme. In diesem Zusammenhang ist auch nicht zu übersehen, in welchem Maße gerade Antigonos prägend und vorbildstiftend war [vgl. generell 374: HEUSS und s. z.B. 520: MUSTI, zu Seleukos, sowie 399: LEHMANN, 8 mit A. 13, zu Ptolemaios]. Entscheidend freilich bleibt immer die Einzelanalyse, insbesondere die Rekonstruktion der Abläufe und Handlungen selbst mit den daraus zu entwickelnden Deutungen.

Perdikkas

In diesem Sinne ist der Prüstein etwa bei Perdikkas seine Entscheidung in der Frage der Ehe zwischen Nikaia und Kleopatra, wo er letztendlich und äußerlich auf dem Pfade der Loyalität blieb, nicht ohne allerdings seine Ambitionen verbergen zu können. Entscheidend für den Ausbruch des 1. Diadochenkrieges war nicht seine direkte Usurpation der Prostasie der Könige [so 99: WILL I, 34 mit weiterer Literatur] – zumal diese ja gar nicht so eindeutig geregelt war [346: ERRINGTON, 58 A. 68]; doch Antigonos, der vor ihm geflohen war, konnte genügend Hinweise auf seine Absichten geben [generell in diesem Sinne, freilich die Konfliktpunkte zwischen den Diadochen teilweise zu sehr reduzierend, 387: BRIANT, 174ff.].

Antigonos Monophthalmos

Nachweislich mit dem Tode des Antipatros begann Antigonos Monophthalmos [zu dessen Aktivität als Satrap von Phrygien vgl. jetzt die Beobachtungen von 370: ANSON] mit einer groß angelegten Politik auf eigene Rechnung, und angesichts dieses prompten Einsetzens hat man den Eindruck, als hätte er nur auf das Ableben des alten Reichsverwesers gewartet. Sofort wird klar, daß es ihm um die Mediatisierung der anderen Diadochen bzw. Satrapen geht, was besonders sein Verhalten nach der Niederringung des Eumenes im Osten zeigt. Da er hierzu keinen Rechtstitel geltend machen konnte (s.u.) und sein Verhalten gegenüber seinen größeren Gegnern, in dem er durchweg initiativ war, sich immer auf derselben Linie bewegte, darf man ihm den naheliegenden Gedanken unterstellen, er hätte es auf das ganze Erbe abgesehen gehabt. Dieses Bild vermitteln auch unsere Quellen, die auf einen seiner engsten Mitarbeiter, Hieronymos von Kardia, zurückgehen, der zudem dieser Aspiration nicht kritiklos gegenüberstand, sie also schwerlich ad maiorem gloriam seines Königs erfunden haben wird. Daß dies auch in einem vielleicht aus rhodischer Tradition kommenden Zeugnis Bestätigung erfährt, ist besonders signifikant [399: LEHMANN].

Seleukos

Schwieriger ist der Fall bei Seleukos, dem jetzt MEHL [369] eine große Monographie gewidmet hat: Diese gibt in vielen Detailfragen erschöpfend Auskunft und betont in der Deutung des Seleukos die Frage der Mentalität, vor allem dessen Ruhmorientiertheit. In dem hier interessierenden Problem sieht MEHL, nicht ganz frei von Widersprüchen, in Seleukos primär den „Separatisten" [so auch explizit 436: FUNCK], der allerdings mit seiner Königskrönung dem Anspruch nach und mit seinem Sieg über Lysimachos konkret das Erbe des Alexanderreiches im Auge gehabt habe [so auch 520: MUSTI, 90], mit Ausnahme Ägyptens.

Ein wichtiges Zeugnis für Seleukos' Zielsetzung, der Hinweis auf seine Anrede als König durch das Orakel in Didyma und die Anlehnung an Alexander im Zusammenhang seiner Rückkehr nach Babylon im Jahre 312 [Diodor 19,90], ist quellenkritisch nicht unbedenklich: Es handelt sich um ein klassisches vaticinium ex eventu [wie schon WILAMOWITZ GGA 176, 1914, 83 A. 4 drastisch gezeigt hat]; das gilt übrigens – trotz 364: MÜLLER, 70f. – erst recht für das Orakel der Chaldäer. Jedoch gibt es gerade für die Alexander-Imitatio auch sonst Hinweise, und spätestens Seleukos' Zug nach Ost-Iran und Indien (308ff.) bietet klare Indizien für eine entsprechende Orientierung. Die Gründung von Seleukeia am Tigris ist leider zeitlich nicht genau zu fixieren [vgl. 99: WILL I, 60f.], dürfte aber am ehesten mit der ‚Königspolitik' zu verbinden sein: Seleukeia hieß in den Keilschrifttexten „Königsstadt" (āl šarrūti) und war von der Lage her für die Kontrolle des südmesopotamischen Herzstücks von Seleukos' damaligem Reich ideal geeignet [525: SHERWIN-WHITE, 19ff.]. Nicht minder wichtig ist später die Ausrichtung seiner zweiten Zentral-Landschaft im Norden Syriens auf das Mittelmeer hin, wie das – auch im Zusammenhang mit einer ‚maximalistischen' Interpretation des Seleukos – besonders SEYRIG [405, 59ff. bzw. 406, 300ff.] gezeigt hat.

Bei Lysimachos kann man primär nur auf Grund solcher Raumorientierungen **Lysimachos** Schlüsse auf mögliche Pläne ziehen: Schon im Ultimatum von 314 hatte er das hellespontische Phrygien, sein Gegenüber auf dem asiatischen Kontinent, verlangt. Die Gründung einer Hauptstadt unter seinem Namen, als ‚Antwort' auf Kassandreia, genau an dieser Nahtstelle ist signifikant [364: MÜLLER; vgl. 358: SAITTA, 72f.], nicht minder natürlich sein Verhalten nach Ipsos gegenüber Demetrios Poliorketes und besonders gegenüber dem letzten Sohn des Kassandros. Wieweit seine Münzprägung [361: THOMPSON] in diesem Zusammenhang aussagekräftig ist, muß dahingestellt sein, da es sich bei der Anlehnung an die Alexander-Typik auch um eine rein pragmatische Lösung gehandelt haben kann [generell zu Lysimachos s. 358: SAITTA, die in ihm primär auch einen ‚Separatisten' sieht, 103f.; immer noch nicht völlig obsolet ist 353: HÜNERWADEL]. Kassandros ist noch am ehesten im Sinne einer Selbstbescheidung – auf die makedonische Königswürde – zu deuten, wie dies vor allem FORTINA [357] vertritt [vgl. jetzt auch 379: CARNEY, 389f.]. Allerdings gibt seine offensive Politik in Kleinasien zu denken.

Besonders kompliziert liegen die Dinge bei Ptolemaios: Hier ist die Auffas- **Ptolemaios** sung sehr verbreitet – und von WILL [99 I, 24ff.] auch markant formuliert worden –, daß sich dieser sehr früh, wenn nicht schon bei der Reichsorganisation von Babylon, mit Ägypten begnügt habe und daß seine Politik im südöstlichen Mittelmeer der Sicherung dieses Kerngebietes gedient habe. Bei SEIBERT [363] erscheint Ptolemaios geradezu als ein Opportunist der Vorsicht, der jedes echte Risiko scheut und nur aktiv wird, wenn die Dinge ihn geradezu einladen. Überhaupt traut man ihm allenfalls eine Hegemonialpolitik im östlichen Mittelmeer zu [372: MOSER, 81ff.; 788: FRITZE, 35f. 38]. Vieles bleibt bei ihm ambivalent: Daß er die Leiche Alexanders an sich brachte und nicht – wunschgemäß – in der Oase Siwa, sondern in Memphis bestatten ließ, ist einerseits ein deutliches Anzeichen für eine Orientierung an Alexander, könnte aber auch, so 364: MÜLLER, 60f., darauf hindeuten, daß Ptolemaios zwar an ein Reich, aber eines mit Zentrum in Memphis, also lediglich an Ägypten dachte. Entsprechend läßt sich im übrigen die Münzprägung der Typen ‚Alexander mit Elefantenskalp' [356: KUSCHEL; vgl. 359: ZERVOS] deuten. Daß er die ihm von Perdikkas' Truppen angebotene Aufsicht über die Könige ausgeschlagen habe, weil es ihm nicht um den Griff nach dem Ganzen gegangen sei, hat WILL [99 I, 24ff.] stark akzentuiert. Aber eine gewisse Zurückhaltung angesichts des Schicksals des Perdikkas und der hohen Autorität des Antipatros war in jedem Falle angebracht. Besonders signifikant ist Ptolemaios' großangelegte Kleinasien-, Ägäis- und Griechenlandpolitik in den Jahren 309 und 308 (die in gewisser Weise durch seine Nachahmung von Antigonos' Freiheitsedikt konzeptionell vorgeprägt war): Daß es hier um sehr weitreichende Ziele ging, hat schon MANNI [402, 18ff.] deutlich gemacht; dafür sprechen auch die Maßnahmen im südlichen Kleinasien, deren bedeutende Dimension jetzt immer klarer wird [408: WÖRRLE, 49ff.]. Andere Erklärungen für den Griechenland-Zug [so 380: WILL] sind eher gekünstelt. Auch der neue Papyrus [343: Nr. 247] ist für die Zielsetzung nicht ohne Bedeutung [399: LEHMANN]. Die Ambivalenz bzw. Widersprüchlichkeit läßt sich am besten erklären, wenn man Ptolemaios einerseits im Banne der kompetitiven Mentalität der Diadochen sieht, ihm andererseits aber ein eher bedächtig-vorsichtiges (insoweit wäre SEIBERT Recht zu geben) und politisch ‚cleveres' (die δεξιότης in den Quellen) Verhalten zuerkennt.

Eumenes   Den Eumenes hat BRIANT [365] ganz in die Nähe der anderen Diadochen gerückt; dies geschieht aber auf Kosten der Überlieferung und mit einer Argumentation, die zwar die Anwendung ähnlicher Mittel nachweist, aber die identische Zielsetzung (Gewinnung einer Dynasteia, auf ein Territorium und eine Armee gegründet) lediglich postuliert. – Die teilweise (besonders bei Olympias, Kynnane und Eurydike) ungewöhnlich aktive Rolle der Frauen wird in letzter Zeit intensiv untersucht [392: HECKEL; 249. 395. 397: CARNEY].

b) Um die Reichseinheit (323–301)

Die Vorgänge nach Alexanders Tod sind immer noch nicht wirklich geklärt: Ausgangspunkt müssen jetzt die detaillierten Untersuchungen von SCHACHERMEYR [382] und ERRINGTON [346] sein, die allerdings nicht in jeder Hinsicht befriedigen: SCHACHERMEYR betont zu sehr das Bemühen um ein Staatsrecht für das neue Reich, doch das ist anachronistisch [zur Kritik der ‚juristischen' Interpretation siehe bes. 387: BRIANT und vgl. u. die Bemerkungen zur Heeresversammlung]. ERRINGTON verläßt sich in seiner Einzelrekonstruktion sehr auf den Bericht des Curtius Rufus, dessen Quellenwert jedoch problematisch bleibt [344: LEHMANN].

Die Regelungen nach Alexanders Tod   Wie auch immer die Ereignisse im einzelnen zu beurteilen sind, so ist doch offenkundig, daß über die Verteilung der wichtigsten Positionen und Ämter nicht Perdikkas allein entschieden hat [so 363: SEIBERT, 27ff.], sondern daß die Angelegenheit zumindest unter den Großen – ob formell in einem Synhedrion oder in informellen Zirkeln, sei dahingestellt – abgesprochen und dann von Perdikkas namens des Königs offiziell verfügt worden ist [382: SCHACHERMEYR; 387: BRIANT, 132ff.; 99: WILL I, 26]. Daß sich dabei Ptolemaios schon im Hinblick auf die Zukunft auf Ägypten konzentrierte [vgl. 99: WILL I, 24], ergibt sich daraus allerdings keineswegs.

In der Frage des Königtums hat HABICHT [388] allen Spekulationen über ein Nacheinander von Philipp III. und Alexander IV. oder ein Unterkönigtum des letzteren zu Lebzeiten des ersteren ein Ende gemacht. Beide waren gleichberechtigte Könige. Formell offenbar ungeklärt war zunächst die Frage der Verweserschaft: Daß Krateros der „prostates" der Könige war, bedeutete kaum mehr als einen Ehrentitel, faktisch dirigierte sie Perdikkas, der nach wie vor als Großwesir gleichsam der Stellvertreter der königlichen Gewalt, also deren realer Inhaber war [in diesem Sinn insgesamt schlüssig 346: ERRINGTON].

Angesichts der Streitigkeiten zwischen Phalanx und Reiterei nach Alexanders Tod sind hier einige Bemerkungen zum Heer, seiner Mentalität und seiner Bedeutung angebracht: Die Forschung hat sich in den letzten Jahren sehr dezidiert von der älteren Vorstellung der Heeresversammlung als des zentralen staatsrechtlichen Organs Makedoniens [so in ‚klassischer' Weise das alte Standardwerk 475: GRANIER und nun noch, bezogen auf das ‚alte' Makedonien, 387: BRIANT] freigemacht [bes. 440. 449: ERRINGTON; 443: LEVY (zu diesem s. allerdings o. S. 137)]. Daß das Heer dessenungeachtet ein wesentlicher Machtfaktor war, bleibt unbestritten, desgleichen, daß es als Adressat von Proklamationen und als Organ von demonstrativen Akklamationen auch legitimatorische Funktionen hatte. Die Wandlung des Charakters der Truppe vom ‚nationalen' makedonischen Heer zum persönlichen Aufgebot des Machthabers, in Dienst- und Gefolgschaftsverhältnis, hat BRIANT [365 und 387] deutlich herausgestellt – freilich sehr schematisch, denn diese Struktur hat jene nicht sogleich abgelöst. *Das Heer*

Die Frage, welche offizielle Position Antigonos Monophthalmos in den Regelungen von Triparadeisos (320) bekam, ist wichtig zur Einschätzung seiner späteren Politik in Asien. Daß er das ehemalige Heer des Perdikkas, also das asiatische Reichsaufgebot, kommandierte, mit der Maßgabe, die verurteilten Staatsfeinde, insbesondere Eumenes, zu bekriegen, steht außer Frage. Schwerlich aber war damit auch ein Kompetenzbereich ‚Strategie von Asien' (als Pendant zur Strategie von Europa) verbunden [413: BENGTSON I, 94ff.; 364: MÜLLER, 22f.; 402: MANNI, 6]: Dies ist wieder zu anachronistisch-staatsrechtlich gedacht und durch ERRINGTONs subtile Quellenanalyse [346] widerlegt worden [vgl. auch 367: ENGEL, 27f.]. Antigonos konnte sich also in seinem Vorgehen gegen die anderen Satrapen auf keinen Rechtstitel berufen – bezeichnenderweise hat er in seiner Antwort auf das Ultimatum von 314 auch gar nicht in diesem Sinne argumentiert. *Antigonos nach Triparadeisos*

Bei dem Ultimatum selbst hat man in der Forschung lange Zeit hinsichtlich der kleinasiatischen Ansprüche des Kassandros Bedenken gehabt. Deshalb griff schon DROYSEN [88 II, 2. 6] zu der – philologisch attraktiven – Textkonjektur bei Diodor [19,57,1] von Kassandros zu Asandros; andere wollten Lykien zu Kilikien oder Lydien ändern [vgl. die Zusammenfassung 369: MEHL, 71f. A. 24]. Doch es gibt nicht den geringsten Grund, in den Text einzugreifen, es sprechen vielmehr sogar gute Argumente für den Bezug des Kassandros auch auf Lykien [s. bes. 357: FORTINA, 48ff.; 363: SEIBERT, 157ff.; 408: WÖRRLE, 48; 817: BURASELIS, 6]. MEHLS Plädoyer (a.O.) für Lydien gibt kein echtes Argument, da es auf seiner sehr problematischen Verbindung des Ultimatums mit dem chora-doriktetos-Gedanken basiert (zu diesem s.u.). Die Übernahme der Verweserschaft, die Antigonos vor Tyros den Truppen gegenüber proklamierte, wurde in der älteren Forschung [475: GRANIER, 39; 413: BENGTSON I, 115f.] als eine Übertragung seitens der Heeresversammlung gedeutet. Dies resultiert aber lediglich aus dem – problematischen – Konzept von der staatsrechtlichen Bedeutung der Heeresversammlung. Wenn man überhaupt an einen formellen Akt denken will, mag man mit einer entsprechenden Maßnahme Polyperchons, des neuen Verbündeten von Antigonos, rechnen [so 364: MÜLLER, 35f. mit 337: ROSEN, 78ff.]. Mindestens ebenso denkbar ist die Vorstellung einer reinen Usurpation, die durch die Bekanntmachung vor den Truppen und deren akklamatorische Zustimmung ‚legitimiert' wurde.

Proklamation von Tyros   Das „dogma" von Tyros selbst ist – wie sein Tenor verrät – ein höchst geschliffenes realpolitisches Instrument. Die Ernsthaftigkeit der in ihm aufgenommenen Freiheitserklärung für die griechischen Städte ist also von daher durchaus zu bezweifeln, jedenfalls muß dafür das effektive Verhalten des Antigonos den Ausschlag geben. Dies zeigt denn doch eine sehr konsequente Linie seit seinem Vorgehen gegen die kleinasiatischen Satrapen 319/18 v. Chr. [für die Ernsthaftigkeit s. bes. 374: HEUSS und – mit leichten Retuschen – 379: SIMPSON; skeptisch 362: WEHRLI, 103ff.] bis hin zum Bund von 302. Wie sehr man auch im einzelnen zu relativieren hat (vgl. u. S. 176ff. zum Problem der Städtefreiheit generell), es darf nicht übersehen werden, daß sich Antigonos ausweislich seines tatsächlichen Verhaltens darüber im klaren war, daß es wesentlich war, den Freiheitsgedanken glaubhaft zu verkörpern. Jedenfalls zeigt die jeweilige Reaktion der Betroffenen, daß ihm dieses weitgehend gelungen ist – wobei Ptolemaios einen nur zu bezeichnenden Kontrastfall darstellt. Auch die Rolle griechischer Berater und Inhaber höchster Kommandostellen bei Antigonos und Demetrios [vgl. dazu 16: MORETTI I, 11f. 19] ist in diesem Rahmen wohl nicht unwichtig. – Die Struktur des Nesiotenbundes in dieser Zeit (daß die Gründung mit Antigonos zu verbinden ist, wurde von DURRBACH [371] begründet und hat sich erhärten lassen, 372: MOSER; 373: GUGGENMOS; 817: BURASELIS) muß fraglich bleiben.

Friede von 311   Der Frieden von 311 [2: III Nr. 428] ist für die Rolle der Städte besonders aussagekräftig, weil in ihm nicht nur die Freiheitsgarantie durch die Machthaber festgeschrieben war, sondern auch die Griechen selbst im Sinne der „koiné eiréne" zur aktiven Sicherung der Freiheit mit aufgerufen waren. Dies ergibt sich – trotz WEHRLI [362, 54f.] – vor allem aus der Inschrift von Skepsis [13, Nr. 1], s. HEUSS [374, 157ff.] und (mit anderer Einschätzung der formellen Einbindung) RYDER [236, 113ff. 163f., vgl. jetzt entsprechend 389: HAUBEN, 332]. Dafür könnte auch der wenig später liegende Appell des Ptolemaios an die im Machtbereich des Kassandros und des Lysimachos gelegenen Städte sprechen [Diodor 20,19,4].

Der Frieden selbst bietet auch noch andere Probleme, von denen die meisten freilich Scheinprobleme sind: Daß er im Sinne des Ultimatums von 314 war, daß also Antigonos eher als Verlierer dastand [13: Welles, 7; 413: Bengtson I, 117; 369: Mehl], ist angesichts der Bemerkungen zur Herrschaft in Asien und der Rolle der griechischen Städte völlig undenkbar. Freilich hat Antigonos Konzessionen machen müssen, aber er war eindeutig der Sieger, wie besonders Simpson [376] gezeigt hat, vgl. außerdem Seibert [363, 151]; Wehrli [362, 53]; vorsichtiger Müller [364, 41. 44]. Auch daß Seleukos nicht beteiligt war [so 376: Simpson; gegen 337: Rosens Gegenposition s. 364: Müller, 42 A. 167], ist ein Indiz dafür. Recht spitzfindig wirkt die Unterscheidung von zwei Verträgen (Antigonos mit Kassandros und Lysimachos, dann separat mit Ptolemaios) durch Mehl [369, 125]. Die Formulierung in 13: Nr. 1, 25ff. besagt, daß Ptolemaios εἰς τὴν αὐτὴν ὁμολογίαν γραφῆναι wolle. Es ist auch immer nur von *einem* Abkommen die Rede – dem sich Ptolemaios eben nachträglich angeschlossen hatte [zu den historischen Umständen ist immer noch wichtig 376: Simpson, wo freilich Ptolemaios als zu uneigennützig gegenüber Seleukos erscheint; jetzt s. bes. 396: Hauben].

Wichtiger ist das Problem, ob die Befristung auf die Volljährigkeit Alexanders IV. generell oder nur für Kassandros galt: Letzteres nimmt vor allem Müller [364] an, vgl. auch Hünerwadel [353, 32] und weiteres bei Mehl [369, 123 mit A. 35]. Aber die andere Auffassung [369: Mehl, 122f., weitere Literatur A. 35] hat vor allem die größere innere Wahrscheinlichkeit für und sprachlich nichts gegen sich [413: Bengtson I, 89 mit A. 2], wie jetzt auch Hammond [132 III, 161f.] noch einmal begründet hat.

Die Kämpfe zwischen Antigonos und Seleukos nach 311 haben durch die detaillierten, das orientalistische Quellenmaterial eingehend berückstichtigenden Studien von Schober [350, 120ff.] und Mehl [369, 131ff.], die sich in wesentlichen Punkten wechselseitig bestätigen, ein erstes Relief erhalten. Recht umstritten bleibt die Detailrekonstruktion der Ägäispolitik des Ptolemaios 309/8 sowie die Analyse der daraus resultierenden Zielsetzung: Hier erscheint, vor allem mit dem Blick auf die Gesamtanlage des Unternehmens, Ptolemaios eher als ‚Maximalist‘ (s.o.). Daß er dabei mit Antigonos und Demetrios im Bunde war [so bes. 372: Moser, 45f.; 374: Heuss, 151; 99: Will I, 69], also ein Revirement der Allianzen stattgefunden hatte, darf angesichts der Problematik unseres einzigen Zeugnisses dafür [363: Seibert] wohl bezweifelt werden. Dagegen bleibt es [trotz 374: Heuss, 151f.] immerhin erwägenswert, ob nicht Ptolemaios an eine Neuauflage des Korinthischen Bundes gedacht hat [so 372: Moser, 55f. (mit Beschränkung auf die Peloponnes); 788: Fritze, 28; 90: Beloch IV 1, 145; 413: Bengtson I, 144; 363: Seibert].

Antigonos gegen Seleukos

Gern hat man das „Jahr der Könige" bemüht, um die Frage nach den Absichten der Diadochen oder nach dem Stand der Desintegration des Alexanderreiches zu beantworten: So ist für Wehrli [362, 73] dieser Akt die juristische Besiegelung der faktisch bereits mit dem Frieden von 311 eingetretenen Teilung. Nun sagt allerdings der Akt der Krönung über den ‚Geltungsbereich‘ selbst gar nichts aus, so

Die Königsproklamationen

daß viele Gelehrte die anderweitig gewonnenen Interpretationen zur Zielsetzung der Diadochen in die Deutung der Königsauffassung hineinlegen [vgl. die Literatur bei 399: LEHMANN, 3 A. 5]. Dabei kommt es teilweise zu gekünstelt wirkenden Positionen, so etwa der Annahme von Teilkönigen – gegenüber dem Antigonos [364: MÜLLER, 104; vgl. 357: FORTINA, 95; 431: RITTER, 79ff.; Auch 394: GRUEN weist mit Recht auf die fehlenden Unterschiede zwischen Antigonos und den anderen hin und relativiert den territorialen Aspekt sehr (zu) stark, setzt aber für alle auf Grund eines entsprechend schon von R. M. ERRINGTON [JHS 95, 1975, 250f.] gedeuteten Zeugnisses [Plut. Demetrios 18,2] eine sozusagen ‚pluralistische' Tendenz an. Das gibt das Dokument allerdings schwerlich her, und generell hat GRUEN zu sehr von dem Zeithintergrund abstrahiert]. Klar sollte jedoch sein, daß sich die Annahme des Königstitels, verbunden mit der Umlegung des Diadems, auf das Königtum Alexanders bezieht: Und daß dieses sauber in einen asiatischen und einen makedonischen Bereich geteilt werden kann (wie vor allem mit der Bedeutung des Diadems als Symbol für die Herrschaft über Asien und die Akklamation der Truppen als Zeichen des makedonischen Königtums RITTER a.O. vertreten hat), ist doch angesichts der anzunehmenden zeitgenössischen Denkweisen sehr fraglich [s. jetzt bes. 369: MEHL, 160ff.] und wird auch durch keinerlei diesbezügliche Zusätze am Königstitel irgendwie nahegelegt. Auch der neue Kölner Papyrus paßt zu dieser Auffassung am besten: Es ging mithin um das Königtum als umfassender personaler Würde, mit Blick zugleich auf eine neue Dynastie [so deutlich 394: GRUEN; die Absage an die traditionelle Kontinuität hat jetzt auch 397: CARNEY betont]. Möglicherweise hat Kassandros – mit seiner Anknüpfung an das vor-alexandrische makedonische Königtum [364: MÜLLER, 104f.] – hier eine Ausnahme gebildet.

Daß der Akt selber ein Versuch war, der auf nackte Macht gegründeten Position der Diadochen einen legitimen Anstrich zu geben [s. hierzu bes. 394: GRUEN], ist offenkundig, und wie sehr dies in der Luft lag und vorbereitet war, hat besonders MÜLLER [364, 45ff.] deutlich gezeigt. Wieweit man freilich bei der Annahme des Königtums konkret an die Bedeutung der chora doriktetos als rechtlichen Ausdrucks der o.a. Machtposition gedacht hat [364: MÜLLER, 116ff.], muß angesichts der Quellenlage offenbleiben (vgl. zu diesem Aspekt generell u.S. 175f.).

Die Allianz von 302   Der Bundesvertrag von 302 [16: I Nr. 44; zum Datum s. die wichtigen Bemerkungen bei 375: FERGUSON] erinnert auf den ersten Blick sehr an den Korinthischen Bund und wird schon in den Quellen, aber auch in der modernen Forschungsliteratur [s. etwa 375: FERGUSON; 377: DAUX] entsprechend als ‚Neuauflage' gedeutet. Man darf jedoch nicht übersehen, daß HEUSS [374] gewichtige Argumente dagegen und für die Annahme einer hegemonialen Symmachie vorgebracht hat, die bis jetzt nicht wesentlich entkräftet worden sind: Das bedeutet jedenfalls, daß Antigonos und Demetrios in diesem Bund noch ganz anders präsent waren als Philipp II. in der Liga von Korinth.

c) Die definitive Ausbildung der hellenistischen Großreiche

Daß Demetrios' Zielsetzung nach der Schlacht von Ipsos immer noch weit reich- Die Lage nach
te, daß er also am ehesten als Fortsetzer seines Vaters angesehen werden sollte, ist der Schlacht von
besonders in MANNIS [402] recht gelungenem Porträt betont worden [vgl. auch Ipsos
400: TARN; 372: MOSER, 77f.; 404: LÉVÊQUE, 131; etwas zurückhaltender 401: EL-
KELES]. Angesichts der Quellenlage und dessen, was die Aktionen des Demetrios
selbst hergeben, bleibt diese Auffassung die plausibelste; Versuche, die Zielsetzung zu relativieren [353: HÜNERWADEL, 82; 790: FELLMANN, 17f.] wirken demgegenüber ziemlich gekünstelt.

Auf die Bedeutung der Eheverbindungen von 300/299 hat COHEN [366] hingewiesen: In der Tat kommt darin ein gutes Stück gegenseitiger Respektierung zum
Ausdruck, besonders etwa, wenn man an den gegenseitigen Umgang zwischen
Demetrios und Seleukos denkt. Freilich darf man den politisch-zweckgebunde-
nen Charakter nicht übersehen. Denn wenn auch die Heiraten nicht von formalen Bündnissen begleitet waren [wie 781: SEIBERT mit guten Gründen vertritt],
dann ist doch schon ihr demonstrativer Charakter ein durchaus deutliches Bild
politischer Orientierung, also konkret einer gewissen Umgruppierung der
Mächte. Im übrigen muß die spätere Verheiratung von Demetrios' Tochter Stratonike mit Antiochos, dem Sohn des Seleukos, vor allem wegen ihrer Koinzidenz
mit dessen Ernennung zum Mitregenten als Akt politischer Ratio erklärt werden.
Die herzergreifende Liebesgeschichte, für deren ,Rettung' MEHL [369] nahezu 30
Seiten aufwendet, hat BRODERSEN [411] mit schlüssigen Gründen als Erfindung
erwiesen.

Der letzte Konflikt zwischen Lysimachos, dem größten Nutznießer des Sieges Katastrophe des
von Ipsos [358: SAITTA, 79ff.], und Seleukos hatte nach HÜNERWADEL [353] seinen Lysimachos
Ausgangspunkt erst in der Hinrichtung des Agathokles durch Lysimachos und
der daraus resultierenden Abfallbewegung [ebenso 407: HEINEN, 91f.]. Das Engagement des Seleukos wird dann allerdings nicht recht verständlich. Vor allem
gibt es Indizien für Spannungen zwischen diesem und Lysimachos schon für die
Zeit vorher [s. jetzt 369: MEHL, 283ff. und generell 358: SAITTA, 81. 93], besonders in der gerade erwähnten Eheverbindung mit Demetrios, der just zu deren
Zeit der wichtigste Gegner des Lysimachos war. Jede Analyse der rätselhaften
Vorgänge insgesamt wird sich in Zukunft auf die Deutungen stützen, die HEINEN
[407] dem spärlichen und widersprüchlichen Material abgewonnen hat.

Für die historische Rekonstruktion des sogenannten Syrischen Erbfolgekrie- Antiochos I.
ges bzw. die Situation der Jahre 280-278 überhaupt bleiben die Beobachtungen gegen
von OTTO [789] immer noch der wichtigste Ausgangspunkt. Man hat den Ein- Ptolemaios II.
druck, daß sowohl Antigonos Gonatas als auch Ptolemaios II. Philadelphos das und in
Machtvakuum [vgl. 817: BURASELIS, 112], das sich mit dem Ende von Lysimachos, Kleinasien
Seleukos und Ptolemaios Keraunos ergeben hatte, genutzt haben, um jeweils von
unterschiedlichen Seiten her in den westlichen Besitzungen des Antiochos Fuß zu
fassen. Dieser hat dann in relativ schneller Reaktion seine Herrschaft in Klein-

asien etabliert. Unsere wichtigste Quelle dafür, die Inschrift IvIlion 32, ist freilich nicht mit letzter Sicherheit datiert [678: HABICHT, 84 mit A. 3; 817: BURASELIS, 113], doch spricht eigentlich alles für den Bezug auf Antiochos I., vgl. jetzt 537: ORTH, 61ff.

Über den Inhalt und die intendierte Reichweite des zwischen Antigonos Gonatas und Antiochos geschlossenen Friedens [zur strittigen Datierung vgl. 537: ORTH, 81 mit A. 89], insbesondere die Frage einer möglichen Abgrenzung der Interessensphären, wird sich nicht so leicht Klarheit erzielen lassen. Selbst wenn in dieser Hinsicht – entgegen älteren Annahmen [90: BELOCH IV 2, 355; 400: TARN, 168] – nichts fixiert wurde, so konnte doch dieses Abkommen die Basis für eine entsprechende tatsächliche Zurückhaltung und gegenseitige Bindung zwischen den Herrscherhäusern abgeben [817: BURASELIS, 115ff. und 132: WALBANK III, 251]. Für Antigonos Gonatas jedenfalls hat sein immer noch lesenswerter – aber in seinen dezidierten Positionen umstrittener und in manchem Detail überholter – Biograph TARN sehr markant die Beschränkung auf die Position des makedonischen Königs herausgestellt [400, bes. 203ff.].

Die übrigen Staaten   Raummangel zwang uns zur Konzentration auf die Protagonisten. So seien abschließend zu anderen politischen Einheiten wenigstens Hinweise gegeben: Zur Situation in Griechenland im Kontext des Lamischen Krieges sind heranzuziehen GEHRKE [149]; WILL [155]; LEHMANN [344]. Die bedeutenderen griechischen Staaten haben teilweise gerade in jüngerer Zeit wichtige Behandlungen erfahren, s. GEHRKE [390], HABICHT [152] zu Athen; FLACELIÈRE [793] zu den Aitolern; GULLATH [391] zu Boiotien; HAUBEN [389], BERTHOLD [156], PRÉAUX [98 II, 489ff., besonders plastisch] zu Rhodos. Für Agathokles sind grundlegend BERVE [403] und MEISTER [in 103, 384ff.], zu einem Detail s. jetzt 410: HUSS, Neueres bei 344: LEHMANN; für Pyrrhos gibt es die gründliche und alle Details behandelnde Arbeit von LÉVÊQUE [404], die auch für die Geschichte Makedoniens und Griechenlands seit 288 und insbesondere für den Konflikt zwischen Antigonos Gonatas und Pyrrhos nach wie vor unverzichtbar ist. Jetzt gibt WALBANK [132 III] einen klaren Überblick. Zur Situation vor Pyrrhos' Übergang nach Italien hat jüngst HAMMOND [412] Überlegungen beigesteuert (zur Frage der Unterstützung durch Ptolemaios II.), die für die Dimension von Pyrrhos' Unternehmen nicht unwichtig sind. Die Monarchie Hierons II. ist von SCHENK VON STAUFFENBERG [125] und in neuerer Zeit von DE SENSI SESTITO [134] behandelt worden.

3. STAAT, GESELLSCHAFT UND WIRTSCHAFT

a) Die Monarchie

Daß die Monarchie ein wichtiges, wenn nicht das wesentliche Kennzeichen der Staatsrecht und hellenistischen Ordnung war, ist eine ganz verbreitete Ansicht. Infolgedessen ist Staatstheorie sie in zahlreichen Arbeiten thematisiert worden, wobei immer zwei Aspekte im Vordergrund standen, die philosophisch-staatstheoretische Seite [420: KAERST; 421: GOODENOUGH; 425: SCHUBART] und die juristisch-staatsrechtliche Gestalt [475: GRANIER; 423: ZANCAN; 516: BIKERMAN; 431: RITTER; 526: SCHMITTHENNER; 529: MEHL; beides bei 433: BRAUNERT]. Dabei sind viele wichtige Beobachtungen gemacht worden, insbesondere zu den kriegsrechtlichen Voraussetzungen der Monarchie unter dem Stichwort des Speererwerbs [516: BIKERMAN; 526: SCHMITTHENNER; 364: MÜLLER; 529: MEHL; vgl. 442: HEINEN] oder zu dem Versuch, die Monarchie vor den Postulaten philosophischer Ethik zu vertreten [421: GOODENOUGH; 425: SCHUBERT]. Jedoch sind damit, wie manche kritische Stellungnahme gezeigt hat [s. etwa 440. 449: ERRINGTON] womöglich nicht immer die richtigen Perspektiven gewählt worden: Der Bezug zwischen der Staatstheorie und der offiziellen Phraseologie, den etwa SCHUBERT in seiner materialreichen Studie aufzuzeigen suchte, ist bei genauem Zusehen weniger eng und nicht spezifisch. Vor allem aber läßt sich weder mit Hilfe des Konzeptes einer konstitutionellen, nämlich an das Recht der makedonischen Heeresversammlung gebundenen, Monarchie noch dem der auf Siegerrecht gegründeten, prinzipiell schrankenlos absoluten Monarchie ein durchgängiger staatsrechtlicher Nenner finden (vgl. u. S. 175ff.).

Deshalb hat GEHRKE [446] versucht, mit Hilfe einer herrschaftssoziologischen Herrschafts-Perspektive den – im Sinne Max Webers – charismatischen Charakter der Monar- soziologische chie herauszustellen und dabei zahlreiche Beobachtungen anderer, die in eine Aspekte der ähnliche Richtung zielten, weiterzuführen: Wie auch immer man zu dem Kon- Monarchie zept des Siegerrechts als juristischem Fundament stehen mag, so ist der ,martialisch'-erfolgsgebundene Charakter der Monarchie als Faktum immer wieder herausgestellt worden, auch im Hinblick auf seinen ideologischen Wert und seinen legitimierenden Charakter [516: BIKERMAN, 8ff.; 93: ROSTOVTZEFF I, 33f; 477: LÉVÊQUE, 276ff.; 387: BRIANT, 302ff. 322; 365: ders., bes. 80f.; 441: GOUKOWSKY I, 4; 98: PRÉAUX, 183ff.; 394: GRUEN; 103: WALBANK, CAH VII 1, 62ff. und 451: AUSTIN]. Damit in engem Zusammenhang steht es, wenn die Monarchie als eine persönlich-individuelle bezeichnet wurde [516: BIKERMAN a.O.; 520: MUSTI, 81ff.; A. AYMARD, Etudes d'histoire ancienne, Paris 1967, 94. 119f.; 365: BRIANT, bes. 80f.] und gelegentlich an den auch hier gebrauchten, Ludwig XIV. zugeschriebenen Satz erinnert wurde [Literatur bei 448: MOOREN, 232 mit A. 133].

Im einzelnen tun sich zwischen den Monarchien Unterschiede auf, die es jedoch nicht rechtfertigen, sozusagen eine nationale (= makedonische) gegen eine personale Monarchie [so jetzt wieder 448: MOOREN] auszuspielen. Selbstverständlich sind die historischen Voraussetzungen sehr unterschiedlich und hat z.B. die antigonidische Monarchie mit dem makedonischen Hintergrund eine andere Konsistenz als die anderen Monarchien; und so konnten offenbar im 3. Jh. die Makedonen als koinón (das ist das Wort für die griechischen Bundesstaaten) neben dem König genannt werden und als Dedikanten auftreten [450: PAPAZO-GLOU; weitere Literatur bei 132: WALBANK III, 351 A. 7]. Aber entscheidend ist, daß sich die Herrschaft der Antigoniden nie auf Makedonien beschränkte (wie auch gerade in dem erwähnten Nebeneinander zum Ausdruck kommt), sondern daß sie auch (mindestens zeitweise) über illyrisch-thrakische Gebiete, griechische Städte und Bünde sowie anatolische Landstriche geboten. Da waren nur sie die ‚Mitte'. Im übrigen haben auch die anderen Könige sehr bewußt an gewachsene Traditionen angeknüpft.

Insgesamt begründet also vor allem die Art des monarchischen Herrschens und dessen Abhängigkeit von bestimmten gemeinsamen Faktoren viele Gemeinsamkeiten, die schließlich andere traditionelle Herrschaftsarten umformten, so die epirotische Monarchie der Molosser (mit dem König Pyrrhos), die spartanische Königsherrschaft (man denke an Areus, Agis IV. oder Kleomenes III.), die syrakusanische Tyrannis (Agathokles, Hieron) oder die autochthonen Reiche in Anatolien (Bithynien, Pontos, Kappadokien). Sie geben das Recht, von einem bestimmten Typus von Monarchie zu sprechen, einer personal-victorialen Königsherrschaft.

Der Rekurs auf die herrschaftssoziologischen Kategorien erlaubt nicht nur eine schärfere Erfassung des Wesenskerns der hellenistischen Monarchie, sondern eröffnet auch die Möglichkeit, den Gesichtspunkt der Reziprozität zwischen Herrschern und Untertanen im Herrschaftsverhältnis angemessen zu begreifen [wie für das Mittelalter etwa bei G. DUBY, Guerriers et paysans, 1973, 60ff., dt.: Krieger und Bauern, 1984, 64ff.] und in den jeweiligen zeitgebundenen Spezifika nachzuweisen. Insofern lassen sich auch in den Erwartungen der Beherrschten und den Reaktionen des Königs auf diese wichtige Elemente der Monarchie erkennen. Daß der König zu energischen Aktivitäten geradezu verurteilt war und daß seine Prachtentfaltung nicht als bloße luxuria abzutun ist, sondern als integraler Faktor des Systems gelten muß, wird dann rasch sichtbar [s. bes. 447: HEINEN; zur großen Prozession Ptolemaios' II., die Athenaios nach Kallixeinos von Rhodos schildert (5,197 cff.) s. 681: RICE, bes. 190; zur Prozession Antiochos' IV. in Daphne 167 s. 437: BUNGE]. Vom Pomp (der τρυφή) ist es nur ein kleiner Schritt zu bestimmten religiösen Vorstellungen: Auch dieser war ein Aspekt der Dionysos-Verehrung [dazu 441: GOUKOWSKY; 447: HEINEN]; und alles bildete in den diversen Inszenierungen eine sinnfällige Einheit. TONDRIAU hat [426] dazu eindringliche Beobachtungen geliefert, und in der erwähnten ptolemäischen Prozession spielte Dionysos eine wichtige Rolle [681: RICE].

Daß darüber hinaus die spezifisch hellenistische Herrschervergöttlichung in der griechischen Welt mit den Leistungen des Herrschers für eine Gruppe genuin verbunden ist, hat sich ganz unabhängig von der Frage nach dem Charakter der Monarchie aus der eingehenden Fallanalyse von HABICHT [678] ergeben [vgl. auch die Zusammenfassung 98: PRÉAUX I, 238ff.]. Wie sehr der Kult als geradezu natürliche Konsequenz aus dem Bemühen um die Ehrung des königlichen Wohltäters heraus wuchs, hat jetzt Gauthier [578] aufgezeigt. Für die wechselseitige Loyalität im Zeichen der eunoia sind immer noch sehr aufschlußreich SKARD [422] und SCHUBART [425, 8f. 16ff.], und schon NILSSON [621 II, 180] hatte hervorgehoben, daß „Göttlichkeit und göttliche Ehren die Bereitwilligkeit der Städte anzeigen, die tatsächliche Machtstellung der Herrscher anzuerkennen" (vgl. auch u.).

Daß es schließlich darum gehen mußte, das Charisma dauerhaft zu machen, also auch zu übertragen, ist womöglich die beste Erklärung für den Kult, den man mit den Vorfahren trieb. Weniger auffällig – da schon vorher geläufig – war wohl die Anknüpfung an heroisch-göttliche Vorfahren im Bereich mythologischer Vorstellungen. Immerhin war dies im Falle eines ‚neuen‘, zunächst durch nichts als Macht und Erfolg legitimierten Monarchen nicht gerade unwichtig; es läßt sich sehr gut zeigen, wie etwa die Ptolemäer ihre Herakles-Deszendenz in Verbindung mit ihrer Anknüpfung an die traditionelle makedonische Argeadendynastie proklamiert haben [446: GEHRKE, 270 mit A. 67]. Noch eine andere Qualität hatte es, wenn Seleukos selber als Sohn Apollons erschien; dies lag auf einer Ebene mit der Zeus-Sohnschaft Alexanders. Hintergrund hierfür war die enge Beziehung des Seleukos zum Didyma-Orakel [669: GÜNTHER, 72f.], doch muß unklar bleiben, ob schon Seleukos selbst [22: NEWELL, 45f. 60] oder erst einer seiner Nachfolger, etwa Antiochos II. [666: HAUSSOULIER, 126], diese Deszendenz verkündete; für ersteres scheinen bestimmte Münzbilder zu sprechen, doch gibt dies keine hinreichende Sicherheit [zum Stand der Diskussion s. 520: MUSTI, 96ff.].

Besonders signifikant sind die Dynastiekulte, d.h. die göttlichen Verehrungen von wirklichen Vorfahren [680: WINTER; 446: GEHRKE, 269f.]; diese scheinen auch bei den Seleukiden nicht von den Städten, sondern von der Zentrale ausgegangen zu sein, möglicherweise in Weiterentwicklung von Stadtgründerkulten in den Neugründungen der syrischen Tetrapolis [so spricht sich modifizierend gegen 516: BIKERMAN, 243 und für 424: ROSTOVTZEFF 834: HERRMANN, 151ff. aus]. Daß auch die ptolemäische Geschwisterehe von diesen Voraussetzungen her – einerseits als Bemühung um Exklusivität für den Kreis der potentiellen Nachfolger, andererseits als Stück von Vergöttlichung im hieros gamos – gut erklärbar wird, legen Beobachtungen von HEINEN [442, 186] nahe; VATIN hat [601, 60f.] ebenfalls den Zusammenhang mit dem Herrscherkult und der Dynastie hervorgehoben und besonders den Einfluß von Arsinoe II. unterstrichen.

Der Blick auf die Erwartung der Untertanen kann auch die Sensibilität für die Wirkung und Wirkungsweise der hellenistischen Königsherrschaft auf die Indigenen schärfen. Daß die Könige sehr stark auf deren Institutionen und Traditionen, Vorstellungen und Lebensweisen Rücksicht nahmen, wird zunehmend betont, zumal von Gelehrten, die die Geschichte des Hellenismus aus der Perspektive der alten Kulturen im Orient und in Ägypten sehen [444: BRIANT; 436: FUNCK; 525: KUHRT/SHERWIN-WHITE; 438: ONASCH; 432: THISSEN, 27ff.; 680: WINTER; für ein Detail der ptolemäischen Titulatur s. 439: HUSS, der seleukidischen 430: OELSNER, 264ff.]. Unübersehbar ist jedoch auch, daß dieses Ziel nicht durchgängig erreicht wurde, daß gerade vor religiös bestimmten Herrscherkonzepten die hellenistische Monarchie als illegitim erscheinen konnte: Man fühlte sich dann so, als hätte man keinen König, also keinen Garanten des Rechts; deutlich wurde dies akzentuiert von EDDY [428; vgl. 434. 435: KOENEN; 557: LLOYD]. Freilich ist der Zusammenhang zwischen Apokalypsen und Orakeln einerseits und realen Unruhen nicht so eindeutig, daß wir die Effektivität solchen primär geistig-geistlichen Widerstandes recht ermessen können, neue Forschungen [z.B. 525: SHERWIN-WHITE, 10ff. 29] mahnen zur Vorsicht (zu den Aufständen vgl. auch u. S. 180).

b) Das administrative System der Königreiche

α) Die Zentrale

Umgebung des Daß sich die Formierung der Funktionseliten in den Reichszentralen nach den
Königs Kriterien ganz individueller Freundschaftsbeziehungen vollzog, ist schon von BIKERMAN [516] mit deutlichen Worten – und dem Sensus für die Bedeutung dieses Phänomens für Wesen und Geschichte der Monarchie – ausgeführt worden; HABICHT hat dem Thema eine noch heute grundlegende Studie [469] gewidmet. Detailuntersuchungen, die auf Grund unserer Quellenlage nur für das ptolemäische Ägypten möglich sind und auf der vor allem von PEREMANS und VAN'T DACK energisch vorangetriebenen prosopographischen Forschung [468] fußten, haben hier manche Erweiterung und Präzisierung gebracht: Früher neigte man der Auffassung zu, daß die für das Ptolemäerreich belegten Hoftitel, also Titel, die eine Nähe zum Herrscher bezeichnen, nur der Person, nicht dem Amt galten, mithin Ausdruck persönlicher Auszeichnung ohne Zusammenhang mit der bekleideten Funktion waren [Literatur bei 471: MOOREN, 61] oder daß eine Verbindung zwischen Titel und Amt erst ab 145 v. Chr. gegeben war [413: BENGTSON III; zu vergleichbaren Zusammenhängen bei den Seleukiden s. 516: BIKERMAN, 37f. und 520: MUSTI, 111. Bei den Antigoniden hat diese Formalisierung offenbar gefehlt, ansonsten aber gibt es in dem Phänomen der Königsfreunde dieselbe Struktur, wie jüngst 473: LE BOHEC gezeigt hat]. Jetzt hat jedoch MOOREN in großangelegten Studien [470. 471] auf der Basis einer genau aufgeschlüsselten Prosopographie die These aufgestellt und mit guten Gründen untermauert, daß es seit 197/94 v. Chr. prinzipiell einen Zusammenhang zwischen dem Titel und dem Amt, das der Titular bekleidete, gegeben habe. Man hat also von einer Entsprechung von Ämterkompetenz und Hofrangtitel auszugehen. Obwohl hier vielleicht mancher Einzelfall noch Modifizierungen nötig machen wird und generell das Problem besteht, daß nicht immer so schematisch, wie es bei MOOREN erscheint, zwischen

realem und bloß titularem Gebrauch von Rangklassen zu trennen ist, ergeben sich hieraus auch Konsequenzen für unsere Rekonstruktion des gesamten ptolemäischen Verwaltungsapparates, insbesondere in der Hierarchie der Strategen: Über den Nomos- oder Gaustrategen, die zunehmend nur noch zivile Aufgaben wahrnahmen, ragten die Strategen bzw. Epistrategen, also Gouverneure, des Gebiets von Unterägypten, Mittelägypten und der Thebais heraus, die nach wie vor auch militärische Kompetenz hatten [den militärischen Charakter der Herrschaft überhaupt hat 479: HEINEN sehr stark akzentuiert].

Ein charakteristisches Merkmal der hellenistischen Monarchie ist ferner die Ausbildung eines spezifischen Königshofes. Zu dessen sozialer Struktur hat ebenfalls MOOREN viel Erhellendes beigesteuert [vor allem 474], indem er besonders die Isolierung des alexandrinischen Hofes nach außen und dessen interne, auf Familienbeziehungen gegründete Faktionsbildung als ein spezifisches System – von erheblichen Konsequenzen – dargestellt hat. Die eher auf die antiquarischen Details gehenden Ausführungen von BIKERMAN [516, 31ff.] bleiben immer noch anschaulich. Die höfische Struktur beginnt naturgemäß bereits mit der architektonischen Gestaltung der Residenz, und hier hat die Archäologie schon jetzt wichtige Erkenntnisse beigesteuert. Leider läßt sich wegen der Siedlungskontinuität die prachtvollste Hauptstadt, Alexandreia, in dieser Hinsicht nicht mehr greifen [doch vgl. etwa 454: HOEPFNER]; ähnliches gilt auch für Antiocheia am Orontes. Immerhin haben zwei umfassende Studien [455: FRASER; 453: DOWNEY] zusammengetragen, was sich an Information ausmachen ließ. Besser ist die Situation in Makedonien, wo Demetrias mit seinem Palast archäologisch gut faßbar ist [BEYER/VON GRAEVE/SINN in 458: MILOJCIC/THEOCHARIS; 460: MARZOLFF], desgleichen Aigai, das nach wichtigen Beobachtungen von HAMMOND [132 I, 156ff.] durch die sensationellen Grabungsfunde in Vergina nunmehr als sicher lokalisiert gelten kann [dazu 463: ANDRONICOS]. Auch in Pella schreiten die Grabungen zügig voran [s. u.a. 459: PAPAKONSTANTINOU-DIAMANTOUROU]. Insgesamt wohl am besten ist ein hellenistischer Herrscherpalast immer noch auf dem Burgberg von Pergamon archäologisch repräsentiert; dort, im Zentrum einer recht spät etablierten Monarchie, werden die Zusammenhänge von Sieghaftigkeit, religiöser Überhöhung und markanter, der Natur geradezu aufgezwungener Repräsentation besonders deutlich [465: SCHALLES und bes. 467: RADT, vgl. 464: SCHALLES].

Die zweite seleukidische Hauptstadt nach Seleukeia am Tigris [vgl. o. S. 157; zur Architektur s. bes. 456: HOPKINS, weiteres bei 525: SHERWIN-WHITE, 19ff.] ist wohl zunächst (trotz der Argumentation von MARINONI [457] zu Gunsten von Antiocheia) Seleukeia in Pierien gewesen [453: DOWNEY; 520: MUSTI, 90. 105f; 406: SEYRIG], vor allem wegen der Benennung nach dem Herrscher, die eine Analogie zu anderen Diadochen nahelegt, und wegen des Bezugs zu Antigoneia [vgl. E. HONIGMANN, RE s.v. Seleukeia Pieria und 453: DOWNEY; 406: SEYRIG lokalisiert Antigoneia freilich weiter im Landesinneren]. Doch bald trat Antiocheia an seine Stelle. Entscheidend ist jedoch das in der Tetrapolis und der demonstrativen

‚Makedonisierung' [s. bes. 520: MUSTI, 91ff.] Nordsyriens zum Ausdruck kommende Gesamtkonzept: Mit welch grandiosem (schon von Antigonos stammendem?) Zugriff hier, teilweise gegen die Ungunst der Natur, jedoch in einem insgesamt durch Fruchtbarkeit und Vorteil der Lage ausgezeichneten Gebiet, ein Zentralraum in politischer, demographischer, militärischer und wirtschaftlicher Hinsicht gestaltet wurde, ist besonders von SEYRIG [406] angedeutet worden [zu dem Gesichtspunkt des Handels vgl. auch 484: TSCHERIKOWER, 169ff. und zu der räumlichen Situation von Nordsyrien insgesamt und den Grenzen s. auch 452: BIKERMAN, mit Analyse des Sprachgebrauchs; bestimmte Problematisierungen gibt jetzt 466: LANDUCCI GATTINONI]. Den Aspekt des bewußten Neuansatzes auch hinsichtlich der alten Herrschertradition akzentuiert sehr stark 520: MUSTI, 138. Daran, daß jedoch nicht nur eine Zentrale existierte, sondern auch dem Osten mehr Bedeutung zukam, hat jetzt vor allem 525: SHERWIN-WHITE, 16ff. erinnert. Die politische Rolle der Hauptstadt hat BIKERMAN [516] für die Seleukiden plastisch skizziert, desgleichen die wichtigsten Aspekte höfischen Lebens und höfischer Organisation. Die besondere intellektuelle Komponente der hellenistischen Hauptstadt, wie sie vor allem im Museion von Alexandreia zum Ausdruck kommt, wird unter den geistesgeschichtlichen Gesichtspunkten noch näher zu skizzieren sein (s. u. S. 193f.).

β) Die Armee

Heer und Herrscher

Die wissenschaftliche Erforschung der hellenistischen Armeen stand lange Zeit im Banne des Konzeptes der makedonischen Heeresversammlung, wie es insbesondere in dem Buch von GRANIER [475] ausgeführt war und generell als wesentliches Element des makedonisch-hellenistischen Staatsrechts galt [vgl. die Literatur bei 387: BRIANT, 288 A. 2]. Danach konnte die Heeresversammlung gleichsam als Repräsentant des ganzen Volkes angesehen werden, mit erheblichen Rechten, nämlich bei der Ernennung von Königen und in wichtigen Prozessen. Diese Position ist durch die Kritik besonders von BRIANT [387, 286ff.] und ERRINGTON [440. 449, vgl. 520: MUSTI, 126ff.; 443: LEVY] wesentlich erschüttert worden, und selbst ‚Relikte' der staatsrechtlichen Interpretation wie bei BRIANT a.O., MOOREN [448] und teilweise auch bei LEVY a.O. müssen als problematisch gelten (vgl. o. S. 137). Diese Relativierung schließt natürlich nicht aus, daß bei der Inthronisation der Herrscher dem Heer bzw. einzelnen Truppenteilen präsentiert wurde und in der Akklamation gleichsam die Zustimmung entgegennahm. Freilich spielte auch die Hauptstadt mit ihrer Bevölkerung eine kaum minder wichtige Rolle.

Ausgangspunkt muß aber vielmehr der eher personale Charakter der Beziehung König-Heer sein, wie ihn besonders BRIANT [365. 387] als Kennzeichen des Hellenismus herausgearbeitet hat. Dies bedeutet nun keineswegs, daß das Heer in der Kommandogewalt des Herrschers völlig aufgeht und ein bloßes Instrument darstellt: Es hat durchaus Eigengewicht, nicht nur als Machtfaktor schlechthin und nach außen, sondern auch nach innen als herrscherlicher Erzwingungsstab. Fast noch mehr als gegenüber anderen Untertanen muß der Herrscher gegenüber diesem Stab besonders den Erwartungs- und Vorstellungshorizont beachten; gerade hier waren Erfolg und Fürsorge gefragt, gerade hier mußte Vertrauen und Loyalität gesucht, nicht bloß starr nach den Grundsätzen von Befehl und Gehorsam verfahren werden – das Verhältnis war ja ein primär persönliches, und hinter dem König stand keine große Staats- oder Vaterlandsidee; auch das makedonische Volk darf man sich nicht allzusehr wie eine moderne Nation vorstellen. Leicht hatte ein Soldat die Fronten gewechselt. So bekam das Heer Gewicht – wenngleich nicht in strikt rechtlichem Sinne – und erhielt Gelegenheit, seinen Willen zu artikulieren, etwa durch Akklamation. Der König konnte dies durchaus nicht ignorieren, auch wenn es in keiner Verfassung festgelegt war. Überhaupt war es gerade angesichts der großen Bedeutung der Söldner [477: Lévêque, 262ff.] für den König wichtig, zusätzliche Bindungen zu konstituieren.

Die verschiedenen Aspekte des hellenistischen Militärwesens sind, vor allem auch aus sozialhistorischer Perspektive, bis in die verschiedenen Details hinein besonders von Launey [476] und Bar-Kochva [480, zu den Seleukiden] grundlegend untersucht worden – wo u.a. sehr deutlich wird, in welch zunehmendem Maße etwa der Anteil an Indigenen in den Heeren gewachsen ist [zu Launey vgl. die Zusammenfassung bei 477: Lévêque, 262f.]. Ebenso gründlich ist Uebels [478] proposographisch fundierte Studie über die Kleruchen in Ägypten. Von dem entsprechenden ägyptischen Rekrutierungssystem unterscheidet Bikerman [516] das seleukidische sehr stark, obwohl auch dort Kleroi bezeugt sind, an denen offenbar eine Dienstpflicht haftete; nur habe dies nicht das Individuum direkt betroffen, sondern die Gemeinde, die mit einer gewissen Zahl von Kleroi zur Stellung eines bestimmten Aufgebots verpflichtet gewesen sei. Mag man sich hier schon fragen, ob diese deutliche Unterscheidung zwischen ptolemäischen und seleukidischen Kleroi sich wirklich zwingend aus dem Material ergibt und nicht doch vielleicht zu schematisch ist [zur Kritik vgl. auch 93: Rostovtzeff I, 391f.], so stößt man zugleich auf das damit verbundene Problem der seleukidischen Siedlungspolitik überhaupt, konkret auf die Frage nach dem Charakter der sogenannten Militärkolonien (etwa vom Typus von Dura Europos). Bikerman [516] hat diese Bezeichnung abgelehnt und statt dessen an echte ländliche Siedlungs- bzw. Agrarkolonien gedacht, die freilich in der angedeuteten Weise als Rekrutierungsbasis dienten. Welche Namen man auch immer hier wählt, man wird diese Siedlungen wohl tatsächlich unterscheiden müssen von den griechischen Poleis mit ihrem Rechtscharakter der vollen Autonomie, welche – wie Bikerman gegen Griffith [bei 516: Bikerman, 74 A. 4] gezeigt hat – der Aushebung nicht unterlagen, sondern im Rahmen ihrer etwaigen Bündnisverpflichtungen Kontingente stellten [zur Unterscheidung jetzt auch 522: Cohen mit freilich im einzelnen recht hypothetischer Beweisführung, s. W. Orth, Gnomon 53, 1981, 559ff.]. Daß auch in den Eigentumsrechten gegenüber den griechischen Städten Einschränkungen vorliegen, hat ebenfalls Bikerman für Dura Europos nachgewiesen.

Kleruchen und Militär- siedlungen

Das alles ändert freilich nichts an der Tatsache, daß sich in diesen Siedlungen, die von hellenisierten Makedonen (und sicher nicht nur von solchen) bewohnt waren, ein ähnlicher Lebensstil wie in den griechischen Städten ausbildete, bis in die Institutionen hinein. Für den von außen kommenden Blick waren sie nicht mehr zu unterscheiden.

γ) Administration und Wirtschaft

Während wir über die Staatsverwaltung der Seleukiden nur recht lückenhaft un-
Quellen   terrichtet sind – was sich überhaupt ausmachen läßt, haben die grundlegenden Untersuchungen von BIKERMAN [516] und die in mancher Hinsicht ergänzende Studie von MUSTI [520] deutlich gemacht, für das Orientalische mag man jetzt etwa FUNCK [539] und KUHRT/SHERWIN-WHITE [525] konsultieren –, sind wir über Ägypten dank der reichen Papyrusfunde für unsere Verhältnisse geradezu ausgezeichnet unterrichtet. Doch darf man auch das nicht überschätzen: Unsere Informationen sind wegen der Zufälligkeit der Funde zunächst einmal sehr punktuell. So wissen wir über manche Epochen und Kleinräume – etwa über das Fayum im 3. Jh. durch das Archiv des Zenon [s. dazu jetzt den ‚Wegweiser‘ von 512: PESTMAN u. a. und die grundlegende Analyse von 562: ORRIEUX, vgl. ferner etwa 552: SKEAT] oder über das Dorf Kerkeosiris im 2. Jh. [550: CRAWFORD] – teilweise minutiös Bescheid, andererseits sind unsere Kenntnisse etwa für das obere Ägypten, aber auch für manche Sachgebiete, wie beispielsweise das Bankwesen, sehr ungenau bzw. fragmentarisch.

Daher herrscht die Versuchung zur Verallgemeinerung, die aber angesichts vieler Lücken per se problematisch ist und oft bereits in der Forschung konkret revidiert wurde, man denke etwa an die Deutung des für das Wirtschafts- und Finanzsystem so wichtigen Papyrus „Revenue Laws“ [507: BINGEN]. Noch problematischer ist es, wenn das für Ägypten gewonnene Bild auf die anderen hellenistischen Gebiete übertragen wird, denn gerade Ägypten bildet mit seiner ganz spezifischen, auf die Lebenskraft des Nils gegründeten und durch jahrtausendealte Ordnungen tradierten Existenzweise zunächst einmal eher einen Sonder- als einen Normalfall.

Trotz solcher Vorbehalte beeindruckt es sehr, wie unser Kenntnisstand über Ägypten sich erweitert hat. Eine ganze wissenschaftliche Disziplin, die Papyrologie, hat sich diesem Gegenstand verschrieben, und sie ist als solche interdisziplinär, weil uns die Texte schlechterdings über alle Lebensbereiche, Geschäftsleben und Wirtschaft, Recht und Verwaltung, Religion und Literatur, unterrichten. Einen ersten Höhepunkt in der Entwicklung dieses Faches brachten die Aktivitäten von U. WILCKEN in Berlin, dessen – gemeinsam mit dem Juristen L. MITTEIS herausgegebene – Chrestomathie noch heute eine der besten Einführungen in die Papyrologie und zugleich in das hellenistische Ägypten ist [8].

Ptolemäische   Derzeit verfügen wir für die verschiedenen Aspekte der hellenistischen Verwal-
Verwaltung   tung Ägyptens über ‚echte‘ Standardwerke und wichtige Hilfsmittel: Auf die Lei-

stungen der Prosopographie sowie die damit in Zusammenhang stehenden Arbeiten von MOOREN wurde bereits hingewiesen. Diese geben nicht nur Anlaß, über den Verwaltungsaufbau neu nachzudenken, sie deuten auch darauf hin, daß die Verwaltung Ägyptens – bei allen lokalen Varianten – eher einheitlicher war, als man bisher angenommen hatte [zu dem traditionellen Bild s. noch die knappe Zusammenfassung von 506: BAGNALL, 3ff.]; und es sprechen schon gewichtige Indizien dafür, daß dies auf die Außenbesitzungen ausgestrahlt hat, wie etwa WÖRRLE [408] für das ptolemäische Lykien in der Institution des Oikonomos gezeigt und vor allem BAGNALL [506] aus dem gesamten Material demonstriert hat. So ergibt sich – in Syrien, Phönikien, der Kyrenaika und Zypern – ein innerer Ring von ‚Provinzen‘, die sehr stark nivelliert wurden (seit der Mitte von Ptolemaios' II. Herrschaft), und ein weiterer Kreis von lose angegliederten Gebieten. Das ursprüngliche System modifizierender Anpassung scheint also verlassen worden zu sein.

Auf Grund des Quellenbefundes [einen besonders wichtigen Arbeitsapparat bildet 20: LENGER] ist es möglich, das Verwaltungssystem Ägyptens, vornehmlich seine Rechtsordnung, relativ detailliert zu studieren, so daß sich hier ein eigener Zweig der antiken Rechtsgeschichte entwickelt hat. Auf diesem Gebiet sind nach den Arbeiten vor allem von MITTEIS von R. TAUBENSCHLAG [496] und H.J. WOLFF [bes. 504. 508] die wissenschaftlichen Fundamente gelegt worden [vgl. etwa auch 498: SEIDL und jetzt die wohl orientierende Skizze von 514: MODRZEJEWSKI].

Erhöhte Aufmerksamkeit fand daneben, auch wegen der tatsächlichen Bedeutung des Gegenstandes im ptolemäischen Verwaltungssystem, die Wirtschaft. Eine geradezu klassische Arbeit hierzu stammt von WILCKEN [483], der seine überlegene Materialkenntnisse nutzte, um die ptolemäische Wirtschaft als ein merkantilistisches System zu klassifizieren und zu beschreiben. Auf ganz ähnliche Weise verstand ROSTOVTZEFF [93. 490. 491] die hellenistische Ökonomie Ägyptens als Staats- und Planwirtschaft. Diese Gesamteinschätzung liegt auch dem immer noch fundamentalen Werk von CLAIRE PRÉAUX [494] zugrunde, allerdings ohne sich allzu sehr aufzudrängen und den zahlreichen Detailrekonstruktionen und -beschreibungen des Wirtschaftsgeschehens ihren bleibenden Wert zu nehmen.

Ptolemäische Wirtschaft

C. PRÉAUX hat später ihre Grundauffassung selber relativiert [497 und s. jetzt ihre Zusammenfassung 98 I, 358ff.], unter deutlicher Berufung auf J. HASEBROEK, mithin auf ein Gesamtkonzept der Beurteilung antiken Wirtschaftens, das sich mehr der historischen Schule der Nationalökonomie und MAX WEBER verpflichtet wußte als den modernisierenden Deutungen mancher Altertumswissenschaftler. Neufunde schienen eine solche Revision in wichtigen Punkten notwendig zu machen, so etwa in der Frage der diagraphé tou spórou, also der Festlegung der auszubringenden Saatmengen, eines wesentlichen Instituts der „économie planifiée": Statt Zentralismus schienen dezentrale Verfahren gültig gewesen zu sein. Wenn auch in diesem Punkte VIDAL-NAQUET [500] bei erneuter Überprüfung die Dinge wieder im Sinne einer sogar besonders starken Zentralität deutet, so bleibt doch unverkennbar, daß durch das Aufbrechen des starren Merkantilismus- und Staatswirtschaftskonzeptes die Diskussion an Fruchtbarkeit gewonnen hat. VIDAL-NAQUET [500] selber hat in der genannten Studie auf die Diskrepanz zwischen Planung und Realisierung hingewiesen, ein Gedanke, den weiter zu verfolgen gewiß lohnend wäre. Vor allem aber hat BINGEN [507], in markanter Weiterentwicklung von Positionen seiner Lehrerin C. PRÉAUX und im Zusammenhang mit eigenen Arbeiten zu bestimmten Bevölkerungsgruppen (s.u. S. 180), ein neues Gesamtbild der ptolemäischen Wirtschaft vorgelegt. Darin erscheint diese zunächst als ein nicht im Grundsätzlichen konzipiertes Gebilde, sondern als ein System, das allmählich aus dem bestimmte Anpassungen verlangenden Zusammenwachsen eines traditionell ägyptischen und eines gleichsam einwandernden griechisch-, kapitalistischen' Verfahrens entstanden ist. BINGENs Augenmerk gilt besonders dem mobilen, rasch ins Land strömenden Element griechischer Händler, Geschäftsleute und Entrepreneurs, die – vereinfachend gesagt – als Besitzer größerer Bargeldmengen in die Wirtschaftsbeziehungen etwa zwischen Verpächtern und Pächtern und vor allem auch zwischen dem König mit seinem fiskalischen Interesse und dessen Pächtern und Steuerpflichtigen traten, durchaus attraktiv für jenen, da sie die Naturalabgaben in klingende Münze verwandelten. BINGEN sieht sogar ein „Gleichgewicht" zwischen diesem Element ‚freien' Wirtschaftens und der planenden Ökonomie des Königs.

Es ist gar nicht zu bestreiten, daß hiermit ein wichtiger und bisher nicht angemessen gewürdigter Faktor des ptolemäischen Wirtschaftslebens herausgestellt wurde, vielleicht allerdings ein wenig zu sehr; denn ob man angesichts der vieles überwölbenden und nahezu alles durchdringenden, auch in privatwirtschaftlichen Bereichen durch ihr Gewicht und ihren Umfang besonders einflußreichen Positionen des wirtschaftenden königlichen Hausherrn von einem Gleichgewicht sprechen kann, darf fraglich erscheinen. Eher war es doch wohl so, daß auch die verkehrswirtschaftlich denkenden und handelnden Kräfte im Sinne der ptolemäischen Oikoswirtschaft eingespannt, ja in das System – wenn auch mit ihrem Spielraum, in dem ja gerade auch ihre Nützlichkeit begründet war – letztendlich integriert wurden. Einiges hat – in dieser Richtung – ROSTOVTZEFF herausgearbeitet [93 I, 207ff., vgl. generell 505: DAVISSON/HARPER. Für die hier vertretene Position sind auch die von 511. 513: BOGAERT gemachten Beobachtungen über die dominierende Rolle der königlichen Banken in Ägypten von großer Bedeutung]. Daß Entsprechendes auch von der Tempelwirtschaft galt, hat schon vor längerer Zeit ebenfalls ROSTOVTZEFF [488] in seiner Rezension von W. OTTOs [487] großem Buch über die Priester und Tempel im ptolemäischen Ägypten gezeigt.

Wirtschaft und Verwaltung bei den Seleukiden

Verglichen mit dem, was wir über die lagidische Ökonomie wissen, ist unsere Kenntnis der seleukidischen Wirtschaft fast gleich null. Das beginnt schon mit der Frage, ob die Bemerkungen über die orientalische Wirtschaft in der pseudoaristotelischen Ökonomik – so dürftig diese insgesamt auch sind – überhaupt als Grundlage für die Interpretation der seleukidischen Finanz- und Wirtschaftsordnung angesehen werden dürfen: Offensichtlich ist hier ein den Seleukiden unmittelbar vorangehender Zeitraum anzunehmen [so 516: BIKERMAN, 110f. 120 mit Berufung auf 515: VAN GRONINGEN; für eine noch spätere Datierung plädiert jetzt 485: FORABOSCHI, 82ff.], und dann dürfte es legitim sein, den Text auch für die Seleukiden, zumindest die frühen, heranzuziehen, wie dies ROSTOVTZEFF [93 I, 343ff.] in freilich geradezu exzessiver Weise tat. Überhaupt hat dieser dank seiner umfassenden Materialkenntnis zusammengebracht, was sich seinerzeit zum Thema sagen ließ, so daß seine Darstellung immer noch unersetzlich ist. Wichtiges neues Material zur Situation am Persischen Golf und dessen Erschließung im kommerziellen Sinne bietet jetzt SALLES [in: 525: KUHRT/SHERWIN-WHITE, 75ff.].

Für die Verwaltung insgesamt muß BIKERMAN [516] die Grundlage bilden, der durch BENGTSON [413 II] in mancher Hinsicht [so in der Abgrenzung von Satrapien und Fiskus, wozu jetzt auch 525: SHERWIN-WHITE, 22f. mit den dort zitierten Belegen käme] zu ergänzen und zu modifizieren ist. Insgesamt bleibt vieles sehr undeutlich. Für alles, was die Situation in Babylonien betrifft, hat jetzt OELSNER [419] ein unschätzbares quellenkundliches und bibliographisches Hilfsmittel vorgelegt. Überhaupt ist zu beachten, daß gerade in der neuesten Forschung die indigenen Wurzeln der seleukidischen Herrschaft und der Respekt der Seleukiden vor den orientalischen Traditionen von Herrschaft und Regierungspraxis deutlich unterstrichen und begründet werden [repräsentativ hierfür sind 525: KUHRT/SHERWIN-WHITE]. Dabei wird etwa deutlich, daß die Königsherrschaft auch in der unteren Verwaltungsebene direkt präsent war, daß in den unteren Instanzen zahlreiche einheimische Beamte tätig waren und demzufolge auch die traditionellen Verwaltungssprachen neben dem Griechischen weiter gebraucht wurden [bes. 525: SHERWIN-WHITE, 22ff.].

c) *Gebiete und Untertanen*

α) Die territorialen Strukturen

Daß die Rechte des hellenistischen Herrschers auf der gewaltsamen Besitzergreifung des Landes (chora doriktetos, speererworbenes Land) beruhten, daß also gleichsam das Kriegsrecht das Fundament hellenistischer Staatlichkeit und ganz konkret auch die Basis der vollständigen territorialen Verfügbarkeit (einschließlich des Erbrechts) bildete, ist geradezu ein Axiom der modernen Forschung [s. bes. 516: BIKERMAN; 414: EHRENBERG; 526: SCHMITTHENNER; 364: MÜLLER; 529: MEHL; 543: DE STE.CROIX, 151]. Auf den ersten Blick spricht alles für diese Deutung: Wenn man Ansprüche auf Gebiete erhob, argumentierte man mit dem Speererwerb. Das damit gewonnene Land konnte vererbt und sogar testamentarisch vermacht werden. Überhaupt waren ja Sieghaftigkeit und Erfolg Signum der Monarchie. Im Wirtschaftsleben verhielt sich der König wie ein begüterter Hausvater. Sein Land war sein Haus, so wie sein Wort Gesetz war. Wenn jemand von dieser Verfügungsgewalt des Königs eximiert war, wie dies nicht zu leugnen

Kriegsrecht und Staatsgebiet

ist, dann nur auf Grund königlichen Gnadenerweises und Verzichts, nicht kraft eigenen Rechts [so bes. 516: BIKERMAN]. Nur so konnten dann neben das eigentliche „Königsland" autonome Bereiche treten. Doch muß man hier vielleicht etwas vorsichtiger sein: Schon HEUSS [530] hat darauf hingewiesen, daß das Kriegsrecht nicht den Frieden präjudiziere, daß es nicht aus sich heraus dauerhafte Rechtssysteme hervorbringen könne. Es ist eben in der Tat seinem Wesen nach ein Ausnahmerecht, in unruhigen Zeiten ausgerufen, den Normalzustand außer Kraft setzend. Als solches mochte es in den verworrenen Zeitläuften des Hellenismus immer wieder virulent werden oder auch in politischen Konfliktfällen zur Begründung von Ansprüchen argumentativ verwendet werden; aber dort ging es ja nur um Schaffung bzw. Begründung von Verfügungsgewalt und Besitzforderung, nicht um bewußte rechtliche Gestaltung auf Dauer.

Hierzu hätte man den Eroberungszustand perpetuieren und zum bestimmenden Rechtsgrund machen, hätten sich die rechtlichen Beziehungen ihm dauerhaft unterordnen müssen. Dies schein aber gerade nicht durchgängig der Fall gewesen zu sein: Schon der Blick auf die Bodenqualität zeigt, daß man offenbar eher die alten Gerechtsame beachtet und weitergetragen hat, also im wesentlichen das Volleigentum im griechischen Bereich (mit Bindung an das Polis-Territorium) und das – im einzelnen schwer zu analysierende, aber wohl insgesamt recht vielfältige – ‚Obereigentum‘ des Königs im orientalisch-ägyptischen Bereich (vgl. auch u. S. 179).

β) Der Herrscher und die Stadt

Stadt und
Herrscher im
Felde von Macht
und Recht

Mit diesem Problem des Kriegsrechts ist auch das des Verhältnisses von Stadt und Herrscher aufs engste verknüpft, welches seinerseits ein zentrales Thema hellenistischer Verfassungsgeschichte ist, prallten doch hier die beiden für die politische Geschichte Griechenlands zuvor (Polis) und jetzt (König) dominierenden Kräfte aufeinander. HEUSS, der diesem Komplex die erste grundlegende Arbeit widmete [530], hat mit allem Nachdruck die rechtliche Souveränität der Stadt auch im herrscherlichen Machtbereich vertreten und darauf hingewiesen, daß die Polis nicht in einem einheitlichen Untertanenverband aufgegangen sei und zum Herrscher nicht nur staatsrechtliche, sondern auch völkerrechtliche Beziehungen unterhalten habe. Dieser Position haben sich, teilweise mit Modifikationen, manche Gelehrte angeschlossen [533: PRÉAUX; 532: MAGIE; vgl. auch 379: SIMPSON]. Sie hat jedoch von Anfang an auch schärfsten Widerspruch hervorgerufen [531: BIKERMAN]. Und gerade angesichts der Vorherrschaft des eben skizzierten Souveränitätskonzeptes auf der Basis des Speererwerbs hat sie wenig Akzeptanz gefunden. Zudem ist sie jüngst durch ORTH [537] noch einmal einer grundsätzlichen Kritik unterzogen worden, in der auf den großen Machtunterschied abgehoben, auf verschiedene herrscherliche Rücksichtslosigkeiten aufmerksam gemacht und der Vorgang der Freiheitsproklamation als bloße Propaganda charakterisiert wurde.

In der ganzen Auseinandersetzung hat man gelegentlich den Eindruck, als würde auf verschiedenen Ebenen diskutiert. So steht die Frage Macht oder Recht stark im Vordergrund [537: ORTH, 178ff.]; diese sind aber für sich jeweils gar nicht strittig. Daß die Könige in der Regel den Städten in ihrem Einflußbereich machtpolitisch gewaltig überlegen waren und daß überhaupt viel Phrase und Floskel im Spiel war, ist gar nicht zu bezweifeln; aber auch nicht, daß das Verhältnis zwischen Stadt und Herrscher kein rein staatsrechtliches, sondern mindestens auch (angesichts von Begriffen wie πρέσβεις, Gesandte, und συμμαχία, Allianz, im Verkehr zwischen den Poleis und den Königen) ein völkerrechtliches war [wie etwa 516: BIKERMAN zugesteht, der deswegen an einen einseitigen königlichen ‚Freisetzungsakt‘ denkt]. Von diesen beiden Seiten her kommt man nicht zu einem geschlossenen Bild: Die Rechtsverhältnisse überzubetonen heißt, die Zustände gelegentlich auch dort zu beschönigen, wo es beim besten Willen nicht geht. Primär nur auf die Machtverhältnisse abzuheben und alle dem widersprechenden Elemente als bloße Propaganda abzutun heißt, mit einem Lügensystem zu rechnen, in dem man ja eigentlich wußte, wieviel nur Propaganda war [537: ORTH, 186], und sie dann trotzdem einsetzte und glaubte.

Weiter kommt man m.E., wenn man angesichts des evidenten Spannungsverhältnisses zwischen tatsächlicher Macht und rechtlicher Organisation die schon angesprochene Reziprozität im Verhältnis zwischen Herrscher und Dominierten zum Ausgangspunkt nimmt, und zwar gerade da, wo jener wirklich die Macht hatte und nicht durch Konzessionen erst sichern wollte: Dort bot die Freiheitspolitik, d.h. die Respektierung der traditionellen Gegebenheiten griechischer Polisrealität, die Möglichkeit, als euerges/Wohltäter [s. bes. 578: GAUTHIER] – mit dem entsprechenden Effekt – bei der Organisation der eigenen Herrschaft die innere Zustimmung der griechischen Untertanen zu gewinnen, also die Herrschaft legitimierend zu verankern und dauerhaft zu etablieren. Das war genau in dem Sinne mehr als bloße Propaganda, wie des Augustus „res publica restituta" mehr war als bloßer Schein. So hat z.B. jüngst GAUTHIER [578, 48f.] erneut auf die wichtige (oft übersehene) Tatsache aufmerksam gemacht, daß die gerade aus den Wohltaten resultierenden kultischen Ehren der Könige nicht selten über den Tod bzw. über das Ende von deren Dynastie hinaus Bestand hatten. In diesem Gesamtrahmen gehörte dann auch – verständlich angesichts der großen Bedeutung, die Legalität für die griechische Vorstellung von Legitimität offenbar hatte [157: GEHRKE, 204. 342] – die angemessene Verrechtlichung der Beziehungen, nebst der Einhaltung von Formalitäten. Ebenso waren auch soziale Normen wirksam. Die Vorstellung, daß der Mächtigere als prostates, als Beschützer und Garant also, gerade indem er Wohltaten erwies, auch in seiner Überlegenheit respektiert wurde, war den Griechen ganz geläufig und wurde gerade in dieser Zeit auch im Inneren der Gesellschaften intensiviert. Wie sehr das Herrschaftsverhältnis als Wechselbeziehung mit jeweiligen Verpflichtungen und Traditionen gedacht wurde, wird jetzt sehr schön deutlich in der neuen, von M. WÖRRLE [862, bes. IV, 6ff.] publizierten Inschrift aus Herakleia am Latmos, in der generell das herrscherliche

Wechselbeziehungen zwischen Herrschern und Städten

Machtgefüge besonders deutlich hervortritt, jedoch des Königs Rücksicht auf städtische Wünsche als etwas erscheint, das „sich gehört" (προσῆκον). Und selbst bei einem Herrscher, dessen Verhalten gegenüber seinen Städten als besonders hart galt, ist einiges zu relativieren [368: BURSTEIN; allgemein vgl. auch die differenzierenden Bemerkungen von MUSTI in 103: CAH VII 1, 205ff.].

Auch sonst sprechen einige Beobachtungen dafür, daß hinter der Freiheitspolitik nicht bloß Geklingel, sondern auch Effektives steckte: Die Städte konnten als einzelne, in größerer Zahl oder gar in ihrer Gesamtheit – im direkten Kräftespiel oder etwa als die Träger einer öffentlichen Meinung – auch zu einem realen Machtfaktor werden. Wir haben Zeugnisse dafür, daß sich Herrscher dessen sehr wohl bewußt waren. Wichtig war ferner die Interessenlage interner Gruppierungen, von der in der griechischen Politik von jeher so viel abhing: Anhänger eines Herrschers mochten in dessen machtpolitischer Überlegenheit die Grundlage ihrer eigenen Machtposition sehen, der Gegner dieses Herrschers konnte für Angehörige und Sympathisanten der dazu in Opposition stehenden Gruppe(n) durchaus ein echter Befreier sein. Überhaupt konnte eine Stadt ein Interesse an Machtgewinn und -erhaltung eines Herrschers haben, so wie Rhodos nach der Königsproklamation des Antigonos Monophthalmos den Prestigeverlust seines Freundes Ptolemaios fürchtete [343: col. II, 28ff.], ja die Städte konnten angesichts der herrscherlichen Sympathien sehr wohl auch eigene Ziele z.B. gegen andere Städte durchsetzen oder Rechte und Rechtsansprüche auf königlichen Entscheid zurückführen [zu Priene gibt in dieser Hinsicht 295: SHERWIN-WHITE interessante Beobachtungen]. Und schließlich war der König in seinem großen Herrschaftsraum doch oft nur sehr bedingt präsent. Seine Organisations- und Verwaltungskapazität war so gering, daß er sogar Poleis einrichtete! Er hat also nicht alles durchdrungen und kam überhaupt nur ins Spiel, wenn es einen konkreten Anlaß oder ein Bedürfnis – seinerseits oder auch seitens der Stadt – gab, ansonsten lebte man so frei, als gäbe es ihn gar nicht. Insgesamt hat man zudem, wie sich aus dem Gesagten ergibt, durchaus noch zwischen den verschiedenen Einzelfällen zu differenzieren [vgl. den Unterschied zwischen Euromos, 858: ERRINGTON, und Herakleia am Latmos, 862: WÖRRLE].

Städte im Antigoniden- und Ptolemäer- reich

‚Klassisches' Gebiet für den hier bezeichneten Sachverhalt war das Seleukidenreich. Daß in Makedonien, besonders in den auf ‚altmakedonischem' Gebiet entstandenen Städten, die Herrschaft direkter in diese selbst eindrang und der Spielraum enger war, hat schon HEUSS betont und ist jetzt vor allem von GIOVANNINI [536] und ERRINGTON [139, 205ff.] erneut unterstrichen worden; auch bei den Seleukiden ist die Situation der Neugründungen ja etwas anders, wie das Institut des epistates zeigt. Entsprechendes gilt für Ägypten, wo die Zentrale – freilich in im einzelnen differierender Weise [408: WÖRRLE] – in die städtische Verwaltung eingriff, z.B. mit Interventionen in das verbreitete Procedere der Einschaltung auswärtiger Richter [506: BAGNALL; zu der noch weitergehenden Herrschaftsorganisation in der Kyrenaika nach 246 s. jetzt 161: LARONDE, bes. 422ff.]. Dennoch hat auch das ptolemäische Ägypten mit der Polis gerechnet, wie jetzt wiederum BAGNALL [506] deutlich macht. Und selbst auf ihrem eigenen strikt organisierten Territorium hatten die Ptolemäer zwei griechische Städte, Ptolemais (in Oberägypten) und vor allem Alexandreia. Beide waren als Poleis organisiert, sogar die Residenzstadt Alexandreia: Dies war lange umstritten [s. die Literatur bei 462: JÄHNE, 64ff.], ist jedoch jetzt durch FRASER [455] gesichert. Freilich war das sehr nominell und wurde zudem allmählich unterhöhlt (besonders im 2. Jh.), doch war Alexandreia mit seiner – teilweise in unterschiedlichen ‚Kolonien‘ (πολιτεύματα) organisierten – Mischbevölkerung aus verschiedensten Griechen, Ägyptern, Juden, Phönikern, Zyprioten usw. [vgl. 548: BRAUNERT; 461: GRIMM u.a.] ohnehin alles andere als eine typische Polis.

Jüngst ist darauf aufmerksam gemacht worden, daß die Respektierung von Autonomie und entsprechenden Vorstellungen von dieser auch gegenüber nichtgriechischen Untertanen ein wesentlicher Faktor der Seleukidenherrschaft gewesen ist [525: SHERWIN-WHITE, bes. 26 und VAN DER SPEK, ebd. 57]. Für den Bereich der Tempelstaaten gibt die Untersuchung von ÇETIN ŞAHIN [535] eine interessante Studie, MUSTI [in 103: CAH VII 1, 197f.] einen Überblick [vgl. auch 880: VIRGILIO]. Am aufschlußreichsten ist in diesem Rahmen die Situation in Judäa, wie sie besonders von BICKERMAN [174] und HENGEL [111. 115] behandelt ist. Für Kleinasien hat, auch über die seleukidischen Gebiete hinaus, BOFFO [540] jüngst das Thema systematisch traktiert und vor allem das pragmatische, auch die gewachsenen Traditionen und Eigeninteressen berücksichtigende Verfahren der Herrscher herausgestellt; zu Babylon s. MCEWAN mit entsprechenden Ergebnissen [538, bes. 191ff.]. Andererseits zeitigte die – wahrscheinliche – Anlehnung an persische Praktiken, etwa in der Besteuerung griechischer Städte in Kleinasien [vgl. 862: WÖRRLE], auch nivellierende Tendenzen.

Autonomie bei den Indigenen

γ) Die Bevölkerung

Hinsichtlich der Zusammensetzung der Bevölkerung herrschte früher – nicht nur wegen DROYSENS Verschmelzungskonzept – die Tendenz, doch eine gewisse Vermischung, wenigstens à la longue, anzunehmen. Dies stellt sich heute nach neuen Funden und eingehenden Interpretationen ganz anders dar. Auch hier liefert Ägypten das beste Material, obgleich die Interpretation der nationalen Zugehörigkeit, die meist von den Namen auszugehen hat, nicht ohne Tücken ist [549: PEREMANS; 561: CLARYSSE]. Es gibt aber heute keine Zweifel mehr daran, daß klare Aussagen möglich sind, und zwar im Sinne einer bloßen „coexistence" von Griechen und Ägyptern, wie sie ja auch im Rechtsleben begegnet. Man stand zwar in Beziehungen, hat aber eher nebeneinander gelebt, wobei die Griechen in der Regel – bei prinzipieller Rechtsgleichheit im zivilen Bereich – in den überlegenen Positionen (sozial, politisch, ökonomisch) waren und nur wenige assimilierte Ägypter allmählich in höhere Ränge aufsteigen konnten [601: VATIN; 546: PRÉAUX; 479: HEINEN; 553: BINGEN; 563: LEWIS; vgl. 559: SAMUEL und 481: WINNICKI].

Dies gilt es auch zu beachten bei der Beurteilung der Aufstände von Indigenen

Koexistenz statt Verschmelzung

gegen die herrschenden Zustände. Auf die dabei im Spiel befindlichen religiösen Traditionen wurde schon hingewiesen (s.o. S. 168). Aus allem, was sich den Quellen entnehmen läßt, darf man wohl den Schluß ziehen, daß man gegenüber der Idee des ‚nationalen' Widerstandes sehr skeptisch sein muß. Wir kennen nur wenig Aufstände in ausreichendem Maße, am besten den Makkabäeraufstand, und dieser hat begreiflicherweise viel Interesse gefunden [s. bes. 565: KOLBE; 566: BICKERMANN; 567: HABICHT; 111: HENGEL; 168: TCHERIKOVER und – skeptischer – 568: MILLAR]. Er wurde gerne (auf jeweils sehr unterschiedliche Weise) als ein grundsätzlicher Konflikt zwischen Judentum und Hellenismus gedeutet [s. das Referat bei 569: BRINGMANN]. Jedoch hat jetzt BRINGMANN [570] mit einer soliden Rekonstruktion des zeitlich-faktischen Hergangs gezeigt, daß es sich dabei eher um ein kontingentes Geschehen handelte: Die Hellenisierungsbestrebungen gingen vom Hohepriester Jason aus, durchaus mit dem Ziel persönlicher Machterhaltung und begleitet von Sympathien des Königs Antiochos IV. Zwischen ihnen und dem Religionsverbot des Jahres 168 gab es jedoch keinen unmittelbaren Zusammenhang. Dieses ordnete sich vielmehr ein in herrschaftssichernde Maßnahmen Antiochos' IV. im Umfeld des 6. Syrischen Krieges (170-168, vgl. u. S. 212), im Zusammenspiel mit dem Hohepriester Menelaos, der als eigentlicher Urheber des Religionsediktes angesehen werden muß. Wie dem aber auch immer sei, für das Studium der ‚Begegnung' von Griechen und Indigenen bleibt das hellenistische Judäa bzw. Judentum ein hervorragendes Arbeitsgebiet [grundlegend 111: HENGEL, tlw. weiterentwickelt in 115; vgl. auch 116: MOMIGLIANO], auf dem die Veröffentlichung einer älteren, die jüdische Reaktion auf die neue Situation behandelnden Arbeit von BICKERMAN [174] neue Impulse liefern wird.

Daß Ägypten gerade im 2. Jh. zunehmend von Aufständen heimgesucht wurde, ist deutlich genug bezeugt [Zusammenstellung und Diskussion bei 98: PRÉAUX I, 389ff., vgl. schon: 545]. Es gibt aber viele Indizien dafür, daß dabei weniger ethnische als sozioökonomische Ursachen ausschlaggebend waren [so deutlich 556: PEREMANS; die ethnische Komponente betont jetzt stärker – bei deutlichem Hinweis auf die Verbindung beider Aspekte – 564: AMBAGLIO]. Zum Charakter der ‚antihellenistischen' Literatur gibt LLOYD [557] eingehende Interpretationen, die gerade die fehlende Breite und den mangelnden politischen Charakter aufzeigen; ob dann freilich der Begriff Propaganda noch sinnvoll ist?

Die Lebensumstände in Ägypten sind ebenfalls dank der Papyri gut bekannt, ja hier gibt es Möglichkeiten einer echten ‚Alltagsgeschichte'. Einiges ist bereits ausgeführt worden (s.o.). Perspektiven zur Erforschung der Sklaverei [allgemein hierzu s. 541: BLAVATSKAJA u.a.] in Ägypten weist HEINEN [555] auf, eine wichtige Synopse hierzu hat BIEŻUŃSKA-MAŁOWIST vorgelegt [551, ergänzt 560]. Die im Text kurz erwähnte Berechnung des Lebensstandards beruht auf PRÉAUX [98 II, 484ff., vgl. zum Maßsystem 499: REEKMANS und jetzt auch 558: RATHBONE]. Die Bemerkungen zu der Rolle der Kleruchen und zu den ‚Vermittlergruppen' sind vor allem durch die Untersuchungen von CRAWFORD [550] und von BINGEN [554] mit seiner ingeniösen Deutung der epigoné ermöglicht worden.

Seleukiden und Juden

Zustände in Ägypten

Plastische Einblicke in die Lebenssituation generell, die auch die sozioökonomischen Strukturen und die herrschende Mentalität betreffen, geben jetzt besonders die exemplarischen, souveräner Materialkenntnis entsprossenen Studien von LEWIS [563] sowie – zu Zenon, dessen Archiv für das 3. Jh. einzigartig informativ ist und dem schon PRÉAUX [546] eine vergleichbare Untersuchung widmete – von ORRIEUX [562]. Über die Rolle der Ägypter im Heer hat jüngst WINNICKI [481] gehandelt.

Die Zustände im seleukidischen Uruk sind kürzlich an Hand der Pfründentexte von FUNCK [539] erhellt worden, und auf die nur recht oberflächliche Hellenisierung in Babylonien generell, verbunden mit einer ziemlich weitgehenden Separierung von Griechen und Indigenen, hat VAN DER SPEK [in 525: KURTH/SHERWIN-WHITE, 57ff.] hingewiesen. Die laoi im Seleukidenreich haben seit den detaillierten Untersuchungen von ROSTOWZEW [482, 258ff., vgl. 93 I, 398ff.] viel Beachtung gefunden. Daß sie nicht einfach „an die Scholle gebunden", aber auch nicht frei, sondern z.B. „an ihr Dorf gebunden" waren, hat BIKERMAN [516, 178] gezeigt und (gegen die Interpretation von 542: BRIANT) DE STE. CROIX [543, 150ff.] erhärtet, der im übrigen auf den insgesamt differenten Charakter der jeweiligen Abhängigkeiten hinweist, aber ebenfalls „Hörigkeit" (serfdom) als gemeinsamen Nenner gelten läßt.

Die Bevölkerung
im Seleukiden-
reich

d) Die soziale und politische Verfassung in den griechischen Städten und Bünden

α) Die Polisgesellschaft

Die internen Vorgänge in den griechischen Städten [zu deren Erforschung ist immer noch fundamental 141: MAGIE, vgl. auch 146: JONES], die zu einer Verfestigung und zu einem besonderen Heraustreten der Honoratiorenschichten, ja zur Entstehung einer neuen Aristokratie geführt haben, stellen einen der wichtigsten soziopolitischen Prozesse im Hellenismus dar. Sie sind schon in verschiedener Hinsicht gelegentlich skizziert worden [vgl. 837: TOULOUMAKOS, 152f. und 782: DEININGER, 17, mit weiterer Literatur], in jüngerer Zeit durch DE STE. CROIX [543, in sehr zugespitzter Weise], DAVIES [in 103: CAH VII 1, 305ff., zusammenfassend] und – mit grundsätzlichen Bemerkungen zum Euergetismus als einem ‚Regierungssystem' – VEYNE [574]. Wichtige Modifikationen dazu hat jetzt GAUTHIER [578] mit einer minutiösen Sichtung des Materials (bezogen freilich nur auf die Thematik des „Wohltäters" und teilweise recht formalistisch argumentierend) beigebracht, der den Einschnitt zu Beginn des Hellenismus stark relativiert und der Zäsur im 2. Jh. v. Chr. mehr Gewicht gibt. Detaillierte Beiträge zu dieser Thematik hat daneben auch QUASS beigesteuert, von dem eine zusammenfassende Behandlung des Themas demnächst zu erwarten ist [s. 575, 52 A. 96; die Arbeit ist eine noch ungedruckte Göttinger Habilitationsschrift].

Tendenz zur
Exklusivität der
Honoratioren

Ein illustratives, wenn auch nicht in jeder Hinsicht typisches Beispiel, die Insel Delos, hat zusammenhängend jetzt VIAL [577] behandelt, die gerade die noch ar-

chaisch anmutende Sozialstruktur der dortigen Familienverbindungen herausar-
beitet. Für die wichtigsten Bünde in diesem Rahmen gibt O'NEIL [576] erste Hinweise. Wie sich das Hervortreten der Honoratioren in den Ehrendekreten spie-
gelt, hat ROSEN [579] demonstriert. Mit dieser ,Aristokratisierung' hängen wohl
auch die neuen Formen im Totenkult [621: NILSSON, 115ff.] ursächlich zusammen, die ja der Perpetuierung des Ruhms dienten und zur wachsenden Heroisie-
rung der Toten führten.

Die ökonomischen Veränderungen, die mit diesen Vorgängen zusammenge-
hen, zeichnen sich zur Zeit allenfalls erst ab [s. 572: PEČIRKA, 119ff.; MORETTI/
BOGAERT in 416, 319ff.; 160: GEHRKE, 25]. Unseren Kenntnisstand zu den entsprechenden wirtschaftlichen Prozessen, der Intensivierung und Verbreiterung
der ,internationalen' Kontakte und der Konzentration des Reichtums, hat unlängst DAVIES [in 103: CAH VII 1, 270ff. 292ff.] zusammengefaßt.

Verfassungs-   Die Wandlung, genauer: Erweiterung des Demokratie-Begriffes ist in diesem
fragen   Kontext ein uns schon viel deutlicheres Indiz. Gegenüber älteren Interpretationen des Begriffes im Sinne des klassischen ,Parteien-Schemas' hatte bereits HOL-
LEAUX [92 III, 153 A. 1] darauf hingewiesen, daß das Wort oft nicht mehr bezeichnet als den Zustand von Freiheit und Unabhängigkeit (ἐλευθερία und
αὐτονομία). Und schon bei BUSOLT-SWOBODA [581 I, 439ff.] ist von einer „Koine" der Verfassungen im Hellenismus die Rede, und in diese Richtung tendiert
auch etwa MUSTI [520, 141ff.]. Ganz deutlich und auf breiter empirischer Basis
hat dann QUASS [575] auf diese Zusammenhänge aufmerksam gemacht. – Auf die
Geschichte einzelner Städte kann hier nicht näher eingegangen werden; am aufschlußreichsten bleibt diejenige von Rhodos, für die jetzt zu SCHMITT [830 für die
spätere Zeit] das Buch von BERTHOLD [356] kommt, allerdings sehr stark konzentriert auf die Außenpolitik in den früheren Phasen, vgl. daneben noch HABICHT
[143. 147]; TRANSIER [159] und SHIPLEY [162] zu Samos und s. die Bibliographie
Nr. 140ff.

β) Die Bundesstaaten

Grundlegend für die Beschäftigung mit den griechischen Föderalstaaten sind
nach den sehr eingehenden Bemerkungen von BUSOLT-SWOBODA [581] die Arbeiten von LARSEN [583. 585], die in manchen Punkten von LEHMANN [589] wieder
aufgegriffen und weitergeführt wurden. So ist in der Frage, wieweit die Synhodos
des Achaiischen Bundes eine Primärversammlung war, jetzt von beiden [585,
165ff. und 587: LARSEN; 589: LEHMANN] teilweise in Anlehnung an BUSOLT-SWO-
BODA [581 II, 1555ff.] und gegen die Standpunkte von AYMARD [582] und GIOVAN-
NINI [586], mit dem Hinweis auf eine Reform des Bundes am Ende des 3. Jahrhunderts und in der Charakterisierung dieses Gremiums als einer großen Ratsver-
sammlung, Wesentliches geklärt worden. Auch das ist übrigens ein Indiz für die
Abnahme der direkten Demokratie und die zunehmende Bedeutung der Eliten.

Es ist nur schwer denkbar, daß man eine solche Verfassung nach den Kriterien des 5. und 4. Jahrhundert als demokratia bezeichnet hätte. Mit dem Begriff des Repräsentationsprinzips, den besonders LARSEN herausgestellt hat und mit dem auch LEHMANN operiert, sollte man eher vorsichtig sein: Eine ‚Repräsentanz‘ im Sinne unserer repräsentativen Verfassung – und eine solche Deutung mit allen Implikationen drängt sich damit selbstverständlich auf – ist für die damalige Situation weder belegt noch recht vorstellbar. Gemeint ist im Grunde nichts anderes als Proporz. Auf die Bedeutung der Bundesstaaten im Hellenismus generell verweist jetzt FUNKE, dessen demnächst erscheinende Arbeit über den Aitolischen Bund [590] auch für die Beurteilung der Förderalstaaten generell von Bedeutung ist.

4. Aspekte der hellenistischen Kultur

a) Grunderfahrungen und Lebenssituationen

Allgemeine Charakterisierungen Bei der Beschreibung der hellenistischen Kultur tritt, insbesondere in den Handbüchern, immer wieder sehr deutlich der Gedanke einer gewissen Nähe, ja inneren Verwandtschaft zwischen der hellenistischen Zeit und der modernen Welt hervor. Charakteristisch für diesen ‚Modernismus' ist das Werk von Tarn/Griffith [595], trotz der dort selbst (4f.) gegebenen Abgrenzungen, die im Laufe der suggestiven Darstellung gelegentlich verloren gehen. Eine umfassende, aus intimer Quellenkenntnis geschöpfte Behandlung der Lebensrealität und ihrer Beziehungen zu den verschiedenen geistig-mentalen Objektivationen gibt Schneider [599], der im Hinblick auf das Menschenbild vor allem das psychologische Interesse, die Bedeutung des Hellenischen (etwa im Freiheitsgedanken), die Zwiespältigkeit der Epoche, die neue Rolle der Frau, das andere Verhältnis zur Natur herausstreicht. Glänzende Beobachtungen stehen hier neben mitunter problematischen Generalisierungen. Einen sehr abgewogenen und differenzierten Versuch einer Gesamtcharakteristik des ‚inneren' Profils der Epoche hat jetzt Pollitt [775] vorgelegt, der als Merkmale die Faszination durch das Schicksalhafte, die Theatralik, den Individualismus, den Kosmopolitismus und die gelehrte Mentalität hervorhebt.

Familie und Ehe   Die Erforschung der Familie hat sich bisher vor allem auf die juristischen Fragen und dabei vorwiegend auf das Eherecht konzentriert [Überblick bei 593: Erdmann]. Sie ist demzufolge im wesentlichen noch immer eine Domäne der rechtshistorischen Forschung, insbesondere in der Papyrologie. Schon Arangio-Ruiz [591] hatte – mit Bezug auf das Verhältnis von Vater und Söhnen – gegenüber der ägyptischen Tradition die relative Lockerheit der griechischen Familie hervorgehoben, aus der die Söhne mit der Volljährigkeit definitiv ausscheiden. In den Beziehungen zwischen den Ehepartnern hat man dies ‚personale', die diachrone Familienbindung reduzierende Element deutlich herausgestellt. Dafür ist die detaillierte Arbeit von Vatin [601], die sich auch bemüht, die nicht-juristischen Aspekte zu berücksichtigen, ein wichtiges Zeugnis. Eine immer noch lesenswerte, klare Zusammenfassung bietet Préaux [598].

In der eher juristischen Forschung, die sich vornehmlich auf die unterschiedlichen Formen der Ehekontrakte konzentrierte, wurde sehr intensiv diskutiert, ob bestimmte Neuentwicklungen, insbesondere das Auftauchen der homología (d.h. der Erklärung) über den Empfang der Mitgift als Ersatz für den eigentlichen Ehekontrakt (syngraphè synoikesías), also für das Äquivalent der traditionellen griechischen engýesis, und über solche Formalitäten hinaus vor allem die verbesserte Stellung der Frau überhaupt auf ägyptische Einflüsse zurückgehen. Diese Position, eine Zeitlang sehr verbreitet [repräsentativ sind etwa 593: Erdmann;

496: TAUBENSCHLAG, bes. 113; vgl. 597: MODRZEJEWSKI, der besonders den Gesichtspunkt der Vermischung von Rechtsformen und – vorstellungen hervorhebt], ist schon von WOLFF [592] und PRÉAUX [598] erschüttert worden, die deutlich machten, daß die Veränderungen sich auch durch innergriechische Entwicklungen bzw. Differenzierungen erklären lassen. VATIN [601] hat jetzt gezeigt, daß die verschiedenen Formen durchaus nebeneinander auftauchten, bis in das 1. Jahrhundert v. Chr. hinein.

Noch wenig klar ist die Bedeutung der für Alexandreia bezeugten Eheformen mit Registrierung durch die sakrale Behörde der Hierothytai. VATIN sieht [601, 173ff.] hierin eine gewisse Analogie zur modernen Zivilehe, d.h. er deutet hier nicht die private Vereinbarung der Eheleute als das juristisch entscheidende Moment, sondern die Erklärung darüber vor dem Gremium. Damit hätte dann [601, 148] zugleich die staatliche Verwaltung die Kontrollfunktionen wahrgenommen, die zuvor die „bürgerliche Gemeinschaft" ausgeübt habe. Aber schon WOLFF hatte [592, 35ff.] deutlich gezeigt, daß der rein private Akt für die Rechtskraft der Ehe ausreichend war, und vermutet [akzeptiert von 598: PRÉAUX, 155ff.], daß die Hierothytai-Ehe, als solche fakultativ, eine Art zweiter Eheschließung war, die vor allem den bürgerlichen Status der männlichen Nachkommen habe verbessern sollen. Das ist denkbar, aber nach unserem Quellenstand nicht beweisbar, für ERDMANN [593, 171ff.] steht dahinter lediglich das Interesse an sicherer Aufbewahrung der Urkunden [vgl. auch dens. 594 zur Scheidung].

Sehr behutsam und mit deutlicher Berücksichtigung der lokalen Differenzen, die selbst in unserem trümmerhaften Material deutlich werden, hat VATIN [601] die Frage der Emanzipation der Frau [hierzu sehr pronociert 599: SCHNEIDER I, 78ff.] diskutiert. Ihm haben sich BIANCHINI [in: 416, 442ff.] und DAVIES [in 103: CAH VII 1, 311ff.] weitestgehend angeschlossen. VATIN betont auch den ‚neuen' Charakter der Eheverbindung [extremer 599: SCHNEIDER I, 100ff.], u.a. mit dem Hinweis auf die Romanliteratur [601, 55ff.]. Dieser Aspekt wird jetzt auch herausgestellt von STARK [in: 756, 83] und JOHNE [in: 756, 155ff; vgl. auch 599: SCHNEIDER I, 4], während die religiösen Gesichtspunkte etwa bei DUNAND [636 III, 261f.] und VELIGIANNI-TERZI [644] (Isis und die Ehe) oder bei VIDMAN [663, 66ff. (Rolle der Frauen in den Kultvereinen)] deutlich werden. Die nach wie vor völlige Ermangelung politischer Rechte hat PRÉAUX [598, 130ff.] unterstrichen. – Das Erziehungswesen hat, auf der Grundlage von ZIEBARTH, MARROU und NILSSON [596], MORETTI [in: 416, 469ff.] skizziert; zur zunehmenden Bedeutung des Vereinswesens s. etwa TARN/GRIFFITH [595, 108f.].

Stellung der Frau

b) Religion und Religiosität

Ein spezifisches Kennzeichen der hellenistischen Religion ist die bedeutende Entwicklung der Mysterienreligionen, die deshalb auch hier besondere Beachtung finden [allgemeine Einführungen geben 628. 629: BELL; 623: GODWIN (mit vielen Abbildungen) und jetzt vor allem 626: BURKERT]. In ihrer Erforschung machte

Mysterienreligionen und Christentum

sich eigentlich von Anfang an eine gewissen Hypothek bemerkbar [vgl. auch die Charakterisierung von 649: SFAMENI GASPARRO, XIIIff.]: Schon DROYSEN hatte ja den Hellenismus als die Epoche charakterisiert, in der die Offenbarung und Ausbreitung des Christentums möglich wurde. Das implizierte auch und gerade die Analyse von vergleichbaren Glaubensformen und -inhalten. DROYSEN hat sein Hellenismuskonzept bekanntlich nicht ausgeführt. Aber es ist ein ganz dominierendes Merkmal der religionshistorischen Forschung zu den Mysterienreligionen, daß diese immer wieder in Analogie zum Christentum gedeutet wurden, welches dann geradezu – im Extremfall – als eine Spielart dieser Religiosität angesehen werden konnte. Gerade mit dem Beginn der intensiven Erforschung, die mit den Namen CUMONT [616] und REITZENSTEIN [615] verbunden ist, wurden ständig Bezüge zur christlichen Religion hergestellt bzw. bestimmte Phänomene in deren Lichte gedeutet, auch durch die anderen ‚Klassiker' der Forschung [617: NOCK; 619. 622: FESTUGIÈRE; 667. 621: NILSSON], so sehr deren Einschätzungen im einzelnen auch differieren mochten. Das Stichwort Synkretismus brachte das weithin zum Ausdruck. Für eine solche Interpretation gab es ja auch genügend Anhaltspunkte: Der Erlösungscharakter ließ an die Wiederauferstehung denken, die Initiationsriten an die Taufe, die besonderen Reinheitsbemühungen an Sündenbekenntnisse, der Zusammenschluß der Gläubigen an die Gemeinde.

In jüngerer Zeit ist dann auf diesem Gebiet die Grundlagenforschung ganz erheblich intensiviert worden, vor allem dank der Initiative von M. J. VERMASEREN in der Reihe „Études préliminaires aux réligions orientales dans l'Empire Romain" und insbesondere durch die Sammlung und teilweise intensive Kommentierung der jeweiligen Quellenzeugnisse zu den einzelnen Religionen [zu den älteren Werken von 604: CUMONT; 605: HOPFNER; 606: PEEK kamen jetzt hinzu: 607. 614: VERMASEREN; 608: VIDMAN; 609. 613: GWYN GRIFFITHS; 612: GRANJEAN; 611: ENGELMANN]. Dabei hat man in der neuesten Forschung sehr vieles relativiert [für Teilaspekte s. etwa 624: PLEKET und 673: COLE, 31] und gerade die Nähe der Mysterienreligiosität zu den traditionellen griechischen Religionen, vor allem der Votivreligiosität, sowie ihre Andersartigkeit gegenüber dem Christentum betont, repräsentativ hierfür ist die Zusammenfassung von BURKERT [626].

Freilich darf man bei der berechtigen Revision das Kind nicht mit dem Bade ausschütten. Angesichts unserer lückenhaften Quellenlage und insbesondere der Geheimhaltungstendenzen eben der Mysterienreligionen dürfen wir nicht immer von mangelnder Dokumentation auf mangelndes Vorhandensein schließen. Daß bei allen Diskrepanzen zum Christentum manche wohl doch für die hellenistische Epoche spezifische Elemente sozusagen gemeinsame Grundtatsachen geschaffen haben, ist ebenfalls nicht zu leugnen. Die Angst vor dem Schicksal als blinder Macht ist uns deutlich greifbar, desgleichen das Bedürfnis nach Rettung und Hilfe [STEWART in: 416, 530ff.; DAVIES in 103: CAH VII 1, 315ff.] und nach einem schöneren Leben im Diesseits und Jenseits sowie die Orientierung an einem besonderen göttlichen Beistand – wie ja gerade der Schritt von der Katastrophe zur Erlösung im Ritus und in der religiösen Erfahrung zentrale Bedeutung hatte

[BURKERT 626, 75]: Individuelles Suchen und persönliches Fühlen erhielten mehr Gewicht [622: FESTUGIÈRE], der ,Glauben' als solcher wurde betont [Marc Aurel in Front. 3,10, p. 43,15 v.d. HOUT], die Vorstellung sich demütigender Unterwerfung unter die Gottheit, schon vorher belegt, findet weite Verbreitung [624: PLEKET]. Auch die Identität von neuen Gruppen wurde durch das gemeinsame religiöse Erleben gefördert [zum – metaphorischen – Zusammenhang von Mysten und Räubern s. etwa TREU in: 756, 122, allgemein zu religiösen Gemeinschaften und ihrer integrierenden Wirkung DAVIES in 103: CAH VII 1, 318ff.].

Kurzum, das Bild ist vielschichtig, und bezeichnenderweise macht schon die genaue Bestimmung Schwierigkeiten, wie folgende Definitionen zweier führender Religionshistoriker zeigen: „Erst wo Arkandisziplin, Initiationspraxis und Wiedergeburt in diesen zentralen Punkt integriert sind, an dem menschliches und göttliches Geschick, ja menschliche und göttliche Person ineinander übergehen, erst da ist der wesentliche Kern einer antiken Mysterienreligion gegeben" [655: COLPE, 381]. „Mysteries were intiation rituals of a voluntary, personal, and secret character that aimed at a change of mind through experience of the sacred" [626: BURKERT, 11]. Zur Klassifizierung der Mysterienreligionen als spezifische Formen antiker Religion muß man wohl tatsächlich in der Einweihung das Spezifikum sehen. Sie mag neben anderen Kultelementen stehen, die auch sonst geläufig sind, muß aber immer ein wesentlicher Bestandteil sein. Aus ihr resultieren aber noch andere wichtige Aspekte, wie die Gottesnähe, die Jenseitshoffnung und das Gemeinschaftsgefühl. So finden sich genügend unterscheidende Merkmale, und insofern die Einweihung einem Mysterium gilt, behält der Begriff der Mysterienreligion seine Berechtigung.

Definitionen der Mysterienreligionen

Ein weiteres Problem von erheblicher Bedeutung in der Erforschung dieser Kulte ist die Frage des religionsgeschichtlichen Ursprungs, wie sie schon in dem großen Dissens zwischen CUMONT und NILSSON deutlich war: Zugegeben wurde immer das Synkretistische an der Entwicklung, doch fraglich war, ob dabei das ,Hellenische' dominierte [NILSSON] oder die orientalischen Wurzeln maßgebend waren [CUMONT], wobei ,orientalisch' nur ein recht weiter Sammelbegriff für ägyptische, syrische, phrygisch-anatolische, mesopotamische und iranisch-indische Elemente war – was in einer Zeit, die sehr kategorial in der Dialektik von Ost und West, Orient und Okzident, Morgen- und Abendland dachte und damit bestimmte Vorstellungen und Werte verband, allerdings schon ziemlich plastisch war. Insofern die genannte Kategorisierung heute keineswegs verschwunden ist, behält die Frage der Zuweisung der Ursprünge entsprechendes Gewicht in der Forschung, wobei allerdings die expliziten und teilweise auch die impliziten Wertungen zurückgegangen sind, freilich der eigene fachliche Schwerpunkt gelegentlich [nicht immer, wie etwa 631: MERKELBACH zeigt] einiges (Über)Gewicht hat. Besonders charakteristisch ist die Situation beim Isiskult. Hier erschienen gleichzeitig zwei profunde und gescheite Untersuchungen, deren eine, die des Ägyptologen JUNGE [641, vgl. aber schon 613: GWYN GRIFFITHS, wichtig ferner zum Wesen der spätägyptischen Religion 640: ASSMAN], die hellenistisch-römische Isis in

Religionsgeschichtlicher Ursprung der Mysterienkulte

allen wesentlichen Zügen in der spätägyptischen Religion verankert sieht und deren andere, die des klassischen Philologen SOLMSEN [642, dazu seine Rezension von 613: GWYN GRIFFITHS in: Gnomon 51, 1979, 553ff.], die Domäne griechischer Elemente hervorhebt. Entsprechendes ließe sich für den Mithraskult aufzeigen.

Die Grenzen sind in der Tat objektiv schwer zu bestimmen, und so nimmt die Forschung oft eine vermittelnde Position ein [für die Isis s. etwa 636: DUNAND III, 246ff.; 643: BIANCHI, 33ff.], mit einer unverkennbaren Tendenz, die griechischen Elemente stärker zu akzentuieren [612: GRANJEAN. Bei Sarapis wurde das Hellenische bes. von 633: VIDMAN herausgestellt, im wesentlichen sieht das auch 635: STAMBAUGH so]. Festzuhalten ist, daß der Kult nicht zu einer Vermischung der griechischen und ägyptischen Bevölkerungselemente geführt hat. Es gab auch – gerade auf der Ebene der Mysterienverehrung – keine gräko-ägyptische Einheitsreligion. Der Isiskult als Mysterienkult ist also – nebst vielen anderen Elementen, wie die Organisation der Kultgemeinschaft etwa – sicher primär ein griechischer Kult von und für Griechen [vgl. bes. 633: VIDMAN, 66ff. 125f.]. So hat zwar die Initiation Parallelen zur ägyptischen Priesterweihe [641: JUNGE]; doch gehen die Mysten nicht in der – nach wie vor ägyptischen – professionellen Priesterschaft auf. Andererseits aber sind gerade im ‚Inneren‘, in dem Vorstellungshorizont (vor allem hinsichtlich der Jenseitsvorstellungen und der religiösen Ethik) ägyptische Gedanken tief verankert, die mit griechischen Vorstellungen aus dem eleusinischen Kult, vermittelt durch eine schon alte interpretatio Graeca, eine integrale Einheit bilden konnten. Und es darf nicht vergessen werden, wie in Ägypten selbst und sozusagen diesseits der Mysterienaspekte, die großen Isisfeste die Allgemeinheit erfaßten und Griechen nicht minder als Ägypter begeisterten [vgl. 631: MERKELBACHs plastische Rekonstruktionen]. Der ‚Synkretismus‘ war also ein im einzelnen sehr komplexes Phänomen.

Erstes Auftreten von Mysterienkulten   Das dritte zentrale Forschungsproblem ist, mit den beiden anderen eng verbunden, die Frage, seit wann wir eigentlich den einzelnen Religionen einen ‚Mysteriencharakter‘ zurechnen können, und besonders, ob dieser überhaupt schon in hellenistischer Zeit von Bedeutung oder dominierend war oder etwa erst als Charakteristikum der römischen Kaiserzeit zu gelten hat. Auch hier erlaubt – wegen

Isis der Quellenlage und der wissenschaftlichen Aktivitäten – der Isiskult noch die präzisesten Aussagen auf die Frage, ob er als Mysterienkult schon hellenistisch [z.B. 612: GRANJEAN; 642: SOLMSEN] oder eigentlich erst kaiserzeitlich [636: DUNAND] war. Für die letztere Auffassung scheint auf den ersten Blick einiges zu sprechen: Nahezu alle unsere gräko-römische hymnische Literatur über die Isis, insbesondere die Lobpreisungen der Göttin (sogenannte Aretalogien), stammt aus der Kaiserzeit. Vor allem sind uns inschriftliche Belege für Mysten erst aus dieser Epoche bekannt [633: VIDMAN]. Dies ist allerdings – angesichts von deren geringer Zahl und den Zahlenverhältnissen von erhaltenen hellenistischen und kaiserzeitlichen Inschriften generell – statistisch irrelevant. Und immerhin gibt es – angesichts der Nähe von Isis und Osiris muß das besonders beachtet werden –

eine hellenistische Weihung für Osiris mystes [636: DUNAND II, 188. III, 244].
Ohnehin war die Zahl der Mysten in Relation zu den anderen Kultgenossen im
Isiskult offenbar relativ klein. Es gibt dazu aber noch andere Beobachtungen und
Überlegungen, die die Frühdatierung der Isismysterien zwingend machen: Sie
sind tatsächlich schon vor der Kaiserzeit belegt [Diodor 1,29,96]. Darüberhinaus
gehen die kaiserzeitlichen Aretalogien, wie selbst DUNAND [636 III, 244] hervorhebt, auf hellenistische Vorlagen zurück. Und in ihnen sind die spezifisch mit
Mysterien verbundenen Elemente unübersehbar. Das gilt jetzt auch für das älteste erhaltene Beispiel, die Inschrift von Maroneia, die etwa auf 100 v. Chr. zu datieren ist [612: GRANJEAN].

Generell ist es schwer erklärbar, daß die neuen Vorstellungen und Formen so
plötzlich und spät, im 2. Jh. v. Chr. [612: GRANJEAN] oder erst in der Kaiserzeit
[636: DUNAND], Eingang gefunden haben, obwohl doch der Isiskult als solcher
wohlbezeugt ist und gerade in seinen altägyptischen Wurzeln eine spezifische, innere Nähe zu den eigentlichen Mysterien der Demeter hat. Es bleibt also – zumal
angesichts dieser Nähe [vgl. 643: BIANCHI] – als plausibelste Lösung, die Einrichtung von Isismysterien mit der Tätigkeit des Timotheos in Alexandreia zu verbinden, der aus dem eleusinischen Priestergeschlecht der Eumolpiden stammte, mithin ein besonderer Fachmann für die Demetermysterien war [so schon NOCK,
und jetzt bes. 455: FRASER I, 251; 642: SOLMSEN, 23; und vgl. selbst 636: DUNAND
I, 71].

Auch im Kult der Großen Mutter oder Kybele, der schon im vorhellenistischen   Kybele
Griechenland Verehrer hatte, zeigten sich im Hellenismus markante Veränderungen, indem gerade die im engeren Sinn mysterienhafte Komponente des Kultes,
die Verbindung des Attis [zu diesem immer noch lesenswert die materialreiche
Studie 645: HEPDING] mit der Götting Eingang fand. Dies hat jetzt SFAMENI GA-
SPARRO [649] in einer eingehenden Studie gezeigt. Auch im archäologischen Material scheint sich dies – jedenfalls im Osten (wo generell der Einfluß Pergamons
wichtig war) – widerzuspiegeln [648: NAUMANN]. Einen Überblick, reich an Ab-
bildungsmaterial, hat VERMASEREN [647] vorgelegt.

Viel verwickelter ist die Situation beim Mithraskult, wo eine der Hauptfragen   Mithras
ist, ob die uns erst aus der römischen Kaiserzeit bezeugte Mithrasverehrung als
Mysterienkult ein Produkt dieser Zeit ist, mit losen, etwa über Kontakte zwischen römischen Legionären und iranischen Truppen zustandegekommenen Verbindungen zu iranischen Vorstellungen [so z.B. 657: BESKOW], oder ob sie in spezifischer bzw. essentieller Weise als solche schon in der iranischen, mindestens
der hellenisierten iranischen Glaubenswelt existierte. Dies war die ,klassische‘
Theorie, begründet von dem Archegeten der Mithras-Forschung, F. CUMONT
[u.a. 616, vgl. auch 653: VERMASEREN], wonach der Kult durch hellenisierte Magier begründet wurde und dann vom südlichen Kleinasien aus den Weg in die griechisch-römische Welt fand. Dagegen hat WIKANDER [652] die Beziehung zwischen dem iranischen Mithra und dem Mithras der Mysterien strikt in Abrede gestellt und damit viele Nachahmer gefunden; so hat COLPE [655] die Entstehung

der Mithrasmysterien zwar auch im hellenistischen Kleinasien lokalisiert, aber im anatolisch-phrygischen Kontext, und hat jetzt MERKELBACH [655] den römischen Mithraskult in sehr dezidierter Weise mit dem Platonismus in Verbindung gebracht. Andererseits hat WIDENGREN, einer der profundesten Kenner der iranischen Religion, mit Hinweis auf zahlreiche Parallelen und auf spätere Traditionen, die iranischen Mysterien deutlich akzentuiert und mit dem nordwestiranisch-armenischen Bereich verbunden, wobei besonders Kriegerbünde eine Rolle gespielt hätten [654. 662, 675f. und bes. 663; zur möglichen Rolle Mediens vgl. auch 660: BIVAR; den südostanatolischen Kontext hebt 659: WILL hervor].

Überhaupt nicht in Abrede zu stellen ist, daß der Mithraskult bei den hellenistisch-iranischen Dynastien in Kleinasien einen hohen Stellenwert hatte: In Pontos signalisieren dies schon die theophoren Namen der Herrscher (Mithridates), aber Strabon gibt uns auch ein markantes Zeugnis. Besonders aufschlußreich ist die Mithrasverehrung im Königreich von Kommagene im 1. Jh. v. Chr., die durch die Forschungen vor allem von DÖRNER am Nemrud Dagh und in dessen Umgebung sehr plastisch geworden ist [656. 661: SCHWERTHEIM]. Aber wieweit dies ein Mysterienkult war, ist eben nicht völlig sicher. Die Archäologie (besonders mit der Höhle bei Arsameia am Nymphaios [656: SCHWERTHEIM], dem Feuertempel auf dem Takht-e-Sulaiman [J. IMAM-JOMEH in: 658, 255ff.] oder dem vielbehandelten Mithraeum von Dura-Europos) bringt ebenfalls keine Klärung. Wenn auch mehr für die Existenz von Mithrasmysterien bereits im hellenistischen Kleinasien spricht, so gilt wohl wesentlich noch die Bemerkung von J. DUCHESNE-GUILLEMIN [in: 658, 149]: „The origins of the Mithra mysteries remain shrouded in mystery"

Daß ungeachtet des ‚Einweihungscharakters' die Mysterienkulte eine beträchtliche Öffentlichkeitswirkung hatten, ist bereits mehrfach betont worden. So sind sie in die ‚Kultpolitik' der Könige eingegangen, in die Versuche, mittels einer Verbindung zu den Göttern oder auch nur mit dem ostentativen Aufweis frommer Verehrung der Herrschaft eine höhere Weihe zu geben: Der schon ältere Kult der rettenden Götter von Samothrake, der Kabiren, erhielt in frühhellenistischer Zeit ein prächtiges Heiligtum, in dem sich verschiedene Herrscher, seit Philipp II., als Bauherren verewigten und das jetzt als ein ganz bedeutendes Kultzentrum neben die alten treten konnte [673: COLE].

Der Sarapis-Kult   Auf einer anderen Ebene, aber ebenfalls mit politischen Implikationen, liegt die Diskussion über den Sarapis-Kult: Daß dieser als spezifisch ptolemäischer Reichskult die ptolemäische Expansion begleitet hat bzw. durch diese propagiert wurde [627: BRADY], ist von FRASER [630, vgl. 633: VIDMAN] mit guten Gründen widerlegt worden. Daß er aber durchaus für die Dynastie der Ptolemäer von Bedeutung war und so auch eine politische Komponente hatte, hat STAMBAUGH [635] erneut gezeigt [vgl. außerdem 639: HUSS], der im übrigen die Frage, ob der Kult schon durch Alexander den Großen [so bes. 276: WELLES, dagegen 632: FRASER] oder einen der frühen Ptolemäer eingerichtet wurde, relativiert hat: Ein traditioneller Gott, Osiris-Apis (= Sarapis bei den Griechen) [s. 11: WILCKEN I, 18ff.

77ff.] war vielleicht schon von Alexander für einen Kult in der neu zu gründenden Stadt Alexandreia vorgesehen, erhielt aber als synkretistische Gottheit eine neue Erscheinungsform erst unter Ptolemaios I., wofür eine neue Kultstatue [zu dieser noch 637: HORNBOSTEL] sichtbares Indiz war. Die Errichtung des Sarapis-Tempels in Alexandreia unter Ptolemaios III. und dessen Zusammenhang auch mit dem Isistempel behandelt FRASER [455 I, 263ff.]. Nach einer Ergänzung des P. Haun. 6, Z. 21 durch HABICHT [816, 4f.] hat Ptolemaios III. dort auch selber eine kolossale Statue gehabt. Aber den – möglicherweise – gewünschten Effekt der Vereinigung von Griechen und Ägyptern hat diese Gottheit nicht erzielen können [635: STAMBAUGH, 95f.; gegen den Aspekt der ‚Verschmelzungspolitik‘ auf religiösem Gebiet s. 679: SWINNEN].

Zum Herrscherkult überhaupt [einen souveränen Überblick gibt jetzt 682: WALBANK] sind o.S. 166f. schon einige Hinweise gegeben worden, insbesondere auch zur Rolle des Dionysos. Daß der traditionelle Hirtengott Pan [672: BORGEAUD] von erheblicher Bedeutung war, sowohl für Antigonos Gonatas als auch in Alexandreia, wo er ein großes, bewußt ‚rustifiziertes‘ Heiligtum hatte, ist wiederholt betont worden [s. etwa 670. 671: BERNAND]. Eine wirkliche Erklärung des Phänomens steht noch aus. Gibt es einen Zusammenhang mit der Akzentuierung des Ländlichen in Literatur und Bildkunst? ░Herrscherkulte

Die Frage, wieweit sich im hellenistischen Herrscherkult echte Religiosität verbirgt, wird kontrovers beantwortet, doch dominiert die Position, die ihm einen säkularen, primär politischen Charakter zuschreibt, so bes. HABICHT [678] und TAEGER [676], noch deutlicher mit der Betonung der strikten Einhaltung der Grenzen zwischen Mensch und Gott. Für die Beantwortung der Frage nimmt der athenische Hymnos auf Demetrios Poliorketes [1: FGrHist 76 F 13] eine gewisse Schlüsselstellung ein, der insbesondere von EHRENBERG [677, vgl. auch 682: WALBANK, 374f. und, ansonsten eher zur Differenzierung neigend, 675: CERFAUX-TONDRIAU] als Zeichen echter Religiosität sehr ernst genommen, von TAEGER [676, 272f.] dagegen mit klaren Worten (im Gefolge Plutarchs) als Ausdruck durchsichtiger Schmeichelei in konkret politischem Interesse aufgefaßt wird. Sicherlich bringt diese Hymne die Macht des großen Einzelnen zum Ausdruck. Doch wird das in einem Lied – teilweise spielerisch, womöglich sogar ironisch – umgesetzt, es mündet nicht in eine spezifische Religiosität. Um dieser nachzuspüren, muß man die Votive befragen [NOCK in: CAH X, 481] oder die Gebetstexte [vgl. 618: SCHUBART, 18], und da hat man doch trotz leichter Retuschen [621: NILSSON, 182 A. 3 mit Hinweis auf Weihungen an Herrschern und jetzt 682: WALBANK, 381f. mit dem Hinweis auf die Bedeutung von Fest und Feier oder 578: GAUTHIER, 48f. zur postumen Geltung von göttlichen Ehren] Skepsis walten zu lassen [s. selbst 675: CERFAUX-TONDRIAU, 267]. Das gilt auch für die ägyptische Adaptation des ptolemäischen Herrscherkultes (in der Form des Dynastiekultes), der ebenfalls mehr Politikum als ‚Religiosum‘ war [680: WINTER, 147ff.].

Es sei hier nur am Rande erwähnt, daß auch die Religionsgeschichte durch die detaillierte Behandlung von Architektur, Epigraphik und Geschichte einzelner ░Heiligtümer

Heiligtümer großen Gewinn hatte, s. z.B. die Arbeiten von HAUSSOULIER [666], GÜNTHER [669], VOIGTLÄNDER [765] und jetzt FONTENROSE [674] über das Heiligtum von Didyma oder COLE [673] über das Kabirion von Samothrake. Die traditionellen Kulte und Vorstellungen zeigen sich gerade darin in ihrer Perseveranz. Diese Aspekte, besonders das neue Interesse auch an alten Polistraditionen auf kultischem Gebiet, hat vor allem NILSSON [621, 51ff.] beschrieben.

c) Philosophie, Kunst und Wissenschaft

In diesem Rahmen müssen wir uns noch kürzer fassen als sonst. Wir mußten ja hier sehr starke Anleihen bei den Nachbarfächern machen, vor allem bei der Klassischen Philologie und der Archäologie, und können auch die jeweiligen Forschungsdiskussionen nicht so ausführlich und kompetent nachzeichnen. So seien nur ganz zentrale Gesichtspunkte angesprochen und die Arbeiten hervorgehoben, die von allgemeiner Bedeutung oder für die hier unterstrichenen Gesichtspunkte besonders charakteristisch sind.

Quellen für die hellenistische Philosophie   Die hellenistische Philosophie ist mangels erhaltener Werke der eigentlich für die jeweiligen Schulen prägenden Philosophen ein riesiges Trümmerfeld. Aus den späteren, teilweise recht dürftigen, aber insgesamt im Banne eigener Theorien stehenden Schriften der ausgehenden römischen Republik, der Kaiserzeit und der Spätantike müssen die verschiedenen Doktrinen herausgefiltert werden, wobei römische Autoren des ersten vor- und nachchristlichen Jahrhunderts (Lukrez, Cicero, Seneca) von besonderem Wert sind. Die Arbeit, die zunächst einmal philologische Erhellung von Abhängigkeiten bedeutete, damit man in einer ,Stratigraphie' der Überlieferung zu den älteren und authentischen Quellen vorstoßen konnte, wurde geprägt von U. VON WILAMOWITZ-MOELLENDORFF [z.B. 686] und H. DIELS [684]. Eine umfassende historische Analyse auf der Grundlage solcher und vergleichbarer Einzelforschung, noch heute ein sehr brauchbares Arbeitsmittel, legte ZELLER [685] vor. Dazu kam später die von PRAECHTER überarbeitete Fassung von ÜBERWEGS ,Grundriß der Geschichte der Philosophie' [689], der ein ausführlich orientierendes Nachschlagewerk mit umfassender Bibliographie darstellt und jetzt in einer völligen Neubearbeitung vorgelegt wird [714 III].

,Zentrale Probleme   In späterer Zeit trat naturgemäß die philosophiehistorische und philosophische Beschäftigung vor der genuin philologischen immer stärker hervor. Vor allem unter dem Einfluß der analytischen Philosophie fanden erkenntnistheoretisch-logische und sprachtheoretische Fragen mehr Interesse. Die jüngste zusammenfassende Darstellung der hellenistischen Philosophie [715: HOSSENFELDER] hat einen weniger historischen als systematisch-philosophischen Ansatz. Sie betont ganz besonders die einheitliche Basis von Stoa, Epikureismus und pyrrhonischer Skepsis in einem „Programm der Entwertung alles Unverfügbaren" (S. 201) und arbeitet andererseits deutlich die Differenzen zwischen der pyrrhonischen und der akademischen Skepsis heraus.

In der Poesie ist unsere Überlieferungslage kaum weniger schlecht. Wenige Werke, wie die ‚Argonautika‘ des Apollonios Rhodios, einige Hymnen und Epigramme des Kallimachos und eine Reihe von Gedichten Theokrits, sind vollständig erhalten geblieben. Manche hellenistischen Perlen sind in der Sammlung von Epigrammen verborgen, die unter dem Namen ‚Anthologia Palatina‘ bekannt wurde. Römische Nachdichtungen (bes. Plautus, Terenz, Catull) können Eindrücke vermitteln. Auch hier hat die philologische Einzelforschung schon im 19. Jh. den Grund gelegt, und auch hier sind die Arbeiten von WILAMOWITZ [718] besonders wichtig, der im übrigen die weithin negative Beurteilung der alexandrinischen Literatur geradezu in Bewunderung verwandelte. Ein solche Bemühungen zusammenfassendes Handbuch bildet SUSEMIHL [717], in mancher Hinsicht noch heute eine Fundgrube.

Von den Papyrusfunden [vgl. die wichtige Sammlung 745a: LLOYD-JONES/PARSONS] profitierte besonders die Beschäftigung mit der Literatur. Ganze Werke kamen neu ans Tageslicht. Charakteristische Vertreter der hellenistischen Dichtung, wie der Komödiendichter Menander und der Verfasser sogenannter Mimiamben, Herondas od. Herodas, sind eigentlich erst dadurch wirklich greifbar geworden. Auch das Profil des Kallimachos wurde wesentlich schärfer. Freilich warf die Arbeit an den Papyri ihrerseits wieder erhebliche Probleme der Lesung, Zuordnung und Deutung auf. Insofern ist die große Kallimachos-Edition von R. PFEIFFER [719] ein Werk von unübertrefflicher Gelehrsamkeit, geradezu ein Handbuch der hellenistisch-alexandrinischen Dichtung, ihres Stils und ihres Sprachgebrauchs. Und so verdanken wir demselben Philologen auch eine eingehende Darstellung [731] der hellenistischen Philologie, also insbesondere der Entwicklung der alexandrinischen Gelehrsamkeit. Von ähnlicher Bedeutung ist die kommentierte Theokrit-Ausgabe von GOW [720]. In jüngster Zeit hat sich in geistreicher, ja geradezu kriminalistischer Weise CANFORA mit der Geschichte der königlichen Bibliothek von Alexandreia beschäftigt [755].

Das hier vertretene Konzept der hellenistischen Dichtung, d.h. die Betonung von deren artifiziellem und experimentell-innovatorischem Charakter, mit einer Neigung zur Ironie und Parodie, ist keineswegs exklusiv; es gibt daneben – gerade bei Theokrit – auch andere Deutungen, die die Literatur mehr oder weniger wörtlich nehmen (vor allem in der älteren Forschung), oder solche, die eine symbolische Interpretation vertreten [s. den Überblick bei 749: EFFE]. Die von uns gegebene Position ist besonders durch EFFE [749] und SCHWINGE [751] begründet worden [vgl. ferner etwa 736: HORSTMANN] und ist insofern plausibel, als sie zu dem Gesamtrahmen hellenistischen Kunstschaffens am besten paßt. Sie eröffnet im übrigen für die Beurteilung des politischen Hintergrundes bestimmte Konsequenzen, die wegführen könnten von den üblichen Bezugspaaren Propaganda oder Opposition, Panegyrik oder Kritik – in der Forschung liegt der Akzent zur Zeit auf dem ersten Punkt [s. 743: MERKELBACH; 744: GELZER; 747: MINEUR und bes. 740: GRIFFITH; 745: KOENEN; vgl. auch 753: ZANKER, wo die alexandrinische Literatur die kulturelle Identität der „Auslandsgriechen" fördert, ganz im Sinn der Ptolemäer, und mit ähnlichen Tendenzen jetzt 754: BING]. Die hier angedeuteten Konsequenzen scheinen also bis jetzt noch weit entfernt zu sein. Einen wichtigen Ausgangspunkt in dieser Hinsicht könnten die Bemerkungen von PRÉAUX [98 I, 227ff.] zum königlichen Symposion abgeben.

Wissenschaft und Anwendung   In der Diskussion über die Wissenschaft [repräsentativ ist 701: LLOYD, der in 103: CAH VII 1, 321ff. eine gerade um die Frage von Theorie und Praxis kreisende Zusammenfassung gibt. Für die Beziehungen der ‚praktischen' Wissenschaften zur Philosophie ist jetzt sehr anregend die Vortragssammlung von 713: BARNES u.a.], deren Positionen auch erst aus einem Berg späterer Literatur herauszuarbeiten waren bzw. sind, spielt angesichts markanter Entdeckungen im Hellenismus eine große Rolle die zelebre Frage, wieweit die Erkenntnisse und Erfindungen mit denen der neuzeitlichen Naturwissenschaft und Technik kommensurabel waren, und wenn dies zu bejahen ist, welche Ursache dann für das Ausbleiben eines vergleichbaren naturwissenschaftlich-technischen Fortschritts maßgeblich gewesen ist. Nach dem Forschungsstand stellt sich immer deutlicher heraus, daß gerade in der Ingenieurskunst, der mechanikè téchne, mit Hilfe mathematischer Gesetze systematische Entdeckungen und Erfindungen gemacht wurden, so daß von daher die intellektuellen Möglichkeiten von denen der früheren Neuzeit nicht prinzipiell unterschieden waren. Ebenso deutlich ist, daß die Förderung der Wissenschaft durch die Könige (etwa im Museion) nicht primär anwendungsorientiert war, sondern repräsentativen [vgl. etwa das Epigramm auf das Großschiff Hierons Athen. 209cff., jetzt bei 769: v. HESBERG, 69f.] und – eingeschränkt – edukativen Zwecken diente. Wichtige Ausnahmen bildeten militärtechnische Forschungen [LLOYD in 103: CAH VII 1, 329f.] und geographisch-ethnographische Explorationen [98: PRÉAUX I, 225]. Wie beachtlich die Ingenieurskunst war, hat jetzt GARBRECHT [716] am Beispiel der Wasserleitung für Pergamon gezeigt.

„Tragische Geschichtsschreibung"   Seit SCHWARTZ [44, ferner in: Hermes 32, 1897, bes. 560ff. und RE V 1855 (Duris)] die dominierende Richtung der hellenistischen Historiographie „von Kallisthenes bis Poseidonios" auf eine von ihm angenommene, auf Aristoteles' Tragödienkonzept fußende peripatetische Theorie zurückgeführt hatte, ist die Diskussion über die „tragische Geschichtsschreibung" immer wieder aufgeflammt. Mit Modifikationen lagen im Prinzip auf der Linie von SCHWARTZ etwa VON FRITZ [722, der nachzuweisen suchte, daß in Aristoteles' Vorstellung von Tragödie Elemente stecken, die im Sinne eines Konzepts einer tragischen Geschichtsschreibung deutbar waren] und ZEGERS [724, der an eine Umsetzung entsprechender aristotelischer Gedanken auf die historia durch Theophrast dachte], während WALBANK [725] den Rückgriff auf eine solche spezifische Schuldoktrin bezweifelte und auf die generelle Bedeutung tragischer Aspekte in der griechischen Historiographie seit Herodot hinwies und jetzt PRANDI [230, 133ff.] die Eigenständigkeit jedenfalls des Kallisthenes gegenüber theoretischen Konzepten unterstreicht. Bei allen Differenzen bleibt jedoch unstrittig, daß die hellenistische Historiographie in der besonderen Pathetik, etwa bedingt durch Alexanders Taten und deren literarische ‚Umsetzung', ihr wesentliches Kennzeichen hatte.

Der Historiker, der die meiste Aufmerksamkeit fand, ist naturgemäß Polybios, durch WALBANKS Kommentar [61] wissenschaftlich vorzüglich ‚aufgeschlossen‘. Er hat ja gerade die eben behandelte Art der Historiographie bekämpft und programmatisch Tatsachensinn, Objektivität und Wahrheitsanspruch dagegen gestellt, suggeriert also hohe Zuverlässigkeit und Glaubwürdigkeit. Daß dies, auch angesichts verschiedener Kritikpunkte, im wesentlichen gegeben sei, hat LEHMANN [64] nachzuweisen unternommen, nicht ohne dafür den Vorwurf der Apologetik zu ernten [DEININGER in 69: STIEWE/HOLZBERG, 429ff.]. Wenn man sich z.B. ansieht, wie Polybios über die Boioter und ihre Politik urteilt, wird man an seiner Objektivität in der Tat einige Zweifel haben.

Polybios

Der griechische Liebesroman, ursprünglich als Spätprodukt der antiken Literatur angesehen, gehört mit Sicherheit in die hellenistische Zeit und kann sogar als ein spezifisches Kind dieser Epoche verstanden werden. In der letzten Zeit hat er intensive Beachtung durch die Forschung erfahren, s. HOLZBERG [750]; HÄGG [752] und jetzt bes. KUCH u.a. [756, mit einem sehr hilfreichen Überblick über Editionen, Übersetzungen und Interpretationen der einzelnen Werke JOHNE, 198ff.]; dort werden die Charakteristika der Epoche auf den Roman bezogen von KUCH (S. 33f.) – freilich bleibt offen, ob der utopische Reiseroman in einem so nahtlosen Gattungszusammenhang mit dem Liebesroman steht, daß man dieses Genos schlechthin schon auf 300 heraufrücken kann; andere Aspekte werden greifbar in der Präsenz des Paradoxen [TREU in: 756, 109], der Rolle der Tyche [STARK in: 756, 140ff.], der stark ethischen Komponente in der Geschlechterbeziehung [KUCH in: 756, 43; STARK in: 756, 83. Auf literarische Vorläufer und mögliche orientalische Erzähltraditionen weist in diesem Zusammenhang 603: LESKY, 143ff.] und der bedeutenden Position der Frau [JOHNE in: 756, 155ff.], deren Vorstellungen in den Romanen so markant hervortreten, daß HÄGG [752, vgl. 750: HOLZBERG, 42] sogar annimmt, hinter den überlieferten Autorennamen würden sich Schriftstellerinnen verbergen.

Der Roman

Besonders stiefmütterlich mußten wir die bildende Kunst behandeln. Ohne die Möglichkeit der Illustration hatten wir uns auf ganz wenige, besonders bekannte und zugleich aussagekräfte Kunstwerke zu konzentrieren und zu versuchen, mit Hilfe der ohnehin nur literarisch bezeugten Charakteristika etwa der griechischen Malerei aus der Not eine Tugend zu machen. Dazu kommt das grundsätzliche Problem der Chronologie der hellenistischen Kunst. Wir haben fast keine direkten, von reinen Stilkriterien [hierin ist zum Teil immer noch grundlegend 775: HORN] unabhängigen Daten [s. jetzt 775: POLLITT, 265ff. mit einer Liste der sicher datierten oder halbwegs eindeutig zu fixierenden Werke: Sie zählt ganze 20 Stücke]. Darüber hinaus schränkt die Kunst selbst gerade durch das für sie charakteristische Spiel von Innovation und Tradition, mit vielen Zitaten und Rückwendungen, die Möglichkeit ihrer stilistischen Datierung erheblich ein, ja sie birgt sogar die Gefahr erheblicher Fehlurteile in sich: Manche Werke fluktuieren in ihrer zeitlichen Ansetzung über zwei bis drei Jahrhunderte, also die gesamte hellenistische Epoche.

Tendenzen der
Bildkunst

Allerdings sind gerade für den Historiker interessante und wichtige Frage- und Themenkreise besonders in letzter Zeit von archäologischer Seite behandelt worden, so vor allem Probleme herrscherlicher und aristokratischer Repräsentation [z.B. 464: HOEPFNER; 769: VON HESBERG; 464. 465: SCHALLES], natürlich auch im Zusammenhang mit der Architektur der Paläste (s.o. S. 169f.) und in der Porträtforschung [vgl. o. S. 136 zu Alexander; ferner s. auch 764: KYRIELEIS und 767: PROTZMANN]. Ebenfalls besondere Beachtung fanden die sogenannten Genreszenen [768: HIMMELMANN; 770: LAUBSCHER; 771: BAYER; 772: RÜHFEL] und, in einer sehr sensiblen Deutung, die Thematik des Ausgeliefertseins [773: HÖLSCHER]. Eine gerade wegen ihres Bezugs auf die zeitgenössische Mentalität sehr beachtliche Synthese hat POLLITT [775] vorgelegt. P. ZANKER [776] ist, am Beispiel von Pompeji, den Spezifika von Stadtbildern nachgegangen, und insofern Pompeji auch eine hellenistische Phase hat, ergeben sich für unsere Epoche wichtige Hinweise [S. 5ff.]. Die hellenistische Architektur hat besonders LAUTER [774] pointiert behandelt.

5. HELLENISTISCHE POLITIK

a) Das labile Gleichgewicht

Das Studium der hellenistischen Politik zwischen den 70er Jahren des 3. Jahrhunderts und der Zeit des Eingreifens der Römer stößt auf besondere Schwierigkeiten wegen der extrem ungünstigen Quellenlage: Eine durchgängig berichtende historiographische Darstellung liegt lediglich in den lateinischen Exzerpten des Justin aus einem Geschichtswerk des 1. Jahrhunderts v. Chr. vor, ziemlich lückenhaft und wenig detailliert. So bleiben vor allem Inschriften mit reichen Einzelinformationen, aber großen Problemen der Einordnung. Freilich wird durch Neufunde unser Kenntnisstand laufend dichter, wir müssen also auch damit rechnen, daß eine Neuentdeckung ältere Rekonstruktionen schlagartig zu Makulatur werden läßt. Zu den Papyri ist schon das Nötige gesagt (s. o. S. 172). Daneben sind noch verschiedene ägyptische und babylonische Dokumente zu nennen, die allerdings auch oft nur schwer zu deutende und nicht leicht einzuordnende punktuelle Informationen liefern. Erst mit Polybios, für die 20er Jahre also, bessert sich die Situation schlagartig.

Quellenlage und Forschungsstand

Von erheblichem Vorteil für unsere Zusammenfassung ist andererseits, daß gerade angesichts dieser höchst lückenhaften Dokumentation gelehrter Scharfsinn mit der umfassenden Heranziehung und der sensiblen Analyse aller verfügbaren Zeugnisse sowie der ständigen Revision der Erkenntnisse durch die Neufunde allmählich ein immer dichteres Netz historischer Zusammenhänge geknüpft hat. Nach der minutiösen Detailarbeit vor allem von W. OTTO [789. 791] haben gerade einige Untersuchungen in jüngerer Zeit ein wesentlich besseres Fundament geschaffen [s. bes. 407: HEINEN; 152. 154: HABICHT; 817: BURASELIS und, für das Ende des Jahrhunderts, 749: SCHMITT], so daß nun auch wirkliche historische Linien gezogen werden können – freilich mit immer noch erheblich hypothetischem Charakter in der Kombination der gewonnen Daten. Auf solcher Grundlage konnte bereits eine detaillierte Geschichte der Antigoniden im 3. Jh. [132: WALBANK III] verfaßt werden, die verdeutlicht, wie viel bereits gewonnen wurde. Wir können uns also dank solcher Forschungen trotz der problematischen Quellenlage in einigermaßen festen Bahnen bewegen und uns in mancher Hinsicht auch kurz fassen, zumal aus der Feder von WILL [99] bereits eine moderne, manche der genannten Untersuchungen schon nutzende Zusammenfassung der politischen Geschichte des Hellenismus vorliegt, mit ausführlichen Quellenangaben und vor allem einer klaren Übersicht über den jeweiligen Forschungsstand; ähnliches gilt im übrigen für die entsprechenden Partien von 103: CAH VII 1 [WALBANK und HEINEN].

Immer wieder hat man – zumal im Unterschied zur folgenden Epoche mit der rasch sichtbar werdenden römischen Überlegenheit – die Zeit zwischen den 70er

Das Problem des Gleichgewichts

Jahren und dem Ende des 3. Jahrhunderts als eine Ära des Gleichgewichts aufgefaßt. Dies führte so weit, daß man eine echte Politik, ein Konzept des Gleichgewichts besonders zwischen den drei Großreichen entdecken zu können glaubte
[753: KLOSE und jetzt 786: ILARI, bes. 283ff.]. Deutlich haben hier moderne völkerrechtliche Ideen und – konkret – die Vorstellungen aus der Welt der italieni-
schen Renaissance und aus der Staatenordnung des 18. Jahrhunderts Pate gestanden [zu einer grundsätzlichen Kritik s. 857: BADIAN, der freilich von einer recht
aparten Vorstellung von Völkerrecht ausgeht, S. 401].

Aus der Analyse des Verhaltens der Akteure ergibt sich keinesfalls eine derartige und prinzipielle Beschränkung [99: WILL I, 154 A. 1; HEINEN in 103: CAH VII
1, 419f. 445; vgl. schon die differenzierenden Bemerkungen von 785: SCHMITT,
67ff., der betont, daß es kein theoretisches Konzept in dieser Richtung, sondern
nur faktisches Verhalten einzelner Staaten (z.B. Ägypten in der 2. Hälfte des 3.
Jahrhunderts und Rhodos) gegeben habe]. Eine Zurückhaltung zeigt sich dort,
wo es mangelnde Machtmittel und gewisse Erfahrungen nahelegten; vor allem
aber finden wir die stete Bereitschaft, günstige Gelegenheiten zu ergreifen und
dem Gegner mindestens Stiche zu versetzen. Dies konnte leicht intensiviert werden, durch Bezug auf Traditionen, die von den jeweiligen Ahnherren in der Diadochenzeit begründet waren und die man extensiv auslegte [deutlich 785:
SCHMITT, 91f.]. Eigentlich konnte man hinter diese nicht zurück. Dazu kam die
prinzipielle Erfolgsorientiertheit der Monarchen, ihr Wille und ihr Zwang zum
Ruhm (s.o. S. 165ff.). Das System war also potentiell instabil, sehr schnell ergaben sich existentielle Gefährdungen, und man kann allenfalls von einem labilen
Gleichgewicht sprechen, das nur deswegen existierte, weil zunächst niemand die
Position erreichen konnte, dies dauerhaft zu erschüttern.

Ptolemäische   Für die Diskussion außenpolitischer Prinzipien werden gerne die Ptolemäer
Außenpolitik herangezogen. WILL hat dazu eine brillante Übersicht [99 I, 153ff.] beigesteuert.
Es gibt hier – vereinfachend gesagt – zwei Grundpositionen in der Forschung:
Die eine sieht eine offensiv-imperialistische Politik im Vordergrund, der sich die
ökonomische Ausbeutung des Landes untergeordnet habe [483: WILCKEN, weiteres bei 99: WILL I, 157 A. 1], die andere denkt an eine eher defensive Ausrichtung,
zum Schutz der gerade auch ökonomischen Interessen des ägyptischen Kerngebietes, der manche expansiven Züge letztlich gedient hätten [ROSTOVTZEFF, s. 99:
WILL I, 158 A. 2; 779. 780: BRAUNERT]; war also Ägypten primär oder sekundär,
war Ägypten nur Basis für ein Mehr oder diente das Mehr dem Schutz Ägyptens,
war es ein ‚offensiver‘ oder ‚defensiver Imperialismus‘? Darauf läuft die Diskussion letztlich hinaus, und damit läßt sie sich auch relativieren. Expansionistisch –
und insofern ‚imperialistisch‘ – war die lagidische Politik zweifelsohne, und wenn
man das als ‚defensiv‘ deuten will (was mindestens an manchen Punkten, etwa bei
Ausbruch des Chremonideischen und des Laodikekrieges, aber auch des 2. Syrischen Krieges nicht recht aufgeht), dann ist diese ‚Vorwärtsverteidigung‘ doch
gerade deshalb so exzessiv, weil man dem Gegener einiges an Kampf- und Erobe-
rungsbereitschaft unterstellte und unterstellen konnte: Man war eben im Zwei-

felsfalle „offensif pour être défensif" [98: PRÉAUX I, 337]. Auch dies unterstreicht mithin nur das generelle Offensivpotential in der Mentalität der Akteure. Dieses ist im übrigen für die Politik der Antigoniden jüngst von BURASELIS [817] markant herausgearbeitet worden, in dessen Arbeit zudem deutlich wird, daß wir oft nur wegen mangelnder Informationen an Zurückhaltung denken bzw. daß durch Kenntnis neuer Materialien sehr rasch weitergehende politische Ziele sichtbar werden. Daß am ehesten die Politik der Ptolemäer nach 241 an Agressivität verliert, ja eine deutliche Selbstbeschränkung zeigt, ist in der Darstellung schon diskutiert worden [s. hierzu die Bemerkungen von 785: SCHMITT, 74ff.].

Die Schwierigkeiten, die Antiochos I. zu Beginn seiner Regierungszeit in Syrien und Kleinasien hatte, sind bereits erörtert worden (s.o. S. 163f.). Wieweit es ihm schon um 275/74 in der sog. Elefantenschlacht gelang, die Galater zurückzudrängen [so an Hand einer Weihung nach Didyma 789: OTTO, 23f. im Anschluß an REHM, Inschriften von Didyma 260f.], ist jetzt wegen einer neugefundenen Inschrift aus dem Gebiet des späteren Laodikeia am Lykos vom Januar 267 fraglich geworden, weil in dieser (Z. 11f.) von „dem Galaterkrieg" die Rede ist und dieser dort als noch recht frisches Ereignis erscheint [807: WÖRRLE mit ausführlicher Diskussion]. Dies ist für die Frage nach den Ursachen des 1. Syrischen Krieges nicht ganz unwichtig, da wir nicht mehr davon ausgehen können, daß die Lage in Kleinasien für Antiochos I. wesentlich bereinigt war. Antiochos I. in Kleinasien

Der Krieg selbst hat in unserer Überlieferung nur undeutliche Spuren hinterlassen, aus denen eigentlich erst OTTO [789. 791] einen historischen Text gemacht hat. Schon dieser hat einen engen Zusammenhang zwischen dem Krieg und dem Angriff des Magas auf Ptolemaios II. hergestellt, ja „in der Operation des Magas die Einleitungsaktion des ersten syrischen Krieges" [789, 6] gesehen. Andere sind ihm darin gefolgt [s. die Angaben bei 781: SEIBERT, 51 A. 22], doch sind auch Vorbehalte geäußert worden [781: SEIBERT, 51ff.]. Freilich ist kein Zweifel, daß sich die Eheverbindung von Apama und Magas gegen Ptolemaios richtete [s. auch 807: WÖRRLE, 68 A. 43; zur negativen Wirkung der Ehe in Ägypten 90: BELOCH IV 1, 585], und entscheidend ist wohl, daß in unserer einzigen Quelle für diese Frage [Pausanias 1,7,3] Ptolemaios' Maßnahmen gegen Antiochos als Reaktion auf dessen Kriegsvorbereitungen erscheinen. Der 1. Syrische Krieg

Für die – sehr lückenhafte – Rekonstruktion des Kriegsverlaufes selbst sind maßgeblich die ägyptische Stele von Pithom sowie eine Keilschrifttafel mit astronomischen Beobachtungen und einem Bericht über die Taten des Königs Antiochos I. aus Babylon [BM 92689, publiziert von S. SMITH, Babylonian Historical Texts, London 1924, 150ff.]. Was diese hergeben (ja fast noch ein wenig mehr), hat OTTO [789] in einen Zusammenhang gebracht [die von ihm noch 15f. herangezogenen Münzen der phönikischen Stadt Marathos gehören in eine spätere Zeit, s. 794: SEYRIG, 208ff.]. Daß die ägyptische Schwarzmeerexpedition (Steph. Byz. s.v. Ankyra) mindestens zeitlich in die Nähe dieses Krieges gehört, hat OTTO [791, 408f.] gezeigt und WILL [99 I, 149] gegen HABICHTs [678, 116ff.] Umdatierung auf die Jahre 180/79 aufrechterhalten. Vermutungen, daß der 1. Syrische

Krieg in einem Zusammenhang mit den gleichzeitigen Auseinandersetzungen zwischen Antigonos Gonatas und Pyrrhos stand, daß es also eine globale Machtkonstellation gab, sind allerdings nicht zulässig [404: LÉVÊQUE, 581ff.].

Die Ptolemäer und der Chremonideische Krieg

Die berühmte pompé (Prozession), die uns bei Athenaios (5, 197cff.) beschrieben ist, war nach OTTOS [789, 5ff.] ingeniöser Vermutung einer Art von Triumphzug, der den ptolemäischen Erfolg in dem Krieg demonstrieren sollte. Neue Untersuchungen haben freilich gezeigt, daß dieses späte Datum nicht zu halten ist: Man braucht gar nicht so weit zu gehen wie FOERTMEYER [683], die mit Hilfe von astronomischen Berechnungen die Zeit zwischen dem Dezember 275 und dem Februar 274 in Anspruch nimmt. Schon wenig vorher hatte RICE [681] durch eine eingehende Textanalyse gezeigt, daß der Bezug auf ein Ptolemäen-Fest nicht sicher ist und daß generell ein Zeitraum zwischen etwa 280 und 275 in Frage kommt.

Auch sie hat allerdings [bes. 107. 190f. und mit Verweis auf Theokrit 17,85ff.] sehr deutlich den panhellenischen Tenor der pompé hervorgehoben; und selbst wenn die zeitliche Entfernung zum Chremonideischen Krieg nunmehr größer ist, als OTTO angenommen hatte, so gibt es doch genügend Indizien für die Konstanz dieses Programmes [s. jetzt auch, mit dem Hinweis auf die entsprechende Protektion des Hellenenbundes von Plataiai, 344: LEHMANN, 144ff.]. Gerade unsere wichtigste und aussagekräftigste Quelle für den Ausbruch dieses Krieges, der athenische Beschluß zum Bündnis mit Sparta und seinen Alliierten, von Chremonides beantragt [IG II²,686], liegt genau auf der Linie dieser Politik, indem er die glorreiche Vergangenheit der Perserkriege beschwört [Z. 7ff.], die Eintracht (homónoia) der Hellenen postuliert [Z. 31. 34f.] und den König Ptolemaios nebst seinen Vorfahren und seiner Schwester als Champion der griechischen Freiheit feiert [Z. 16ff.]. Er verdeutlicht im übrigen auch den Anteil, den der ,offensive' [vgl. schon 90: BELOCH IV 1, 587f.; 788: FRITZE] Ptolemaios II. und seine Gattin und Schwester Arsinoe II. am Zustandekommen des Krieges hatten. Zwar hatte auch Athen massive Eigeninteressen [152: HABICHT, 111ff.], doch darf seine Rolle beim Ausbruch des Konflikts nicht überbetont werden [s. H. HEINEN, GGA 233, 1981, 197f.].

Daß seine Truppen wenig erfolgreich kämpften, kann nicht als Argument gegen Ptolemaios' Rolle in der Vorgeschichte des Krieges gelten. Zunächst waren sie durchaus nicht ineffektiv, denn immerhin konnte man eine Zeitlang Athen halten und seine Versorgung trotz erheblicher Belastungen gewährleisten. Vor allem ist nicht zu übersehen, daß Antigonos sehr kraftvoll reagiert hatte und die sich bietenden Gelegenheiten klug zu nutzen verstand. Es war also eher die Fähigkeit des Gegners [132: WALBANK III,287ff.] als fehlende Eigeninitiative, die den Verlauf für den Lagiden negativ gestaltete, und zuletzt war sogar dessen Offensive zu befürchten [817: BURASELIS, 157], was einen Rückzug aus dem Krieg nahelegen konnte. Ferner bleibt es nicht ausgeschlossen [wie auch 407: HEINEN, 97ff. erneut deutlich gemacht hat und sich durch 820: HAUBENS Auffassung von Arsinoes Rolle in der ägyptischen Politik bestätigen könnte], daß es gerade Königin Arsinoe war, die, womöglich zur Gewinnung des makedonischen Thrones für ihren Sohn aus der Ehe mit Lysimachos, die offensive Komponente der ägyptischen Politik in dieser Zeit besonders stützte. Allerdings starb sie bereits am 9. Juli 270, so daß man Ptolemaios in jedem Falle einen erheblichen ,Eigenanteil' zuzubilligen hat [skeptisch gegenüber einer zu großen Rolle der Arsinoe 818: BURSTEIN]. – Der Verlauf (einschließlich der Chronologie) des Krieges ist, soweit dies unsere trümmerhafte Überlieferung zuläßt, von HEINEN [407] rekonstruiert worden. Auch hier haben archäologische [797: VANDERPOOL u.a.] und epigraphische [800: PETRAKOS] Funde unsere Kenntnisse erheblich bereichert.

Vom 2. Syrischen Krieg ist fast noch weniger bekannt als vom ersten. Wie in unserer Darstellung schon aufgezeigt wurde, ist das Verhalten der Rhodier, die im Bunde mit Antiochos gegen Ptolemaios kämpften [Lindische Tempelchronik XXXVII; Polyainos 5,18; Frontin 3,9,10], signifikant. Dies legt eine Offensive des Lagiden nahe [vgl. generell 132: WALBANK III, 290]. Dazu paßt ausgezeichnet, daß sich der Sohn (und Mitregent) des Ptolemaios zur Zeit des Kriegsausbruchs in Kleinasien aufhielt, wo er wohl 259 (da verschwindet er als Mitregent aus den ägyptischen Dokumenten) von seinem Vater abfiel [Trogus prol. 26]. Für die Identität dieses Ptolemaios, des Sohnes, und dessen Unterscheidung von Philadelphos' Bastard Ptolemaios Andromachou hat jetzt BURASELIS [877, 119ff. 134ff.; s. auch entsprechend 132: WALBANK III, 588ff.] entscheidende Gründe geliefert. Offensichtlich war er zum Beginn des Krieges in Milet, denn eine von dort stammende Inschrift (Delphinion 139) erwähnt einen Sohn Ptolemaios' II. und gibt Indizien für ein sehr schwierige Situation [Z. 7ff. 30ff.]. Das Dokument wird gemeinhin in die späten sechziger Jahre datiert, und da es [trotz 791: OTTO, 402ff.] in einen Krieg hineingehört und der Chremonideische Krieg sich auf Attika konzentrierte, ist der Anfang des 2. Syrischen Krieges (um 260/59) die plausibelste Zeit.

Daß die Seeschlacht von Kos, ein Sieg des Antigonos über eine ptolemäische Flotte, am ehesten in das Jahr 255 gehört, haben BURASELIS [817] und jetzt vor allem WALBANK [132 III, 587ff.] so plausibel gemacht, wie dies überhaupt mit unserem Material möglich ist. Daß es dann einen Separatfrieden zwischen Antigonos und Ptolemaios gab [so BURASELIS 165, in Anlehnung an OTTO], ist gut möglich, aber nicht beweisbar [132: WALBANK III, 598]. Jedenfalls sah sich Ptolemaios zu Beginn des Krieges offensichtlich einem größeren Bündnis gegenüber [vgl. auch 520: MUSTI, 153]. Daß die Politik der Antigoniden in der Ägäis überhaupt eine sehr offensive Komponente hatte, ist erst in letzter Zeit richtig deutlich gemacht worden durch WALBANK [819] und besonders BURASELIS [817].

Der Friedensschluß ist durch einen Brief des ptolemäischen Leibarztes Artemidoros zu datieren [9: Sammelbuch 6748, 253/52; zur Präzisierung auf Grund der Kombination anderer Zeugnisse s. jetzt CLARYSSE in: 509, 83ff. für den Sommer 253 als terminus ante quem], der die Prinzessin Berenike auf ihrer Brautfahrt zu Antiochos II. bis zu den Grenzen des Ptolemäerreiches begleitete. Hinsichtlich der Friedensbedingungen war man früher geneigt, auch territoriale Verluste der

Der 2. Syrische Krieg

Ptolemäer (mindestens bis in den Raum von Sidon) anzunehmen. Dies beruhte aber vor allem auf einem Mißverständnis des o.a. Dokumentes [s. 99: WILL I, 242 mit 506: BAGNALL, 13].

Krise um 250 v. Chr.

Die Zuspitzung der Ereignisse um 250 ist bisher selten im Zusammenhang gesehen worden [doch vgl. etwa 790: FELLMANN, 88f. und – teilweise, doch mit problematischer Chronologie – 90: BELOCH IV 1, 588f.]. Dies liegt u.a. daran, daß die Datierungen immer wieder umstritten waren, so daß der zeitliche Kontext oft nicht gegeben schien. Die Chronologie von Aratos' Aktion in Sikyon (Mai 251) ist vor allem von WALBANK [792 und 61 I, 229ff.] begründet worden. Sie beruht auf Polybios 2,43,1ff., und die dort gegebenen festen Zahlen (Übergang des Pyrrhos nach Italien und Handstreich auf Korinth) passen nicht zu einer inklusiven Zählweise, wie sie ERRINGTON [839, 266ff.] annimmt. Und zum Beginn der Zählung gemäß Polybios 2,43,1 bleibt WALBANK [61 I, 235] am wahrscheinlichsten [s. auch 815: URBAN 11 A. 36]. Für die Datierung des Abfalls des Alexandros sind jetzt entscheidend die Beobachtungen zum Duktus von Plutarchs Schilderung [Arat. 4ff.] der Befreiung Sikyons, die URBAN [815, 13ff.] angestellt hat. Danach dürfte klar sein, daß jener relativ kurze Zeit nach dieser erfolgte [vgl. auch 132: WALBANK III, 301; zum Ende des Alexandros s. jetzt WALBANK ebd. 304 (Ende 246/Anfang 245), wo ein enger Zusammenhang mit der Seeschlacht von Andros hergestellt ist]. Die Struktur der Unruhen in Kyrene hat jetzt LARONDE ausführlich behandelt [161, 380ff.]. Daß Magas 250 starb, kann als sicher gelten [90: BELOCH IV 2, 186ff.; 795: CHAMOUX], und nach seinem Tod muß der Appell seiner Witwe Apama an die Antigoniden sehr rasch erfolgt sein. Demetrios der Schöne wird also noch 250 oder 249 nach Kyrene gelangt sein. Wie die Ereignisse bis zur Einverleibung durch Euergetes im einzelnen liefen, muß offenbleiben.

Laodikekrieg (3. Syrischer Krieg)

Der 3. Syrische oder Laodikekrieg hat durch die Überlegungen von BURASELIS [817, 119ff.] ein klares Relief erhalten: Indem er Ptolemaios' II. Bastard Ptolemaios Andromachou von dem Mitregenten und Sohn Ptolemaios trennt, sehr gute Gründe für die Datierung von Antigonos' Seesieg bei Andros auf 245 liefert und dazu durch Beobachtungen zu Papyrus Haun. 6,7 [mit der Neulesung von 814: BÜLOW-JACOBSEN] noch einen vor Andros liegenden ptolemäischen Thrakerfeldzug plausibel macht, verdeutlicht er die multilaterale Komponente dieses Krieges. Seine Ergebnisse haben im Kern Zustimmung gefunden [s. bes. H. HEINEN, HZ 240, 1985, 140f.; 132: WALBANK III, 588ff.] und stellen die bisher einleuchtendste Synopse der vielfältigen Quellenzeugnisse dar. Faßt man diese Dimension ins Auge und berücksichtigt man dazu die rasche und markante Präsenz Ptolemaios' III. Euergetes vor Seleukeia in Pierien, so wird man nicht um den Schluß herumkommen, daß hier längerfristige Vorbereitungen und ein größeres Konzept vorlagen. Dieses ließe dann auch das Verhalten Antiochos' II. in einem bestimmten Licht erscheinen.

Angesichts der im einzelnen höchst widersprüchlichen Berichte über dessen Tod und die Aktivitäten der Laodike, die von Anekdoten geradezu überwuchert sind, kommt dem Papyrus von Gourob [1: FGrHist, 160] eine Schlüsselstellung zu. Hier berichtet ein an ptolemäischen Kriegshandlungen hochrangig Beteiligter von einem geradezu triumphalen Einzug in Seleukeia und Antiocheia am Orontes, wo er mit einer „Schwester" zusammenkam und mit Würdenträgern beriet. Mit dieser Schwester kann nur Berenike gemeint sein, die Tochter des Philadelphos, und dann spricht eigentlich alles dafür, daß der in der ersten Person Berichtende der König selber war. Wenn dem aber so ist, dann war die Schwester [gem. Justin 27,1,7] bereits tot [anders 789: OTTO, 52ff.], das Zusammentreffen mit ihr nur fiktiv (wozu im Bericht selbst manche Details gut passen und Polyainos 8,50 eine gewisse Bestätigung gibt). So sind die Zusammenhänge vor allem von HOLLEAUX [787] gedeutet worden, und diese Interpretation ist zweifellos am überzeugendsten [vgl. auch den Kommentar von JACOBY zu 1: FGrHist, 160].

Wie weit Ptolemaios in seleukidisches Gebiet vorgestoßen ist, läßt sich nicht leicht klären. Unseren Quellen nach (insbesondere gemäß dem ‚Tatenbericht' auf der Inschrift von Adulis OGIS 54) überschritt er den Euphrat und unterwarf die Gebiete bis hin nach Baktrien, und auch kritische Gelehrte [DITTENBERGER zu OGIS 54, A. 23; 787: HOLLEAUX, 307] haben dies akzeptiert: Er mag also seinen Feldzug bis nach Babylon oder etwas weiter vorangetrieben und von den weiter östlich liegenden Satrapien Huldigungen erhalten haben. Dies ist keineswegs unglaubwürdig, wenn man in Rechnung stellt, wie schnell Seleukeia und Antiocheia in seine Hand geraten waren und daß sein Halbbruder zunächst sehr erfolgreich in der Ägäis operierte.

Auch die Nachricht, daß er auf Grund eines Aufstandes in Ägypten zurückkehren mußte – womit sich für Seleukos II. die Möglichkeit einer Gegenoffensive ergab (schon im Juli 245 ist dieser in Babylon als König belegt) – ist durchaus plausibel, wie unlängst HUSS [812] unterstrichen hat. Dieser sucht freilich noch nach einem anderen Grund. Sicherlich wäre dafür der Rückschlag der Ägäis-Politik in der Schlacht von Andros durchaus hinreichend. Allerdings mag auch der ägyptische Aufstand bedrohlicher gewesen sein, als die lapidaren Quellenangaben besagen. Immerhin gibt es klare Anhaltspunkte dafür, daß die ägyptische Außenpolitik gerade nach dem Laodikekrieg in wesentlich ruhigeren Bahnen verläuft [s. auch deutlich 785: SCHMITT, 74f.]. Vielleicht hatte man Anlaß, die interne Situation sehr ernst zu nehmen.

Hinsichtlich der inneren Schwierigkeiten und Verluste der Seleukiden zwischen 241 und 223 gibt es bis dato nur in groben Zügen eine gewisse Klarheit. Im Detail bleibt vieles rätselhaft. Schon die Chronologie ist weitgehend ungesichert. Für den Bruderkrieg zwischen Seleukos II. und Antiochos Hierax hat BELOCH [90 IV 2, 541ff.] aus einer beide als Herrscher nennenden babylonischen Urkunde vom Frühjahr 236 einen terminus post quem gewonnen. Ihm hat sich jetzt ALLEN [138] angeschlossen. Dann müßte man mit der Schlacht von Ankara auf etwa 235 gehen, die Kriege Attalos' I. gegen Hierax und die mit diesem verbundenen Galater würden generell ans Ende der 30er Jahre rücken und sich Anfang der 20er fortsetzen. Der große Galatersieg, der Attalos den Königstitel brachte, wäre vorher (ca. 238-235) zu datieren.

Krise des Seleukidenreiches

Da das punktuelle Dokument BELOCHs allerdings über die Zeit vorher nichts aussagt, bleibt auch der verbreitete, vor allem von SCHMITT [799] und WILL [99 I, 295ff., dort weitere Literatur; vgl. auch 131: HANSEN] vertretene Datierungsspielraum möglich, mit dem Bruderkrieg ca. 241/0-238 (dabei etwa 239 Ankara) und einem ersten Krieg des Attalos gegen Hierax und die Galater um 239/38. Da mit diesen Daten die zeitliche Einordnung der sukzessiven Abfallbewegungen in den östlichen Satrapien, besonders in Parthien und in Baktrien, zusammenhängt, gibt es auch bei diesen manche Unsicherheiten. Man muß dort ohnehin mit verschiedenen ‚Schüben‘ rechnen, und so ist erwogen worden, daß erste Ansätze schon vor Seleukos' II. Herrschaft gehören [MUSTI in 103: CAH VII 1, 219f., s. aber die Kritik von 822: BRODERSEN]. Dessen Rückeroberungsversuch bleibt ebenfalls in seiner Datierung ganz vage [vgl. die Diskussion bei 99: WILL I, 308ff.].

Wenig Klarheit läßt sich hinsichtlich der Herrschaft der Frataraka in der Persis gewinnen [99: WILL I, 279ff.]: Schon die Datierung muß offenbleiben, und der Bezug auf einen Krieg gegen einen Seleukos bei Polyainos 7,39f. (der durch die Identifizierung des dort genannten Oborzos mit dem Vahuberz der Münzen gesichert scheint) könnte mindestens auf Seleukos II. oder Seleukos IV. passen. Zudem ist gar nicht sicher, daß wir immer mit einer antiseleukidischen Linie zu rechnen haben. J. WIESEHÖFER hat jüngst in einem Vortrag [Historikertag Bamberg, 1988] darauf aufmerksam gemacht, daß wir auch mit einem Vasallenfürstentum rechnen können. – Die ‚antinomadische‘ Interessenkonvergenz von Iranern und Gräko-Makedonen im baktrisch-sogdischen Raum haben vor allem ED. MEYER [106, 48ff.] und J. WOLSKI [Klio 38, 1960, 115f. und Klio 51, 1969, 207ff.] hervorgehoben. Trotz mancher dagegen vorgebrachter Einwände [s. die Hinweise bei 99: WILL I, 290] gibt es für diese Basis des späteren baktrischen Reiches gute Gründe. Für dessen weitere Geschichte ist immer noch zentral TARN [165; vgl. 167: NARAIN].

Demetrioskrieg   Über die Priorität in der Reihenfolge der zum Demetrioskrieg führenden Ereignisse [zur Problematik s. jetzt 132: WALBANK III, 322. 324] herrscht noch keine Einigkeit in der Forschung. Von zwei Fixpunkten sollte man ausgehen können: Das Bündnis zwischen Achaia und Aitolien gehört – wegen des Duktus unseres Quellenberichtes – in die Zeit kurz nach dem Tod des Antigonos Gonatas [so vor allem 815: URBAN, 64f., der besonders die offensive Komponente der achaiischen Politik betont, und 132: WALBANK III, 322]. Und das Eheangebot an Demetrios II., ihre Tochter Phthia zu heiraten, muß Olympias bald nach dem Tode ihres Gatten Alexanders II. von Epirus gemacht haben, weil sie sich durch einen Angriff der Aitoler auf das zu Epirus gehörende West-Akarnanien bedrängt sah. Dieser Angriff der Aitoler ist aber mit der Rückendeckung durch das achaiische Bündnis plausibler, so daß sich (auf naturgemäß gedrängtem Zeitraum) die Reihenfolge: Tod des Gonatas, Bündnis, aitolischer Angriff, Verbindung Epirus-Demetrios, Krieg des Demetrios gegen die Allianz ergibt. So hat schon BELOCH [90 IV 1, 630] den Ablauf rekonstruiert. CABANES [133, 63. 93f.] hat die Heirat der

Phthia mit Demetrios II. auf die Zeit vor 246 datiert, wie durch eine Passage bei Justin [28,1,1ff.] nahegelegt zu sein scheint. Aber das ist eine schwache Basis, da vor 246 kein Krieg zwischen Antigoniden und Seleukiden bezeugt ist und vor allem der Einfall der Aitoler in West-Akarnanien, der zu der Heirat erst führte, auch nach CABANES auf 239 zu datieren ist. Die summarischen Angaben Justins hat man anders zu deuten.

Bezüglich des Kleomeneskrieges hat URBAN [815, 97ff.] mit einer scharfsinnigen Quellenanalyse nachgewiesen, daß die aitolische Politik und das Reformkonzept des Kleomenes bei dem Ausbruch des Krieges keine Rolle gespielt haben. Vielmehr sei es primär [ebd. 122ff.] um die Frage der Zugehörigkeit der ostarkadischen Städte gegangen, auf die sich die Achaier Hoffnung gemacht hätten. Die Unterstützung der Aitoler durch die Ptolemäer, für die die Ehrungen in deren Bundesheiligtum in Thermos [IG IX 1²56 = 16: MORETTI, Nr. 86, der weitere Literatur angibt] so deutliches Zeugnis ablegen, ist jetzt wegen der Neulesung eines Kopenhagener Papyrus (P. Haun. 6) durch BÜLOW-JACOBSEN [814] für den Kleomeneskrieg anzunehmen [s. auch 816: HABICHT, 1f. und 132: WALBANK III, 340], für den Demetrios-Krieg war noch W. HUSS, Chronique d'Égypte 50, 1975, 319f. eingetreten [weitere Literatur hierzu s. 815: URBAN, 64 A. 302]. Für den Ablauf des Krieges, soweit er rekonstruiert werden kann, hat HABICHT [816, 1 A. 3] die einschlägige Literatur angegeben.

Die wichtigsten Detailprobleme sind die Fragen nach Ursachen und Begleitumständen der achaiischen Schwenkung zu Antigonos Doson [zu dessen Karienpolitik s. bes. 802: BENGTSON, 20ff.], der Rolle der sozialen Konflikte sowie dem Charakter des von Doson begründeten Hellenenbundes. Daß die Geheimverhandlungen zwischen Achaia und dem Makedonenkönig auf die Initiative der Megalopoliten zurückgingen, haben jetzt GRUEN [803] und URBAN [815] deutlich gemacht. Damit ist die Frage, ob sich dahinter auf gesamtachaiischer Seite bzw. bei Aratos ein politisches Kalkül verbarg, negativ beantwortet. Vielmehr war die Wendung zu den Makedonen eher eine Notlösung, wie URBANs quellenkritische Analyse jetzt sehr wahrscheinlich gemacht hat. Und dafür waren nicht die sozialen Spannungen in den Städten maßgebend: Während sich in der Forschung schon weitgehend durchgesetzt hat, daß die Reformen des Kleomenes selbst primär machtpolitischem Interesse dienten [s. den Überblick bei 815: URBAN, 209 A. 414], sah man lange Zeit [besonders deutlich 784: FUKS, 74] immer noch in diesen Reformen und dem, was sie angesichts sozioökonomischer Spannungen in den Städten des achaiischen Bundes auslösen mußten, unter Berufung auf Plutarch [Kleomenes 17,5] trotz verschiedener deutlicher Gegenargumente [825: PASSERINI] den Hauptgrund für den Übergang vieler Städte zu Kleomenes und damit die existentielle Krise des Bundes [Literatur zu dieser Auffassung bei 815: URBAN, 166 A. 217]. Dieser Rekonstruktion hat jetzt URBAN mit einer differenzierenden Einzelanalyse, auf der Grundlage quellenkritischer und chronologischer Überlegungen, den Boden entzogen. Die Motive für die Unruhen waren im einzelnen recht unterschiedlich und aus der individuellen Geschichte der jeweiligen

Der Kleomeneskrieg und die Schwenkung der achaiischen Politik politischen Einheiten zu erklären. Im Vordergrund standen Opportunitätserwägungen der führenden Schichten bzw. ihrer jeweiligen Cliquen. Man mag allenfalls einwerfen, daß diese natürlich nicht im luftleeren Raum agierten und daß der soziale Druck, den auch URBAN erwähnt [815, 213], den Spielraum der political class hier und dort doch stärker eingeschränkt hat. Dies ist freilich schwer zu konkretisieren und muß weiteren Forschungen überlassen bleiben.

Hellenbund   Der Charakter des Hellenbundes und mithin der von Dosons Suprematie in
Dosons   Griechenland wird ebenfalls kontrovers diskutiert; LARSEN [585, 318; weitere Literatur in positivem Sinne bei 815: URBAN, 157 A. 246] hebt die „liberalen" Aspekte hervor. Demgegenüber macht URBAN [815, 157f.] auf die verschiedenen Einmischungen in innere Angelegenheiten sowie Verfassungsänderungen aufmerksam. Gerade hier gilt es, ein allgemeines Problem zwischen einem Herrscher und den von diesem abhängigen Einheiten im Auge zu behalten: Je nachdem, wie das Verhältnis zwischen jenem und den in diesen jeweils tonangebenden politischen Gruppen war, konnte Herrschaft entsprechend positiv oder negativ eingeschätzt werden. Für die damalige Zeit gilt jedenfalls, daß der Achaiische Bund in seinem Zustand, den er im Krieg gegen Kleomenes angenommen hatte, mit der makedonischen Krone durchaus in einer engen Interessensolidarität verbunden war, wie sich gerade in der Konstellation des Bundesgenossenkrieges zeigte.

Der 1. Make-   In der Beurteilung der Ursachen des 1. Makedonischen Krieges hat sich ange-
donische Krieg   sichts älterer Positionen, die Philipp V. auch Absichten in Italien unterstellten [823: HOLLEAUX, bes. 126f. und 778: WALBANK], jetzt weitgehend, bei leichten Differenzen im Detail, die Auffassung durchgesetzt, daß für ihn die illyrische Frage leitend war und damit auch lediglich die Absicht, Rom von der Balkanhalbinsel fernzuhalten [801: HAMMOND; 843: ERRINGTON, 111; 858: GRUEN II, 376f.], während bei der Einschätzung der römischen Politik noch größere Unterschiede bleiben, zumal in den Positionen von RICH [821] und GRUEN [858]. Wichtig ist dabei, wie man das Verhältnis zu den amici zu beurteilen hat. Man spricht gerne von „Protektorat" – und das ist, denkt man an mögliche fides-Vorstellungen, im Wortsinn nicht unrichtig, erweckt aber eher falsche Assoziationen. Jedenfalls wird GRUENs Position in dieser Frage zu bedenken sein, wie auch in der Einschätzung der Rede des Aitolers Agelaos, die dieser [mit Hinweis insbesondere auf die Diskussion zwischen 804: DEININGER und 805: MØRKHOLM] deutlich relativiert [858 I, 323f.].

Vertrag Roms   Zum Krieg selbst hat die meiste Diskussion der Vertrag Roms mit den Aitolern
mit dem   ausgelöst, zumal nachdem ein Inschriftenfragment ein Stück des originalen Wort-
Aitolern   lauts gab. Die ältere Literatur ist bequem zusammengestellt in 2: Nr. 536 und 16: II Nr. 87. Schon die zeitliche Fixierung macht erhebliche Schwierigkeiten – WALBANK hat dies [61 II, 11ff.] gut zusammengefaßt, vgl. jetzt RICH [821, 155ff., ebenfalls mit Bevorzugung der Spätdatierung]. Letztlich kommt es darauf an, wie man den Ablauf des 1. Makedonischen Krieges überhaupt rekonstruiert und wie man in Relation zu ihm die Ereignisse des Hannibalkrieges (insbesondere im Raum von Tarent) einschätzt. Eine in sich geschlossene Darstellung dazu gibt LEHMANN

[64, 10ff. 135ff. 362ff.]; er bildet nach wie vor die Grundlage, doch bleibt die spätere Chronologie nicht völlig ausgeschlossen [vgl. jetzt auch 132: HAMMOND III].

Welche römischen bzw. aitolischen Alliierten dem Abkommen noch beitraten, ist für den Abschluß der beiden Friedensverträge von 206 und 205 und damit bereits für die Vorgeschichte des 2. Makedonischen Krieges von einiger Bedeutung. Hier haben die an HEUSS [824] anschließenden und konsequent im Sinne römischer völkerrechtlicher Vorstellungen argumentierenden Überlegungen von DAHLHEIM [838, 221ff.] gegenüber anderen Positionen, so besonders BADIAN [831, 57f.] und LEHMANN [64], deutlich gemacht, daß der römisch-aitolische Vertrag eine befristete Militärallianz war und daß die anderen Beteiligten auch ohne förmlichen Bündnisvertrag (foedus) mit Rom durch effektive Beteiligung in ein Verhältnis von amicitia et societas kamen, welches naturgemäß „mit der Beendigung der Aufgabe, zu deren Erfüllung sie ins Leben gerufen wurde, erlischt" [838: DAHLHEIM, 228] – mit der Möglichkeit, jederzeit wieder virulent zu werden.

Friede von Phoinike

Daß auch im Frieden von Phoinike nur diese Mächte auftauchen, mithin die angebliche Aufnahme von Ilion und Athen in den Vertrag auf das Konto römisch-annalistischer Erfindung geht, hat schon PETZOLD [827] nachgewiesen und haben DAHLHEIM [838] und HABICHT [154, 138ff.] erneut erhärtet. Gegenüber der Zugehörigkeit von Lissos in den Bereich Philipps V. und damit dessen direktem Zugang zu einem wichtigen Adriahafen bleibt GRUEN [858] skeptisch, während HAMMOND [132 III], der 1968 [801] mit einem wichtigen Beitrag überhaupt erst die entscheidenden regionalen Voraussetzungen der römisch-makedonisch-illyrischen Verwicklungen aufgezeigt hatte, jetzt gerade diesen Punkt hervorhebt. Entscheidend ist in jedem Falle, daß sich römische und makedonische Einflußsphären nunmehr direkt berührten und daß Philipps westliche Interessen schon angesichts der Probleme seiner West- und Nordgrenzen und angesichts wachsender illyrischer Organisationskapazitäten nie ‚einschlafen' konnten. Deshalb war der Frieden schwerlich so zufriedenstellend, wie GRUEN annimmt.

Von der militärischen Zurückhaltung der Ptolemäer nach 241 hat es möglicherweise angesichts von Seleukos' III. Angriff auf Attalos (223) eine Ausnahme gegeben: HUSS [810] deutet ein Stück des Papyrus Haun. 6 in diesem Sinn [s. auch HEINEN in 103: CAH VII 1, 430f. zu dieser Möglichkeit]. Ptolemaios III. hätte demzufolge seinen Bruder Magas zum Zweck einer militärischen Intervention nach Kleinasien geschickt. Dies würde dann mit dem 4. Syrischen Krieg in ursächlichem Zusammenhang stehen, wie generell schon BELOCH [90 IV 1, 686f.] angenommen hatte. Später ist eine Annäherung zwischen den Lagiden und dem Usurpator Achaios per se ganz natürlich angesichts der spätestens 221 manifesten Absichten Antiochos' III. bzw. seines Wesirs Hermeias auf Koile-Syrien. Sie ist auch für den 4. Syrischen Krieg hinreichend belegt. Deshalb hat man gerne überhaupt hinter der Usurpation des Achaios ptolemäische Ermunterung gesehen [die Literatur dazu bei 61: WALBANK I, 502 und 799: SCHMITT, 166 A. 1]. Daß dies im Widerspruch zu unseren Quellen steht, besonders zu Polybios [4,50,10ff.], hat

Der 4. Syrische Krieg

SCHMITT [799, 166f.] gezeigt. Freilich ist eine Kooperation zwischen Achaios und den Ptolemäern schon vor 219 [so 808: HUSS, 36] keineswegs so ausgeschlossen, wie jetzt WILL [99 II, 25f.] betont; denn für den Krieg ist sie ohnehin gut bezeugt.

Das – für die Folgezeit – einschneidendste Ereignis des Krieges war die in großem Stil erfolgende Integration von Ägyptern in das militärische Aufgebot [des näheren s. 481: WINNICKI]. ROSTOVTZEFF hatte die Vermutung geäußert, daß hierin, in Reaktion auf die für den Laodikekrieg überlieferten Aufstände, auch ein Mittel zu einer gleichsam inneren Mobilisierung der Ägypter für die Sache des Reiches gesehen werden könne. Dieses ist allerdings wenig plausibel, man hat doch wohl in erster Linie an militärisch-finanzielle Sachzwänge zu denken [s. die Diskussion bei 99: WILL II, 35f.].

Die Frage der Zugehörigkeit von Seleukeia in Pierien nach dem Kriege läßt sich nicht eindeutig klären. HUSS [808, 78] hat jetzt für die ptolemäische Kontrolle votiert; aber klare Belege dafür gibt es nicht [99: WILL II, 39]. Andererseits ist Seleukeia nach Antiochos' Anabasis in dessen Besitz bezeugt, ohne daß wir für den Zwischenraum von Kampfhandlungen zwischen ihm und Ptolemaios IV. wüßten, die angesichts der Bedeutung der Stadt doch anzunehmen wären. Ist also Seleukeia an Antiochos formell abgetreten worden, dann ist die ptolemäische Zurückhaltung noch markanter, als auch HUSS [808] schon deutlich konstatiert. – Für die ,Reichspolitik' des Antiochos und die Restituierung bleibt grundlegend SCHMITT [799].

b) Die Niederlagen gegen Rom (205-168)

Das Problem des römischen Imperialismus

Zu den Konflikten zwischen der griechischen Welt und Rom ragen in der älteren Forschung die Arbeiten von M. HOLLEAUX hervor, der gegen die seinerzeit durchaus populäre Meinung eines planmäßigen römischen Imperialismus argumentierte [bes. 823] und damit eine letztlich schon von MOMMSEN vertretene Position neu begründete. Mit großer Deutlichkeit brachte er das Bedenklich-Beharrende und Inkonsequente der römischen Politik zum Ausdruck, auch deren elementare Orientierung am Sicherheitsdenken, und er war demgegenüber eher geneigt, die Aggressivität der hellenistischen Herrscher zu sehr zu betonen. Sein Standpunkt hat durchaus Zustimmung gefunden, sich aber nicht durchgesetzt. Erhebliche Modifizierungen ergaben sich bereits durch die Anwendung des ,Klientel-Modells', eines zentralen Bestandteils römischer Sozialorganisation, auf die römische Außenpolitik durch BADIAN [831, jetzt noch einmal grundsätzlich 857]. In jüngerer Zeit hat man den römischen Imperialismus wieder mehr als eine geplante und von eher dynamisch-offensiven Faktoren getragene Entwicklung gedeutet [repräsentativ dafür ist 851: HARRIS, doch vgl. auch 99: WILL II und, schon für den 1. Makedonischen Krieg, 821: RICH, ferner, nicht ganz so drastisch, 801: HAMMOND], andererseits wurde der berechtigten Frage nachgegangen, wieweit die moderne Begrifflichkeit überhaupt tragfähig ist [844: WERNER; 846: FLACH].

In dieser Situation bedeutete es einen großen Fortschritt, daß GRUEN [858, in mancher Hinsicht durchaus mit ähnlichen Blickwinkel wie HOLLEAUX] die Verhaltensmuster und Möglichkeiten der Zeitgenossen selbst, insbesondere auch der Griechen und Makedonen, zur Grundlage der Rekonstruktion der Ereignisse machte. Damit ist die Chance aufgetan, jenseits der modernen Politikvorstellungen, die letztlich auch immer wieder im Banne jeweils zeitgenössischer Politik standen, zu den Überlegungen und Motivationen vorzustoßen, die in dem historischen Milieu mit seiner jeweiligen Mentalität und Vorstellungswelt bezeugt bzw. wenigstens denkbar sind. Zugleich ist dann auch, und insofern ist die Diskussion für unser Thema wichtig, viel stärker die griechische Seite mit den von dort ausgehenden Impulsen in den Blick geraten, wie sie im übrigen schon DEININGER [782, mit wichtigen wissenschaftsgeschichtlichen Hinweisen 7ff.] ins Auge gefaßt hatte. Sehr deutlich und sehr detailliert hat GRUEN gezeigt, wie die griechische Politik weiterläuft, als sei nichts Entscheidendes geschehen, wie Rom wieder und wieder langmütig, unwissend, konzeptionslos den Dingen ihren Lauf läßt, in Kriege eher hineinrutscht, als sie konsequent zu planen. Zweifellos wird man hinter diesen Ansatz nicht mehr zurückgehen können. Besonders die Grundthese, daß die römische Expansion alles andere als gezielt war, ist mit reichen Beobachtungen und kritischen Einwänden gegenüber anderen Positionen klar begründet. Doch abgesehen von manchen Überpointierungen schon im ersten Teil, der den Instrumenten und den Vorstellungen zwischenstaatlichen Verkehrs gilt [vgl. hierzu die Besprechung von 860: GABBA], lassen GRUENs Bestreben, in all und jedem über Jahrhunderte hinweg im wesentlichen nur dieselben Faktoren und Mechanismen zu sehen, und seine Konzentration auf die Rekonstruktion des jeweiligen diplomatischen Verkehrs wie der – ja teilweise formellfloskelhaften [854: DELL] – Verhandlungen die reale Gewichtsverteilung und die mit dieser verbundenen Veränderungen, Verschiebungen und Rückwirkungen in den Hintergrund treten.

Selbstverständlich spielt das Prestige-Denken in der römischen Politik eine größere Rolle und ist nicht immer angemessen gewürdigt worden, aber daneben gibt es noch einige ,essentials' gerade in Fragen der Sicherheit (so wie man diese subjektiv verstand) und im Verfahren mit Besiegten. Hinter erreichte Positionen ging man nicht zurück, und leicht geschah es dann, daß man plötzlich weiter war, als man wollte, daß sich „Machtgewinn und Herrschaftserweiterung als notwendige Konsequenz einstell(t)en" [A. HEUSS, Römische Geschichte, Braunschweig 1976⁴, 553]. Dann ergibt sich eine gewisse Linie und mithin auch eine Entwicklung. Gerade ein wesentliches Element griechischer Politik, das Interesse an Interventionen von größeren Mächten zur Durchsetzung eigener Ziele im innen- wie außenpolitischen Rahmen, zog die Römer immer wieder ins Spiel, mußte deren Kenntnisse vergrößern, aber auch psychologische Konsequenzen haben, in Richtung auf Stolz und Arroganz gegenüber dem Bittsteller. Vor allem das Jahr 168 stellt einen wesentlichen Einschnitt dar, nicht nur im aktuellen Verhalten der Römer (wie auch GRUEN sieht), sondern auch in den Konsequenzen, insofern

Rom jetzt konkurrenzlos war. Das Verhalten gegenüber der achaiischen Politik verdeutlicht diese Unterschiede in der Höhe der römischen Toleranzschwelle, wenn man die Jahre 196 bis 192 sowie 148 bis 146 vergleicht. Für den späteren Zeitraum ist bezeichnenderweise auch eine Wende im römischen Gemeindepatronat sichtbar gemacht worden [888: TOULOUMAKOS].

Der Ausbruch des 2. Makedonischen Krieges — In der Vorgeschichte des 2. Makedonischen Krieges [zur Chronologie ist immer noch weitestgehend fundamental 799: SCHMITT, 189ff., bes. 229ff.] ist von erheblicher Bedeutung die Frage nach dem Geheimabkommen von Philipp V. und Antiochos III. sowie nach dessen Reichweite: HOLLEAUX [825, 306ff.] hatte gerade darin den Grund für römische Besorgnisse und damit die Bereitschaft zum Krieg gesehen, MAGIE [826] hatte mit gewichtigen Gründen die Historizität der Vereinbarung überhaupt bezweifelt. Wesentliche Argumente für diese hat freilich SCHMITT [799, 237ff.] gegeben, und man kann sich diesen nicht entziehen. Daß es eine Vereinbarung gab, dürfte unstrittig sein, freilich ist es unmöglich, den genauen Inhalt zu ermitteln [858: GRUEN; 842. 859: ERRINGTON, der an ein Abkommen zwischen Zeuxis und Philipp denkt, bringt keine echte Lösung, da zwischen Zeuxis und Antiochos kaum getrennt werden darf]. Für ein Arrangement spricht auch die Tatsache, daß Antiochos 204/203 in Kleinasien aktiv war [834: HERRMANN], u.a. in antigonidischem Einflußgebiet [856: J. und L. ROBERT, 146ff.; 862: WÖRRLE, 440f.] und ab 202 dann in Koile-Syrien offensiv wurde [zum 5. Syrischen Krieg s. jetzt 861: GERA] – und daß er von dort erst wieder nach Kleinasien zurückkehrte, als Philipps Stern zu sinken begann (198 v. Chr.)!

Zu den Kriegsursachen selbst vgl. den Überblick über den Forschungsstand bei GRUEN [858 II, 382ff.]. Nach diesem selbst war es Rom vor allem um seine Reputation gegenüber den Griechen zu tun. Daß das römische Ultimatum entscheidend war und daß es Krieg bedeutete, wurde schon betont; angesichts der römischen Zielstrebigkeit ist dann doch fraglich, ob man nicht noch an andere Motive zu denken hat. In jedem Fall deuten Inschriftenfunde darauf hin, daß Phillips Position in Kleinasien 201/200 durchaus nicht unbedeutend war [vgl. 862: WÖRRLE, 443]. Sein Verhalten ist hinreichend klar, das Ultimatum Roms konnte er nur mit einer Absage beantworten.

Die Freiheitsproklamation — Zu der Freiheitsproklamation und der römischen Seriosität in dieser Richtung hat GRUEN jetzt wesentliche Überlegungen beigesteuert. Wichtig bleibt nach wie vor BADIAN, der neben der Rücksicht auf die öffentliche Meinung der Griechen in der Freiheitspolitik auch den Ausdruck römischer Balancepolitik sieht [832, vgl. auch zu Flamininus in dieser Richtung 841].

Der Ausbruch des Antiochos-Krieges — Den Weg in den Antiochos-Krieg hat ebenfalls BADIAN [832] ingeniös nachgezeichnet, als ein Hineinschlittern, das von keiner der beiden Großmächte gewollt war: Typisches cold-war-Verhalten in Positions- und Propagandakämpfen führte in einen echten circulus vitiosus und brachte die Situation außer Kontrolle. Die Rekonstruktion von WILL [99 II], die von uns weitgehend übernommen wurde, knüpft an diese Position an. GRUEN übertreibt die Rolle des Eumenes in demselben Maße, wie er den Anteil der Aitoler unterschätzt [858 I, 458ff.]: Daß die Aufforderung an Antiochos, Griechenland zu befreien, trotz des Zusatzes, er solle als Schiedsrichter zwischen Aitolern und Römern auftreten, eine Provokation für die Römer sein mußte, ist doch offenkundig [Livius qualifiziert dies 35,33,9 als superbum decretum], und daß dies auf einen Krieg mindestens hinauslaufen konnte, man also mit ihm vorsorglich zu rechnen hatte, mußte klar sein – den Achaiern war es dies jedenfalls. – Angesichts der Bedeutung der öffentlichen Meinung ist nicht unwichtig, was jetzt MASTROCINQUE [855] vor allem über die „Propaganda" im Kontext der Auseinandersetzung zwischen Antiochos und Rom zusammengestellt hat.

Die Politik Philipps V. nach dem 2. Makedonischen Krieg wurde in der Regel unter dem Blickwinkel der auswärtigen Beziehungen und insbesondere seines Verhältnisses zu Rom analysiert. Wieviel Relief der Herrscher bekommt, wenn man seine Tätigkeit im Lande zunächst einmal als solche nimmt, vor allem im Bereich der Infrastruktur und der urbanen Organisation, hat jetzt HAMMOND [132 III, 458ff. 475ff.] sehr plastisch gezeigt. Letztendlich war dies eine Politik der Stärke, die auch außenpolitische Früchte zu tragen hatte. Insofern geht man mit der Suche nach den Gründen für den Perseuskrieg mit Recht schon auf diese Zeit zurück. In der Frage selbst herrscht in der Forschung eine weitgehende communis opinio [829: MELONI; 848: WALBANK; 849: WERNER; 853: LINDSAY ADAMS; 854: DELL]: Befürchtungen und Mißtrauen gegenüber Perseus habe es von Anfang an gegeben. Es sei durch dessen Aktionen gewachsen und habe sich schließlich – verschärft durch Eumenes' Agitation und das Attentat auf diesen – zur Kriegsbereitschaft zugespitzt. Gegen die Auffassungen von BIKERMAN [828: Furcht vor einer Allianz des Perseus mit den Seleukiden] und GIOVANNINI [840: wichtige Rolle der Klassensolidarität der römischen Aristokratie mit den besitzenden Schichten in Griechenland; weitere Positionen in ähnlichem Sinne bei 847: GRUEN, 48 A. 1] hat WALBANK [848] schlagende Argumente vorgebracht. GRUEN [858] bezieht gegen die communis opinio dezidiert Stellung und sieht eine Parallele zum Ausbruch des 2. Makedonischen Krieges. Aber ein dem damaligen vergleichbares Ultimatum läßt sich nicht finden, Rom reagierte hier schärfer und schroffer. Wichtig an GRUENS Beobachtungen bleibt jedoch, daß Rom eigentlich keinen objektiven Grund hatte, da Perseus' Macht effektiv nicht bedrohlich war und schwerlich so erscheinen konnte. Mit Recht weisen deshalb auch neuere Arbeiten auf Veränderungen im Atmosphärischen [854: DELL, der auf die in der Hinrichtung des Demetrios liegende Belastung aufmerksam macht] und im Bereich der römischen Ansprüche hin [853: LINDSAY ADAMS; vgl. auch 132: HAMMOND III, 502f., der die römische Entschlossenheit unterstreicht, die Perseus keine Chance gelassen habe].

Speziell mit dem Perseuskrieg verbindet sich die Frage, wieweit der makedonisch-römische Konflikt auch eine soziale Komponente hatte. Schon seit der Antike hatte man die Nähe der Römer zu den griechischen Oligarchen, die der Makedonen und speziell des Perseus zu den Demokraten behauptet. Erhebliche Modifizierungen dieser Vorstellung hat bereits DEININGER [782] gebracht, der die

Die Regeneration Makedoniens und der Perseuskrieg

Soziale Aspekte

Verfassungselemente mit Recht aus diesem Zusammenhang heraushält, immerhin aber seinerseits nicht nur die jeweils unterschiedlichen Positionen der griechischen Eliten verdeutlicht, sondern auch auf die konsequent antirömische Haltung der Massen (οἱ πολλοί) abhebt, die nach der Katastrophe von 168/67 sogar alleinige Träger des antirömischen Widerstandes gewesen seien. Demgegenüber ist besonders von FUKS [784, 69f.] darauf hingewiesen worden, daß die auf Unterstützung von Umsturz gehenden Vorwürfe gegen Perseus unberechtigt waren, so geläufig das Phänomen sozialer und ökonomischer Spannungen auch war. Auf ähnliche Weise hat GRUEN [847] nachgewiesen, daß die im einzelnen sehr differierenden sozioökonomischen Konflikte keineswegs das Verhalten im Kräftefeld zwischen Rom und Perseus determinierten [vgl. auch 848: WALBANK].

Antiochos IV.   Die Zielsetzung Antiochos' IV. im 6. Syrischen Krieg läßt sich nur noch erschließen. Aussagekräftig genug sind seine Forderungen von 168 nach Übergabe von Pelusion und Zypern, denn damit wäre Ägypten schutzlos gewesen, d. h. das Ultimatum verlangte geradezu eine Kapitulation [835: MØRKHOLM, 92] und hätte Ägypten allenfalls eine formale Unabhängigkeit von Gnaden des Seleukiden gelassen. Ob er sogar selber an die Übernahme der Herrschaft auch im Sinne traditioneller Legitimität dachte, muß offenbleiben. Daß er sich nämlich als Pharao inthronisieren ließ, ist eher zu bezweifeln [so gegen 864: OTTO, 53ff. 835: MØRKHOLM, 80ff. und 852: MOOREN]. Immerhin aber zeigen Dokumente, daß er in Memphis einen Statthalter eingesetzt hatte. Insofern hatte also das römische Eingreifen von Eleusis eine erhebliche Bedeutung.

Danach ist das Seleukidenreich endgültig nur noch eine Macht von sekundärer Bedeutung gewesen [875: GRUEN]. Antiochos IV., der überhaupt eine hohe Sensibilität für die griechische Öffentlichkeit an den Tag legte und sich entsprechend auch im Mutterland als Wohltäter engagierte [vgl. 887: HERRMANN, 174], hat mit seiner großen Parade und Prozession von Daphne [437: BUNGE] wenigstens auf ‚publizistischem' Gebiet Macht und Erfolg demonstriert, wie MØRKHOLM [835, 97ff.] deutlich akzentuiert hat.

c) Das lange Nachspiel

Kriege gegen   Die Auseinandersetzungen nach dem Epochenjahr 168 können aus Platzgründen
Makedonien und   hier nicht näher behandelt werden, was angesichts ihrer nur relativen Bedeutung
Achaia   vertretbar ist. Zudem gibt es einige neuere Arbeiten, die sehr zuverlässig unterrichten, so HELLIESEN [884] über den Krieg gegen Makedonien, GRUEN [874] zum Achaiischen Krieg, der gerade das Unerwartete des römischen Verhaltens aus Sicht der Achaier zum Ausdruck bringt [zu den Achaiern unter der römischen Suprematie insgesamt vgl. 886: BASTINI, das Schicksal nach 146 bei 872: SCHWERT-

Mithridates VI.   FEGER]. Für die Entwicklung des Mithridates in seinem Konflikt mit Rom bleibt grundlegend REINACH [863], jetzt sind zusätzlich GLEW [878] und McGING [885] zu konsultieren. Die Verwicklungen in Athen haben HABICHT [876] und BADIAN [873] intensiv studiert. Letzterer hat unser Verständnis der Abläufe besonders durch die ‚Beseitigung' der angeblichen Oligarchie von 103/102 und durch wichtige prosopographische Beobachtungen zum Umfeld des Athenion, seiner Partner und Gegner gefördert. Das Verhalten der athenischen Oberschicht wird damit durchsichtiger; schon Deininger hatte [782, 259ff.] auf die Ernsthaftigkeit und Energie des Widerstandes namentlich bei den unteren Schichten hingewiesen.

Die spätere Geschichte der Attaliden hat Hopp [879] behandelt; zu den Herrschertestamenten generell, die nicht unbedingt die totale Machtübernahme meinen, sondern auch eine besondere römische Schutzverpflichtung geradezu provozieren wollen – mithin aber in jedem Falle Ausdruck von Macht- und Ratlosigkeit sind – s. Braund [881]. – Zur krisenhaften Entwicklung in den Herrscherhäusern von Ptolemäern und Seleukiden sei noch auf die älteren Werke von Strack [120], Bouché-Leclercq [122. 123] und Bevan [121. 124] hingewiesen. Vieles hat auch hier die minutiöse Rekonstruktion von Otto [864] bzw. Otto-Bengtson [865, zur Entstehung des Werkes s. übrigens Bengtson in 107: Kiessling, 90f.] aufgezeigt, die sich ihrerseits durchaus immer weiter durch neue Funde und Deutungen präzisieren läßt [s. etwa 871: Heinen zu Ptolemaios VIII.]. Die allerletzte Phase, unter dem unmittelbaren Druck Roms, hat für die Ptolemäer Olshausen [866a] allgemein analysiert, für Kleopatra Volkmann [866] – und da steht man schon mitten in der römischen Innenpolitik.

Ende der Attaliden, Seleukiden und Ptolemäer

III. Quellen und Literatur

A. QUELLEN

1. Quellensammlungen

1. F. Jacoby (Hrsg.), Die Fragmente der griechischen Historiker (FGrHist), 15 Bde., Leiden 1923ff.

2. H. H. Smitt (Hrsg.), Die Staatsverträge des Altertums III, München 1969

3. R. K. Sherk, Roman Documents from the Greek East: Senatusconsulta and Epistulae to the Age of Augustus, Baltimore 1969

4. M. M. Austin, The Hellenistic World from Alexander to the Roman Conquest: A Selection of Ancient Sources in Translation, Cambridge 1981

5. P. Harding, From the End of the Peloponnesian War to the Battle of Ipsos (Translated Documents of Greece and Rome 2), Cambridge 1985

6. S. M. Burstein, The Hellenistic Age from the Battle of Ipsos to the Death of Kleopatra VII (Translated Documents of Greece and Rome 3), Cambridge 1985

2. Inschriften und Papyri

7. The Oxyrhynchus Papyri, London 1898ff.

8. L. Mitteis/U. Wilcken, Grundzüge und Chrestomathie der Papyruskunde, 4 Bde., Leipzig-Berlin 1912 (ND 1963)

9. Sammelbuch griechischer Urkunden aus Ägypten. Begonnen von F. Preisigke, fortgeführt von F. Bilabel u.a., 12 Bde. 2 Beihefte, Straßburg u.a. 1915ff.

10. F. Durrbach, Choix d'inscriptions de Délos, Paris 1921

11. Urkunden der Ptolemäerzeit (ältere Funde), ed. U. Wilcken, 2 Bde., Berlin-Leipzig 1927ff.

12. A. S. Hunt/G. C. Edgar, Select Papyri, 2 Bde., Cambridge/Mass.-London 1932. 1934

13. C. B. Welles, Royal Correspondence of the Hellenistic Age, New Haven 1934

14. L. Robert, Hellenica. Recueil d'épigraphie, de numismatique et d'antiquités grecques, 13 Bde., Paris 1940ff.

15. V. Tcherikover/A. Fuks (Hrsg.), Corpus Papyrorum Judaicarum, 3 Bde., Cambridge/Mass. 1957ff.

16. L. Moretti (Hrsg.), Iscrizioni storiche ellenistiche, 2 Bde., Florenz 1967. 1976

17. E. G. Turner, Greek Papyri. An Introduction, Oxford 1968

18. J. Crampa, Labraunda, The Greek Inscriptions, 2 Bde., Lund 1969. Stockholm 1972

19. J. Hengstl (Hrsg.), Griechische Papyri aus Ägypten als Zeugnisse des öffentlichen und privaten Lebens, München 1978

20. M.-Th. Lenger, Corpus des Ordonnances des Ptolémées (C. Ord. Ptol.). Réédition avec suppl. (Académie Royale de Belgique, Mém. de la Cl. des Lettres 64, 2), Brüssel 1980

21. G. Pfohl (Hrsg.), Griechische Inschriften, München 1980[2]

3. Münzen

22. E. T. Newell, The Coinage of the Eastern Seleucid Mints. Seleucus I to Antiochus III, New York 1938

23. ders., The Coinage of the Western Seleucid Mints. Seleucus I to Antiochus III, ebd. 1941

24. P. R. Franke, Literaturüberblicke der griechischen Numismatik: Makedonien, Jahrbuch für Numismatik und Geldgeschichte 7, 1956, 105ff.

25. P. R. Franke, Die antiken Münzen von Epirus, Wiesbaden 1961

26. Ch. Boehringer, Zur Chronologie mittelhellenistischer Münzserien 220–160 v. Chr., Berlin 1962

27. M. Price, Coins of the Macedonians, London 1974

28. Th. Fischer, Literaturüberblicke der griechischen Numismatik: Seleukiden, Chiron 15, 1985, 285ff.

4. Einzelne Autoren

Appian

von Alexandreia, 2. Jh. n. Chr.; erhielt das römische Bürgerrecht und machte Karriere im römischen Ritterdienst. Seine Römische Geschichte (Rhomaika) umfaßt auch die jeweils von Rom unterworfenen Stämme und Staaten.

29. Appiani Historia Romana. Volumen I. Prooemium. Iberica. Annibaica. Libyca. Illyrica. Syriaca. Mithridatica. Fragmenta edd. P. Viereck et A.G.

Roos. Editio stereotypa correctior. Addenda et corrigenda adiecit E. Gabba, Leipzig 1962

30. Appian's Roman History, with an English Translation by H. White, 4 Bde., Cambridge/Mass.-London 1912/1913

31. Appian von Alexandria, Römische Geschichte. Erster Teil. Die römische Reichsbildung, übers. v. O. Veh, durchges., eingel. u. erl. von K. Brodersen, Stuttgart 1987

32. G. Marasco, Appiano e la storia dei Seleucidi fino all'ascesa al trono di Antioco III, Florenz 1982

33. B. Goldmann, Einheitlichkeit und Eigenständigkeit der Historia Romana des Appian, Hildesheim u.a. 1988

Arrian (= Flavius Arrianus)

von Nikomedeia (in Bithynien), 2. Jh. n. Chr.; philosophische Unterweisung durch Epiktet; Karriere als römischer Senator und Statthalter. Verfaßte, im attizistischen Stil der Zeit und als Verehrer Xenophons, u.a. eine Geschichte des Alexanderzuges (Alexandrou anabasis) und der Diadochenzeit (Ta met' Alexandron) sowie eine Beschreibung Indiens (Indike).

34. Flavius Arrianus, I Alexandri Anabasis. II Scripta Minora et Fragmenta, ed. A. G. Roos. Edito stereotypa correctior. Addenda et corrigenda adiecit G. Wirth, Leipzig 1967

35. Arrian, with an English Translation by P. A. Brunt, 2 Bde. Cambridge/Mass.-London 1976. 1983

36. Arrian, Der Alexanderzug. Indische Geschichte, Griechisch und deutsch, hrsg. und übers. v. G. Wirth u. O. von Hinüber, München-Zürich 1985

37. A. B. Bosworth, A Historical Commentary on Arrian's History of Alexander I, Commentary on Books I—III, Oxford 1980

38. P. A. Stadter, Arrian of Nicomedia, Chapel Hill 1980

39. R. Syme, The Career of Arrian, Harvard Studies in Classical Philology 86, 1982, 181ff.

40. J. Roisman, Why Arrian Wrote the Anabasis, RSA 13/14, 1983/84, 253ff.

Diodor

von Agyrion (Sizilien), 1. Jh. v. Chr.; Verfasser einer Weltgeschichte (Bibliotheke), die eine Zusammenfassung aus wenig verarbeiteten Quellen bildet; Buch 17 behandelt Alexander den Großen, die Bücher 18-20 die Diadochengeschichte bis zur Schlacht von Ipsos.

41. Diodori Bibliotheca Historica, recogn. F. Vogel/C. Th. Fischer, 5 Bde., Leipzig 1888ff.

42. Diodorus of Sicily, with an English Translation by C. H. Oldfather u.a., 12 Bde., Cambridge/Mass.-London 1933ff.

43. Diodore de Sicile, Bibliothèque historique, livre XVII−XIX, texte établi et traduit par P. Goukowsky/F. Bizière, Paris 1975ff.

44. E. SCHWARTZ, Diodorus (Nr. 38), in: RE 5 (1903), 663ff. (= ders., Griechische Geschichtsschreiber, Leipzig 1957, 35ff.)

Plutarch

von Chaironeia (in Boiotien), ca. 45-nach 120 n. Chr., lebte als Angehöriger einer vornehmen Familie in seiner Heimat, aber auch in Verbindung mit römischen Aristokraten (Bürgerrecht). Schrieb popularphilosophische Traktate und zahlreiche Biographien mit moralistischen Absichten, in denen er jeweils einen Griechen und Römer parallelisierte (Bioi paralleloi), darunter Lebensbeschreibungen von Demosthenes, Alexander d. Gr.,Phokion, Eumenes, Demetrios Poliorketes, Pyrrhos, Arat, Agis IV., Kleomenes III., Philopoimen, Flamininus, Aemilius Paulus.

45. Plutarchi Vitae Parallelae, recognoverunt Cl. Lindskog et K. Ziegler, 6 Bde., Leipzig 1957ff.

46. Plutarch's Lives, with an English Translation by B. Perrin, 11 Bde., Cambridge/Mass.-London 1914ff.

47. Plutarque, Vies, tome IV ff., texte établi et traduit par R. Flacelière/É. Chambry, Paris 1966ff.

48. Plutarch, Große Griechen und Römer, 6 Bde., übers. v. K. Ziegler, Zürich-Stuttgart 1954ff.

49. CH. LIEDMEIER, Plutarchus' biographie van Aemilius Paullus. Historische Commentaar, Utrecht-Nijmegen 1935

50. A. J. KOSTER, Plutarchi vitam Arati edidit, prolegomenis commentarioque instruxit A. J. K., Leiden 1937

51. W. P. THEUNISSEN, Ploutarchos' Leven van Aratos, Leiden 1940

52. J. R. HAMILTON, Plutarch Alexander. A Commentary, Oxford 1969

53. G. MARASCO, Commento alle biografie plutarchee di Agide e di Cleomene, 2 Bde., Rom 1981

54. K. ZIEGLER, Plutarchos, in: RE 21 (1951), 636ff.

55. D. A. RUSSELL, Plutarch, New York 1973

56. A. WARDMAN, Plutarch's Lives, London 1974

Polybios

von Megalopolis (in Arkadien), ca. 200-nach 118 v. Chr., als Sohn des Lykortas Angehöriger der Führungsschicht des Achaiischen Bundes, dort schon bald in wichtigen Positionen; 167 als einer der deportierten Achaier nach Rom gelangt, dort Mentor des P. Cornelius Scipio Aemilianus. Verfaßte eine Weltgeschichte zur Beschreibung und Erklärung der Genese der römischen Herrschaft; sie ist in den Büchern 1–5 ganz, 6 zum Teil und ansonsten in größeren Auszügen erhalten.

57. Polybii Historiae, ed Th. Büttner-Wobst, I, Leipzig 1905², II–V, Leipzig 1889ff.

58. Polybios, The Histories, with an English Translation by W. R. Paton, 6 Bde., Cambridge/Mass.-London 1922ff.

59. Polybios, Geschichte, übers. v. H. Drexler, 2 Bde., Zürich-Stuttgart 1961.1963

60. M. FEYEL, Polybe et l'histoire de Béotie au IIIᵉ siècle avant notre ère, Paris 1942

61. F. WALBANK, A Historical Commentary on Polybius, 3 Bde., Oxford 1957ff.

62. K.-W. WELWEI, Könige und Königtum im Urteil des Polybios, Diss. Köln 1963

63. P. PÉDECH, La méthode historique de Polybe, Paris 1964

64. G. A. LEHMANN, Untersuchungen zur historischen Glaubwürdigkeit des Polybios, Münster 1967

65. K. E. PETZOLD, Studien zur Methode des Polybios und zu ihrer historischen Auswertung, München 1969

66. F. W. WALBANK, Polybius, Berkeley u.a. 1972

67. Polybe. Entretiens sur l'Antiquité Classique 20, Vandoeuvres-Genf 1974.

68. K. SACKS, Polybius on the Writing of History, Berkeley u.a. 1981

69. K. STIEWE/N. HOLZBERG (Hrsg.), Polybios, Darmstadt 1982²

Curtius Rufus

1. Jh. n. Chr., verfaßte in lateinischer Sprache eine Geschichte Alexanders d. Gr. (Historiae Alexandri Magni regis Macedonum); von den 10 Büchern sind 3-10 fast vollständig erhalten geblieben.

70. Q. Curti Rufi Historiarum Alexandri Magni Macedonis libri qui superunt, item rec. E. Hedicke, Leipzig 1908

71. Quintus Curtius, with an English Translation by J. C. Rolfe, 2 Bde., Cambridge/Mass.-London 1946

72. Quinte-Curce, Histoires, hrsg. u. übers. v. H. Bardon, 2 Bde., Paris 1961. 1965²

73. Quintus Curtius Rufus, Storie di Alessandro Magno, hrsg. v. A. Giacone. Mit einem Anhang v. O. Botto, Turin 1977

74. Curtius Rufus, Von den Taten Alexanders des Großen, übers. von J. Siebelis, Berlin 1882

75. R. Egge, Untersuchungen zur Primärtradition bei Q. Curtius Rufus. Die alexanderfeindliche Überlieferung, Diss. Freiburg/Brsg. 1978

76. A. M. Devine, The Parthi, the Tyranny of Tiberius and the Date of Q. Curtius Rufus, Phoenix 33, 1979, 142ff.

77. J. E. Atkinson, A Commentary on Q. Curtius Rufus' Historiae Alexandri Magni, Books 3 and 4, Amsterdam 1980

78. H. Bödefeld, Untersuchungen zur Datierung der Alexandergeschichte des Q. Curtius Rufus, Diss. Düsseldorf 1982

79. L. L. Gunderson, Quintus Curtius Rufus: On His Historical Methods in the *Historiae Alexandri,* in 102: Lindsay Adams/Borza, 177ff.

80. J. R. Hamilton, The Date of Quintus Curtius Rufus, Historia 37, 1988, 445ff.

Justin

gab eine Zusammenfassung der *Historiae Philippicae* des Pompeius Trogus (ca. Ende 1. Jh. v. Chr.), eine bis auf die Zeit des Autors geführte Weltgeschichte, wobei die Geschichte des makedonischen Reiches seit Philip II. im Vordergrund steht (Bücher 7—40).

81. M. Iuniani Iustini Epitoma Historiarum Philippicarum Pompei Trogi, Post F. Ruehl, iterum ed. O. Seel. Stuttgart 1972

82. Justin, Abrégé des Histoires Philippiques de Trogue Pompée et Prologues de Trogue Pompée, hrsg. u. übers. v. E. Chambry u. L. Thély-Chambry, 2 Bde., Paris o. J.

83. Pompeius Trogus. Weltgeschichte von den Anfängen bis zu Augustus. Im Auszug des Justin, eingel., übers. u. erl. v. O. Seel, Zürich 1972

84. O. Seel, Eine römische Weltgeschichte. Studien zum Text der Epitome des Iustinus und zur Historik des Pompeius Trogus, Nürnberg 1972

85. R. Urban, „Historiae Philippicae" bei Pompeius Trogus: Versuch einer Deutung, Historia 31, 1982, 82ff.

86. H.-D. Richter, Untersuchungen zur hellenistischen Historiographie. Die Vorlagen des Pompeius Trogus für die Darstellung der nachalexandrischen hellenistischen Geschichte (Iust. 13—40), Frankfurt u.a. 1987

87. R. Syme, The Date of Justin and the Discovery of Trogus, Historia 37, 1988, 358ff.

B. LITERATUR

Allgemeine Darstellungen

88. J. G. Droysen, Geschichte des Hellenismus, 3 Bde., Gotha 1877-1878² (Nachdruck München 1980)

89. B. Niese, Geschichte der griechischen und makedonischen Staaten seit der Schlacht bei Chaeronea, 3 Bde., Gotha 1893ff. (Nachdruck Darmstadt 1963)

90. J. Beloch, Griechische Geschichte, III 1—IV 2, Berlin-Leipzig 1922ff.² (Nachdruck Berlin 1967)

91. J. Kaerst, Geschichte des Hellenismus, 2 Bde., Berlin 1926². 1927³ (Nachdruck Darmstadt 1968)

92. M. Holleaux, Études d'épigraphie et d'histoire grecques, hrsg. v. L. Robert, 6 Bde., Paris 1938ff.

93. M. Rostovtzeff, The Social and Economic History of the Hellenistic World, 3 Bde., Oxford 1941 (deutsch: Gesellschafts- und Wirtschaftsgeschichte der hellenistischen Welt, 3 Bde., Darmstadt 1955. 1956 (Nachdruck 1984)

94. C. B. Welles, Die hellenistische Welt, in: Propyläen Weltgeschichte III, hrsg. von G. Mann u. A. Heuß, Berlin u.a. 1962, 403ff.

95. V. Ehrenberg, Polis und Imperium, Zürich-Stuttgart 1965

96. P. Lévêque, Le monde hellénistique, Paris 1969

97. E. Will, Le monde hellénistique, in: ders./C. Mossé/P. Goukowsky, Le monde grec et l'Orient II, Paris 1975, 335ff.

X 98. C. Préaux, Le monde hellénistique. La Grèce et l'Orient de la mort d'Alexandre à la conquête romaine de la Grèce (323—146 av. J.-C.), 2 Bde., Paris 1978

X 99. E. Will, Histoire politique du monde hellénistique (323—30 av. J.-C.), 2 Bde., Nancy 1979. 1982²

100. F. Chamoux, Le monde hellénistique, Paris 1981

X 101. F. W. Walbank, The Hellenistic World, Sussex 1981 (deutsch: Die hellenistische Welt, München 1983)

102. W. Lindsay Adams/E. N. Borza (Hrsg.), Philipp II., Alexander the Great and the Macedonian Heritage, Lanham-London 1982

X 103. F. W. Walbank u.a. (Hrsg.), The Cambridge Ancient History. Second Edition, VII 1, Cambridge 1984

HELLENISMUS: BEGRIFF UND FORSCHUNG

104. K. J. BELOCH, Hellenismus, Zeitschrift für Sozialwissenschaft, NF 1, 1910, 796ff.

105. R. LAQUEUR, Hellenismus. Akademische Rede zur Jahresfeier der Hessischen Ludwigs-Universität, Gießen 1925

106. ED. MEYER, Blüte und Niedergang des Hellenismus in Asien, in: Kunst und Altertum. Alte Kulturen im Lichte neuer Forschung V, Berlin 1925, 1ff., jetzt auch in 169: ALTHEIM/REHORK, 19ff.

107. E. KIESSLING (Hrsg.), Der Hellenismus in der deutschen Forschung 1938-1948, Wiesbaden 1956

108. C. PRÉAUX, Réflexions sur l'entité hellénistique, Chronique d'Égypte 40, 1965, 129ff.

109. B. BRAVO, Philologie, Histoire, Philosophie d'Histoire. Étude sur J. G. Droysen, historien de l'antiquité, Breslau 1968

110. A. MOMIGLIANO, Introduzione all'ellenismo, Rivista Storica Italiana 82, 1970, 781ff. (= ders., Quinto contributo alla Storia degli studi classici e del mondo antico, Rom 1975, 267ff.)

111. M. HENGEL, Judentum und Hellenismus. Studien zu ihrer Begegnung unter besonderer Berücksichtigung Palästinas bis zur Mitte des 2. Jhdts. v. Chr., Tübingen 1973². 1988³

112. H. BENGTSON, Alexander und der Hellenismus, in: ders., Kleine Schriften zur Alten Geschichte, München 1974, 241ff.

113. H. BENGTSON, Wesenszüge der hellenistischen Zivilisation, ebd., 274ff.

114. J. BUSCHE, Der Begriff Hellenismus als Epochenname. Untersuchungen zur Oinoe-Schlacht des Pausanias, Frankfurt 1974

115. M. HENGEL, Juden, Griechen und Barbaren. Aspekte der Hellenisierung des Judentums in vorchristlicher Zeit, Stuttgart 1976

116. A. MOMIGLIANO, Hochkulturen im Hellenismus. Die Begegnung der Griechen mit Kelten, Römern, Juden und Persern, München 1979

117. R. BICHLER, „Hellenismus". Geschichte und Problematik eines Epochenbegriffs, Darmstadt 1983

118. F. MILLAR, The Phoenician Cities: A Case-study of Hellenisation, Proceedings of the Cambridge Philological Society N. S. 29, 1983, 55ff.

119. H.-J. GEHRKE, Johann Gustav Droysen, in: M. Erbe (Hrsg.), Berlinische Lebensbilder. Geisteswissenschaftler, Berlin 1989, 127ff.

HANDBÜCHER ZU SPEZIELLEN GEBIETEN

a) Die Monarchien

120. M. L. STRACK, Die Dynastie der Ptolemäer, Berlin 1897

121. E. R. BEVAN, The House of Seleucus, 2 Bde., London 1902 (Nachdruck 1966)

122. A. BOUCHÉ-LECLERCQ, Histoire des Lagides, 4 Bde., Paris 1903−1907 (Nachdruck Brüssel 1963)

123. A. BOUCHÉ-LECLERCQ, Histoire des Séleucides (323−64 avant J.-C.), 2 Bde., Paris 1913. 1914 (Nachdruck Brüssel 1963)

124. E. R. BEVAN, The House of Ptolemy, London 1927 (Nachdruck Chicago 1968)

125. A. SCHENK VON STAUFENBERG, König Hieron der Zweite von Syrakus, Stuttgart 1933

126. G. VITUCCI, Il regno di Bitinia, Rom 1953

127. TH. C. SKEAT, The Reigns of the Ptolemies, München 1954

128. A. E. SAMUEL, Ptolemaic Chronology, München 1962

129. N. G. L. HAMMOND, Epirus, Oxford 1967

130. Archaia Makedonia – Ancient Macedonia (Internationale Symposien Thessaloniki), 4 Bde., Thessaloniki 1970ff.

131. E. V. HANSEN, The Attalids of Pergamon, Ithaca-London 1971²

132. N. G. L. HAMMOND/G. T. GRIFFITH/F. W. WALBANK, A History of Macedonia, 3 Bde., Oxford 1972ff.

133. P. CABANES, L'Épire de la mort de Pyrrhos à la conquête romaine (272−167), Besançon 1976

134. G. DE SENSI SESTITO, Gerone II, un monarca ellenistico in Sicilia, Palermo 1977

135. E. OLSHAUSEN, Pontos Nr. 2: Das Königreich Pontos, in: RE Suppl. 15 (1978), 396ff.

136. Das ptolemäische Ägypten. Akten des Internationalen Symposions 27.−29. September 1976 in Berlin, hrsg. v. H. Maehler und V. M. Strocka, Mainz 1978

137. Ancient Macedonian Studies in Honor of Charles F. Edson, Thessaloniki 1981

138. R. E. ALLEN, The Attalid Kingdom. A Constitutional History, Oxford 1983

139. M. ERRINGTON, Geschichte Makedoniens, München 1986

b) Griechische Poleis

140. W. S. Ferguson, Hellenistic Athens, London 1911

141. D. Magie, Roman Rule in Asia Minor to the End of the Third Century after Christ, 2 Bde., München 1950

142. P. M. Fraser/G. E. Bean, The Rhodian Peraea and Islands, Oxford 1954

143. Ch. Habicht, Samische Volksbeschlüsse der hellenistischen Zeit, AM 72, 1957, 152ff.

144. D. M. Pippidi, Epigraphische Beiträge zur Geschichte Histrias in hellenistischer und römischer Zeit, Berlin 1962

145. H. Van Effenterre, La Crète et le monde grec de Platon à Polybe, Paris 1968²

146. A. H. M. Jones, The Cities of the Eastern Roman Provinces, Oxford 1971²

147. Ch. Habicht, Hellenistische Inschriften aus dem Heraion von Samos, AM 87, 1972, 191ff.

148. B. Shimron, Late Sparta, Buffalo 1972

149. H.-J. Gehrke, Phokion. Studien zur Erfassung seiner historischen Gestalt, München 1976

150. H. Müller, Milesische Volksbeschlüsse, Göttingen 1976

151. P. Brulé, La piraterie crétoise hellénistique, Paris 1978

152. Ch. Habicht, Untersuchungen zur politischen Geschichte Athens im 3. Jahrhundert v. Chr., München 1979

153. O. Picard, Chalcis et la confédération Eubéene, Athen-Paris 1979

154. Ch. Habicht, Studien zur Geschichte Athens in hellenistischer Zeit, Göttingen 1982

155. W. Will, Athen und Alexander. Untersuchungen zur Geschichte der Stadt von 338 bis 322 v. Chr., München 1983

156. R. M. Berthold, Rhodes in the Hellenistic Age, Ithaca-London 1984

157. H.-J. Gehrke, Stasis. Untersuchungen zu den inneren Kriegen in den griechischen Staaten des 5. und 4. Jahrhunderts v. Chr., München 1985

158. A. Petropoulou, Beiträge zur Wirtschafts- und Gesellschaftsgeschichte Kretas in hellenistischer Zeit, Frankfurt u.a. 1985

159. W. Transier, Samiaka. Epigraphische Studien zur Geschichte von Samos in hellenistischer und römischer Zeit, Diss. Mannheim 1985

160. H.-J. Gehrke, Jenseits von Athen und Sparta. Das Dritte Griechenland und seine Staatenwelt, München 1986

161. A. Laronde, Cyrène et la Libye hellénistique. Libykai Historiai de l'époque républicaine au principat d'Auguste, Paris 1987

162. G. Shipley, A History of Samos 800–188 BC, Oxford 1987

163. J. ENGELS, Studien zur politischen Biographie des Hypereides, München 1989

c) Regionale Studien, nichtgriechische Gebiete, Randgebiete

164. F. STÄHELIN, Geschichte der Kleinasiatischen Galater, Leipzig 1907² (Nachdruck Osnabrück 1973)

165. W. W. TARN, The Greeks in Bactria and India, Cambridge 1951²

166. J./L. ROBERT, La Carie. Histoire et géographie historique, avec le recueil des inscriptions antiques, 2 Bde., Paris 1954

167. A. K. NARAIN, The Indo-Greeks, Oxford 1957

168. V. TCHERIKOVER, Hellenistic Civilization and the Jews, Philadelphia 1961²

169. F. ALTHEIM/J. REHORK (Hrsg.), Der Hellenismus in Mittelasien, Darmstadt 1969

170. S. PARANAVITANA, The Greeks and the Mauryas, Colombo 1971

171. P. BERNARD u.a./O. GUILLAUME/H.-P. FRANCFORT, Fouilles d'Ai Khanoum I—III, Paris 1973ff.

172. L. ROBERT, De Delphes à l'Oxus. Inscriptions nouvelles de la Bactriane, in 171: BERNARD I, 207ff.

173. J. OZOLS/V. THEWALT (Hrsg.), Aus dem Osten des Alexanderreiches: Völker und Kulturen zwischen Orient und Okzident; Iran, Afghanistan, Pakistan, Indien, Köln 1984

174. E. J. BICKERMAN, The Jews in the Greek Age, Cambridge/Mass.-London 1988

LITERATUR ZU DEN EINZELNEN KAPITELN

1. ALEXANDER DER GROSSE

a) Allgemeine Darstellungen, Sammelwerke, Forschungsberichte

175. ED. MEYER, Alexander der Große und die absolute Monarchie, in: ders., Kleine Schriften I, Halle 1924², 267ff.

176. U. WILCKEN, Alexander der Große, Leipzig 1931

177. W. W. TARN, Alexander the Great, 2 Bde., Cambridge 1948 (deutsch Darmstadt 1968)

178. F. SCHACHERMEYR, Alexander der Große. Ingenium und Macht, Graz-Salzburg-Wien 1949

179. R. ANDREOTTI, Il problema di Alessandro Magno nella storiografia dell'ultimo decennio, Historia 1, 1950, 583ff.

180. F. HAMPL, Alexander der Große und die Beurteilung geschichtlicher Persönlichkeit in der modernen Historiographie, La Nouvelle Clio 6, 1954, 91ff.

181. G. WALSER, Zur neueren Forschung über Alexander den Großen, Schweiz. Beiträge d. Allgemeinen Geschichte 14, 1956, 156ff.

182. Alexander the Great, Greece and Rome, 2nd Ser. 12, 1965, 113ff.

183. F. HAMPL, Alexander der Große, Göttingen 1965²

184. G. T. GRIFFITH (Hrsg.), Alexander the Great. The Main Problems, Cambridge-New York 1966

185. N. J. BURICH, Alexander the Great. A Bibliography, Kent 1970

186. P. GREEN, Alexander the Great, London 1970 (deutsch 1974)

187. E. BADIAN, Alexander the Great, 1948–1967, The Classical World 65, 1971, 37ff., 77ff.

188. A. DEMANDT, Politische Aspekte im Alexanderbild der Neuzeit, AKG 54, 1972, 325ff.

189. J. SEIBERT, Alexander der Große, Darmstadt 1972

190. J. R. HAMILTON, Alexander the Great, London 1973

191. R. LANE FOX, Alexander the Great, London 1973 (deutsch 1974)

192. F. SCHACHERMEYR, Alexander der Große. Das Problem seiner Persönlichkeit und seines Wirkens, Wien 1973

193. G. WIRTH, Alexander der Große, Reinbeck 1973

194. P. GREEN, Alexander of Macedon 356–323 B. C., Harmondsworth 1974²

195. Alexandre le Grand. Image et realité (Fondation Hardt, Entretiens 22), Vandoeuvres-Genf 1975

196. E. Badian, Some Recent Interpretations of Alexander, in: 195: Alexandre, 279ff.

197. P. Goukowsky, Alexandre et la conquête de l'Orient, in: E. Will/C. Mossé/P. Goukowsky, Le monde grec et l'Orient II, Paris 1975, 245ff.

198. R. Lane Fox, The Search for Alexander, London 1980

199. N. G. L. Hammond, Alexander the Great. King, Commander and Statesman, London 1981

200. S. Lauffer, Alexander der Große, München 1981²

201. P. Goukowsky, Recherches récentes sur Alexandre le Grand (1978–1982), REG 96, 1983, 225ff.

202. J. Seibert, Die Eroberung des Perserreiches durch Alexander den Großen auf kartographischer Grundlage (Beihefte zu TAVO B 68), Wiesbaden 1985

203. G. Wirth, Studien zur Alexandergeschichte, Darmstadt 1985

204. W. Will, Alexander der Große, Stuttgart u.a. 1986

205. W. Will (Hrsg.), Zu Alexander dem Großen, Festschrift G. Wirth zum 60. Geburtstag am 9.12.86, 2 Bde., Amsterdam 1988

b) Quellen

206. F. Jacoby, Kleitarchos (Nr. 137), in: RE XI, 1, 1921, 622ff.

207. H. Strasburger, Ptolemaios und Alexander, Leipzig 1934

208. T. S. Brown, Callisthenes and Alexander, AJPh 70, 1949, 225ff. (= 184: Griffith, 29ff.)

209. T. S. Brown, Onesicritus. A Study in Hellenistic Historiography, Berkeley-Los Angeles 1949

210. A. Gitti, Alessandro Magno all'oasi di Siwa, Il problema delle fonti, Bari 1951

211. H. Strasburger, Besprechung von W. W. Tarn, Alexander the Great, in: Bibliotheca Orientalis 9, 1952, 202ff.

212. C. A. Robinson, Jr., The History of Alexander the Great I, Providence 1953

213. R. Merkelbach, Die Quellen des griechischen Alexanderromans, München 1954

214. L. Pearson, The Diary and Letters of Alexander the Great, Historia 3, 1955, 429ff. (= 184: Griffith, 1ff.)

215. L. Pearson, The Lost Histories of Alexander the Great, New York 1960

216. A. R. Bellinger, Essays on the Coinage of Alexander the Great, New York 1963

217. E. VON SCHWARZENBERG, Der lysippische Alexander, Bonner Jahrbücher 167, 1967, 58ff.

218. The Romance of Alexander the Great by Pseudo-Callisthenes. Translated from the Armenian Version with an Introduction by A. M. Wolohojian, New York-London 1969

219. V. VON GRAEVE, Der Alexandersarkophag und seine Werkstatt, Berlin 1970

220. T. HÖLSCHER, Ideal und Wirklichkeit in den Bildnissen Alexanders des Großen (Abh. d. Heidelberger Ak. d. Wissenschaften, Jg. 1970), Heidelberg 1971

221. Leben und Taten Alexanders von Makedonien. Der griechische Alexanderroman nach der Handschrift L. Herausg. u. übers. v. H. van Thiel, Darmstadt 1974

222. A. B. BOSWORTH, Arrian and the Alexander Vulgate, in 195: Alexandre, 1ff.

223. E. VON SCHWARZENBERG, The Portraiture of Alexander, in 195: Alexandre, 223ff.

223a. B. ANDREAE, Das Alexandermosaik aus Pompeji, Recklinghausen 1977

224. J. R. HAMILTON, Cleitarchus and Diodorus 17, in: Studies Schachermeyr, Berlin-New York 1977, 126ff.

225. P. PÉDECH, Les historiens d'Alexandre, in: Festschrift Peremans, Löwen 1977, 119ff.

226. Der Alexanderroman mit einer Auswahl aus den verwandten Texten. Übersetzt von F. Pfister, Meisenheim 1978

227. A. J. HEISSERER, Alexander the Great and the Greeks. The Epigraphic Evidence, Norman/Oklahoma 1980

228. R. W. HARTLE, The Search for Alexander's Portrait, in 102: LINDSAY ADAMS/BORZA, 153ff.

229. N. G. L. HAMMOND, Three Historians of Alexander the Great. The so-called vulgate authors, Diodorus, Justin and Curtius, Cambridge 1983

230. L. PRANDI, Callistene. Uno storico tra Aristotele e i re Macedoni, Mailand 1985

231. D. GOLAN, The Fate of a Court Historian, Callisthenes, Athenaeum N. S. 66, 1988, 99ff.

232. N. G. L. HAMMOND, The Royal Journal of Alexander, Historia 37, 1988, 129ff.

c) Jugend und Herrschaftsantritt. Makedonischer Hintergrund

233. C. ROEBUCK, The Settlements of Philip II with the Greek States in 338 B. C., Classical Philology 43, 1948, 73ff.

234. E. BADIAN, The Death of Philip II, Phoenix 17, 1963, 244ff.

235. J. R. HAMILTON, Alexander's Early Life, in 182: Greece and Rome, 117ff.

236. T. T. B. RYDER, Koine Eirene. General Peace and Local Independence in Ancient Greece, London-New York-Toronto 1965

237. D. KIENAST, Philipp II. von Makedonien und das Reich der Achaimeniden, München 1973

238. J. R. ELLIS, Philipp II and Macedonian Imperialism, London 1976

239. CH. HABICHT, Zwei Angehörige des lynkestischen Königshauses, in 130: Archaia Makedonia II 1977, 511ff.

240. G. L. CAWKWELL, Philip of Macedon, London-Boston 1978

241. W. HECKEL, Philip II, Kleopatra and Karanos, Rivista di Filologia 107, 1978, 385ff.

242. M. B. HATZOPOULOS/L. D. LOUKOPOULOS (Hrsg.), Philip of Macedon, Athen 1980

243. J. R. ELLIS, The Assassination of Philip II, in 137: Ancient Macedonian Studies, 99ff.

244. R. URBAN, Das Verbot innenpolitischer Umwälzungen durch den Korinthischen Bund (338/37) in antimakedonischer Argumentation, Historia 30, 1981, 11ff.

245. E. N. BORZA, The Natural Resources of Early Macedonia, in 102: LINDSAY ADAMS/BORZA, 1ff.

246. M. B. HATZOPOULOS, The Oleveni Inscription and the Date of Philip II's Reign, in 102: LINDSAY ADAMS/BORZA, 21ff.

247. G. WIRTH, Philipp II., Stuttgart u.a. 1985

248. W. HECKEL, Factions and Macedonian Politics in the Reign of Alexander the Great, in 130: Archaia Makedonia IV 1986, 293ff.

249. E. D. CARNEY, Olympias, Ancient Society 18, 1987, 35ff.

d) Motivation und Zielsetzung

250. U. WILCKEN, Alexanders Zug in die Oase Siwa, in: Sitzungsberichte Berlin 1928, 576ff. (= ders., Berliner Akademieschriften zur Alten Geschichte und Papyruskunde I, Leipzig 1970, 260ff.)

251. H. BERVE, Die Verschmelzungspolitik Alexanders des Großen, Klio 31, 1938, 135ff. (= 184: GRIFFITH, 103ff.)

252. H. U. Instinsky, Alexander der Große am Hellespont, München 1949

253. J. P. V. D. Balsdon, The ‚Divinity‘ of Alexander, Historia 1, 1950, 363ff. (= 184: Griffith, 179ff.)

254. R. Andreotti, Die Weltmonarchie Alexanders des Großen in Überlieferung und geschichtlicher Wirklichkeit, Saeculum 8, 1957, 120ff.

255. P. A. Brunt, The Aims of Alexander, in 182: Greece and Rome, 205ff.

256. V. Ehrenberg, Alexander und Ägypten, in 95: ders., 399ff. (zuerst 1926)

257. V. Ehrenberg, Die Opfer Alexanders an der Indusmündung, in 95: ders., 449ff. (zuerst 1933)

258. J. Rehork, Homer, Herodot und Alexander, in: Festschrift F. Altheim I, Berlin 1969, 251ff.

259. L. Edmunds, The Religiosity of Alexander, GRBS 12, 1971, 363ff.

260. K. Kraft, Der ‚rationale‘ Alexander, hrsg. v. H. Gesche, Kallmünz 1971

261. G. Wirth, Dareios und Alexander, Chiron 1, 1971, 133ff. (= 203: Wirth, 92ff.)

262. A. B. Bosworth, Alexander and Ammon, in: Studies Schachermeyr, Berlin-New York 1977, 51ff.

263. A. Heuss, Alexander der Große und das Problem der historischen Urteilsbildung, HZ 225, 1977, 29ff.

264. G. Wirth, Vermutungen zum führen Alexander, Studi Clasice 18, 1979, 39ff.; 19, 1980, 39ff. (= in 203: ders., 168ff.)

265. E. A. Fredricksmeyer, Three Notes on Alexander's Deification, AJAH 4, 1979, 1ff.

266. A. B. Bosworth, Alexander and the Iranians, JHS 100, 1980, 1ff.

267. E. Badian, The Deification of Alexander the Great, in 137: Ancient Macedonian Studies, 27ff.

268. P. Langer, Alexander the Great at Siwah, The Ancient World 4, 1981, 109ff.

269. D. Kienast, Alexander, Zeus und Ammon, in 205: Festschrift Wirth I, 309ff.

e) Details des Alexanderzuges

270. A. Janke, Auf Alexanders des Großen Pfaden. Eine Reise durch Kleinasien, Berlin 1904

271. A. Janke, Die Schlacht bei Issos, Klio 10, 1910, 137ff.

272. A. Stein, On Alexander's Route into Gedrosia, Geographical Journal 102, 1943, 217ff.

273. H. Strasburger, Alexanders Zug durch die Gedrosische Wüste, Hermes 80, 1952, 456ff.

274. E. Badian, Harpalos, JHS 81, 1961, 16ff.

275. E. A. Fredricksmeyer, Alexander, Midas and the Oracle at Gordium, Classical Philology 56, 1961, 160ff.

276. C. B. Welles, The Discovery of Sarapis and the Foundation of Alexandria, Historia 11, 1962, 271ff.

277. E. W. Marsden, The Campaign of Gaugamela, Liverpool 1964

278. D. M. Lewis, Alexander's Death-Day, Classical Review 83, 1969, 272

279. A. B. Bosworth, The Death of Alexander the Great: Rumour and Propaganda, Classical Quarterly N. S. 21, 1971, 112ff.

280. G. Wirth, Alexander zwischen Gaugamela und Persepolis, Historia 20, 1971, 617ff. (= in 205: ders., 76ff.)

281. E. N. Borza, Fire from Heaven: Alexander at Persepolis, Classical Philology 67, 1972, 233ff.

282. C. L. Murison, Darius III and the Battle of Issus, Historia 21, 1972, 399ff.

283. N. Th. Nikolitis, The Battle of the Granicus, Stockholm 1974

284. P. H. L. Eggermont, Alexander's Campaigns in Sind and Baluchistan and the Siege of the Brahmin Town of Harmatelia, Löwen 1975

285. E. Badian, The Battle of the Granicus: A New Look, in 130: Archaia Makedonia II 1977, 271ff.

286. C. Foss, The Battle of the Granicus: A New Look, in 130: Archaia Makedonia II 1977, 495ff.

287. Z. Rubinsohn, The Philotas Affair – A Reconsideration, in 130: Archaia Makedonia II 1977, 409ff.

288. J. M. Balcer, Alexander's Burning of Persepolis, Iranica Antiqua 13, 1978, 119ff.

289. D. W. Engels, A Note on Alexander's Death, Classical Philology 73, 1978, 224ff.

290. R. S. Bagnall, The Date of the Foundation of Alexandria, AJAH 4, 1979, 46ff.

291. S. Jaschinski, Alexander und Griechenland unter dem Eindruck der Flucht des Harpalos, Bonn 1981

292. F. L. Holt, The Hyphasis ‚Mutiny': A Source Study, The Ancient World 5, 1982, 33ff.

293. H. Hellenkemper, Das wiedergefundene Issos, in 173: Ozols/Thewalt, 43ff.

294. P. Högemann, Alexander und Arabien, München 1985

295. S. M. Sherwin-White, Ancient Archives: The Edict of Alexander to Priene, A Reappraisal, JHS 105, 1985, 69ff.

296. A. M. Devine, Demythologizing the Battle of Granicus, Phoenix 40, 1986, 265ff.

297. E. Matelli, Gli estremi confini orientali dell'impero di Alessandro Magno, in: M. Sordi (Hrsg.), Il confine nel mondo classico, Mailand 1987, 117ff.

298. R. Bernhardt, Zu den Verhandlungen zwischen Dareios und Alexander, Chiron 18, 1988, 181ff.

299. F. L. Holt, Alexander the Great and Bactria, Leiden 1988

f) Militärische Aspekte

300. G. T. Griffith, Makedonica. Notes on the Macedonians of Philip and Alexander, Proceedings of the Cambridge Philological Society 4, 1956/57, 3ff.

301. P. A. Brunt, Alexander's Macedonian Cavalry, JHS 83, 1963, 27ff.

302. M. Andronikos, Sarissa, BCH 94, 1970, 91ff.

303. A. B. Bosworth, Asthetairoi, Classical Quarterly N. S. 23, 1973, 245ff.

304. R. D. Milns, The Army of Alexander the Great, in 195: Alexandre, 87ff.

305. H. Hauben, The Expansion of Macedonian Sea-Power under Alexander the Great, Ancient Society 7, 1976, 79ff.

306. R. A. Lock, The Origins of the Argyraspids, Historia 26, 1977, 373ff.

307. M. M. Markle, III, The Macedonian Sarissa, Spear, and Related Armour, American Journal of Archaeology 81, 1977, 323ff.

308. E. W. Marsden, Macedonian Military Machinery and Its Designs under Philip and Alexander, in 130: Archaia Makedonia II 1977, 211ff.

309. D. W. Engels, Alexander the Great and the Logistics of the Macedonian Army, Berkeley-Los Angeles-London 1978

310. M. M. Markle, III, Use of the Sarissa by Philip and Alexander of Macedon, American Journal of Archaeology 82, 1978, 483ff.

311. E. M. Anson, Alexander's Hypaspists and the Argyraspids, Historia 30, 1981, 117ff.

312. G. T. Griffith, Peltasts and the Origins of the Macedonian Phalanx, in 137: Ancient Macedonian Studies, 161ff.

313. G. Gropp, Herrscherethos und Kriegsführung bei Achämeniden und Makedonen, in 173: Ozols/Thewalt, 32ff.

314. G. Wirth, Zu einer schweigenden Mehrheit. Alexander und die griechischen Söldner, in 173: Ozols/Thewalt, 9ff.

315. P. Goukowsky, Makedonika, REG 100, 1987, 240ff.

g) Reichsorganisation. Verhältnis zu den Griechen

316. U. Wilcken, Alexander der Große und der korinthische Bund, in: Sitzungsberichte Berlin 1922, 97ff.(= in: ders., Berliner Akademieschriften zur Alten Geschichte und Papyruskunde I, Leipzig 1970, 126ff.)

317. H. Berve, Das Alexanderreich auf prosopographischer Grundlage, 2 Bde., München 1926

318. E. Bickermann, Alexandre le Grand et les villes d'Asie, REG 47, 1934, 346ff.

319. V. Ehrenberg, Alexander and the Greeks, Oxford 1938

320. E. Badian, The Administration of the Empire, in 182: Greece and Rome, 166ff.

321. F. Mitchel, Athens in the Age of Alexander, in 182: Greece and Rome, 189ff.

322. C. B. Welles, Alexander's Historical Achievements, in 182: Greece and Rome, 216ff.

323. E. Badian, Alexander the Great and the Greeks of Asia, in: Studies V. Ehrenberg, Oxford 1966, 37ff.

324. E. Badian, Agis III, Hermes 95, 1967, 170ff.

325. G. E. Stagakis, Observations on the ἑταῖροι of Alexander the Great, in 130: Archaia Makedonia I 1970, 86ff.

326. E. I. Mac Queen, Some Notes on the Antimacedonian Movement in the Peloponnese in 331 B. C., Historia 27, 1978, 40ff.

327. K. Rosen, Der ,göttliche' Alexander, Athen und Samos, Historia 27, 1978, 20ff.

328. W. E. Higgins, Aspects of Alexander's Imperial Administration: Some Modern Methods and Views Reviewed, Athenaeum 58, 1980, 129ff.

329. W. Heckel, Somatophylakia: A Macedonian Cursus Honorum, Phoenix 40, 1986, 279ff.

330. E. A. Fredricksmeyer, Alexander the Great and the Macedonian Kausia, Transactions of the American Philological Association 116, 1986, 215ff.

331. H. R. Baldus, Die Siegel Alexanders des Großen. Versuch einer Rekonstruktion auf literarischer und numismatischer Grundlage, Chiron 17, 1987, 396ff.

2. Das Zeitalter der Diadochen

a) Allgemeines

332. F. Schachermeyer, Zu Geschichte und Staatsrecht der frühen Diadochenzeit, Klio 19, 1925, 435ff

333. J. Seibert, Das Zeitalter der Diadochen, Darmstadt 1983

b) Quellen

334. F. W. Reuss, Hieronymos von Kardia, Berlin 1876

335. R. Schubert, Die Quellen zur Geschichte der Diadochenzeit, Leipzig 1914

336. F. Jacoby, Hieronymos (Nr. 10), in: RE 8 (1913), 1540ff.

337. K. Rosen, Political Documents in Hieronymus of Cardia (323–302 B. C.), Acta Classica 10, 1967, 41ff.

338. L. Braccesi, L'epitafio di Iperide come fonte storica, Athenaeum 48, 1970, 276ff.

339. R. B. Kebric, In the Shadow of Macedon: Duris of Samos, Wiesbaden 1977

340. K. Rosen, Politische Ziele in der frühen hellenistischen Geschichtsschreibung, Hermes 107, 1979, 460ff.

341. J. Hornblower, Hieronymus of Cardia, Oxford 1981

342. W. M. Brashear, A New Fragment on Seleucid History, in: Atti del XVII Congresso Internazionale di Papirologia, Neapel 1984, 345ff.

343. Kölner Papyri (P. Köln) Bd. 6, bearb. von M. Gronewald u.a. (Papyrologica Coloniensia 7), Opladen 1987, Nr. 247 (ed. K. Maresch)

344. G. A. Lehmann, Der „Lamische Krieg" und die „Freiheit der Hellenen": Überlegungen zur hieronymianischen Tradition, ZPE 73, 1988, 121ff.

c) Chronologie

345. E. Manni, Tre note di cronologia ellenistica, RAL, Cl. di Sc. Morali VIII 4, 1949, 53ff.

346. R. M. Errington, From Babylon to Triparadeisos: 323–320 B. C., JHS 90, 1970, 49ff.

347. H. Hauben, On the Chronology of the Years 313–311 B. C., AJPh 94, 1973, 256ff.

348. E. Bacigalupo Pareo, Sulla cronologia di Diodoro XVIII e XIX 1–50, Memorie dell'Istituto Lombardo, Cl. di Lettere 35, 1975, 193ff.

349. R. M. Errington, Diodorus Siculus and the Chronology of the Early Diadochoi, 320–311 B. C., Hermes 105, 1977, 478ff.

350. L. Schober, Untersuchungen zur Geschichte Babyloniens und der Oberen Satrapien von 323–303 v. Chr., Frankfurt-Bern 1981

351. E. M. Anson, Diodorus and the Date of Triparadeisos, AJPh 107, 1986, 208ff.

352. B. Gullath/L. Schober, Zur Chronologie der frühen Diadochenzeit: Die Jahre 320 bis 315 v. Chr., in: Festschrift S. Lauffer I, Rom 1986, 331ff.

d) Die Protagonisten

353. W. Hünerwadel, Forschungen zur Geschichte des Königs Lysimachos von Thrakien, Diss. Zürich 1900

354. A. Vezin, Eumenes von Kardia, Diss. Tübingen 1906

355. M. J. Fontana, Le lotte per la successione di Alessandro Magno del 323 al 315, Estratto dagli Atti della Accad. di sc., lett. ed arti di Palermo, Ser. IV, vol. 18, 1957/58, ersch. 1961

356. B. Kuschel, Die neueren Münzbilder des Ptolemaios Soter, Jahrbuch für Numismatik und Geldgeschichte 11, 1961, 9ff.

357. M. Fortina, Cassandro, re di Macedonia, Turin u.a. 1965

358. G. Saitta, Lisimaco di Tracia, Kokalos 1, 1965, 62ff.

359. O. H. Zervos, Early Tetradrachms of Ptolemaios I, ANS-MN 13, 1967, 1ff.

360. K. Rosen, Die Bündnisformen der Diadochen und der Zerfall des Alexanderreiches, Acta Classica 11, 1968, 182ff.

361. M. Thompson, The Mints of Lysimachos, in: Essays of Greek Coinage, pres. to S. Robinson, Oxford 1968, 163ff.

362. C. Wehrli, Antigone et Démétrios, Genf 1968

363. J. Seibert, Untersuchungen zur Geschichte Ptolemaios' I., München 1969

364. O. Müller, Antigonos Monophthalmos und „Das Jahr der Könige". Untersuchungen zur Begründung der hellenistischen Monarchien 306–304 v. Chr., Saarbrücken 1972

365. P. Briant, D'Alexandre le Grand aux diadoques: Le cas d'Eumène de Kardia, REA 74, 1972, 32ff.; 75, 1973, 43ff.

366. G. M. Cohen, The Diadochi and the New Monarchies, Athenaeum 54, 1974, 177ff.

367. R. Engel, Untersuchungen zum Machtaufstieg des Antigonos I. Monophthalmos, Kallmünz o. J. (1976)

368. S. M. Burstein, Lysimachus and the Greek Cities: A Problem in Interpretation, in 130: Archaia Makedonia IV 1986, 133ff.

369. A. MEHL, Seleukos Nikator und sein Reich. 1. Teil: Seleukos' Leben und die Entwicklung seiner Machtposition, Louvain 1986

370. E. M. ANSON, Antigonus, the Satrap of Phrygia, Historia 37, 1988, 471ff.

e) Um die Reichseinheit

371. F. DURRBACH, Antigoneia – Demetrieia: les origines de la confédération des insulaires, BCH 31, 1907, 208ff.

372. G. MOSER, Untersuchungen über die Politik Ptolemaeos I. in Griechenland (323–285 a. Chr. n.), Diss. Leipzig 1914

373. A. TH. GUGGENMOS, Die Geschichte des Nesiotenbundes bis zur Mitte des III. Jahrhunderts v. Chr. Mit besonderer Berücksichtigung des Gründungsproblems, Diss. Würzburg 1929

374. A. HEUSS, Antigonos Monophthalmos und die griechischen Städte, Hermes 73, 1938, 133ff.

375. W. S. FERGUSON, Demetrios Poliorcetes and the Hellenic League, Hesperia 17, 1948, 112ff.

376. R. H. SIMPSON, The Historical Circumstances of the Peace of 311, JHS 74, 1954, 25ff.

377. G. DAUX, Adeimantos de Lampsaque et le renouvellement de la Ligue de Corinthe par Démétrios Poliorcète, in: Mélanges Oikonomos (AE 1955), 241ff.

378. E. LEPORE, Leostene e le origini della guerra Lamiaca, La Parola del Passato 10, 1955, 161ff.

379. R. H. SIMPSON, Antigonos the One-Eyed and the Greeks, Historia 8, 1959, 385ff.

380. E. WILL, Ophellas, Ptolémée, Cassandre et la chronologie, REA 66, 1964, 320ff.

381. S. C. BAKHUIZEN, Salganeus and the Fortifications on its Mountains, Groningen 1970

382. F. SCHACHERMEYR, Alexander in Babylon und die Reichsordnung nach seinem Tode, Wien 1970

383. J. SEIBERT, Ptolemaios I. und Milet, Chiron 1, 1971, 159ff.

384. J. VOGT, Kleomenes von Naukratis, Herr von Ägypten, Chiron 1, 1971, 153ff.

385. M. A. LARONDE, La date du diagramma de Ptolémée à Cyrène, REG 85, 1972, XIIIf.

386. J. SEIBERT, Nochmals Kleomenes von Naukratis, Chiron 2, 1972, 99ff.

387. P. BRIANT, Antigone le Borgne. Les débuts de sa carrière et les problèmes de l'assemblée Macédonienne, Paris 1973

388. Ch. Habicht, Literarische und epigraphische Überlieferung zur Geschichte Alexanders und seiner ersten Nachfolger, in: 6. Intern. Kongr. f. griech. u. lat. Epigraphik, München 1973, 367ff.

389. H. Hauben, Rhodes, Alexander and the Diadochi from 333/2 to 304, Historia 26, 1977, 316ff.

390. H.-J. Gehrke, Das Verhältnis von Politik und Philosophie im Wirken des Demetrios von Phaleron, Chiron 8, 1978, 149ff.

391. B. Gullath, Untersuchungen zur Geschichte Boiotiens in der Zeit Alexanders und der Diadochen, Frankfurt-Bern 1982

392. W. Heckel, Kynnane the Illyrian, RSA 13/14, 1983/84, 193ff.

393. J. Seibert, Das Testament Alexanders, ein Pamphlet aus der Frühzeit der Diadochenkämpfe?, in: Festschrift M. Spindler, I, München 1984, 247ff.

394. E. Gruen, The Coronation of the Diadochoi, in: Essays Ch. G. Starr, Lanham/New York-London 1985, 253ff.

395. E. Carney, The Career of Adea–Eurydice, Historia 36, 1987, 496ff.

396. H. Hauben, Who is Who in Antigonus' Letter to the Scepsians, Epigraphica Anatolica 9, 1987, 29ff.

397. E. Carney, The Sisters of Alexander the Great: Royal Relics, Historia 37, 1988, 385ff.

398. W. Heckel, The Last Days and Testament of Alexander the Great. A prosopographic study, Stuttgart 1988

399. G. A. Lehmann, Das neue Kölner Historiker-Fragment (P. Köln Nr. 247) und die χρονικὴ σύνταξις des Zenon von Rhodos (FGrHist 523), ZPE 72, 1988, 1ff.

f) Die definitive Ausbildung der hellenistischen Großreiche

400. W. W. Tarn, Antigonos Gonatas, Oxford 1913

401. G. Elkeles, Demetrios der Städtebelagerer, Diss. Breslau 1941

402. E. Manni, Demetrio Poliorcete, Rom 1951

403. H. Berve, Die Herrschaft des Agathokles (Sitzungsberichte der Bayer. Akad. d. Wiss. München, 1952, H. 5)

404. P. Lévêque, Pyrrhos, Paris 1957

405. H. Seyrig, Seleucus I and the foundation of Hellenistic Syria, in: The Role of the Phoenicians in the Interaction of Mediterranean Civilizations, Beirut 1968, 53ff.

406. H. Seyrig, Séleucus I et la fondation de la monarchie Syrienne, Syria 47, 1970, 290ff.

407. H. HEINEN, Untersuchungen zur hellenistischen Geschichte des 3. Jahrhunderts v. Chr. Zur Geschichte der Zeit des Ptolemaios Keraunos und
zum Chremonideischen Krieg, Wiesbaden 1972

408. M. WÖRRLE, Epigraphische Forschungen zur Geschichte Lykiens I. Ptolemaios I. und Limyra, Chiron 7, 1977, 43ff.

409. T. J. SHEAR Jr., Kallias of Sphettos and the Revolt of Athens in 286 B. C.,
Princeton 1978

410. W. HUSS, Neues zur Zeit des Agathokles. Einige Bemerkungen zu P. Oxy.
XXIV 2399, ZPE 39, 1980, 63ff.

411. K. BRODERSEN, Der liebeskranke Königssohn und die seleukidische Herr-
schaftsauffassung, Athenaeum 63, 1985, 459ff.

412. N. G. L. HAMMOND, Which Ptolemy gave Troops and stood as Protector
of Pyrrhus' Kingdom?, Historia 37, 1988, 405ff.

3. STAAT, GESELLSCHAFT UND WIRTSCHAFT

a) Allgemeines

413. H. BENGTSON, Die Strategie in der hellenistischen Zeit, 3 Bde., München
1937–1952

414. V. EHRENBERG, Der Staat der Griechen, Zürich-Stuttgart 1965²

415. E. OLSHAUSEN, Prosopographie der hellenistischen Königsgesandten, Teil
I: Von Triparadeisos bis Pydna, Louvain 1974

416. La società ellenistica. Economia, diritto, religione (Storia e Civiltà dei Gre-
ci 8), Mailand 1977

417. J. OELSNER, Kontinuität und Wandel in Gesellschaft und Kultur Babyloniens in hellenistischer Zeit, Klio 60, 1978, 101ff.; 61, 1979, 247

418. P. BRIANT, Rois, tributs et paysans. Études sur les formations tributaires du
Moyen-Orient ancien, Paris 1982

419. J. OELSNER, Materialien zur babylonischen Gesellschaft und Kultur in hellenistischer Zeit, Budapest 1986

b) Der Charakter der hellenistischen Monarchie

420. J. KAERST, Studien zur Entwicklung und theoretischen Begründung der
Monarchie im Altertum, München 1898

421. E. B. GOODENOUGH, The Political Philosophy of Hellenistic Kingship, Yale Classical Studies 1, 1928, 52ff. (deutsch: Die politische Philosophie des
hellenistischen Königtums, in: H. KLOFT (Hrsg.), Ideologie und Herrschaft in der Antike, Darmstadt 1979, 27ff.)

422. E. SKARD, Zwei religiös-politische Begriffe. Euergetes – Concordia, Oslo 1932

423. P. ZANCAN, Il monarcato ellenistico nei suoi elementi federativi, Padua 1934

424. M. ROSTOVTZEFF, Πρόγονοι, JHS 55, 1935, 56ff.

425. W. SCHUBART, Das hellenistische Königsideal nach Inschriften und Papyri, Archiv für Papyrusforschung 12, 1937, 1ff., jetzt in: H. KLOFT a.O. [Nr. 421], 90ff.

426. J. TONDRIAU, Les thiases dionysiaques royaux de la cour Ptolémaïque, Chronique d'Égypte 41, 1946, 149ff.

427. A. HEUSS, La monarchie hellénistique I. Ursprung und Idee, in: Relazioni del X Congresso Internazionale di Science Storiche, II. Storia dell'Antichità, Florenz 1955, 208ff.

428. S. K. EDDY, The King is Dead. Studies in the Near Eastern Resistance to Hellenism 334–31 B. C., Lincoln/Nebraska 1961

429. A. R. BELLINGER/M. A. BERLINCOURT, Victory as a Coin Type, New York 1962

430. J. OELSNER, Ein Beitrag zu keilschriftlichen Königstitulaturen in hellenistischer Zeit, Zeitschrift für Assyriologie 22, 1964, 262ff.

431. H.-W. RITTER, Diadem und Königsherrschaft. Untersuchungen zu Zeremonien und Rechtsgrundlagen des Herrschaftsantritts bei den Persern, bei Alexander dem Großen und im Hellenismus, München-Berlin 1965

432. H.-J. THISSEN, Studien zum Raphiadekret, Meisenheim 1966

433. H. BRAUNERT, Staatstheorie und Staatsrecht im Hellenismus, Saeculum 19, 1968, 47ff.

434. L. KOENEN, Die Prophezeihungen des „Töpfers", ZPE 2, 1968, 178ff.

435. L. KOENEN, The Prophecies of a Potter: A Prophecy of World Renewal Becomes an Apocalypse, American Studies in Papyrology 7, 1970, 249ff.

436. B. FUNCK, Zur Innenpolitik des Seleukos Nikator, AAntHung 22, 1974, 505ff.

437. J. G. BUNGE, Die Feiern Antiochos' IV. Epiphanes in Daphne im Herbst 166 v. Chr., Chiron 6, 1976, 53ff.

438. CH. ONASCH; Zur Königsideologie der Ptolemäer in den Dekreten von Kanopus und Memphis (Rosettana), Archiv für Papyrusforschung 24/25, 1976, 137ff.

439. W. HUSS, Der „König der Könige" und der „Herr der Könige", Zeitschrift des Deutschen Palästina-Vereins 93, 1977, 131ff.

440. R. M. ERRINGTON, The Nature of the Macedonian State under the Monarchy, Chiron 8, 1978, 77ff.

441. P. GOUKOWSKY, Essai sur les origines du mythe d'Alexandre (336—270 av. J.-C.) I. Les origines politiques, Nancy 1978, II. Alexandre et Dionysos, ebd. 1981

442. H. HEINEN, Aspects et problèmes de la monarchie ptolémaïque, Ktema 3, 1978, 177ff.

443. E. LÉVY, La monarchie macédonienne et le mythe d'une royauté démocratique, Ktema 3, 1978, 201ff.

444. P. BRIANT, Des Achémenides aux rois hellénistiques: Continuités et ruptures (Bilan et propositions), ASNS III 9, 1979, 1375ff.

445. A. HOUGHTON, Notes on the Early Seleucid Victory Coinage of „Persepolis", Schweizerische Numismatische Rundschau 59, 1980, 5ff.

446. H.-J. GEHRKE, Der siegreiche König. Überlegungen zur Hellenistischen Monarchie, AKG 64, 1982, 247ff.

447. H. HEINEN, Die Tryphé des Ptolemaios VIII. Euergetes II. Beobachtungen zum ptolemäischen Herrscherideal und zu einer römischen Gesandtschaft in Ägypten (140/39 v. Chr.), in: Althistorische Studien H. Bengtson, Wiesbaden 1982, 116ff.

448. L. MOOREN, The Nature of the Hellenistic Monarchy, in: Egypt and the Hellenistic World. Proceedings of the International Colloquium Leuven – 24.–26. May1982, Louvain 1983, 205ff.

449. R. M. ERRINGTON, The Historiographical Origins of Macedonian ,Staatsrecht', in 130: Archaia Makedonia III 1983, 89ff.

450. F. PAPAZOGLOU, Sur l'organisation de la Macédoine des Antigonides, in 130: Archaia Makedonia III 1983, 195ff.

451. M. M. AUSTIN, Hellenistic Kings, War, and the Economy, Classical Quarterly 36, 1986, 450ff.

c) Die Zentralen

452. E. BIKERMAN, Le Coelé-Syrie. Notes de géographie historique, Revue Biblique 54, 1947, 256ff.

453. G. DOWNEY, A History of Antioch in Syria from Seleucus to the Arab Conquest, Princeton 1961

454. W. HOEPFNER, Zwei Ptolemäerbauten. Das Ptolemäerweihgeschenk in Olympia und ein Bauvorhaben in Alexandria, Berlin 1971

455. P. M. FRASER, Ptolemaic Alexandria, 2 Bde., Oxford 1972

456. C. HOPKINS (Hrsg.), Topography and architecture of Seleucia on the Tigris, Ann Arbor 1972

457. E. MARINONI, La capitale del regno di Seleuco, Rendiconti del'Istituto Lombardo 106, 1972, 579ff.

458. V. Milojcic/D. R. Theocharis, Demetrias 1, Bonn 1976

459. D. Papakonstantinou-Diamantourou, Προβλήματα περὶ τὴν τοπο-
γραφίαν τῆς Πέλλης, in 130: Archaia Makedonia II 1977, 343ff.

460. P. Marzolff, Demetrias und seine Halbinsel (Demetrias 3), Bonn 1980

461. G. Grimm/H. Heinen/E. Winter, Alexandrien. Kulturbegegnungen im
Schmelztiegel einer mediterranen Großstadt, Mainz 1981

462. A. Jähne, Die ᾿Αλεξανδρέων χώρα, Klio 63, 1981, 63ff.

463. M. Andronicos, Vergina. The Royal Tombs, Athen 1984

464. H.-J. Schalles, Untersuchungen zur Kulturpolitik der pergamenischen
Herrscher im 3. Jh. v. Chr., Tübingen 1985

465. H.-J. Schalles, Der Pergamonaltar. Zwischen Bewertung und Verwert-
barkeit, Frankfurt 1986

466. F. Landucci Gattinoni, Alcune note sui confini della Cele-Siria in età ellenistica, in: M. Sordi (Hrsg.), Il confine nel mondo classico, Mailand 1987,
141ff.

467. W. Radt, Pergamon, Köln 1988

d) Das Personal

468. W. Peremans/E. Van't Dack u.a., Prosopographia Ptolemaica, 9 Bde.,
Louvain 1950ff.

469. Ch. Habicht, Die herrschende Gesellschaft in den hellenistischen Monarchien, Vierteljahreshefte für Sozial- und Wirtschaftsgeschichte 45, 1958,
1ff.

470. L. Mooren, The Aulic Titulature in Ptolemaic Egypt. Introduction and
Prosopography, Brüssel 1975

471. L. Mooren, La hiérarchie de cour Ptolémaïque. Contribution à l'étude des
institutions et des classes dirigeantes à l'époque hellénistique, Louvain 1977

472. L. Mooren, Die diplomatische Funktion der hellenistischen Königsfreunde, in: E. Olshausen/H. Biller (Hrsg.), Antike Diplomatie, Darmstadt
1979, 256ff.

473. S. Le Bohec, Les philoi des rois Antigonides, REG 98, 1985, 93ff.

474. L. Mooren, The Ptolemaic Court System, Chronique d'Égypte 60, 1985,
214ff.

e) Das Militär

475. F. Granier, Die makedonische Heeresversammlung, München 1931

476. M. Launey, Recherches sur les armées hellénistiques, 2 Bde., Paris 1949,
1950 (Nachdruck 1987)

477. P. Lévêque, La guerre à l'époque hellénistique, in: J.-P. Vernant, Problèmes de la guerre en Grèce ancienne, Paris 1968, 261ff.

478. F. Uebel, Die Kleruchen Ägyptens unter den ersten sechs Ptolemäern (Abh. Dt. Ak. d. Wiss. Berlin, Kl. f. Spr., Lit. u. Kunst 1968, 3), Berlin 1968

479. H. Heinen, Heer und Gesellschaft im Ptolemäerreich, Ancient Society 4, 1973, 91ff.

480. B. Bar-Kochva, The Seleucid Army, Cambridge 1976

481. J. K. Winnicki, Die Ägypter und das Ptolemäerheer, Aegyptus 65, 1985, 41ff.

f) Administration und Wirtschaft

Generelles

482. M. Rostowzew, Studien zur Geschichte des römischen Kolonates, Leipzig-Berlin 1910 (Nachdruck Darmstadt 1970)

483. U. Wilcken, Alexander der Große und die hellenistische Wirtschaft, Schmollers Jahrbücher 45, 1921, 349ff.

484. V. Tscherikower, Die hellenistischen Städtegründungen von Alexander dem Großen bis auf die Römerzeit, Leipzig 1927 (Nachdruck New York 1973)

485. D. Foraboschi, Archeologia della cultura economica, in: B. Virgilio (Hrsg.), Studi ellenistici, Pisa 1984, 75ff.

Ptolemäer

486. U. Wilcken, Griechische Ostraka I, Berlin 1899

487. W. Otto, Priester und Tempel im hellenistischen Aegypten. Ein Beitrag zur Kulturgeschichte des Hellenismus, 2 Bde., Leipzig und Berlin 1905. 1908

488. M. I. Rostowzew, Rezension von: W. Otto, Priester und Tempel im hellenistischen Aegypten, GGA 171, 1909, 603ff.

489. F. Oertel, Die Liturgie, Leipzig 1917 (Nachdruck Aalen 1965)

490. M. Rostovtzeff, The Foundations of Social and Economic Life in Egypt in Hellenistic Times, Journal of Egyptian Archaeology 6, 1920, 161ff.

491. M. Rostovtzeff, A Large Estate in the Third Century B. C., Madison 1922

492. M. Schnebel, Die Landwirtschaft im hellenistischen Ägypten, München 1925

493. W. Schubart, Verfassung und Verwaltung des Ptolemäerreiches, Leipzig 1937

494. C. Préaux, L'économie royale des Lagides, Brüssel 1939

495. F. Heichelheim, Recent Discoveries in Ancient Economic History, Historia 2, 1953/54, 129ff.

496. R. Taubenschlag, The Law of Greco-Roman Egypt in the Light of the Papyri, Warschau 1955[2]

497. C. Préaux, L'économie Lagide: 1933−1958, in: Proceedings of the IX. International Congress of Papyrology, Oslo, 19th−22nd August 1958, Oslo 1961, 200ff.

498. E. Seidl, Ptolemäische Rechtsgeschichte, Glückstadt 1962[2]

499. T. Reekmans, La sitométrie dans les archives de Zénon, Brüssel 1966

500. P. Vidal-Naquet, Le Bordereau d'ensemencement dans l'Égypte ptolémaïque, Brüssel 1967

501. S. Morenz, Prestige-Wirtschaft im alten Ägypten, München 1969

502. N. N. Pikous, Carskie zemle del'cy (neposredstvennye proizvoditeli); remeslenniki v Egipte III v. do n. e. (Königliche Bauern [unmittelbare Produzenten] und Handwerker im Ägypten des 3. Jh. v. u. Z.), These Universität Moskau 1969; s. die Zusammenfassung von H. Heinen, Chronique d'Égypte 89, 1970, 186ff.

503. P. R. Swarney, The Ptolemaic and Roman Idios Logos, Toronto 1970

504. H. J. Wolff, Das Justizwesen der Ptolemäer, München 1970[2]

505. W. J. Davisson/J. E. Harper, The Economic Integration of Ptolemaic Egypt, in: European Economic History, vol. I., The Ancient World, New York 1972, 159ff.

506. R. S. Bagnall, The Administration of the Ptolemaic Possessions outside Egypt, Leiden 1976

507. J. Bingen, Le Papyrus Revenue Laws – Tradition grecque et adaption hellénistique, Opladen 1978

508. H. J. Wolff, Das Recht der griechischen Papyri Ägyptens in der Zeit der Ptolemäer und des Prinzipats II, Organisation und Kontrolle des privaten Rechtsverkehrs, München 1978

509. D. J. Crawford/J. Quaegebeur/W. Clarysse, Studies on Ptolemaic Memphis, Louvain 1980

510. W. Huss, Staat und Ethos nach den Vorstellungen eines ptolemäischen Dioiketes des 3. Jh. Bemerkungen zu P. Teb. III 1, 703, Archiv für Papyrusforschung 27, 1980, 67ff.

511. R. Bogaert, Le statut des banques en Égypte ptolémaïque, L'Antiqité Classique 50, 1981, 86ff.

512. P. W. Pestman u.a., A Guide to the Zenon Archive. Compiled by P. W. Pestman with contributions by W. Clarysse, M. Korver, M. Muszynski, A. Schutgens, W. J. Trait, J. K. Winnicki, 2 Bde., Leiden 1981

513. R. BOGAERT, Banques et banquiers dans l'Arsinoïte à l'époque ptolémaïque I. Les banques à Crocodilopolis, ZPE 68, 1987, 35ff.; II. Les banques dans les villages du nome, ebd. 69, 1987, 107ff.

514. J. MODRZEJEWSKI, Nochmals zum Justizwesen der Ptolemäer, ZRG 105, 1988, 165ff.

Seleukiden

515. B. A. VAN GRONINGEN, Aristote. Le second livre de l'Économie, édité avec une introduction et un commentaire critique et explicatif, Leiden 1933

516. E. BIKERMAN, Institutions des Séleucides, Paris 1938

517. A. FALKENSTEIN, Uruk zur Seleukidenzeit. Topographie von Uruk, I. Teil (Ausgrabungen der DFG in Uruk-Warka), Leipzig 1941

518. A. AYMARD, Du nouveau sur la chronologie des Séleucides, REA 57, 1955, 102ff.

519. C. F. EDSON, Imperium Macedonicum: the Seleucid Empire and the Literary Evidence, Classical Philology 53, 1958, 153ff.

520. D. MUSTI, Lo stato dei Seleucidi. Dinastia popoli città da Seleuco I ad Antioco III, SCO 15/16, 1966/67, 61ff.

521. V. LEWENTON, Studien zur keilschriftlichen Rechtspraxis Babyloniens in hellenistischer Zeit, Diss. Münster 1970

522. G. M. COHEN, The Seleucid Colonies. Studies in Founding, Administration and Organization, Wiesbaden 1978

523. H. KREISSIG, Wirtschaft und Gesellschaft im Seleukidenreich, Berlin 1978

524. J. OELSNER, Gesellschaft und Wirtschaft des seleukidischen Babylonien, Klio 63, 1981, 39ff.

525. A. KUHRT/S. SHERWIN-WHITE (Hrsg.), Hellenism in the East. The Interaction of Greek and Non-Greek Civilizations from Syria to Central Asia after Alexander, Berkeley-Los Angeles 1987

g) Das Territorium

526. W. SCHMITTHENNER, Über eine Formveränderung der Monarchie seit Alexander d. Gr., Saeculum 19, 1968, 31ff.

527. B. FUNCK, Zu den Landschenkungen hellenistischer Könige, Klio 60, 1978, 45ff.

528. I. HAHN, Königsland und königliche Besteuerung im hellenistischen Osten, Klio 60, 1978, 11ff.

529. A. MEHL, Doriktetos Chora. Kritische Bemerkungen zum „Speererwerb" in Politik und Völkerrecht der hellenistischen Epoche, Ancient Society 11/12, 1980/81, 173ff.

h) Herrscher und ‚autonome' Gebiete

530. A. Heuss, Stadt und Herrscher des Hellenismus in ihren staats- und völker-rechtlichen Beziehungen, Leipzig 1937 (Nachdruck Aalen 1963, mit einem Nachwort d. Verf.)

531. E. Bikerman, La cité grecque dans les monarchies hellénistiques, Revue de Philologie Ser. 3, 13, 1939, 335ff.

532. D. Magie, The Political Status of the Independent Cities of Asia Minor in the Hellenistic Period, in: Studies W. K. Prentice, Princeton 1941, 173ff.

533. C. Préaux, Les villes hellénistiques (principalement en Orient), leurs insti-tutions administratives et judiciaires, in: Recueils de la Société Jean Bodin VI, La Ville I, Brüssel 1954, 69ff.

534. A. Heuss, Die Freiheitserklärung von Mylasa in den Inschriften von La-branda, in: Hommages C. Préaux, Brüssel 1975, 403ff.

535. M. Çetin Şahin, The Political and Religious Structure in the Territory of Stratonikeia in Caria, Ankara 1976

536. A. Giovannini, Le statut des cités de Macédoine sous les Antigonides, in 130: Archaia Makedonia II 1977, 465ff.

537. W. Orth, Königlicher Machtanspruch und städtische Freiheit. Untersu-chungen zu den politischen Beziehungen zwischen den ersten Seleukiden-herrschern (Seleukos I., Antiochos I., Antiochos II.) und den Städten des westlichen Kleinasien, München 1977

538. G. J. P. McEwan, Priest and Temple in Hellenistic Babylonia, Wiesbaden 1981

539. B. Funck, Uruk zur Seleukidenzeit. Eine Untersuchung zu den spätbaby-lonischen Pfründentexten als Quelle für die Erforschung der sozialökono-mischen Entwicklung der hellenistischen Stadt, Berlin 1984

540. L. Boffo, I re ellenistici e i centri religiosi dell'Asia minore, Florenz 1985

i) Die Bevölkerung

Generelles

541. T. V. Blavatskaja/E. S. Golubcova/A. I. Pavlovskaja, Die Sklaverei in den hellenistischen Staaten im 3.−1. Jahrhundert v. Chr., Wiesbaden 1969

542. P. Briant, Remarques sur les „laoi" et esclaves ruraux en Asie Mineure hel-lénistique, in: IIe Colloque d'histoire sociale (Besançon, 10−11 mai 1971), Paris 1972, jetzt in 418: Briant, 95ff.

543. G. E. M. De Ste.Croix, The Class Struggle in the Ancient Greek World, London 1981

Ptolemäer

544. F. Von Woess, Das Asylwesen Ägyptens in der Ptolemäerzeit und die spätere Entwicklung, München 1923

545. C. Préaux, Esquisse d'une histoire des révolutions égyptiennes sous les Lagides, Chronique d'Égypte 11, 1936, 522ff.

546. C. Préaux, Les Grecs en Égypte d'après les archives de Zénon, Brüssel 1947

547. J. F. Oates, The Status Designation: Πέρσης, τῆς ἐπιγονῆς, Yale Classical Studies 18, 1963, 1ff.

548. H. Braunert, Die Binnenwanderung. Studien zur Sozialgeschichte Ägyptens in der Ptolemäer- und Kaiserzeit, Bonn 1964

549. W. Peremans, Sur l'identification des Égyptiens et des étrangers dans l'Égypte des Lagides, Ancient Society 1, 1970, 25ff.

550. D. J. Crawford, Kerkeosiris, an Egyptian Village in the Ptolemaic Period, Cambridge 1971

551. I. Bieżuńska-Małowist, L'esclavage dans l'Égypte gréco-romaine I. Période ptolémaïque, Breslau u. a. 1974

552. T. C. Skeat, The Zenon Archive, London 1974

553. J. Bingen, Économie grecque et société égyptienne au IIIᵉ siècle, in 136: Das ptolemäische Ägypten, 211ff.

554. J. Bingen, The Third-Century B. C. Land-Leases from Tholtis, Illinois Classical Studies 3, 1978, 74ff.

555. H. Heinen, Ägyptische und griechische Traditionen der Sklaverei im ptolemäischen Ägypten, in 136: Das ptolemäische Ägypten, 227ff.

556. W. Peremans, Les révolutions égyptiennes sous les Lagides, in 136: Das ptolemäische Ägypten, 39ff.

557. A. B. Lloyd, Nationalist Propaganda in Ptolemaic Egypt, Historia 31, 1982, 33ff.

558. D. W. Rathbone, The Weight and Measurement of Egyptian Grains, ZPE 53, 1983, 265ff.

559. A. E. Samuel, From Athens to Alexandria: Hellenism and Social Goals in Ptolemaic Egypt, Louvain 1983

560. I. Bieżuńska-Małowist, L'esclavage dans l'Égypte gréco-romaine: quelques observations en marge de publications récentes, Bull. of the American Society of Papyrologists 22, 1985, 7ff.

561. W. Clarysse, Greeks and Egyptians in the Ptolemaic Army and Administration, Aegyptus 65, 1985, 57ff.

562. C. Orrieux, Zénon de Caunos, parépidèmos, et le destin grec, Paris 1985

563. N. Lewis, Greeks in Ptolemaic Egypt: Case Studies in the Social History of the Hellenistic World, Oxford 1986

564. D. AMBAGLIO, Tensioni etnici e sociali nella *chora* tolemaica, in: B. VIRGI-
LIO (Hrsg.), Studi ellenistici II, Pisa 1987, 129ff.

Seleukiden (Makkabäer)

565. W. KOLBE, Beiträge zur Syrischen und Jüdischen Geschichte. Kritische
Untersuchungen zur Seleukidenliste und zu den beiden ersten Makkabäer-
büchern, Stuttgart 1926

566. E. BICKERMANN, Der Gott der Makkabäer. Untersuchungen über Sinn und
Ursprung der makkabäischen Erhebung, Berlin 1937

567. CH. HABICHT, 2. Makkabäerbuch (Jüdische Schriften aus hellenistisch-rö-
mischer Zeit I), Gütersloh 1973/76, 165ff.

568. F. MILLAR, The Background to the Maccabean Revolution: Reflections on
Martin Hengel's ,Judaism and Hellenism', JJS 29, 1978, 1ff.

569. K. BRINGMANN, Die Verfolgung der jüdischen Religion durch Antiochos
IV. Ein Konflikt zwischen Judentum und Hellenismus?, Antike und
Abendland 26, 1980, 176ff.

570. K. BRINGMANN, Hellenistische Reform und Religionsverfolgung in Judäa.
Eine Untersuchung zur jüdisch-hellenistischen Geschichte (175−163 v.
Chr.) (Abh. d. Akad. d. Wiss. in Göttingen, Phil.-hist. Kl., 3. Folge, Nr.
132), Göttingen 1983

570a. B. BAR-KOCHVA, Judas Maccabaeus, Cambridge 1989

j) Die Polisgesellschaft

571. C. PRÉAUX, Ménandre et la société Athénienne, Chronique d'Égypte 32,
1957, 84ff.

572. J. PEČÍRKA, Homestead Farms in Classical and Hellenistic Hellas, in: M. I.
FINLEY (Hrsg.), Problèmes de la terre en Grèce ancienne, Paris 1973, 113ff.

573. P. OLIVA, Die soziale Frage im hellenistischen Griechenland, Eirene 12,
1974, 47ff.

574. P. VEYNE, Le Pain et le Cirque, Paris 1976 (deutsch: Brot und Spiele,
Frankfurt-New York-Paris 1988)

575. F. QUASS, Zur Verfassung der griechischen Städte im Hellenismus, Chiron
9, 1979, 37ff.

576. J. L. O'NEIL, The Political Elites of the Achaian and Aitolian Leagues, Ancient Society 15−17, 1984−1986, 33ff.

577. C. VIAL, Délos indépendante (314−167 avant J.-C.). Étude d'une commu-
nauté civique et de ses institutions, Paris 1984

578. PH. GAUTHIER, Les cités grecques et leurs bienfaiteurs (IVe−Ier siècle avant
J.-C.). Contribution à l'histoire des institutions, Athen-Paris 1985

579. K. ROSEN, Ehrendekrete, Biographie und Geschichtsschreibung. Zum
Wandel der Polis im frühen Hellenismus, Chiron 17, 1987, 277ff.

580. P. ROUSSEL, Délos colonie Athénienne. Réimpression augmentée de compléments bibliographiques et des concordances épigraphiques par Ph. Bruneau, M.-Th. Couilloud-Ledinahet, R. Etienne, Paris 1987

k) Die Bundesstaaten

581. G. BUSOLT/H. SWOBODA, Griechische Staatskunde, 2 Bde., München 1920. 1926

582. A. AYMARD, Les Assemblées de la Confédération Achaienne, Bordeaux-Paris 1938

583. J. A. O. LARSEN, Representative Government in Greek and Roman History, Berkeley-Los-Angeles 1955

584. P. RROESCH, Thespies et la confédération béotienne, Paris 1965

585. J. A. O. LARSEN, Greek Federal States. Their Institutions and History, Oxford 1968

586. A. GIOVANNINI, Polybe et les assemblées achéennes, Museum Helveticum 26, 1969, 1ff.

587. J. A. O. LARSEN, A Recent Interpretation of the Achaean Assemblies, Classical Philology 67, 1972, 178ff.

588. P. ROESCH, Les lois fédérales béotiennes, Teiresias Suppl. 1, 1972, 66ff.

589. G. A. LEHMANN, Erwägungen zur Struktur des Achaiischen Bundesstaates, ZPE 51, 1983, 237ff.

590. P. FUNKE, Untersuchungen zur Geschichte und Struktur des Aitolischen Bundes, Habilitationsschrift Köln 1985 (MS)

4. ASPEKTE DER HELLENISTISCHEN KULTUR

a) Grunderfahrungen und Lebenssituationen

591. V. ARANGIO-RUIZ, Persone e famiglia nel diritto dei papiri, Mailand 1930

592. H. J. WOLFF, Written and Unwritten Marriages in Hellenistic and Postclassical Roman Law, Haverford 1939

593. W. ERDMANN, Die Eheschließung im Rechte der gräko-ägyptischen Papyri von der Besetzung bis in die Kaiserzeit, ZRG 60, 1940, 151ff.

594. W. ERDMANN, Die Ehescheidung im Rechte der gräko-ägyptischen Papyri, ZRG 61, 1941, 44ff.

595. W. W. TARN/G. T. GRIFFITH, Hellenistic Civilization, London 1952³ (deutsch: Die Kultur der hellenistischen Welt, Darmstadt 1966)

596. M. P. NILSSON, Die hellenistische Schule, München 1955

597. J. Modrzejewski, Le droit de famille dans les lettres privées grecques d'Égypte, JJP 9/10, 1956/57, 339ff.

598. C. Préaux, Le statut de la femme à l'époque hellénistique, Rec. de la Société J. Bodin 11, 1959, 127ff.

599. C. Schneider, Kulturgeschichte des Hellenismus, 2 Bde., München 1967. 1969

600. A. Debrunner/A. Scherer, Geschichte der griechischen Sprache II. Grundfragen und Grundzüge des nachklassischen Griechisch, Berlin 1969

601. C. Vatin, Recherches sur le mariage et la condition de la femme mariée à l'époque hellénistique, Paris 1970

602. H. J. Wolff, Hellenistisches Privatrecht, ZRG 90, 1973, 63ff.

603. A. Lesky, Vom Eros der Hellenen, Göttingen 1976

b) Religion

Quellen

604. F. Cumont, Textes et monuments figurés relatifs aux mystères de Mithre, 2 Bde., Brüssel 1896

605. Fontes historiae religionis Aegyptiacae, collegit Th. Hopfner, Bonn 1922ff. (= Fontes historiae religionum ex auctoribus Graecis et Latinis collectos edidit C. Clemen, fasc. II, pars I-V)

606. W. Peek, Der Isishymnus von Andros und verwandte Texte, Berlin 1930

607. M. J. Vermaseren, Corpus Inscriptionum et Monumentorum Religionis Mithriacae, 2 Bde., Den Haag 1959/60

608. Sylloge inscriptionum religionis Isiacae et Sarapiacae, collegit L. Vidman, Berlin 1969

609. J. Gwyn Griffiths, Plutarch's De Iside et Osiride, Cardiff 1970

610. K. Preisendanz (Hrsg.), Papyri Graecae Magicae. Die griechischen Zauberpapyri, 2 Bde., Stuttgart 1973. 1974[2]

611. H. Engelmann, The Delian Aretalogy of Sarapis, Leiden 1975

612. Y. Granjean, Une nouvelle arétalogie d'Isis à Maroneia, Leiden 1975

613. J. Gwyn Griffiths, Apuleius of Madauros. The Isis Book (Metamorphoses, Book XI), Leiden 1975

614. M. J. Vermarseren, Corpus Cultus Cybelae Attidisque, Leiden II 1982. III 1977. IV 1978. V 1986. VII 1977

Allgemeines

615. R. Reitzenstein, Die hellenistischen Mysterienreligionen nach ihren Grundgedanken und Wirkungen, Leipzig 1927[3] (Nachdruck Darmstadt 1966)

616. F. Cumont, Die orientalischen Religionen im römischen Heidentum, Leipzig 1931³ (Nachdruck Darmstadt 1961)

617. A. D. Nock, Conversion. The Old and the New in Religion from Alexander the Great to Augustine of Hippo, Oxford 1933

618. W. Schubart, Die religiöse Haltung des frühen Hellenismus, Leipzig 1937

619. A. J. Festugière, La révélation d'Hermès Trismégiste, 4 Bde., Paris 1949ff.

620. P. Debord, Aspects sociaux et économiques de la vie religieuse dans l'Anatolie gréco-romaine, Leiden 1962

621. M. P. Nilsson, Geschichte der griechischen Religion II. Die hellenistische und römische Zeit, München 1961²

622. A. J. Festugière, Hermétisme et mystique paienne, Paris 1967

623. J. Godwin, Mystery Religions in the Ancient World, London 1981

624. H. W. Pleket, Religious History as the History of Mentality: The ‚Believer' as Servant of the Deity in the Greek World, in: H. I. Versnel, Faith, Hope and Worship, Leiden 1981, 152ff.

625. G. P. Corrington, The „Divine Man". His Origin and Function in Hellenistic Popular Religion, New York u. a. 1986

626. W. Burkert, Ancient Mystery Cults, Cambridge/Mass.-London 1987

Ägyptische Gottheiten

627. T. A. Brady, The Reception of the Egyptian Cults by the Greeks (130−30 B.C.), Columbia/Miss. 1935

628. H. I. Bell, Graeco-Egyptian Religion, Museum Helveticum 10, 1953, 222ff.

629. H. I. Bell, Cults and Creeds in Graeco-Roman Egypt, Liverpool 1954²

630. P. Fraser, Two Studies on the Cult of Sarapis in the Hellenistic World, Opuscula Atheniensia 3, 1960, 1ff.

631. R. Merkelbach, Isisfeste in griechisch-römischer Zeit. Daten und Riten, Meisenheim 1963

632. P. Fraser, Current Problems Concerning the Early History of the Cult of Sarapis, Opuscula Atheniensia 7, 1967, 23ff.

633. L. Vidman, Isis and Sarapis bei den Griechen und Römern. Epigraphische Studien zur Verbreitung und zu den Trägern des ägyptischen Kultes, Berlin 1970

634. R. E. Witt, Isis in the Graeco-Roman World, Ithaca-New York 1971

635. J. E. Stambaugh, Sarapis under the Early Ptolemies, Leiden 1972

636. F. Dunand, Le culte d'Isis dans le bassin oriental de la Méditerranée, 3 Bde., Leiden 1973

637. W. Hornbostel, Sarapis. Studien zur Überlieferungsgeschichte, den Erscheinungsformen und Wandlungen der Gestalt eines Gottes, Leiden 1973

638. S. K. Heyob, The Cult of Isis among Women in the Graeco-Roman World, Leiden 1975

639. W. Huss, Ptolemaios III. als Sarapis?, Jahrbuch für Numismatik und Geldgeschichte 26, 1976, 31ff.

640. J. Assman, Primat und Transzendenz. Struktur und Genese der ägyptischen Vorstellung eines „Höchsten Wesens", in: W. Westendorf (Hrsg.), Aspekte der spätägyptischen Religion, Wiesbaden 1979, 7ff.

641. F. Junge, Isis und die ägyptischen Mysterien, in: W. Westendorf (Hrsg.), Aspekte der spätägyptischen Religion, Wiesbaden 1979, 93ff.

642. F. Solmsen, Isis among the Greeks and Romans, Cambridge/Mass.-London 1979

643. U. Bianchi, Iside dea misterica. Quando?, in: Perennitas. Studi A. Brelich, Rom 1980, 9ff.

644. Ch. Veligianni-Terzi, Bemerkungen zu den griechischen Isisaretalogien, Rheinisches Museum 129, 1986, 63ff.

Anatolische Gottheiten

645. H. Hepding, Attis. Seine Mythen und sein Kult, Gießen 1903

646. E. Ohlemutz, Die Kulte und Götter in Pergamon, Diss. Gießen 1940

647. M. J. Vermaseren, Cybele and Attis: The Myth and the Cult, London 1977

648. F. Naumann, Die Ikonographie der Kybele in der phrygischen und der griechischen Kunst, Tübingen 1984

649. G. Sfameni Gasparro, Soteriology and Mystic Aspects in the Cult of Cybele and Attis, Leiden 1985

Der Mithraskult

650. R. Reitzenstein, Das iranische Erlösungsmysterium, Bonn 1921

651. J. Bidez/F. Cumont, Les Mages hellénisés, 2 Bde., Paris 1938

652. S. Wikander, Études sur les mystères de Mithras I, Lund 1950

653. M. J. Vermaseren, Mithras: Geschichte eines Kultes, Stuttgart 1965

654. G. Widengren, The Mithraic Mysteries in the Graeco-Roman World, with Special Regard to Their Iranian Background, in: La Persia e il mondo Greco-Romano (Convegno 1965, Accad. Naz. Lincei 363, Nr. 76), Rom 1966, 433ff.

655. C. Colpe, Mithra-Verehrung, Mithras-Kult und die Existenz iranischer Mysterien, in: J. R. Hinnells (Hrsg.), Mithraic studies. Proceedings of the First International Congress of Mithraic Studies II, Manchester 1975, 378ff.

656. E. SCHWERTHEIM, Monumente des Mithraskultes in Kommagene, in: F. K. DÖRNER (Hrsg.), Kommagene. Geschichte und Kultur einer antiken Landschaft, Küsnacht 1975, 63ff.

657. P. BESKOW, The Routes of Early Mithraism, in: Études Mithriaques 1978, 7ff.

658. Études Mithriaques (Acta Iranica 17, 1978), Actes du 2ᵉ Congrès International. Téhéran, du 1ᵉʳ au 8 septembre 1975, Leiden u.a. 1978

659. E. WILL, Origine et nature du Mithriacisme, Études Mithriaques II 1978, 527ff.

660. A. D. H. BIVAR, Mithraic Images of Bactria: Are they related to Roman mithraism?, in: U. BIANCHI (Hrsg.), Mysteria Mithrae, Leiden 1979, 741ff.

661. E. SCHWERTHEIM, Mithras. Seine Denkmäler und sein Kult, Feldmeilen 1979

662. G. WIDENGREN, Bābakīyah and the Mithraic Mysteries, in: U. BIANCHI (Hrsg.), Mysteria Mithrae, Leiden 1979, 675ff.

663. G. WIDENGREN, Reflections on the Origin of the Mithraic Mysteries, in: Perennitas. Studi A. Brelich, Rom 1980, 645ff.

664. R. TURCAN, Mithra et le mithriacisme, Paris 1981

665. R. MERKELBACH, Mithras, Königstein 1984

Griechische Gottheiten. Heiligtümer

666. B. HAUSSOULIER, Études sur l'histoire de Milet et du Didymeion, Paris 1902

667. M. P. NILSSON, The Dionysiac Mysteries of the Hellenistic and Roman Age, Lund 1957

668. P. BRUNEAU, Recherches sur les cultes de Délos à l'époque hellénistique et romaine, Paris 1970

669. W. GÜNTHER, Das Orakel von Didyma in hellenistischer Zeit, Tübingen 1971

670. A. BERNAND, De Koptos à Kosseir, Leiden 1972

671. A. BERNAND, Le Paneion d'El Kanaïs: Les inscriptions grecques, Leiden 1972

672. PH. BORGEAUD, Recherches sur le Dieu Pan, Thèse Genf 1979

673. S. G. COLE, Theoi Megaloi. The Cult of the Great Gods at Samothrace, Leiden 1984

674. J. FONTENROSE, Didyma. Apollo's Oracle, Cult, and Companions, Berkeley u.a. 1988

Herrscherkult

675. L. CERFAUX/J. TONDRIAU, Un Concurrent du Christianisme. Le Culte des souverains dans la civilisation gréco-romaine, Tournai 1957

676. F. TAEGER, Charisma. Studien zur Geschichte des antiken Herrscherkultes I, Stuttgart 1957

677. V. EHRENBERG, Athenischer Hymnus auf Demetrios Poliorketes, Die Antike 7, 1931, 279ff., jetzt in 95: ders., Polis und Imperium, 503ff.

678. CH. HABICHT, Gottmenschentum und griechische Städte, München 1970²

679. W. SWINNEN, Sur la politique religieuse de Ptolémée Ier, in: Les synchrétismes religieux dans les religions grecque et romaine, Paris 1973, 115ff.

680. E. WINTER, Der Herrscherkult in den ägyptischen Ptolemäertempeln, in 136: Das ptolemäische Ägypten, 147ff.

681. E. E. RICE, The Grand Procession of Ptolemy Philadelphus, Oxford 1983

682. F. W. WALBANK, Könige als Götter. Überlegungen zum Herrscherkult von Alexander bis Augustus, Chiron 17, 1987, 365ff.

683. V. FOERTMEYER, The Dating of the Pompe of Ptolemy II Philadelphus, Historia 37, 1988, 90ff.

c) Philosophie, Naturwissenschaft und Technik

684. H. DIELS, Doxographi Graeci, Berlin 1879

685. E. ZELLER, Die Philosophie der Griechen in ihrer geschichtlichen Entwicklung II 1–III 2, Leipzig 1879ff. ³/⁴

686. U. VON WILAMOWITZ-MOELLENDORFF, Antigonos von Karystos, Berlin 1881

687. H. USENER, Epicurea, Leipzig 1887 (Nachdruck Rom 1963)

688. J. VON ARNIM, Stoicorum Veterum Fragmenta, 4 Bde., Leipzig 1903ff.

689. H. UEBERWEG/K. PRAECHTER, Grundriß der Geschichte der Philosophie des Altertums, Berlin 1926¹²

690. K. DEICHGRÄBER, Die griechische Empirikerschule. Sammlung der Fragmente und Darstellung der Lehre, Berlin 1930

691. D. R. DUDLEY, A History of Cynism from Diogenes to the Sixth Century A. D., London 1937 (Nachdruck Hildesheim 1967)

692. M. POHLENZ, Die Stoa. Geschichte einer geistigen Bewegung, 2 Bde., Göttingen 1948. 1955

693. J. O. THOMSON, History of Ancient Geography, Cambridge 1948

694. A. WEISCHE, Cicero und die Neue Akademie. Untersuchungen zur Entstehung und Geschichte des antiken Skeptizismus, München 1961

695. O. NEUGEBAUER, The Exact Sciences in Antiquity, New York 1962

696. Stoa und Stoiker. Eingeleitet und übertragen von M. POHLENZ, Zürich-Stuttgart 1964²

697. G. AUJAC, Strabon et la science de son temps, Paris 1966

698. F. WEHRLI, Die Schule des Aristoteles, 10 Bde., Basel-Stuttgart 1967ff.[2]

699. E. W. MARSDEN, Greek and Roman Artillery, Oxford 1969

700. K. VON FRITZ, Grundprobleme der Geschichte der antiken Wissenschaft, Berlin-New York 1971

701. G. E. R. LLOYD, Greek Science after Aristotle, London 1973

702. M. FREDE, Die stoische Logik, Göttingen 1974

703. F. GRAYEFF, Aristotle and His School. An Inquiry into the History of Peripatos, London 1974

704. A. A. LONG, Hellenistic Philosophy. Stoics, Epicureans, Sceptics, London 1974

705. R. MÜLLER, Die epikureische Gesellschaftstheorie, Berlin 1974

706. G. J. D. AALDERS, Political Thought in Hellenistic Times, Amsterdam 1975

707. A. GRAESER, Zenon von Kition. Positionen und Probleme, Berlin-New York 1975

708. F. H. SANDBACH, The Stoics, London 1975

709. J. GLUCKER, Antiochus and the Late Academy, Göttingen 1978

710. I. SCHNEIDER, Archimedes. Ingenieur, Naturwissenschaftler und Mathematiker, Darmstadt 1979

711. CH. WILD, Philosophische Skepsis, Königstein/Taunus 1980

712. M. FORSCHNER, Die stoische Ethik. Über den Zusammenhang von Natur-, Sprach- und Moralphilosophie im altstoischen System, Stuttgart 1981

713. J. BARNES u.a. (Hrsg.), Science and Speculation. Studies in Hellenistic Theory and Practice, Cambridge-Paris 1982

714. Grundriß der Geschichte der Philosophie, begründet von F. UEBERWEG. Die Philosophie der Antike, Band 3. Ältere Akademie – Aristoteles – Peripatos, hrsg. von H. FLASHAR, Basel-Stuttgart 1983

715. M. HOSSENFELDER, Die Philosophie der Antike 3. Stoa, Epikureismus und Skepsis, München 1985

716. G. GARBRECHT, Die Wasserversorgung des antiken Pergamon, in: Frontinus-Gesellschaft (Hrsg.), Die Wasserversorgung antiker Städte, Mainz 1987, 11ff.

d) Literatur

717. F. SUSEMIHL, Geschichte der griechischen Literatur in der Alexandrinerzeit, 2 Bde., Leipzig 1891. 1892

718. U. VON WILAMOWITZ-MOELLENDORFF, Hellenistische Dichtung in der Zeit des Kallimachos, 2 Bde., Berlin 1924

719. R. Pfeiffer, Callimachus, 2 Bde., Oxford 1949. 1953

720. A. S. F. Gow, Theocritus, ed. with a Translation and Commentary, 2 Bde., Cambridge 1952

721. W. H. Friedrich, Euripides und Diphilos. Zur Dramaturgie der Spätformen, München 1953

722. K. Von Fritz, Die Bedeutung des Aristoteles für die Geschichtsschreibung, in: Entretiens sur l'Antiquité classique IV, Histoire et historiens dans l'antiquité, Vandoeuvre-Genf 1956, 83ff.

723. R. Merkelbach, Βουκολιασταί (Der Wettgesang der Hirten) (1956), in 749: Effe, 212ff.

724. N. Zegers, Wesen und Ursprung der tragischen Geschichtsschreibung, Diss. Köln 1959

725. F. W. Walbank, History and Tragedy, Historia 9, 1960, 216ff.

726. A. Körte, Die hellenistische Dichtung, 2. Auflage von P. Händel, Stuttgart 1960

727. F. Zucker, Menanders Dyskolos als Zeugnis seiner Epoche, Berlin 1965

728. K. Ziegler, Das hellenistische Epos, Stuttgart 1966[3]

729. N. Austin, Idyll 16: Theocritus and Simonides (1967), in 749: Effe, 105ff.

730. M. Erren, Die Phainomena des Aratos von Soloi, Wiesbaden 1967

731. R. Pfeiffer, Geschichte der klassischen Philologie. Von den Anfängen bis zum Ende des Hellenismus (engl. Orig. 1968), Hamburg 1970 (Nachdruck München 1978)

732. A. Lesky, Geschichte der griechischen Literatur, Bern-München 1971[3]

733. M. Fuhrmann, Einführung in die antike Dichtungstheorie, Darmstadt 1973

734. A. D. Skiadas (Hrsg.), Kallimachos, Darmstadt 1975

735. B. Snell, Arkadien. Die Entdeckung einer geistigen Landschaft, in: ders., Die Entdeckung des Geistes, Göttingen 1975[4], 257ff.

736. A. E.-A. Horstmann, Ironie und Humor bei Theokrit, Meisenheim 1976

737. B. Effe, Dichtung und Lehre. Untersuchungen zur Typologie des antiken Lehrgedichts, München 1977

738. K. Nickau, Untersuchungen zur textkritischen Methode des Zenodotos von Ephesos, Berlin-New York 1977

739. B. Effe, Die Destruktion der Tradition: Theokrits mythologische Gedichte (1978), in 749: Effe, 56ff.

740. F. T. Griffiths, Theocritus at Court, Leiden 1979

741. G. Mastromarco, Il pubblico di Heroda, Padua 1979

742. S. M. Goldberg, The Making of Menander's Comedy, Berkeley-Los Angeles 1980

743. R. Merkelbach, Das Königtum der Ptolemäer und die hellenistischen Dichter, in: Aegyptiaca Treverensia (hrsg. v. G. Grimm u.a.) 1, 1981, 27ff.

744. Th. Gelzer, Kallimachos und das Zeremoniell des ptolemäischen Königshauses, in: J. Stagl (Hrsg.), Aspekte der Kultursoziologie, Berlin 1982, 13ff.

745. L. Koenen, Die Adaptation ägyptischer Königsideologie am Ptolemäerhof, in: Egypt and the Hellenistic World. Proceedings of the International Colloquium Leuven – 24 – 26 May 1982, Louvain 1983, 143ff.

745a. H. Lloyd-Jones/P. Parsons (Hrsg.), Supplementum Hellenisticum, Berlin-New York 1983

746. J. Malitz, Die Historien des Poseidonios, München 1983

747. W. H. Mineur, Callimachus. Hymn to Delos, Leiden 1984

748. Die griechische Literatur in Text und Darstellung, Band 4, Hellenismus, hrsg. v. B. Effe, Stuttgart 1985

749. B. Effe (Hrsg.), Theokrit und die griechische Bukolik, Darmstadt 1986

750. N. Holzberg, Der antike Roman, München-Zürich 1986

751. E.-R. Schwinge, Künstlichkeit von Kunst. Zur Geschichtlichkeit der alexandrinischen Poesie, München 1986

752. T. Hägg, Eros und Tyche. Der Roman in der antiken Welt, Mainz 1987 (schwed. 1980; engl. 1983)

753. G. Zanker, Realism in Alexandrian Poetry: A Literature and Its Audience, London u.a. 1987

754. P. Bing, The Well-Read Muse. Present and Past in Callimachus and the Hellenistic Poets, Göttingen 1988

755. L. Canfora, Die verschwundene Bibliothek, Berlin 1988 (ital. 1986)

756. Der antike Roman. Untersuchungen zur literarischen Kommunikation und Gattungsgeschichte. Von einem Autorenkollektiv unter Leitung v. H. Kuch, Berlin 1989

e) Bildende Kunst

757. R. Horn, Stehende weibliche Gewandstatuen in der hellenistischen Plastik, Rom 1931

758. R. Martin, Recherches sur l'Agora grecque, Paris 1952

759. T. Dohrn, Die Tyche von Antiochia, Berlin 1960

760. H. Döhl, Der Eros des Lysipp, Göttingen 1968

761. H. F. Mussche, Les portraits des Séleucides, Leiden 1968

762. N. Himmelmann, Archäologisches zum Problem der griechischen Sklaverei (Akad. d. Wiss. Mainz, Abh. Geistes- und Sozialwiss. Kl. 1971, 13), Mainz 1971

763. P. Moreno, Testimonianze per la teoria artistica di Lisippo, Rom 1973

764. H. Kyrieleis, Bildnisse der Ptolemäer, Berlin 1975

765. W. Voigtländer, Der Jüngste Apollontempel von Didyma, Tübingen 1975

766. J. J. Coulton, The Architectural Development of the Greek Stoa, Oxford 1976

767. H. Protzmann, Realismus und Idealität in Spätklassik und Frühhellenismus, Jahrbuch des Deutschen Archäologischen Instituts 92, 1977, 169ff.

768. N. Himmelmann, Über Hirten-Genre in der antiken Kunst (Abhandlungen der Rheinisch-Westfälischen Akademie d. Wiss. 65), Opladen 1980

769. H. Von Hesberg, Bemerkungen zu Architekturepigrammen des 3. Jahrhunderts v. Chr., Jahrbuch des Deutschen Archäologischen Instituts 96, 1981, 55ff.

770. H. P. Laubscher, Fischer und Landleute. Studien zur hellenistischen Genreplastik, Mainz 1982

771. E. Bayer, Fischerbilder in der hellenistischen Plastik, Bonn 1983

772. H. Rühfel, Das Kind in der griechischen Kunst, Mainz 1984

773. T. Hölscher, Die Geschlagenen und Ausgelieferten in der Kunst des Hellenismus, Antike Kunst 28, 1985, 120ff.

774. H. Lauter, Die Architektur des Hellenismus, Darmstadt 1986

775. J. J. Pollitt, Art in the Hellenistic Age, Cambridge 1986

776. P. Zanker, Pompeji. Stadtbilder als Spiegel von Gesellschaft und Herrschaftsform, in: 9. Trierer Winckelmannprogramm 1987, Mainz 1988, 1ff.

5. Hellenistische Politik

a) Generelles

777. E. Meyer, Die Grenzen der hellenistischen Staaten in Kleinasien, Zürich-Leipzig 1925

778. F. W. Walbank, Philip V of Macedon, Cambridge 1940 (Nachdruck 1967)

779. H. Braunert, Hegemoniale Bestrebungen der hellenistischen Großmächte in Politik und Wirtschaft, Historia 13, 1964, 80ff.

780. H. Braunert, Das Mittelmeer in Politik und Wirtschaft der hellenistischen Zeit, Kiel 1967

781. J. Seibert, Historische Beiträge zu den dynastischen Verbindungen in hellenistischer Zeit, Wiesbaden 1967

782. J. Deininger, Der politische Widerstand gegen Rom in Griechenland 217—86 v. Chr., Berlin-New York 1971

783. P. Klose, Die völkerrechtliche Ordnung der hellenistischen Staatenwelt in der Zeit von 280-168 v. Chr., München 1972

784. A. Fuks, Patterns and Types of Social-Economic Revolution in Greece from the Fourth to the Second Century B. C., Ancient Society 5, 1974, 51ff.

785. H. H. Schmitt, Polybios und das Gleichgewicht der Mächte, in 67: Polybe, 67ff.

786. V. Ilari, Guerra e diritto nel mondo antico. I: Guerra e diritto nel mondo greco-ellenistico fino al III secolo, Mailand 1980

b) Das labile Gleichgewicht

787. M. Holleaux, Le Papyrus de Gourob, in 92: ders. III, 281ff.

788. M. Fritze, Die ersten Ptolemäer und Griechenland, Diss. Halle 1917

789. W. Otto, Beiträge zur Seleukidengeschichte (Abh. d. Bayer. Ak. d. Wiss., Phil.-philol. u. hist. Kl. XXXIV 1), München 1928

790. W. Fellmann, Antigonos Gonatas, König der Makedonen, und die griechischen Staaten, Diss. Würzburg 1930

791. W. Otto, Zu den syrischen Kriegen der Ptolemäer, Philologus 86, 1931, 400ff.

792. F. W. Walbank, Aratos of Sicyon, Cambridge 1933

793. R. Flacelière, Les Aitoliens à Delphes, Paris 1937

794. H. Seyrig, Aradus et sa pérée sous les rois Séleucides, Syria 28, 1951, 206ff.

795. F. Chamoux, Le roi Magas, Revue Historique 216, 1956, 18ff.

796. I. L. Merker, The Silver Coinage of Antigonos Gonatas and Antigonos Doson, ANS-MN 9, 1960, 39ff.

797. E. Vanderpool/J. R. Mc Credie/A. Steinberg, Koroni: A Ptolemaic Camp on the East Coast of Attica, Hesperia 31, 1962, 26ff.

798. E. Will, Les premières années du règne d'Antiochos III, REG 75, 1962, 72ff.

799. H. H. Schmitt, Untersuchungen zur Geschichte Antiochos' des Großen und seiner Zeit, Wiesbaden 1964

800. B. Petrakos, Νέαι πηγαὶ περὶ τοῦ Χρεμωνιδείου πολέμου, Archaiologikon Deltion 22, 1, 1967, 38ff.

801. N. G. L. Hammond, Illyris, Rome and Macedon in 229–205, JRS 58, 1968, 1ff.

802. H. Bengtson, Die Inschriften von Labranda und die Politik des Antigonos Doson, München 1971

803. E. S. Gruen, Aratus and the Achaean Alliance with Macedon, Historia 21, 1972, 609ff.

804. J. Deininger, Bemerkungen zur Historizität der Rede des Agelaos, 217 v. Chr. (Polyb. 5, 104), Chiron 3, 1973, 103ff.

805. O. Mørkholm, The Speech of Agelaus Again, Chiron 4, 1974, 127ff.

806. R. Étienne/M. Piérart, Un decret du Koinon des Hellènes à Platées en l'honneur de Glaucon, fils d'Étéoclès d'Athènes, BCH 99, 1975, 51ff.

807. M. Wörrle, Antiochos I., Achaios der Ältere und die Galater, Chiron 5, 1975, 59ff.

808. W. Huss, Untersuchungen zur Außenpolitik Ptolemaios' IV., München 1976

809. J. Wolski, Untersuchungen zur frühen parthischen Geschichte, Klio 58, 1976, 439ff.

810. W. Huss, Eine ptolemäische Expedition nach Kleinasien, Ancient Society 8, 1977, 187ff.

811. G. Nachtergael, Les Galates en Grèce et les Sôtéria de Delphes, Brüssel 1977

812. W. Huss, Eine Revolte der Ägypter in der Zeit des 3. Syrischen Krieges, Aegyptus 58, 1978, 151ff.

813. E. Will, Comment on écrit l'histoire hellénistique (Notes critiques), Historia 27, 1978, 65ff.

814. A. Bülow-Jacobsen, P. Haun 6. An Inspection of the Original, ZPE 36, 1979, 91ff.

815. R. Urban, Wachstum und Krise des Achäischen Bundes. Quellenstudien zur Entwicklung des Bundes von 280 bis 222 v. Chr., Wiesbaden 1979

816. Ch. Habicht, Bemerkungen zum P. Haun 6, ZPE 39, 1980, 1ff.

817. K. Buraselis, Das hellenistische Makedonien und die Ägäis. Forschungen zur Politik des Kassandros und der drei ersten Antigoniden im Ägäischen Meer und in Westkleinasien, München 1982

818. S. M. Burstein, Arsinoe II Philadelphos: A Revisionist View, in 102: Lindsay Adams/Borza, 197ff.

819. F. W. Walbank, Sea-power and the Antigonids, in 102: Lindsay Adams/Borza, 213ff.

820. H. Hauben, Arsinoe II et la politique extérieure de l'Égypte, in: Egypt and the Hellenistic World. Proceed. of the International Colloquium Leuven – 24–26 May 1982, Louvain 1983, 99ff.

821. J. W. Rich, Roman Aims in the First Macedonian War, Proceedings of the Cambridge Philological Society 30, 1984, 126ff.

822. K. Brodersen, The Date of the Secession of Parthia from the Seleucid Kingdom, Historia 35, 1986, 378ff.

c) Die Unterwerfung unter die römische Herrschaft (205—168)

823. H. HOLLEAUX, Rome, la Grèce et les monarchies hellénistiques au IIIe siècle avant J.-C., Paris 1921

824. A. HEUSS, Die völkerrechtlichen Grundlagen der römischen Außenpolitik in republikanischer Zeit, Leipzig 1933

825. A. PASSERINI, I moti politico-sociali della Grecia e i Romani, Athenaeum N. S. 11, 1933, 309ff.

826. D. MAGIE, The ‚Agreement‘ between Philip V and Antiochus III for the Partition of the Egyptian Empire, JRS 29, 1939, 32ff.

827. K. E. PETZOLD, Die Eröffnung des zweiten Römisch-Makedonischen Krieges. Untersuchungen zur spätannalistischen Topik bei Livius, Berlin 1940

828. E. BIKERMAN, Notes sur Polybe, REG 66, 1953, 479ff.

829. P. MELONI, Perseo e la fine della monarchia macedone, Rom 1953

830. H. H. SCHMITT, Rom und Rhodos, München 1957

831. E. BADIAN, Foreign Clientelae (264—70 B. C.), Oxford 1958

832. E. BADIAN, Rome and Antiochus the Great: A Study in Cold War, Classical Philology 54, 1959, 81ff.

833. R. B. MC SHANE, The Foreign Policy of the Attalids of Pergamum, Urbana/Ill. 1964

834. P. HERRMANN, Antiochos der Große und Teos, Anadolu 9, 1965, 29ff.

835. O. MØRKHOLM, Antiochus IV of Syria, Kopenhagen 1966

836. J. BRISCOE, Rome and the Class Struggle in the Greek States 200—146 B. C., Past and Present 36, 1967, 3ff. (= in: M. I. FINLEY, Studies in Ancient Society, London 1974, 53ff.)

837. J. TOULOUMAKOS, Der Einfluß Roms auf die Staatsform der griechischen Stadtstaaten des Festlandes und der Inseln im ersten und zweiten Jhdt. v. Chr., Diss. Göttingen 1967

838. W. DAHLHEIM, Struktur und Entwicklung des römischen Völkerrechts im dritten und zweiten Jahrhundert v. Chr., München 1968

839. R. M. ERRINGTON, Philopoemen, Oxford 1969

840. A. GIOVANNINI, Les origines de la 3e guerre de Macédoine, BCH 93, 1969, 853ff.

841. E. BADIAN, Titus Quinctius Flamininus. Philhellenism and Realpolitik, Cincinatti 1970

842. R. M. ERRINGTON, The Alleged Syro-Macedonian Pact and the Origins of the Second Macedonian War, Athenaeum 49, 1971, 336ff.

843. R. M. ERRINGTON, The Dawn of Empire. Rome's Rise to World Power, London 1971

844. R. Werner, Das Problem des Imperialismus und die römische Ostpolitik im zweiten Jahrhundert v. Chr., in: Aufstieg und Niedergang der römischen Welt I 1, Berlin 1972, 412ff.

845. J.-G. Texier, Nabis, Paris 1975

846. D. Flach, Der sogenannte römische Imperialismus. Sein Verständnis im Wandel der neuzeitlichen Erfahrungswelt, HZ 222, 1976, 1ff.

847. A. S. Gruen, Class Conflict and the Third Macedonian War, AJAH 1, 1976, 29ff.

848. F. W. Walbank, The Causes of the Third Macedonian War: Recent Views, in 130: Archaia Makedonia II 1977, 81ff.

849. R. Werner, Quellenkritische Bemerkungen zu den Ursachen des Perseuskrieges, Grazer Beiträge 6, 1977, 149ff.

850. D. Mendels, Perseus and the Socio-economic Question in Greece (179−172/1 B. C.), Ancient Society 9, 1978, 55ff.

851. W. V. Harris, War and Imperialism in Republican Rome, 327−70 B. C., Oxford 1979

852. L. Mooren, Antiochos IV. Epiphanes und das ptolemäische Königtum, in: Actes du XVe Congrès International de Papyrologie, 4me Partie, Brüssel 1979, 78ff.

853. W. Lindsay Adams, Perseus and the Third Macedonian War, in 102: Lindsay Adams/Borza, 237ff.

854. H. J. Dell, The Quarrel between Demetrius and Perseus: A Note on Macedonian National Policy, in 130: Archaia Makedonia III 1983, 67ff.

855. A. Mastrocinque, Manipolazione della storia in età ellenistica: I Seleucidi e Roma, Rom 1983

856. J./L. Robert, Fouilles d'Amyzon en Carie I, Paris 1983

857. E. Badian, Hegemony and Independence. Prolegomena to a Study of the Relations of Rome and the Hellenistic States in the Second Century B. C., in: Actes du VIIe Congrès de la Fédération International des Associations d'Études Classiques, hrsg. v. J. Harmatta, Budapest 1984, 397ff.

858. E. S. Gruen, The Hellenistic World and the Coming of Rome, 2 Bde., Berkeley-Los Angeles-London 1984

859. R. M. Errington, Antiochos III., Zeuxis und Euromos, Epigraphica Anatolica 8, 1986, 1ff.

860. E. Gabba, Mondo ellenistico e Roma, Athenaeum 75, 1987, 205ff.

861. D. Gera, Ptolemy Son of Thraseas and the Fifth Syrian War, Ancient Society 18, 1987, 63ff.

862. M. Wörrle, Inschriften von Herakleia am Latmos I. Antiochos III., Zeuxis und Herakleia, Chiron 18, 1988, 421ff.

d) Das lange Nachspiel

863. Th. Reinach, Mithridate Eupator. Roi de Pont, Paris 1890 (deutsch Leipzig 1895)

864. W. Otto, Zur Geschichte der Zeit des 6. Ptolemäers. Ein Beitrag zur Politik und zum Staatsrecht des Hellenismus (Abh. d. Bayer. Ak. d. Wiss., Philos-Hist. Abt., NF 11), München 1934

865. W. Otto/H. Bengtson, Zur Geschichte des Niederganges des Ptolemäerreiches. Ein Beitrag zur Regierungszeit des 8. und 9. Ptolemäers (Abh. d. Bayer. Ak. d. Wiss., Philos.-hist. Abt., NF 17), München 1938

866. H. Volkmann, Kleopatra. Politik und Propaganda, München 1953

866a. E. Olshausen, Rom und Ägypten von 116 bis 51 v. Chr., Diss. Erlangen 1963

867. D. J. Geagan, The Athenian Constitution after Sulla, Princeton 1967

868. Th. Liebmann-Frankfort, La frontière orientale dans la politique extérieure de la république romaine depuis le traité d'Apamée jusqu'à la fin des conquêtes asiatiques de Pompée (189/8 – 63), Brüssel 1969

869. Th. Fischer, Untersuchungen zum Partherkrieg Antiochos' VII. im Rahmen der Seleukidengeschichte, Tübingen 1970

870. A. Fuks, The Bellum Achaicum and its Social Aspects, JHS 90, 1970, 70ff.

871. H. Heinen, Les mariages de Ptolémée VIII Euergete et leur chronologie. Étude comparative de papyrus et d'inscriptions grecs, demotiques et hiéroglyphiques, Akten XIII. Int. Papyrologenkongreß, Marburg 1971, München 1974, 147ff.

872. Th. Schwertfeger, Der Achaiische Bund von 146 bis 27 v. Chr., München 1974

873. E. Badian, Rome, Athens and Mithridates, AJAH 1, 1976, 105ff.

874. E. S. Gruen, The Origins of the Achaean War, JHS 96, 1976, 46ff.

875. E. S. Gruen, Rome and the Seleucids in the Aftermath of Pydna, Chiron 6, 1976, 73ff.

876. Ch. Habicht, Zur Geschichte Athens in der Zeit Mithridates' VI., Chiron 6, 1976, 127ff.

877. R. Bernhardt, Der Status des 146 v. Chr. unterworfenen Teils Griechenlands, Historia 26, 1977, 62ff.

878. D. Glew, Mithridates Eupator and Rome, Athenaeum 55, 1977, 385ff.

879. J. Hopp, Untersuchungen zur Geschichte der letzten Attaliden, München 1977

880. B. Virgilio, Il „tempio stato" di Pessinunte fra Pergamo e Roma nel II – I secolo A. C. (C. B. Welles, Royal Corr., 55ff.), Pisa 1981

881. D. BRAUND, Royal Wills and Rome, Papers of the British School at Rome 51, 1983, 16ff.

882. D. BRAUND, Rome and the Friendly King: The Character of Client Kingship, London u. a. 1984

883. A. N. SHERWIN-WHITE, Roman foreign policy in the East 168 B. C. to A. D. 1, London 1984

884. J. M. HELLIESEN, Andriscus and the Revolt of the Macedonians 149—148 B. C., in 130: Archaia Makedonia IV, 1986, 307ff.

885. B. C. MCGING, The Foreign Policy of Mithridates VI Eupator King of Pontos, Leiden 1986

886. A. BASTINI, Der achäische Bund als hellenische Mittelmacht. Geschichte des achäischen Koinon in der Symmachie mit Rom, Frankfurt u. a. 1987

887. P. HERRMANN, Milesier am Seleukidenhof, Chiron 17, 1987, 171ff.

888. J. TOULOUMAKOS, Zum römischen Gemeindepatronat im griechischen Osten, Hermes 116, 1988, 304ff.

ABKÜRZUNGSVERZEICHNIS

AAantHung	Acta Antiqua Academiae Hungaricae
AE	Archaiologike Ephemeris
AJAH	American Journal of Ancient History
AJPh	American Journal of Philology
AKG	Archiv für Kulturgeschichte
AM	Mitteilungen des Deutschen Archäologischen Instituts – Athen
ANS-MN	American Numismatic Society – Museum Notes
ASNS	Annali della Scuola Normale Superiore di Pisa
BCH	Bulletin de Correspondence Hellénique
FGrHist	Fragmente der Griechischen Historiker
GGA	Göttingische Gelehrte Anzeigen
GRBS	Greek, Roman, and Byzantine Studies
HZ	Historische Zeitschrift
JHS	Journal of Hellenic Studies
JJP	Journal of Juristic Papyrology
JJS	Journal of Jewish Studies
JRS	Journal of Roman Studies
RAL	Rendiconti dell' Accademia dei Lincei
RE	Realencyclopädie der classischen Altertumswissenschaft
REA	Revue des Études Anciennes
REG	Revue des Études Grecques
RSA	Rivista Storica dell' Antichità
SCO	Studi Classici ed Orientali
ZPE	Zeitschrift für Papyrologie und Epigraphik
ZRG	Zeitschrift für Rechtsgeschichte

ZEITTAFEL

219–217	4. Syrischer Krieg; Sieg Ptolemaios' IV. über Antiochos III. bei Raphia (217)
215–205	1. Makedonischer Krieg (nach Allianz zwischen Philipp V. und Hannibal)
212	Bündnis zwischen Rom und den Aitolern
206	Aitolischer Separatfrieden mit Philipp V.
205	Frieden von Phoinike zwischen Rom und Makedonien; Rückkehr Antiochos' III. von seinem großen Zug („anabasis‘) zur Wiederherstellung der seleukidischen Herrschaft in den oberen Satrapien
204	Tod Ptolemaios' IV.
203/2	Arrangement zwischen Philipp V. und Antiochos III. auf Kosten des Ptolemäerreiches (sog. Geheimabkommen)
202	Beginn des 5. Syrischen Krieges, Erfolge Antiochos' III.; Philipp V. im Krieg mit Rhodos
201	Attalidisch-rhodisches Hilfegesuch an Rom; dessen Intervention
200	Ausbruch des 2. Makedonischen Krieges (200–197) nach der Ablehnung des römischen Ultimatums durch Philipp
197	Römischer Sieg bei Kynoskephalai (Titus Quinctius Flamininus)
196	Freiheitserklärung
194	Abzug der römischen Truppen aus Griechenland; Spannungen zwischen Rom und Antiochos III., der seit 198 in die makedonischen und ptolemäischen Positionen in Kleinasien und an den Meerengen vorgestoßen war
192	Antiochos III. auf Betreiben der Aitoler in Griechenland (Demetrias, Chalkis); Beginn des Antiochoskrieges (192-188)
191	Flucht des Antiochos aus Europa nach römischem Erfolg bei den Thermopylen
189	Entscheidungsschlacht bei Magnesia
188	Friede von Apameia: Verlust von Kleinasien für Antiochos; hohe Kontributionen. Eumenes II. von Pergamon und die Rhodier als die großen Nutznießer des Friedens. In der Folgezeit zunehmende Konflikte zwischen Eumenes und Philipp V. sowie dessen Nachfolger (seit 179) Perseus
seit 174	Zunehmende Spannungen durch wachsende Popularität des Perseus; Agitation des Eumenes
171–168	3. Makedonischer Krieg; entscheidender römischer Sieg in der Schlacht von Pydna (168); Ende der makedonischen Monarchie: Aufteilung in 4 Regionen
168/7	Internierung zahlreicher antirömischer Politiker aus Griechenland in Italien
168	Rückzug Antiochos' IV. aus Ägypten nach römischem ‚Machtwort‘
149/48	Makedonischer Aufstand (unter Andriskos)

148 Makedonien als Provinz unter direkte römische Herrschaft genommen

146 Achaiischer Krieg: Rom gegen den Achaiischen Bund; Eroberung und Zerstörung von Korinth

130 Verlust Mesopotamiens an die Parther

88–83 1. Mithridatischer Krieg

82/81 2. Mithridatischer Krieg

74–64 3. Mithridatischer Krieg

63 Der Rest des Seleukidenreiches wird römische Provinz Syria

31 Schlacht bei Actium: Sieg Octavians über den von Kleopatra VII. von Ägypten unterstützten Marcus Antonius

30 Selbstmord Kleopatras; Ägypten dem römischen Reich einverleibt

NAMENREGISTER

Aalders, G. J. D. 254
Achaios 50, 112f., 207f.
Achilleus 7f., 12f., 18
Adams, W. s. Lindsay Adams, W.
L. Aemilius Paulus 123
Agathokles 42f., 45, 163f., 166
Agelaos 110, 206
Agesilaos v. Sparta 11-14
Agis III. 15, 20, 139, 145, 148
Agis IV. 166
Agron 109
Aias 8
Alexander d. Gr. 3f., 7-36, 39f., 42f., 45,
   48f., 53f., 60, 71f., 97, 101, 108f., 113,
   118, 129, 131-136, 138-159, 162, 167,
   190f., 194, 196
Alexander I. 5, 137
Alexander IV. 33, 36-39, 159, 161
Alexander Balas 127
Alexander aus Aitolien (Philologe) 91
Alexandros I. von Epirus 7
Alexandros II. von Epirus 204
Alexandros (Sohn Polyperchons) 37
Alexandros (Sohn des Kassandros) 41
Alexandros (Sohn des Krateros) 103, 105,
   202
Alketas (Bruder des Perdikkas) 34
Allen, R. E. 203, 223
Altheim, F. 225
Ambaglio, D. 180, 247
Amyntas I. 5
Amyntas (Vetter Alexanders d. Gr.) 9, 35
Anaximenes 137
Andragoras 106
Andreae, B. 136, 228
Andreotti, R. 133f., 138, 141, 147, 149,
   226, 230
Andronikos, M. 142, 169, 232, 241
Anson, E. M. 143, 154, 156, 232, 235f.
Antigonos Doson 107-110, 205f.
Antigonos Gonatas 42, 44, 55, 100f., 103-
   105, 108, 163f., 191, 200-202, 204
Antigonos Monophthalmos 30, 32-42,
   158-163, 170, 178

Antiochos I. 43f., 100-102, 163f., 199
Antiochos II. 103f., 167, 201f.
Antiochos III. 50, 52, 60, 63, 112-115,
   117-120, 122, 127, 207f., 210f.
Antiochos IV. 49, 122-124, 127, 166, 180,
   212
Antiochos VII. 127
Antiochos Hierax 105f., 203f.
Antiochos von Askalon 87
Antipatros 8f., 11, 20, 28, 30-35, 41-43,
   153, 156, 158
Antisthenes 82f.
M. Antonius 49, 128
Apama, Tochter Antiochos' I. 100, 104,
   199, 202
Apama, Tochter des Perseus 122
Apelles 96f.
Apollodor 93
Apollonios von Rhodos 92f., 193
Arangio-Ruiz, V. 184, 248
Arat von Soloi 92
Aratos 103, 108, 126, 202, 205
Archelaos 5f., 55
Archimedes 94
Areus 102, 166
Ariarathes 34
Aristarch 93
Aristarch von Samos 93f.
Aristipp 85
Aristobulos 95, 135f.
Ariston von Chios 93
Aristophanes von Byzanz 89, 93
Aristoteles 8f., 11, 24, 31, 75, 80, 87, 134,
   138, 140, 194, 254f.
Aristoxenos 87
Arkesilaos 86, 93
von Arnim, J. 253
Arrhidaios s. Philipp IV.
Arrian 134-136, 139f., 144, 146-149,
   151f., 154
Arsakes 113
Arsinoe II. 41, 43, 101f., 167, 200f.
Arsinoe III. 98
Artaxerxes III. 13, 27

Moretti, L. 160, 182, 185, 205, 216
Mørkholm, O. 206, 212, 259f.
Moser, G. 157, 160f., 163, 236
Mossé, C. 221, 227
Müller, H. 224
Müller, O. 157, 159-162, 165, 175, 235
Müller, R. 254
Mummius 126
Murison, C. L. 146, 231
Mussche, H. F. 256
Musti, D. 156, 165, 167-170, 172, 178f.,
    182, 201, 204, 244
Muszynski, M. 243

Nabis 117-119, 261
Nachtergael, G. 259
Narain, A. K. 204, 225
Naumann, F. 189, 251
Nearchos 25, 135, 150
Nebukadnezar 16
Neoptolemos 7, 12
Neugebauer, O. 253
Newell, E. T. 167, 216
Nickau, K. 255
Niese, B. 131, 221
Nikaia 34f., 43, 156
Nikanor 36
Nikolitis, N. Th. 144, 231
Nikomedes 100
Nilsson, M. P. 167, 182, 185-187, 191f.,
    248, 250, 252
Nock, A. D. 186, 189, 191, 250

O'Neil, J. L. 182, 247
Oates, J. F. 246
Oborzos s. Vahuberz
Octavian s. Augustus
Oelsner, J. 130, 168, 175, 238f., 244
Oertel, F. 242
Ohlemutz, E. 251
Olshausen, E. 213, 223, 238, 262
Olympias (Frau Philipps II.) 4, 7, 30, 33,
    35f., 138, 158, 229, 265
Olympias (von Epirus) 204
Onasch, Ch. 168, 239
Onesikritos 135
Ophellas 45, 236
Orrieux, C. 172, 181, 246
Orth, W. 164, 171, 176f., 245
Otto, W. 163, 174, 197, 199-201, 203,
    212f., 242, 258, 262
Oxyartes 22

Ozols, J. 225

Panaitios 85
Papakonstantinou-Diamantourou, D. 169,
    241
Papazoglou, F. 166, 240
Pape, W. 141
Paranavitana, S. 225
Parmenides 92
Parmenion 7, 9f., 12, 16f., 21-23, 31, 140,
    148
Parrhasios 96
Parsons, P. 193, 256
Passerini, A. 205, 260
Patroklos (mythische Gestalt) 12, 28
Patroklos (ptolemäischer Admiral) 102
Pavlovskaja, A. I. 245
Pearson, L. 135f., 153, 227
Pečirka, J. 182, 247
Pédech, P. 219, 228
Peek, W. 186, 249
Peiraikos 98
Peithon 36
Perdikkas (Bruder Philipps II.) 6
Perdikkas (Diadoche) 24, 31, 33-35, 155f.,
    158f., 265
Peremans, W. 168, 179f., 228, 246
Perseus (mythische Gestalt) 18
Perseus (makedonischer König) 107, 120,
    122-125, 146, 211f., 261, 267
Pestman, P. W. 172, 243
Petrakos, B. 201, 258
Petzold, K. E. 207, 219, 260
Peukestas 36
Pfeiffer, R. 193, 255
Pfohl, G. 216
Philadelphos s. Ptolemaios II.,
    Arsinoe II.
Philemon 89
Philetairos 43, 106
Philinos 94
Philipp II. 2, 4, 6-9, 11, 14, 17, 30f., 33,
    35f., 56, 107f., 136-141, 143, 162, 190
Philipp III. Arrhidaios 7, 30, 33, 35f., 159
Philipp IV. 41
Philipp V. 108-112, 114, 115-122, 206f.,
    210f.
Philitas 91
Philon 87
Philopator s. Ptolemaios IV.
Philopoimen 125, 218
Phthia 204

Oldenbourg
Grundriß der Geschichte

Herausgegeben von Jochen Bleicken, Lothar Gall und Hermann Jakobs

Oldenbourg